上海城市发展与社会生活丛书

丛书主编：忻平　丰箫　吴静

从非单位到单位

——上海非单位人群组织化研究（1949—1962）

杨丽萍　著

上海大学出版社
·上海·

图书在版编目(CIP)数据

从非单位到单位：上海非单位人群组织化研究：
1949—1962 / 杨丽萍著. —上海：上海大学出版社，
2022.11
（上海城市发展与社会生活丛书）
ISBN 978-7-5671-4574-0

Ⅰ. ①从… Ⅱ. ①杨… Ⅲ. ①社会变迁－研究－上海－1949-1962 Ⅳ. ①D668

中国版本图书馆 CIP 数据核字(2022)第 210159 号

责任编辑　贺俊逸　王　聪
封面设计　倪天辰
技术编辑　金　鑫　钱宇坤

从非单位到单位
——上海非单位人群组织化研究(1949—1962)

杨丽萍　著

上海大学出版社出版发行
（上海市上大路 99 号　邮政编码 200444）
(https://www.shupress.cn　发行热线 021-66135112)
出版人　戴骏豪

*

南京展望文化发展有限公司排版
上海华业装潢印刷厂有限公司印刷　各地新华书店经销
开本 787mm×960mm　1/16　印张 23.75　字数 386 千
2022 年 11 月第 1 版　2022 年 11 月第 1 次印刷
ISBN 978-7-5671-4574-0/D·249　定价 88.00 元

版权所有　侵权必究
如发现本书有印装质量问题请与印刷厂质量科联系
联系电话：025-57718474

总　　序

城市发展在人类历史中占有重要地位,城市塑造了与乡村生活迥异的社会生活。斯本格勒这样描述:"在一座城市从一个原始的埃及的、中国的或德国的村落——广阔土地上的一个小点——中产生的时候,到底意味着什么。在外貌上,或许没什么区别,但在精神上,它是如此的一个地方,此后,乡村便被它看成是、感到是、体验为其'四郊',成为一种不同的及从属的东西。从此时起便有了两种生活,即城内的与城外的生活,农民与市民同样清楚地知道这一点。"①当然,在城市化发展过程中,城市与农村既有巨大差异,也有某些相似特征。从小渔村发展而来的上海,更为典型。

从近代开埠到中华人民共和国成立前夕的上海历史,是一部上海现代化发展史,也是一部社会转型的历史。中华人民共和国成立前,上海的现代化进程已达到一个历史的顶峰时期。但传统社会仍未消失,从而使社会生活凸显出一种多元势差结构②。

本丛书的主要特点是:以多视角、多资料、多专题来展现少有人研究的上海城市发展过程中上海人的多样社会生活。此次几位年轻学者的书稿都是在其博士论文基础上经过多年修改而成,以多元史料和深刻分析见长。

茶馆是透视城市发展、社会变迁的窗口,茶馆是反映社会百态、世俗风情的空间,茶馆是国家权力与日常文化此消彼长的场域。学界相关研究较多,但缺乏对近代上海这个大城市的茶馆全面而翔实的考察。

---

①　[德]斯本格勒著,张兰平译:《西方的没落》,陕西师范大学出版社2008年版,第106页。
②　忻平:《从上海发现历史——现代化进程中的上海人及其社会生活1927—1937(修订版)》,上海大学出版社2009年版,第18—19页。

包树芳博士的《上海茶馆与都市社会(1843—1949)》一书,聚焦近代上海茶馆,运用报刊、笔记、指南书、竹枝词、图像、小说等多样资料,呈现茶馆在都市化进程最快、中西交汇最激烈的城市中所拥有的丰富而独特的面貌,展示了茶馆空间与都市社会、文化之间的交织互动,以及茶馆空间与政治、权力之间的复杂关系。其研究指出,茶馆及其空间是城市文化和区域人性特点的映射,不同城市的茶馆在拥有共性的同时呈现出鲜明的个性;国家权力在基层社会的渗透及改变日常生活的尝试,是有限的干预,同时在茶馆并没有产生严格意义上的公共领域。

十里不同风,百里不同俗。民俗是民间流行的风尚、习俗,一般指的是一个民族或一个社会群体在长期的生产实践和社会生活中逐渐形成并世代相传、较为稳定的民间文化现象。以往的民俗研究多将研究对象投注在边远地区的奇风异俗,很少关注大都市的民风习俗。民俗同时也是作为一种资源,自古以来就受到统治阶级的关注,并被作为一种社会控制的重要手段加以利用。

艾萍博士的《变俗与变政——上海民俗变革研究(1927—1937)》一书,从社会控制角度出发,立足于国家和社会两种视野,考察1927—1937年间上海民俗变迁的缘起、历程和结果,探寻民国时期中央政府、上海地方政府和上海民众的相互关系,并对变俗变政的效果和制约因素进行评价和分析。其研究指出,变俗以变政的关键核心,就是以权威构建和维系为导向的秩序与进步,其实质就是要顺应时代潮流,维持社会秩序、改革传统陋俗,推动社会进步,从而夯实政府执政的合法性基础。秩序与进步的偕同与纠葛正是民俗变革成败的决定性因素。

近代以来的中日关系,日本对华侵略成为主流。上海日本居留民团是民国时期上海日侨的重要组织,对其展开研究不仅具有学术价值,也有现实意义。吕佳航博士以《上海日本居留民团研究(1907—1945)》为研究题目,其亲至日本东京六本木的外务省外交史料馆和东京的国立国会图书馆、东京大学东洋文化研究所、京都大学人文研究所和大阪府立图书馆、大阪市立大学图书馆等机构搜集资料,将日方档案、调查报告、时人记述与中方史料相结合,通过对上海日本居留民团的成立背景、发展阶段、结构体系、公共职能、关系网络和根本性质等方面的阐释,揭示了在近代日本对华侵略的本质。

非单位人群是中华人民共和国成立后城市社会中的一个客观存在。作为社会结构的一个类型,一般多从社会学角度来看,但是往往少了历史感。由历史学者来做这个课题是比较少的。长期以来,"非单位人"现象似乎并未引起政府部门和学界的足够重视。近年来,基层社会的再组织问题成为社区研究的重要议题,尤其是随着现代化的发展,强化大城市事实存在大量的非单位人群的研究就显得更为迫切。

杨丽萍博士的《从非单位到单位——上海非单位人群组织化研究(1949—1962)》一书,就1949年后的上海非单位人群的组织化做了详尽的考察。按照历史脉络,将1949—1962年间的基层社会组织化历程划分为组织建构、组织强化、组织的非常态三个阶段。研究指出,通过以街居组织为代表的基层群众组织,中共重构了城市基层社会,将国家权力渗透到基层,造就了具有高度动员和整合力的社会调控体系。上海非单位人群的组织化不是政府的单向调控,其书通过案例分析游民、摊贩、家庭妇女和失业者等非单位人群被纳入组织化框架的过程,生动展示了调控者与被调控者之间互动的详情。

住房是一种物理空间,大城市的住房更是一种社会空间。上海的住房困难问题世界闻名。1949年5月,上海解放,中国共产党和上海市人民政府立即着手进行棚户改造工作,棚户的空间环境和社会结构两个维度均发生了不同程度的改变。潘婷博士的《空间改造与社会重构——上海棚户区改造研究(1949—1966)》一书,从国家与社会视角、城市更新的视角,从人与空间两方面探求上海棚户区改造的历史过程,梳理1949—1966年间棚户区的发展和改造历程、采取的政策、遇到的问题及同时期其他重要事项对棚户改造的影响等。研究指出,1949—1966年间的上海棚户区改造,呈现出三大历史特点:一是改造与工业发展错峰进行;二是对棚户区的两大基本要素——社会与空间并重改造;三是政府主导与民众广泛参与相结合。有别于棚户空间外部环境的简单改善,棚户区内部社会结构的变化更为深刻。棚户区的劳动人口随着工业城市的建设,普遍实现了就业,"工人阶级当家作主"的意识渗透进棚户居民的工作与生活,棚户身份淡化,工人身份凸显,棚户居民的身份认同和社会地位得到显著提升。

本丛书既关注不同人群,也关注不同空间和载体。鉴于1949年中华人民共和国成立后,上海城市的发展既有新的特征,也有旧的延续,因而本丛书包含了1949

年中华人民共和国成立前后两个时段的研究。本丛书皆是在博士论文基础上修改而成的专著,在"上海城市发展与社会生活"这一专题下进行深入研究,有较强的学术价值和现实意义。希望本丛书可以加强与学术界的交流和对话,共同促进对近现代史和上海史的研究。

当然,丛书还存在不足之处,还请各位专家学者批评指正。

最后,感谢本丛书各位作者的辛苦努力,感谢上海大学出版社各位领导对丛书出版的支持,以及编辑老师对丛书的认真编辑、校对和设计。

课 题 资 助

本丛书得到

1. 教育部哲学社会科学重大课题攻关项目"伟大建党精神研究"(21JZD005)
2. 上海市哲社项目"上海红色基因百年传承与时代价值研究"(2021BDS003)
3. 上海市教委项目"建党百年品牌课程建设"
4. 上海大学历史系课程思政"领航计划"

的资助,谨致谢意!

丛书主编:忻平

2022 年 6 月

序[*]

《从非单位到单位——上海非单位人群组织化研究(1949—1962)》是我的博士生杨丽萍的毕业之作。经过四年的修改,即将付梓,向我索序。看到学生快速成长,十分欣慰。

2003年,杨丽萍自大西北赴沪上求学,投入我门下。我还依稀记得彼时的她,每每上课之时,总是眨着懵懂的大眼,一言不发。此前,她从事西北地方史研究,当决定转向她几乎毫无基础的上海史研究时,我也曾顾虑重重。令我颇感意外的是,她用很短的时间迅速完成了上海史的资讯索引积累,寻找到了自己的课题方向。我常戏说,我的学生进门之后就要被"洗脑",杨丽萍无疑是那个"洗"得最快也最彻底的,她的博士论文从题目到提纲几乎一气呵成,迅速得到我的认可,这是比较少见的。

曾几何时,单位研究一度十分热门。她却独树一帜地将视线投向了群体更为庞大的"非单位"人群,并敏锐地关注到发生在非单位人群身上的组织化变迁。史学博士论文的基本要求是史论结合、以论带述,这无疑要求学生要具备较高的理论功底。《从非单位到单位——上海非单位人群组织化研究(1949—1962)》是一个创新度很大,史料要求很高而前人积累不多的课题。她是否能够把控这么大的题目,又成为我的忧虑所在。也许是应届生的缘故,杨丽萍是一个很善于接受师长建议的"乖学生",对于我的指导和建议以及布置的各种任务,她都最快完成和全面执行,甚至举一反三,整个执教过程可谓水到渠成,一个史学基础堪忧的女孩子竟然成为令我最省心的一个学生。

与选题一样,本书在理论的构建方面没走什么弯路。经过一年有余的资料收

---

[*] 此文为笔者导师忻平教授为本书华东师范大学出版社2010年版所作的序。

集和理论沉淀,她选定了两个横贯全文的理论方法,一是"利益群体"分析法,一是"社会调控"理论。

但凡涉及对社会群体的研究,学界习惯采用社会分层理论以便对在研群体进行个案研究。然而,新中国成立之初,整个社会处于一种空前的结构分化与整合状态,没有哪个群体的层级分布是固定和常态的,从宏观上很难使用相对稳定的社会分层来描述上海基层社会的实际情况。作者引入"利益群体"分析法,将非单位人群分为游民、摊贩、家庭妇女和失业工人等具有相同利益的社会群体,撇开了基层社会内部各群体中现实存在着的阶层分化,使得个案实证研究极具操作性。

而"社会调控"理论的引入,为非单位人群组织化研究搭建了一个适宜的理论平台。一段时间以来,西方史学和其他学科理论蜂拥入华,一些理论被生搬硬套而不顾我国国情成为一大弊病。传统社区研究中沿袭"国家与社会"理论,已为众多学者所诟病。他们质疑的原因在于,这个所谓的市民社会在我国社会发展形态中,很难找到恰当的对应体。国家与社会的分野究竟在哪里亦是众说纷纭。本书则以"社会控制"理论为框架,聚焦于社会调控体系重构过程。同时对人、组织与国家之间的关系的处理上,将被"假想的"市民社会空间转换为实实在在的由"街居组织"纳控的基层社会,将国家与社会的关系具体为国家与人及其组织与被组织,控制与反控制的关系。由于国家对其民众的社会控制着力点在于对重要群体和主要群体的控制,而非单位人群在20世纪50年代是占据上海人口多数的群体。事实证明,以社会控制理论为全文的主要理论支架很好地解构了这个难题。

作者视野极其开阔。全书从国家和民众双重视野下对组织化进行了关注。即,一方面从国家宏观调控的角度出发,以基层社会管理制度——街居制的建立和完善为历史脉络,系统阐释了新中国成立后基层社会调控体系的构建过程;另一方面,又以民众的组织化体验为个案,通过对游民改造、摊贩整顿等具体史实的实证研究,全面展现了新政权对城市民众的管理,以及基层民众在传统与现代、保守与革命之间相互冲突与磨合的场景。作者将政治学、社会学与历史学有机地结合,得出了令人信服的结论:20世纪50年代的国家政权,通过单位化的组织改造重构了社会调控体系,并最终凭借该体系所具有的超强动员力和整合力,实现对社会成员行为的定向引导,造就了一个高度同一的国家与社会形态。

为了高质量完成这篇博士学位论文,作者付出了艰辛的努力。该书资料丰富,大量的档案资料、报刊及地方文献为立论提供了扎实的资料基础。全书列附了40余幅颇有价值的图表,文中还穿插了60多处说明性的注释。全书近40万字的篇幅。理论分析与史实考察有机结合,思路明晰,逻辑严密,有张有弛。文字练达老到,各章的论述中创新性的见解很多。这也是出乎我的意料的地方,作者"乖学生"的作风曾一度让我认为,她的论文也必然是中规中矩,波澜不惊。然而,三年的刻苦和全力以赴,使得她在学术研究方面建立了足够的自信。

希望杨丽萍博士秉持求学时的钻研态度,再接再厉,不断有新的成果问世!是为序。

忻 平
2010年8月16日

目　　录

导言 ··· 1
  一、概念的界定 ··· 1
  二、问题的提出 ··· 4
  三、学术回顾 ·· 7
  四、方法与理论 ··· 17
  五、研究取向 ·· 23

第一章　非单位人群组织化的兴起 ··· 29
  第一节　非单位人群的概况 ··· 30
    一、非单位人群的形成 ·· 30
    二、非单位人群的总数及其变化特点 ···································· 38
    三、非单位人群的社会构成 ·· 41
    四、群体特点 ··· 47
  第二节　组织化的缘起和发展演变 ··· 55
    一、中国共产党的"组织化"理念 ··· 55
    二、中国共产党在新时期的任务及20世纪50年代的中国政治、经济
        环境 ·· 61
    三、组织化过程中的单位化倾向探讨 ···································· 66
  小结 ··· 71

第二章　传统基层管理制度的废弃与街居制的建立（1949—1954） ······ 73
  第一节　基层管理体制与社会组织的历史变迁 ··························· 74
    一、上海地区保甲制度的沿革及其废除 ································· 74

二、社会中间组织：功能的委顿与消脱 ……………………………… 88
　第二节　街居制的创设 …………………………………………………… 96
　　一、街居制创立的历史背景 …………………………………………… 96
　　二、基层群众组织的发育 ……………………………………………… 100
　　三、居民委员会的建立 ………………………………………………… 115
　　四、街居制的确立 ……………………………………………………… 117
　第三节　关于基层居民组织的性质：以部分居民委员会的调查为例 … 120
　　一、社会概况 …………………………………………………………… 120
　　二、居民委员会的制度建设 …………………………………………… 124
　　三、居民委员会的性质 ………………………………………………… 128
　第四节　组织化对异质性的消解：透过游民收容与改造的分析 ……… 140
　　一、消解异质性：游民收容与改造的缘起 …………………………… 141
　　二、改造预备式：游民收容 …………………………………………… 145
　　三、游民改造：异质性的消解 ………………………………………… 148
　小结 ………………………………………………………………………… 155

第三章　基层社会管理体制的调整与巩固（1954—1958） …………… 156
　第一节　基层里弄整顿工作的展开 ……………………………………… 157
　　一、缘起 ………………………………………………………………… 157
　　二、清理整顿工作的过程 ……………………………………………… 164
　第二节　组织化的另一种情境：群众运动 ……………………………… 176
　　一、群众运动 …………………………………………………………… 176
　　二、组织化的另一种情境：贯彻婚姻法运动 ………………………… 180
　　三、社会调控体系的调控结构 ………………………………………… 189
　第三节　组织生态的再造：从对摊贩的整顿谈起 ……………………… 191
　　一、摊贩问题的由来 …………………………………………………… 192
　　二、摊贩组织生态的再造 ……………………………………………… 196
　　三、摊贩整顿工作的特点 ……………………………………………… 204
　小结 ………………………………………………………………………… 211

第四章　基层社会管理体制发展过程中的失误（1958—1962） 213
第一节　城市人民公社化：基层社会管理体制的一种单位化跃进 213
  一、城市人民公社一般特征及其成因 216
  二、上海城市人民公社化运动 219
第二节　关于过度调控的探讨：以家庭妇女的组织化为例 240
  一、家庭妇女的历史现状 240
  二、家庭妇女组织化的动因 242
  三、组织的发动 244
  四、组织化的建构 245
  五、过度调控与反失控措施 248
  六、家庭妇女组织工作的社会效应 253
小结 256

第五章　组织化情境下基层社会生活变迁 258
第一节　失业安置与制度化的组织安排 258
  一、失业问题历史现状 259
  二、失业安置 267
  三、失业安置的特点 279
第二节　组织化的社会生活：城市生活变奏 282
  一、社会生活的变迁轨迹 282
  二、消费习俗：由奢入俭 285
  三、业余生活："休而不闲" 301
小结 307

第六章　从非单位到单位：社会调控体系的重构 308
第一节　社会调控体系的重构 308
  一、基层社会控制网络的清除 309
  二、基层社会的单位化组织 312
  三、社会调控的体制支撑 315
第二节　社会调控体系的有效性：以动员力为中心的考察 317

一、动员：中国式革命和建政的道路 ………………………………… 318
二、动员的三个关键环节紧密结合，动员模式更加完善 …………… 320
三、动员的特点 ……………………………………………………… 325
四、动员的效果 ……………………………………………………… 329
第三节 整合力的考察：20世纪50年代上海市民的翻身感 …………… 332
一、翻身对于城市社会及政权建设的意义 ………………………… 333
二、翻身感的获得 …………………………………………………… 336
三、翻身及其效应：意志整合的实现 ……………………………… 341
小结 …………………………………………………………………… 345

结语 ……………………………………………………………………… 346
图表目录 ………………………………………………………………… 349
参考资料 ………………………………………………………………… 351
后记 ……………………………………………………………………… 364

导　言

中华人民共和国成立初期,超大型城市社会的管理成为现代国家治理的重要组成部分。上海以人口密集、体量大,及其来源复杂、思想多元等诸多特征成为执政党进行社会管理的理想试验田。在上海基层社会中,庞大的非单位人群成为基层社会管理的主要对象。在此后的十余年间,根据地经验、延安经验、苏联经验以及海派文化交相辉映,共同演绎了非单位人群组织化、单位化的协奏曲,构成了中华人民共和国社会调控体系重构地方实践的特殊面相。

一、概念的界定

非单位人群是中华人民共和国成立后城市社会中的一个客观存在。2004 年,党中央在十六届四中全会上,明确提出加强社会建设和管理。截至此时,"非单位人"现象并未引起足够的重视,无论政府部门还是学界都未对"非单位人"进行研究,关于"非单位人"的提法也不多见,一般情况下,它只是相对于"单位人"而言的,即非国家单位的人①。本书认为,所谓非单位人,是指 1949 年以来处于我国机关、

---

① 关于"非单位人"的提法有两种:一种与本书一致,参见张济顺:《上海里弄:基层政治动员与国家社会一体化走向(1950—1955)》,载《中国社会科学》2004 年第 2 期;徐勇:《论城市社区建设中的社区居民自治》,载《华中师范大学学报》2001 年第 3 期。一种是指"非单位体制结构",即城镇个体和私营经济的从业人员。非单位体制实际上是指我国现有经济成分中的非公有制经济。相关研究见王沪宁:《从单位到社会:社会调控体系的再造》,载《公共行政与人力资源》1995 年第 1 期;胡伟、李汉林:《单位作为一种制度——关于单位研究的一种视角》,载《江苏社会科学》2003 年第 6 期;徐勇:《论城市社区建设中的社区居民自治》,载《华中师范大学学报》2001 年第 3 期。这两个概念具有共同点,即它们都是在现有"单位"内涵上使用,不同之处主要是具体历史时空造成的。在 20 世纪 50 年代,各种类型的经济组织大多通过公有化运动被纳入计划经济体制内部,成为单位组织。而改革开放后,劳动年龄人口参与经济活动的比重大大提高,大量的非公有制经济吸纳了很多社会劳动力,此时私营经济也被作为公有制经济的有益补充而继续存在。就此而言,两种提法就域的范围并没有大的变化,只是在人口属性上,后(转下页)

企事业单位实体及单位体制以外的城市居民。

非单位人群的形成是1949年以来城市社会单位化重组的结果。1949年5月上海解放,原国民政府的军事、政务、财政、文化等部门以单位为单元被进行了系统地接收和军事管制。经过接收和管制,这些部门转为国有经济部门,其下辖的各个机关、企事业组织成为单位组织,而其中的工作人员即为单位人。在此过程中,一些规模小而分散的企事业组织因难以集中管理而未被纳入单位体系,其从业人员成为无单位归属的在业人员。此后,其中一部分企事业组织应国有化运动而转化为集体经济部门被重新统入计划经济体系,成为单位组织,但也有相当一部分在业人员始终被排除在单位体系之外。这些无单位归属的在业人员和城市中久已存在的非在业人员区别于单位人,构成了一个新的群体——非单位人群。

非单位人群虽因单位组织产生而作为单位人的对应体存在,但在社会主义初级阶段,其群体规模却远远超过了单位人群,特别在人口集中的上海,更显得极为庞大。从1949—1962年来看,上海非单位人始终超过单位人的数量,占据了城市人口的2/3左右(见表1-5)。区别于单位人口以工作场所为主要活动空间,非单位人群以居住场所为主要社会活动空间,其主体包括了城市中的非在业人口和无单位归属的在业人口①。其中,非在业人口主要包括:家属(料理家务者、学生或学员)、边缘人(乞丐、流氓、娼妓)、无业失业者(包括18岁以上仍未就业者、失业人员)。无单位归属的在业人员主要包括自由职业者(私人医生、作家、艺人、经纪人、律师、会计师、资方代理人等)②、小工商业者(临时或长期从事商贩活动的人口,摊贩、行商、小手工业者、小工商业主、小房产主及车船主)、无正当职业者(迷信职业者、舞女)。按照年龄,又可将非单位人群划分为劳动年龄人口和非劳动年龄人口③,非

(接上页)者的经济属性高于前者。正因为如此,徐勇在《论城市社区建设中的社区居民自治》(载《华中师范大学学报》2001年第3期)一文中,将20世纪50年代缺乏就业能力的老年妇女、残疾人及其他零散社会成员称为非"单位"人员,而将改革开放后游离于传统单位体制之外的非公有经济的从业人员称为"非单位"人员。

① 非在业人口,即未参与生产性及其他经济活动的人口;无单位归属在业人口,即未被纳入单位组织的在业人口,详细内容见第一章。

② 在1949—1956年,自由职业者还是非单位人,社会主义改造完成之后,独立劳动者作为群体就不存在了。其中一部分是被纳入了单位组织,一部分是支边的形式调往外地。

③ 劳动年龄人口,即一般意义上处于能够参加社会劳动的年龄段的人口,对于中华人民共和国初期来说,就是处于16岁以上、60岁以下年龄的人口。

劳动年龄人口一般是指16岁以下、60岁以上的人口。劳动年龄人口概指16—60岁的人口,非劳动年龄人口即老人和少年儿童。同样,根据职业分化亦可将处于劳动年龄人口的非单位人群做出许多具体的划分,如,劳动年龄人口又包括有劳动能力、无劳动能力者(病残者),而有劳动能力者又有在业和非在业的区别。由此可见,非单位人群是一个涵盖各个阶层、各年龄段人口的庞大群体,而其内部存在的严重分化使它成为一个可控性较差的社会群体。

在现代政治体制中,政治要求的表达和政治活动的表现过程与对统治者提供资源之间的关系日益密切,在政治上把被统治者有效地组织起来,几乎成了对中央政治机构和制度提供资源的先决条件①。中华人民共和国建立之后首先要确立的便是对社会可控性,为此,新政府对整个社会都进行了单位化的重新组织。非单位人群不仅数量庞大且可控性低下,对这一群体进行单位化组织就成为新政府重构社会调控体系的一个中心环节。

需要说明的是,本书仅选取非单位人口中的劳动年龄人口作为研究对象,并仅对其中四种具有代表性的人口:游民、摊贩、家庭妇女、失业无业人员展开讨论。本书做这样的择定主要出于四个原因:一是限于史料和篇幅,本书无法对所有的非单位人口进行研究,笔者在本次研究中只关注以上述四种人为代表的底层社会民众。二是从数字来看,这四种人构成了非单位人群的主体。以1949—1950年而言,全市计有游民及其家属约17万人②,家庭妇女120万人,摊贩17余万人,失业人员20余万人③。这四类人占到当时非单位人口(见表1-5)的一半以上,并涵盖了很大一部分劳动年龄人口(见表1-6)。三是本书意在研究社会重构,劳动年龄人口较之非劳动年龄人口更具政治、经济意义④。四是本书选取的四种非单位人因自身群体规模亦较为可观⑤,故在组织化的各个阶段具有代表性意义⑥。

---

① [以] S. N. 艾森斯塔德:《现代化:抗拒与变迁》,张旅平、沈原等译,中国人民大学出版社1988年版,第14页。
② 中共上海市委党史研究室:《接管上海》下卷,中国广播电视出版社1993年版,第84页。
③ 朱国明:《上海:从废保甲到居民委员会的诞生》,载《档案与史学》2002年第2期。
④ 非劳动年龄人口属于纯赡养人口,他们或者尚未参与经济、政治活动,或者从其中退出。
⑤ 以1949年计,游民约有15万人。《上海市人民政府民政局一年来民政工作总结》,载中共上海市委党史研究室:《接管上海》下卷,中国广播电视出版社1993年版,第171页。另据《人民日报》报道,1949年8月上海有"无业游民17万人",载《人民日报》1949年8月8日。
⑥ 独立劳动者在非单位人口中也是一个规模较大的群体。但这个群体利益差别、阶层分化远较其他群体严重,针对这个群体的官方材料很少,也很难对其进行群体分析。

二、问题的提出

改革开放以来,社区日益成为市民生活的主要归宿①,社区建设也成为一个研究热点。随着市场经济体制的确立,"单位人"开始向"社会人"转化②,单位的服务功能不断为社会所剥离,社区管理事务激增,产生了职能超载的问题。

针对于此,此时有关社区的研究中,出现了两种截然不同的取向:一种呼吁基层群众组织——居民委员会——从行政性属性向社会性转化③;一种则主张赋予居委会以行政主体的身份,以便其更好地体现城市社会管理微观重心的功用④。这两种取向可谓大相径庭,如翻开居民委员会的历史画卷,就会发现,类似的争论竟伴随着居委会发生、发展的全过程。那么居委会的"原点"究竟是社会性的还是行政性的?在其发展过程中经历了哪些波折?这些都需要从历史过程中去寻找答案。

1949年中华人民共和国宣告成立,中国进入一个全新的建设时期。在此过程中,作为执政党的中国共产党面临三方面任务,即:社会主义政治制度、经济体制和意识形态建设⑤。然而,要推进这些现代国家政权建设,政府首要要解决好两个问题。一是稳定问题:由于国内外颠覆性势力的存在,维护稳定成为执政的第一要义;二是资源问题:面对百废待兴的时代要求,中国共产党领导的新政府所掌握的各种资源却是极为有限的。当这两个问题纠结在一起时,政府面对的就是如何以最低的成本来加强社会控制的问题。为此,政府以一种前所未有的方式对基层社会进行了重新组织,展开了社会调控体系的重构。

---

① 在我国,"社区"是一个大众化的词语,它实际上成为街道办事处和居民委员会两级基层管理机构及其管辖范围的代名词。

② 林尚立:《基层群众自治:中国民主政治建设的实践》,载《政治学研究》1999年第4期;王邦佐等编著:《居委会与社区治理——城市社区居民委员会组织研究》,上海人民出版社2003年版,第14页。本书将"单位人"设定为国家机关、工厂企业、公办事业以及集体经济(参照了单位的管理)单位正式的在职或退休员工。

③ 华伟:《单位制向社区制的回归——中国城市基层管理体制50年变迁》,载《战略与管理》2000年第1期;顾骏:《社区居委会向何处去——顾骏教授谈转型中的居委会》,载《社区》2005年第3期。

④ 这类研究者多为政府官员以及行政研究人员。参见白益华、张孝敢、张永英:《鼓东街道加强居委会建设的情况调查》,载《中国民政》1995年第7期;杨荣:《论北京基层管理体制的历史变迁》,载《北京社会科学》2004年第1期。

⑤ 参见朱健刚:《国家、权力与街区空间——当代中国街区权力研究导论》(上),载《中国社会科学季刊》1999年夏季号。

在农村,政府建立了村(行政村)一级的政权,即由村人民代表会议(或人民代表大会)与村人民政府组成的村人民政权①;在城市,政府的组织化工作最终是产生了两种基层组织制度,即单位制度和街居制度②。单位制度主要施用于包括党政机关、工厂、团体、学校等组织在内的党政单位、企业单位和事业单位。街居制度即街道办事处和居委会两级行政建制,其管理的对象是无单位归属的城市居民,即非单位人群。国家正是通过这两种基层组织重构了社会调控体系,并借助这两种基层组织制度实现了社会整合和扩充社会资源总量的目的。一直以来,单位现象都吸引着众多的研究者,而本书则关注后者,即非单位组织及非单位人。

当把关注点放在街居组织和非单位人群时,其中几个问题引起了笔者浓厚的兴趣:其一,就是前文提到的原点问题,在居民委员会发起和最初的发展过程中,政府都一再强调该组织的自治性,而最终这一组织却发展成为政府的一级执行机构③。政府强调居委会自治性的目的何在?而居委会又缘何沿着"行政化"的趋向发展④?已有的研究仅对这一现象本身进行了描述,而对于其中的原委却始终不能提出令人信服的解答。其二,在我国传统社会中,一直都存在着一个特殊的权威阶层。这一阶层以士绅和宗族等民间统治精英为代表,以保甲、宗族组织以及社会中间组织为依托,通过正式或非正式的制度、模式操作着基层社会的运行。传统基层统治权威历经数代,任由上层建筑如何动荡和更迭,这一权力结构却始终稳若磐石。中华人民共和国建立之后,基层统治权威及其对社会的整合作用都被瓦解,我国基层社会控制主体从传统社会中的士绅阶层和家族宗法组织向现代社会中的平

---

① 王邦佐等编著:《居委会与社区治理——城市社区居民委员会组织研究》,上海人民出版社2003年版,第2页。
② 本书所指的单位,是社会调控体系中以实现社会整合和扩充社会资源总量为目的的制度化组织形式,是国家与个人之间的联系点。刘建军:《单位中国:社会调控体系重构中人、组织与国家》,天津人民出版社2000年版,第43页。其他有关单位的定义可参见李路路:《论"单位"研究》,载《社会学研究》2002年第5期。街居制度即街道办事处和居民委员会两级行政建制;项飙、宋秀卿:《社区建设和我国城市社会的重构》,载《战略与管理》1997年第6期;何海兵:《我国城市基层社会管理体制的变迁:从单位制、街居制到社区制》,载《管理世界》2003年第6期;李友梅把它又称为"街—居制",参见《城市基层社会的深层权力秩序》,载《江苏社会科学》2003年第6期;朱健刚把这一制度称为街区制度,但他同时也采用街居制这一提法,参见朱健刚:《国家、权力与街区空间——当代中国街区权力研究导论》(上),载《中国社会科学季刊》1999年夏季号。
③ 王邦佐等编著:《居委会与社区治理——城市社区居民委员会组织研究》,上海人民出版社2003年版,第21页。
④ 参见徐中振主编:《社区发展与现代文明》,上海远东出版社1996年版。

民阶层和中国共产党组织转换①。这一转换直接导致了一个社会阶层的消失,对于这样剧烈的社会结构变迁,学界却鲜有深入探讨。其三,"政治斗争中最强大的政治势力对于社会的支配与控制行为",是为政治统治的本质②。换言之,为了达到政治统治的目的,政府就要尽可能广泛和严密地控制社会成员。仅以20世纪50年代的城市社会而言,街居组织对居民的吸纳规模要远远超过单位组织,而其组织对象又较单位人更不易控制。但目前大多数研究仅将街居组织作为城市基层管理体制的辅助或者说是单位的补充来对待③。是什么造就了街居组织的边缘化?出于政府的本意,还是学界的偏见?这些问题都成为笔者关注的问题。

在寻找这些答案的过程中,笔者发现,基层社会的重新组织实际上是一种单位化的重组。考察中华人民共和国建立初期的任何一种组织活动,都可能会发现,在这些组织中,或多或少地都存在着单位组织的要素,其主要包括以下几种:第一,党、共青团、工会等组织与单位行政系统的嵌入式的结合。其中党政合一是最具核心和实质性意义的。第二,单位及其干部的行政级别制和干部选任制度。第三,统一的工作分配、人员招收录用制度和单位编制制度。第四,单位运作的福利制度④。当然在不同性质的组织中,其表现形式可能并不一致。然而,一个明显的事实是,自1949年以来,城市当中几乎所有新成立的机构、社会组织都要被赋予单位的组织要素,至于原有的各种组织形态,也都按照单位的组织模式进行了调整。换而言之,新政府成立以来就提到的组织和组织化,实际上是以单位化为标的的,单位是塑造城市各种社会组织的"铸模"。重组后的城市社会之所以具有高度的一体性,正是因为基层社会在组织化过程中融入了统一的单位要素。

为了深入进行此研究,本书以单位为理论描述框架,选取1949—1962年的上海为时空范围,描述发生在上海非单位人群身上以单位化为特征的组织变迁,以阐明社会调控体系重构过程中,人、组织与国家之间的关系。

---

① 陈辉:《1950年代中国城市居民委员会研究——以保甲组织到居委会组织的变迁为视角》,载《当代中国史研究》2002年第4期。
② 王浦劬:《政治学基础》,北京大学出版社1995年版,第158页。
③ 参见杨荣:《论北京市基层管理体制的历史变迁》,载《北京社会科学》2004年第1期;毛丹:《一个村落共同体的变迁——关于尖山下村的单位化的观察与阐释》,学林出版社2000年版,第5页。
④ 刘求实:《中国单位体制下的党政关系》,载《二十一世纪》2002年2月号第69期。

三、学术回顾

最早关注1949年以来中国城市社会组织问题的是一批海外学者,在20世纪七八十年代就有相关论著问世①。正如我国学者王政所认为的,这些论著虽然讨论了20世纪50年代出现的居民委员会组织,但受研究资料的局限,未能深入探究这一组织产生的历史过程②。

国内研究方面,伴随着改革开放以来,基层社会管理(治理)制度建设的演进,相关研究经历了从踩点式探索,到如今百舸争流的发展历程。尤其是党的十八大以来,随着一些新研究范式的引入,视野的下沉使越来越多的非单位人群浮出水面,地方档案的大量运用也使得基层社会的再组织呈现出更丰富的细节。

(一) 党的十八大以前基层社会研究概况

在党的十八大以前,尤其是本书成稿的2004年到2010年,同红红火火的上海近代史研究相比,中华人民共和国建立初期这一时段的研究还是较为冷清的。特别是关于基层社会的研究,往往淹没在当代单位制度或社区研究中,仅有的描述多属背景式的铺陈,系统而微的论著不多,以非单位人群为对象的研究则还是空白。

从内容来看,域内学者的研究大致可分为两类:一是资料整理,二为理论探索。提到资料的整理和收集,上海市档案馆所承办的《档案与史学》做了大量工作。自20世纪90年代起,该刊陆续整理公布了一些重要史料:如《1952年上海市居民委员会组织办法草案》(《档案与史学》1998年第6期)、《上海:从废除保甲制度到居委会诞生》(《档案与史学》2002年第2期)、《1951年上海街道里弄组织工作总结——建国初上海社区组织史料选》(一)(《档案与史学》2001年第5期)、《1952年上海街道里弄组织工作总结——建国初上海社区组织史料选》(二)(《档案与史学》2001年

---

① 如,Janet Weitzner Salaff, "Urban Residential Committees in the Wake of the Cultural Revolution," in John Wilson Lewis ed., *The City in Communist China* (Stanford: Stanford University Press, 1971); Richard Gaulton, "Political Mobilization in Shanghai, 1949—1951," in Christopher Hoew ed., *Shanghai: Revolution and Development in an Asian Metropolis* (Cambridge: Cambridge University Press, 1981)。

② 转引自王政:《社会性别与50年代上海城市社会的重新组织》,载吕芳上主编:《近代中国的妇女与国家》,"中研院"近代史研究所2003年版,第165页。

第6期)。此外,他们对大量辅助性的史料也做了整理。

有关理论探索方面,也可分为两类。由于本书的研究是以单位制度为框架,又以非单位人口为内容,因此,单位研究以及对非单位人群的居住场所——社区——的研究都是笔者关注的对象。

首先,关于单位的研究。有关单位现象的研究,成果颇丰。其中,著作主要有:曹锦清、陈中亚:《走出"理想"城堡——中国"单位"现象研究》(海天出版社1997年版);周翼虎、杨晓民:《中国单位制度》(北京经济出版社1999年版);刘建军《单位中国:社会调控体系中的个人、组织与国家》(天津人民出版社2000年版);毛丹:《一个村落共同体的变迁:关于尖山下村的单位化的观察和阐释》(学林出版社2000年版)。论文为数也不少,主要有路风:《单位:一种特殊的社会组织形式》(《中国社会科学》1989年第1期),《中国单位体制的起源和形式》(《中国社会科学季刊》1993年第5期);王沪宁:《从单位到社会:社会调控体系的再造》(《公共行政与人力资源》1995年第1期),《社会资源总量与社会调控:中国意义》(《复旦大学学报》1990第4期);李汉林:《中国单位现象与城市社区的整合机制》(《社会学研究》1993年第5期);李路路、李汉林、王奋宇:《中国的单位现象与体制改革》(《中国社会科学季刊》1994年春季卷);李猛、周飞舟、李康:《单位:制度化组织的内部机制》(中国社会科学院社会学所编:《中国社会学》第2卷,上海人民出版社2003年版);田毅鹏:《"典型单位制"的起源和形成》(《吉林大学社会科学学报》2007年第4期);李汉林《变迁中的中国单位制度回顾中的思考》(《社会》2008年第3期)等。

在上述成果中,路风、王沪宁、刘建军等学者大都从政治学的角度在宏观层面上对单位体制进行研究。他们的主要关注点是传统社会主义社会如何通过单位制度控制、整合单位社会①。他们关于单位是一种调控体系的基本单元,单位体制构成了整个社会调控的基层体制的观点,正是本书的理论出发点。其他论文的着眼点一般都放在了单位功能、单位内部权力结构、资源分配等方面,这些研究对于考察以街居组织为代表的各种单位变体的内部情形提供了参考价值。

其次,关于居委会和社区形态的研究。代表性的著述为王邦佐的《居委会与社区治理:城市社区居民委员会组织研究》(上海人民出版社2003年版)。该书的重

---

① 关于单位研究的学术史回顾,可以参考李路路:《论"单位"研究》,载《社会学研究》2002年第5期。其中对于单位的基本概念、研究取向等作了系统的评述。

点是围绕社会转型与城市基层群众自治的发展、居民委员会的法律地位、基层民主选举的政治过程等展开研究,中华人民共和国建立初期的情况虽然有所涉及,但全书的重心也放在改革开放之后。政治学学者郭圣莉多年来致力于城市居民委员会研究,其主要成果包括:《新中国建立初期居民委员会制度的历史考察》(《上海党史与党建》2004年第2期),《居民自治与城市管理:建国初期城市居民委员会的创建》(《政治学研究》2003年第1期),《1958—1966:居民委员会功能的变异与恢复——以上海市为例的历史考察与分析》(《学术季刊》2002年第3期),郭圣莉、王一依:《从里委会到革委会:"文革"十年中居委会的考察与思考》(《广州大学学报》2004年第7期),《城市社会重构与国家政权建设:建国初期上海国家政权建设分析》(天津人民出版社2006年版),《居民委员会的创建与变革:上海市个案研究》(中国社会出版社2006年版)。这些研究成果对城市居民委员会发生、发展过程进行了详细地考证,并着重探讨了居委会发展过程中所具有的行政色彩,其中一些研究还是以上海为对象展开的,对笔者启发颇多。此外,还有一些研究,如陈辉、谢世诚:《建国初期城市居民委员会研究》(《当代中国史研究》2002年第4期);华伟:《单位制向社区制的回归:中国城市基层管理体制50年变迁》(《战略与管理》2000年第1期);杨荣:《论北京基层管理体制的历史变迁》(《北京社会科学》2004年第1期),等,都是以居委会为中心进行的城市基层管理体制的研究。

在这些阶段性的成果中,也不乏精品,其中首推张济顺的《上海里弄:基层政治动员与国家社会一体化走向》,文章从政治社会化的角度出发,探讨了居民委员会在政治动员中所扮演的国家与社会的双重角色。朱健刚的《国家、权力与街区空间——当代中国街区权力研究导论》是有关中华人民共和国建立初期国家权力更迭以及基层权力重构的力作。学者王政在她关于居民委员会的研究中[《社会性别与50年代上海城市社会的重新组织——居民委员会的故事》,载入游鉴明:《无声之声Ⅱ:近代中国的妇女与社会(1600—1950)》,"中央研究院"近代史研究所2003年版],以女性主义的视角,独辟蹊径,探讨了上海基层社会重新组织过程中,阶级路线和性别路线的交互作用。

就以上情况而言,此时与本书相关的单位和社区研究已然硕果累累。然而,从学术研究的严格意义上讲,当时基层社会管理体制的研究还有很大的空间需要拓展:第一,基层组织绝非居委会一个,大量的正式或非正式组织存在与居委会相始终,它们之间的相互关系以及运行状态,才真正构成了基层社会组织化的全生态。第二,人是社会中最活跃的因子,社会史首先是人的历史。非单位人口作为当时城市中最庞大的社会群体①,是基层社会生活的主体之一,对于基层社会变迁的研究,理所应当把非单位人作为重点。第三,20世纪50年代中国社会最重要的社会工程是单位化,国家对城市社会进行单位化的目的在于重构城市社会调控体系,单位制度和街居制度是这一宏观建构的两种不同结果,单位作为一种正规的单位组织形式,是社会调控体系的基层体制,却不是全部,整个社会调控体系的完构是单位制和街居制双重建构的结果。第四,既有的成果要么以单位组织,要么以现代社区为中心展开,而1949—1962年上海基层社会所出现的生动组织变迁,既非标准单位,又非现代意义上的社区,要理解、描述和分析这一独特现象,必须找到新的突破口。

(二)党的十八大以来新中国基层社会研究的新进展及争议

党的十八大报告中明确提出要在改善民生和创新管理中加强社会建设。此后,基层社会研究引发各个学科的重视,一些新生力量也加入进来。"新革命史"作为党史研究的重要范式,主要强调通过翔实的地方档案文献,揭示中共革命的艰难、曲折与复杂性,呈现符合革命史实际逻辑的党史研究②。这样的主张越来越多地得到新中国史研究中青年学者的追捧,该时段党史研究也出现了一系列新进展。

第一,新视野:眼光向下,重新审视重大事件、重要制度对更广大基层社会的影响。由于视角下移,老题新做后,一些重大命题的研究呈现出富有创新意义结论。

在重大事件方面,不同于传统研究中侧重于抗美援朝战争在政治、军事和外交方面的宏观影响,吴淑丽借助当时山东省聊城县的地方档案,探究抗美援朝运动改造农民的私有意识,农村的生产、分配模式,对地方乡村社会带来的深刻影响③。聂文晶则从民族认同的视角出发,呈现藏区少数民族个体通过参与国家政治任务,消

---

① 从1949—1962年,上海非单位人群在城市人口中所占的比重都高于单位人口。相关数据可参见表1—5。
② 李金铮:《再议"新革命史"的理念与方法》,载《中共党史研究》2016年第11期。
③ 吴淑丽:《抗美援朝运动对乡村社会的影响———以聊城县为中心的考察》,载《中共党史研究》2017年第6期。

减民族隔阂,增强国家认同的详细过程①。在重要制度方面,袁博、张海鹏的研究试图通过农村妇女从"家庭人"向"社会人"身份的转型呈现国家对农村社会进行社会主义改造的详情②。王建军将新中国成立初期社会治理探索的考察对象投向延庆县,文章不仅关注了基层社会治理中涉及的一般性问题,诸如剿匪、镇压反革命、肃清黄赌毒和社会救济等,也论及居委会等基层社会组织建设③。同样关注禁毒问题还有张楠,其文章指出禁毒举措不仅助推了社会治理,还重塑了民族形象,维护了国家声誉④。

第二,新史料:大空间研究取向拓宽了史料利用的范围,其数量、种类也随即增加。近年来,反映节日、民俗、习惯、信仰、休闲娱乐、社会心理、思想观念等的行为文化与心态文化,日常生活及生活方式的话语和文本都成为新史料的来源。

王飏、陈豫运用海南黎族地区地方资料,考察新中国成立初期党和政府引导"合亩""峒"两种传统社会组织,在促进农业生产、宣传党的政策、改变不良习俗等方面发挥作用的史实⑤。刘握宇根据江苏省宝应县的原始档案,通过深挖大量细节,揭示"大跃进"运动中县委领导、公社干部和普通农民在运动中各自不同的立场和彼此的互动,生动呈现了农村基层权力关系的运作⑥。杨红林以北京师范大学大学生万慧芬的日记为中心,揭示新中国初期知识分子通过参加土地改革的宣传,执行土改政策,既完成了自我思想改造,也以实际行动推进土地改革,最终汇入国家发展洪流的详细历程⑦。

第三,新方向:多角度研究取向使得学科交叉融合蔚然成风。政治学与历史学

---

① 聂文晶:《四川藏区抗美援朝运动探析——基于民族认同的视角》,载《西藏大学学报(社会科学版)》2016年第4期。
② 袁博、张海鹏:《新中国成立后农村妇女的身份转换(1949—1965)——以山东农村妇女的身体改造为视角》,载《党史研究与教学》2020年第1期。
③ 王建军:《新中国成立初期社会治理的探索与实践——以延庆县为例》,载《党的文献》2020年第2期。
④ 张楠:《新中国成立初期烟毒治理中的毒品收缴与处理机制研究》,载《中共党史研究》2021年第2期。
⑤ 王飏、陈豫:《新中国成立初期海南黎族地区社会组织的改造及其历史作用》,载《当代中国史研究》2020年第3期。
⑥ 刘握宇:《从基层档案透视"大跃进":以江苏省宝应县为例(1958—1959)》,载《党史研究与教学》2016年第4期。
⑦ 杨红林:《新中国初期的青年学生与土地改革运动——以〈万慧芬日记〉为中心的考察》,载《中国国家博物馆馆刊》2018年第5期。

融合是新中国史研究的基本形态。近年来,融合研究跨学科种类进一步增多,成果的质、量齐升。

黄利新、覃政力发现,在社会主义改造过程中,广州青年积极分子在接受改造时,动机复杂,有些出于感恩心理,有些素来具有爱国情怀,但也有一些不过是为了自身获得更好的发展机会,为了顺利完成改造,工作人员不得不迎合这种利益诉求①。另一篇文章同样聚焦社会主义改造的曲折性,宋学勤注意到,北京工商业自社会主义改造伊始,普遍提高了工人的福利待遇,但这种高于社会和经济承受限度的调控却带来福利产品价高质次等系列问题。文章据此得出结论,人为地提高工人的福利待遇,并不能确保工人福利体系改造的统一和规范②。

第四,新方法:概念史等研究方法的运用,开拓了党史研究的新视点。近年来,随着新革命史范式为越来越多的党史工作者所关注,不少学者也尝试引入或重新启用一些新的研究方法,例如,概念史、新文化史和新党史等。

近年来,国内有关概念史的研究对象既包括翻身、解放、民主、自由、革命等中心革命话语③,也包括"阿飞""社会渣滓"等地方性、社会性话语。围绕前者,胡国胜系统阐述了"苏维埃新中国"如何经历话语建构和历史演变,最终定型为"中华人民共和国"的"新中国"表达④。就后者而言,刘亚娟认为,新中国成立后,在历次政治运动中,"阿飞"的这一概念变动不居,它既指代着"奇装异服"的青年以及有着流氓行径的问题青年,也指代工厂中的"闹事"青工和"五毒俱全"的青年犯,正是因为概念的泛化,使得"阿飞"总是成为政治运动冲击的对象⑤。

---

① 黄利新、覃政力:《社会主义改造中的广州市工商界青年积极分子研究》,载《当代中国史研究》2019年第1期。

② 宋学勤:《"与民族国家的建构同步":中共城市社会整合思想与实践(1949~1957)》,载《党史研究与教学》2017年第3期。

③ 关于概念史,西方又称观念史或关键词研究,其研究方法可用历史语义学(英国:Historical Semanitics;德国:Historische Senanitik;法国:Semantique Historique)来归纳。20世纪中叶以后,西方形成了具有独特理论和方法支撑的概念史专门领域。概念史的两大流派,一是以昆廷·斯金纳为代表的"剑桥学派";二是以莱因哈特·考斯莱克为代表的"海德堡学派"。"翻身""解放",比喻从痛苦或受压迫的情况下解脱出来。在新中国成立之初,特指通过中国共产党的革命,底层民众摆脱了贫困、没有地位的境遇。

④ 胡国胜:《中国共产党"新中国"符号的话语建构与历史演变》,载《党的文献》2017年第1期。

⑤ "阿飞"是上海方言,是当地人对不务正业、经常寻衅闹事、文化素质较低的人的统称,中国其他区域又将其称之为"流氓"。作为社会边缘群体,"阿飞"因其处于上海这一特大型城市而成为突出的社会问题。刘亚娟:《上海"阿飞":滚动的话语逻辑与基层实践走向(1949—1965)》,载《中共党史研究》2018年第5期。

从时间上来看,党史界引入概念史的方法是早于"新革命史"的。但概念史重新在党史界得到重视和推崇,却是伴随着新革命史研究的博兴而出现的。早在20世纪就为学者所关注的新文化史也有着同样的经历①。而新党史虽然是近些年才出现的提法,但其同概念史、新文化史一样,都是对近些年革命史、党史领域出现的新的、类型化研究模式的概括②。

不少人将新党史与新革命史范式并列,但笔者更倾向于将其归结为新革命史范畴。一是按照齐慕实的说法,在新党史的研究框架内,学者们更为关注的是如何运用新的档案和原始资料,多元而具体地展示中国是如何成为一个现代化国家的问题。就此而言,新党史与新革命史普遍存在着选题和视角高度相似的情况。二是"新革命史"虽大行其道,但始终未做严格的自我定义。当然,这并非意味着新革命史毫无辨识度,李金铮曾将"新革命史"的方法概括为六个方面,包括运用国家与社会互动关系的视角,强调基层社会和普通民众的主体性,革命史与大乡村史相结合,加强区域和层级间关系的研究,从全球史视野考察中共革命史,开拓新的研究视点等③。在这种设定中,概念史、新文化史和新党史与其说是研究模式,不如说是具体方法。

新革命史范式下新中国基层社会史研究的确取得不俗的成绩,成果数量、讨论热度的攀升带动了新一轮国史研究潮流的到来。新史料、新视角的广泛运用,也使得国史研究更为细致深入,形成了多元化研究的格局。当然,现有研究也存在一些缺陷,比如1957年之后的成果数量与日递减,除了"大跃进"问题关注度稍高,其余时段的研究量少且多无涉政治,主要围绕科技环保问题展开研究,并且学者对重大事件、制度和人物的研究仍存在诸多顾虑,核心观点突破有限。与此同时,新革命史范式的广为运用,也引发了域内外学者对党史研究的各种质疑。

其一,新中国史"断裂式"研究的状态。这一议题是由对党史研究的反思中延

---

① 林·亨特(Lynn Hunt),是新文化史运动的主要倡导者和领导者之一。她所主编的《新文化史》(1989年)及《超越文化转向》(1999年),确立起了新文化史最基本的研究范畴与规范。
② "新党史"(new party history)这一概念由齐慕实(Timothy Cheek)等西方中国学者提出。该研究范式主张党史与社会史研究融合,强调利用地方档案材料研究中共在不同地区、不同社会条件下的历史进程,从而将党史和革命史与中国近现代史有机结合起来。齐慕实:《革命:作为历史话题的重要性》,载《国外理论动态》2014年第10期。
③ 李金铮:《关于"新革命史"概念的再辨析——对"新革命史"学术概念的省思》,载《中共党史研究》2019年第4期。

伸出来的。萧冬连和应星等在2016年不约而同地提示学者们关注党史研究中的连续性问题①。前者认为,1949年后的当代历史研究应置身于整个20世纪的大背景,与近代史、革命史研究衔接,体现出贯通性②。后者除了强调中国革命史与国际共运的连续性之外,还进一步提出,革命史需要打破中国近代史、民国史和中共党史三个学科的人为分割,体现出这三场革命的关联性③。在此基础上,朴敬石认为,不仅要揭示1949年前后历史"内在关联性"的具体内容,还必须说明这样的连续性是在何种脉络下出现,为何连续,如何连续,等等④。

不可否认,由于史料的丰富性,研究的细化,不仅党史,新中国史研究中均有不少年代史、断代史的研究。但从近年的成果来看,学者们并未忽视包括时间、制度和关系等维度的前后延续性。例如,在王卫平的研究中就指出,由于历史延续暨新民主主义经济的混合性等因素,新中国成立后,苏州的企业年奖制度被全面继承,其废存过程也充满叠加性与混杂性的复杂因素⑤。刘亚娟将上海鱼市场经纪人制度的改革视为社会主义过渡时期新政权与旧制度互动的一个历史缩影,从侧面体现了新中国成立初期制度变迁进程中新旧杂糅的历史特点⑥。

除了研究向前的推移,2019年恰逢新中国成立70周年,一系列重要制度、重要成就、重要经验出现了七十年的长线研究。在政治方面,丁俊萍等人认为七十年来,党的政治建设呈现出先进性与时代性相统一、守正与创新相统一的鲜明特征⑦。在经济方面,龚晓莺、王海飞认为,中国经济以合作共赢的发展思维、灵活有效的发展模式和持续向好的发展态势,为世界经济发展做出了卓越的贡献⑧。在文化方面,冯子珈、张新将中共发展文化思想的经验归纳为,始终坚持马克思主义理论的

---

① 萧冬连:《谈谈中国当代史研究的大局关照》,载《中共党史研究》2016年第6期;应星:《"把革命带回来":社会学新视野的拓展》,载《社会》2016年第4期。
② 萧冬连:《谈谈中国当代史研究的大局关照》,载《中共党史研究》2016年第6期。
③ 应星:《"把革命带回来":社会学新视野的拓展》,载《社会》2016年第4期。
④ 朴敬石:《试论1949年前后历史连续性的"内在关联性"》,载《史林》2018年第6期。
⑤ 王卫平、王玉贵:《新中国成立前后苏州地区企业年奖制度的演变》,载《中国社会科学》2015年第8期。中国的新民主主义革命是从1919年五四运动开始,1949年中华人民共和国的成立则标志着中国新民主主义革命的基本胜利。新旧之别在领导阶级的差异性上体现为,旧民主主义革命由资产阶级所领导,而新民主主义革命是无产阶级领导的,目标是掌握革命领导权,为向社会主义的过渡奠定基础。
⑥ 刘亚娟:《新旧之间:建国初期上海国营鱼市场经纪人制度的改革》,载《史林》2016年第2期。
⑦ 丁俊平、白雪:《新中国成立70年来党的政治建设历程及其特点》,载《新疆师范大学学报》2019年第5期。
⑧ 龚晓莺、王海飞:《新中国成立70年来中国经济发展的世界贡献》,载《福建论坛》2019年第9期。

指导、坚持中华文化创新发展的根本立场,坚持文化探索、选择和创造的时代方位等方面①。

其二,新中国史存在大量"碎片化"的研究。关于这个问题,自社会史引入中国史学研究起便已引起业内学者的热议②。应星除了指出党史研究的"断裂性",也表达过对党史研究"碎片化"的担忧,他认为,在当今的研究中,地方化、细碎化、文化取向成为时尚,研究看起来越来越规范化,却也越来越碎片化。孙英则进一步指出,一些个案研究和微观研究过分执着于历史的细枝末节和琐碎考证,缺乏宏观背景、缺少理论关怀。这样的研究取向会抽象化、片面化和孤立化地评价历史,最终难以形成正确的认识③。

其实,这样的认识来源于宏观政治史和微观社会史不能兼容的成见。从近年的成果来看,无论是政治史中代入社会史,抑或反其道而行之,微观与宏观融合研究都产生了令人瞩目的研究成果。

一是从国家视角审视不同阶层,更突出了群体的政治经历及其影响。新中国成立后,政治社会处于急剧转型期,尤其是国家所主导的社会组织化、政治化和一体化重构,使得一些既定的阶级、群体遭遇了迥然不同于以往的境遇。有些群体依靠组织力量实现了翻身,如部分干部、积极分子④、旧艺人⑤、产婆⑥等。王瀛培的研究揭示了中国存在几千年的产婆如何通过接受改造、训练与管理,获得国家及医学赋予的合法接生员身份与地位的历程。相较于幸运儿,一些社会群体的转型却充满着曲折。例如,对数量庞大且具备管理能力的旧公务人员,中共曾提出"包下来"的政策,但该政策却因为财政支持力度不足而并未得到全面贯彻⑦。有着此类经历

---

① 冯子珈、张新:《新中国成立以来中国共产党文化思想的历史演进及其基本经验》,载《学术论坛》2019年第2期。
② 杨念群:《"地方性知识"、"地方感"与"跨区域研究"的前景》,载《天津社会科学》2004年第6期;赵世瑜:《社会史研究向何处去?》,载《河北学刊》2005年第1期。
③ 孙英:《中共党史研究中的历史思考、现实思考、理论思考》,载《中共党史研究》2018年第2期。
④ 黄利新:《新中国成立初期北京市街道积极分子研究》,载《中共党史研究》2016年第1期。
⑤ 刘素林、韩晓莉:《从旧艺人到新演员:建国初期"戏改"中戏曲表演者的角色转换——以山西为中心的考察》,载《中共党史研究》2016年第9期。
⑥ 王瀛培:《团结与改造:旧产婆到社会主义接生员——以上海为例的讨论》,载《妇女研究论丛》2017年第4期。
⑦ "包下来"是指中共在接管国民政府各个职能机构时,将机构与职员整体接收,不做人员遣散的政策。曹佐燕:《"胜利负担":中共对旧政权公务人员处置政策的演变(1945—1952)》,载《史林》2017年第2期。

的还有"老革命",这些人参加革命虽早但文化程度不高,新政权在建立之初曾提拔过一批"老革命"。但随着大批新干部培养出来,一些"老革命"逐渐地被整顿出干部队伍,并在新政权中逐渐被边缘化①。一些群体沦为失业人员,任云兰考察了1949—1956年天津城市社会救济政策的制定及实践②。

二是从社会视野关照了个体、小事件与大历史和国家权力之间的关系。黄波粼通过展示1949—1954年中共对翁文灏的统战过程,考察了中共对知识分子进行社会整合的机制、路径及效能。就机制而言,翁文灏的统战工作被置于家属、同辈故友和统战组织系统三重关系围圈之中,尤其是同辈故友对翁发挥了政治感化、觉悟提升、建议批评和情感慰藉等作用,是成功推动他实现社会整合的重要因素③。笔者关于上海的读报组的研究发现,读报组虽为群众性组织,但诸如推定发言人、定期公布讨论提纲,以及读后感反馈等设计,使得报纸阅读的内容、方式,甚至阅读的效果都纳入过程管理中,借此中共全面介入与控制了政治社会化目标、内容、过程和效果,达成对市民政治整合的实践路径④。张济顺的研究表明,上海地方政府赋予群众性自治组织——居民委员会——承担公共事务管理与国家基层政治动员的双重职责,前者如协助政府维护治安、治理社会问题等,后者则是通过各种形式宣传党和国家的方针政策、时事政治等,进而实现对上海社会改造和治理⑤。

纵览近二十年基层社会史的研究,本书的研究无论选题、研究内容在今日仍然具有鲜明的学术价值和现实意义,主要的研究结论仍然适用,一些观点为时间和实践所验证。其一,本书成稿过程正处于对单位解体所造成的负面效应进行反思的阶段,西方社区治理理论大行其道,本书明确表达对这些理论及其所主导的社区管理模式的质疑,却苦于在现实中找不到对应的反例。时至今日,基层社会再组织产

---

① 黄伟英:《"老革命"与新政权:以赣南为中心的考察(1949—1956)》,载《中共党史研究》2016年第6期。

② 任云兰:《1949—1956年天津城市社会救济政策的制定及实践》,载《当代中国史研究》2021年第4期。

③ 黄波粼:《新中国成立初期中共实现社会整合的机制、路径及效能——以1949—1954年的翁文灏为中心的分析》,载《党史研究与教学》2015年第5期。翁文灏(1889—1971),曾留学比利时,是我国现代最著名的地质学家之一。

④ 杨丽萍:《新中国成立初期上海的读报组及其政治功效》,载《江苏社会科学》2018年第1期。

⑤ 张济顺:《国家治理的最初社会空间——二十世纪五十年代前期的上海居民委员会》,载《中共党史研究》2015年10期。居民委员会是居民自我管理、自我服务的基层群众性自治组织,是中国城市社会管理的基础。

物——网格化管理——正日益发挥出中国式基层社会治理道路的优越性。其二，本书在成稿时间段里属于宏观和微观相结合的研究。然而，党的十八大以来，随着相关研究视角的下沉，研究内容的丰富，本书所开展的微观研究相比较而言却属于中观层面了。对于当下中国社会治理而言，史学研究不仅要呈现富有地方差异性的独特历史经验，同时，历史上超大型城市社会治理中带有共性的问题，治理中的一般规律更需要中观研究的关照。

四、方法与理论

在大多数研究中，学者们遭遇到的最大困惑，莫过于理论本土化问题①。社会生活内容的无限性和研究方法、理论的有限性，使得研究者在处理某一具体问题时，总是出现似是而非、模棱两可的感觉。在这种情况下，如仅仅局限于既成的研究惯例，就容易陷入捉襟见肘的境地。在无法自成一家、独树一帜的情况下，广泛地吸收其他学科的研究方法，是突破这一障碍的捷径。但仅仅是照搬别家成法，移花接木，虽可以开花结果，但却难免怪物一个。因此，在引入现成理论之前，必须依据研究内容，做出必要的调整和改造，本书对此做出了初步尝试。以下是两个横贯全书的研究方法与理论。

（一）社会利益群体分析法

按照社会分层理论，现代城市社会中的居民，因其职业、财产、社会地位、教育程度、权力与声望等形成一种高低有序的层级分布。其中，职业对于人的社会地位以及权力和声望的影响至关重要，对人群按主要由职业形成的社会地位进行分层，已成为现代学界与历史界基本一致的方法②。然而，1949—1962年的中国社会与任何时期相比都有着很大的不同，社会分层理论虽则依然有效，但理论的局限性却令分析过程产生了很多困难。首先，社会分层的主要参数项是职业，而非单位人群最明显的特质就是无业或者无固定、正式（相对于单位人）职业，要根据主要以职业

---

① 这里的本土化包括两种：一是西方政治、社会学理论中国化的问题；二是各种理论面对具体问题的适用问题。
② 忻平：《从上海发现历史——现代化进程中的上海人及其社会生活》(1927—1937)，上海人民出版社1996年版，第105—106页。

形成的社会地位来判断这一群体的层级属性,显然不具可行性。当然,因此而简单地将非单位人全部归为社会下层,又是过于武断的。事实上,这一群体中间不乏占有大量社会财富和权力、受过良好教育的群体,如休业的资产阶级、高级独立劳动者,等等①。其次,中华人民共和国成立之初,社会分层是以行政力量的调整来实现的,这种人为的社会演进,使得整个社会处于一种空前的结构分化与整合状态。在较短的时期之内,没有哪一个群体的层级分布是固定和常态的,甚至部分群体的社会层级分布会出现朝夕不同的现象。因此,从宏观上很难使用相对稳定的社会分层来描述上海非单位人群的实际情况。有鉴于此,本书决定以利益群体分类法来考察非单位人以及这一群体中的各个小规模群体的组织变迁。

  利益群体(interest group)是政治学、社会学和经济学共同使用的一个概念。不同学科研究的侧重点不同,对于这一概念的使用也存在一定的差别。在西方社会,利益群体被当作一个致力于影响国家政策方向的组织而存在。戴维·杜鲁门认为,利益群体是指一种"在其成员所特有的共同态度的基础上,对社会其他集团提出某种要求"的团体②。国内学者对于"利益群体"的认识大致有两种:一是沿着国外的思路,认为利益群体即压力集团,是指具有特定利益和社会主张的人们,为了维护自己的利益而以压力方式影响政策的制定、修订和实施的政治性社会团体③。从中国社会的实际发展情况来看,所谓的压力集团在规模上和活动能力上都与西方此类群体相去甚远④,把它套用在非单位人身上,显然是不合时宜的。另一种认识,则仅仅是将利益群体当作一种具有相同处境和地位的人的集合。这一观点的持有者以李强为代表,他认为"利益群体"是指在物质利益上或者经济利益上"地位相近的人所构成的群体"⑤。笔者所要关注的利益群体与此有相同之处,但因时空的差距,在范围上又有较大的区别。这是因为,20世纪50年代的非单位人群,其社会成员的地位分化十分严重,笔者所进行的利益群体划分中,是排除了地位这一参项的。

---

  ① 如,私人医生(护理人员)、作家、艺人、经纪人、律师、会计师、资方代理人等。
  ② David B. Truman, *The Government Process: Political Interests and Public Opinion*, Alfred A. Knopf, 1951. 转引自詹国斌:《利益群体在公共政策中的作用及其发展动向》,载《社会》2003年第12期。
  ③ 王浦劬:《政治学基础》,北京大学出版社1995年版,第62页。
  ④ 李若健:《利益群体、组织、制度和产权对城市人口管理的影响》,载《南方人口》2001年第1期。
  ⑤ 李强:《当前中国社会的四个利益群体》,载《学术界》2000年第3期。

本书所指的利益群体,是具有相似处境,并具有共同利益和愿望的人所形成的群体。按照这一标准,在1949—1962年的城市社会中,存在两个基本利益群体,即单位人群和非单位人群。与此同时,在非单位人口中又包含着一个个独立的利益群体,如游民、摊贩、家庭妇女、失业无业人员等。采用利益群体分析法撇开了非单位人群内部及其群体中现实存在着的阶层分化,有助于我们对这一群体进行历时性和共时性、局部和总体的综合把握。

(二)社会调控理论

在政治史视域下,关于中华人民共和国建立后基层社会的研究中最常见的两种理论取向:一是基层政权研究,二是社区研究。两者具有一个共同特点,即更关注于既成事实——对当代基层社会现状的探讨,而缺乏对基层组织现状历史成因强有力的理论解释。采用这些研究取向来探讨20世纪50年代的城市基层社会变迁,不仅仅存在着一个巨大的时差,理论自身的局限性也是一个致命的障碍。以社区研究来说,域内学者多为社会学和政治学工作者,他们惯用的分析框架为国家与社会关系理论①。这些学者普遍提倡国家对社会的干预越小越好,主张建立"小政府、大社会"的模式。就这一理论本身而言,它们依据的大多是西方"市民社会—国家"理论。国家与社会理论在中国本土化过程中,已经为众多学者所诟病。他们质疑的原因在于,这个所谓的市民社会在我国社会发展形态中,很难找到恰当的对应体。国家与社会的疆域究竟在哪里亦是众说纷纭。朱健刚认为,在我国城市基层社会中,国家与社会的疆域难以区分,甚至不存在。"与其说是国家与社会的两个独立实体的分野,不如说在政府与家庭之间有一个公的领域,或者说社会空间。从而构成政府—社会空间—家庭三等图式。"②

笔者认为,这个"三等图式"是民国时期上海城市社会所特有的结构性特点,至于这种结构是否具有普遍性还待考察。然而,中华人民共和国成立之后,社会结构

---

① 参见徐中振主编:《社区发展与现代文明》,上海远东出版社1996年版;卢汉龙:《社区组织重建与基层政权建设》,载《社会科学》1996年第5期;石发勇:《城市社区民主建设与制度性约束:上海市居委会改革个案研究》,载《社会》2005年第2期。

② 朱健刚:《国家、权力与街区空间——当代中国街区权力研究导论》(上),载《中国社会科学季刊》1999年夏季号。关于公领域参见[日]小浜正子:《中国近代都市的"公的领域"》,载《中国近代城市的企业、社会与空间》,上海社会科学院1998年版,第223—256页;[日]小浜正子:《近代上海的公共性与国家》,葛涛译,上海古籍出版社2003年版,第5—10页。

变迁中的最显著的特征之一,就是这个被小浜正子称为"公领域"的社会空间的消失。如果不考虑这一点而僵化地套用国家与社会理论来探讨 20 世纪 50 年代城市基层社会的变迁,虽然不能说全然行不通,但是理论的缺陷也是很明显的。另外,国家与社会理论的持有者普遍都提倡政府越小越好,笔者认为,这是忽略社会发展程度一厢情愿的想法,即使当今上海社会的发展状况也远未成熟到足以支持社会主导型政治稳定的程度①,遑论处于恢复并且发展程度极低的 20 世纪 50 年代。更重要的是,近年来,西方所引以为荣的"大社会小政府"模式在防疫实践中遭遇滑铁卢,而中国基层社会中的网格化管理却体现出极强的适应性和优越性。

  在社会发展过程中,上层建筑的变革,往往意味着社会调控形式的转换。任何处于新旧体制交替的社会,在旧平衡被打破、新平衡正在形成的过程时,都会面临社会调控形式的再选择或者说社会调控体系重构的命题。社会调控即社会学的社会控制,它一直都是政治学和社会学研究的重要内容,两者在研究的价值取向上并无冲突,而政治学一般采用社会调控这一概念。所谓社会调控,是指社会管理机构对运动中的各种社会力量的调节和控制,以使它们能够最大限度地均衡运动,同时避免它们之间的矛盾和冲突危及社会总进程,打破社会发展所需要的稳定结构②。社会调控的内容是一切可以用来实现社会有效调控的因素,即社会资源总量。社会资源总量主体部分是物质性的资源,如自然资源、经济资源、财政资源、人力资源、科技资源等。除此之外,社会资源还可以包括文化资源、价值资源、智力资源、权力资源等。单位是中华人民共和国用于汇集资源并满足国家对资源的强性提取和再分配来满足现代化要求的一种有效中介③。王沪宁认为,单位组织构成了整个社会调控的基本体制,社会调控体制与单位结合在一起,构成了完整的系统,实现了对社会方方面面的调控和管理④。

  笔者认为,社会调控的意义是针对全社会而言的,标准单位虽然是一种有效的

---

  ① 一般认为,政治稳定有两种模式,即政府主导型稳定和社会主导型稳定。社会主导型政治稳定,它强调的是社会、经济、文化各方面充分发展的情况下,政府模式与社会运行模式的相契合。这样,大部分利益冲突在社会层面上就已经得到缓解,而不会影响到政治认同。李征:《简论"政治动员"》,载《河海大学学报》2004 年第 2 期。
  ② 王沪宁:《社会资源总量与社会控制:中国意义》,载《复旦学报》1990 年第 4 期。
  ③ 刘建军:《单位中国:社会调控体系重构中的人、组织与国家》,天津人民出版社 2000 年版,第 62—64 页。
  ④ 王沪宁:《从单位到社会:社会调控体系的再造》,载《公共行政与人力资源》1995 年第 1 期。

调控形式,但以此为基点可付诸调控的社会成员是有限的。在1949—1962年的城市社会中,非单位人较之单位人,数量更为庞大,组织更为涣散,更是社会控制的盲区。在政治统治中,如果令这一群体游离于社会调控体系之外,那后果是不堪设想的。单位研究者仅仅将社会调控体系的基层制度局限于单位一种组织,显然很难对此做出合理解释。无论如何,在人数上占据绝大多数的非单位人口未被纳入调控体之前,社会调控都不能成其为体系。

在有关中华人民共和国建立以来基层社会的研究中,一些学者敏锐地感受到了基层社会中发生的单位化变迁①。毛丹以单位制为描述框架,考察了村落共同体的变迁②,这一大胆的尝试给了笔者很大的启发和勇气。就当时的研究来看,确有部分学者注意到了街居组织的单位化倾向,遗憾的是,大多数学者仅仅是指出了现象本身,却未就此展开深入研究。至于街居组织缘何出现单位化倾向,学者们并没有做出解释。一些研究简单化地将其归结为对单位组织的补充和模仿③,而实际上,街居制度甚至更早于单位制度成形,所谓的模仿前提就是不成立的④。

表面上看起来单位似乎是中华人民共和国建立以后特定时期的特殊产物,实际上,它却是政府在适应社会资源总量不足的现状下,依靠国家的强力和再分配体制,把城市社会纳入现代化进程中的一种前瞻之举。尽管直到20世纪50年代中期单位制度才基本确立,但作为一种组织管理形式,早在延安时代它就已存在。例如,在抗日战争的陕甘宁边区就出现了在基层中央党支部和政府领导下的劳动互助组织,且受到了毛泽东的高度评价,他认为,"如果全边区的劳动力都组织在集体互助的劳动组织之中,全边区一千四百万亩耕地的收获就会增加一倍以上。这种方法将来可推行到全国,在中国经济史上也要大书特书的"⑤。这种管理模式的前提是组织化,即一切活动以有组织的形式向有组织的群体推进。组织化的思维模

---

① 参见华伟:《单位制向社区制的回归——中国城市基层管理体制50年变迁》,载《战略与管理》2000年第1期;郭圣莉:《城市社会重构与新生国家政权建设》,博士学位论文,复旦大学,2005年,第158页。
② 毛丹:《一个村落共同体的变迁——关于尖山下村的单位化的观察与阐释》,学林出版社2000年版。
③ 参见杨荣:《论北京市基层管理体制的历史变迁》,载《北京社会科学》2004年第1期;毛丹:《一个村落共同体的变迁——关于尖山下村的单位化的观察与阐释》,学林出版社2000年版,第5页。
④ 单位组织当然更早,但单位制度直到20世纪50年代中期才形成,而街居制度在1952年已经确立。
⑤《毛泽东文集》第3卷,人民出版社1996年版,第70—71页。

式深刻地影响着中国共产党,党员干部都形成了这样的思维惯式:但凡接触新的工作和环境,都首先将其进行组织化的建构,打造成中国共产党所熟悉的氛围,然后按照既定的原则进行运作。"北平人民从今天的推翻旧政权而获得新政权,到充分地积极地参与和使用这个政权,还需要一个时间,需要一个发动群众革命积极性并使得群众自己组织起来,以至产生联系群众的积极分子的时间。而只要人民群众有组织有纪律地充分积极地参与和使用这个政权,他们就掌握了改造整个社会的钥匙"①。中国共产党进入上海后,面对陌生的城市社会,在毫无其他现成经验可以借鉴的情况下,立刻启用了根据地时期行之有效的管理模式——单位——来对社会进行管理,展开了对城市社会的单位化重组。因此,单位制度一开始就不仅仅是一种社会管理的组织形式,而是被预设为社会调控体系的一个基层体制。

尽管单位制度被设计为中华人民共和国宏大社会重建工程的支撑,但,任何社会工程总是基于物质、社会、人的多样性而无法做到完全把握,单位化的进程一开始就碰到了障碍②。社会生产力在客观上对于单位制本身的扩张提出了限制。换言之,当国家为重构社会调控体系,有计划地用行政方式组织人民,进行单位化建构时,社会生产力却远远不能给国家提供那样的实力,这使得国家无法将全体社会成员都纳入城市公职人员的范围,单位吸纳人口的有限性使得相当一部分社会成员被迫游离于单位之外。单位与非单位的分野同时造就了单位人群和非单位人群两个泾渭分明的社会实体。为了构筑起全方位的社会调控系统,国家不得不对非单位人群持续进行单位化的建构,在此过程中,国家创建了一种准单位或者说单位制度的变体——街居制。这一制度以居住场所为基点,把非单位人口纳入统一的街道、里弄组织,整个体制按照单位的管理模式进行建构。借助这一体制,非单位人口也实现了单位化的管理。街居制度全面确立后,中华人民共和国的社会调控体系也在真正意义上建立了起来。

把街居组织放置于社会调控体系重构这一理论背景下来考察,笔者在前文提到的几个问题便会迎刃而解。本书试图指出,街居组织和单位组织一样都是社会调控体系重构过程中基层社会单位化重组的产物,单位制度为标准组织形式也是

---

① 《为建设人民民主的新北平而奋斗——本报北平版代发刊词》,载《人民日报》1949 年 2 月 4 日。
② 毛丹:《一个村落共同体的变迁——关于尖山下村的单位化的观察与阐释》,学林出版社 2000 年版,第 9 页。

最终目标,而街居组织是单位组织的一种变体,但两者同为社会调控体系的基层制度,街居组织形成发展过程中所出现的一些所谓"反常"现象,例如行政化等,却都是重构社会调控体系所必需的。

五、研究取向

本书尝试以两种视角来对组织化进行关注。无论从理论层面还是实践层面,非单位人都是组织化的主要对象和实际参与者,他们的经历理应成为这一过程的重要组成部分。有鉴于此,本书的线索分为两条:一是关注新政权面对城市权威多元和结构凌乱的局面,如何转换和厘除各种体系外的力量,重构社会调控体系,并进行城市社会整合运动的;二是关注国家对非单位人群的具体组织行为及其结果,也即发生在非单位人群身上以单位化为特点的组织变迁。本书意在通过这两种视角,阐明上海非单位人群组织化的建构过程,解释其组织功能的演变以及转变的部分原因,以期从另一个侧面展现新政府向城市基层社会渗透,以及基层民众和街区权力结构与这种渗透相互冲突和磨合的场景。

第一条线索是以国家对基层管理体制的建构为脉络,主要围绕街区组织和街区权力格局的变迁展开。按照时间顺序可以分为三个阶段。

第一个阶段(1949—1954)破旧立新:组织建构的开始。在这一阶段,国家开始有计划地改变城市基层政权组织形式,对基层社会组织管理模式进行重新建构。首先是废除了原有的基层组织——保甲制度,并逐渐消脱了各种社会中间组织在基层社会管理中的功能。在此基础上,新的基层群众组织纷纷建立起来,承担并分化了原有组织的一些政治社会功能。新的群众组织经过重新组合,形成了统一的街道里弄组织——城市居民委员会。当居委会与街道办事处这一国家行政建制联结之后,街居制度就确立了。街居制度的确立标志着居委会这一自治组织被统合到国家政权系统。这样,街居组织就成为社会调控体系除了单位组织外的另一个基本调控单元。

第二个阶段(1954—1958)激浊扬清:组织的巩固与强化。统一的街道里弄组织居委会虽然成立了,但它在诸多方面不能满足政府调控社会的需要。为此,新政府对整个基层组织集中进行了纯政治性的清理整顿,整顿的目的在于彻底清除街区中原有的统治权力结构。整顿后,街区中既存已久的基层统治权威从街区权力场全面退出,旧的权力结构消失。伴随着城市街区权力模式的转换,社会结构也发生了巨大变迁,国家和民众之间建立了一种全新的关系。与此同时,社会调控体系也完成了时空转换,基层组织日益发展成为有效的社会调控单元。

第三个阶段(1958—1962)过犹不及:基层管理组织的非常态——城市人民公社化运动。城市人民公社化运动是基层社会管理组织顺应工业"大跃进"的需要和潮流出现的一次单位化跃进,是街居组织极端单位化的结果。发展到公社形态,基层管理组织就演变成为一种"政社合一"的政权组织形式,它既是一级政权组织,又是经济、社会生活的统一组织。在街区中,公社全面实行基层行政管理,权力空前膨胀。与此同时,公社还以一种单位化的方式运作,其组织成员被基本实现了单位化的管理。然而,这种急功近利的组织形式和运作方式缺乏必要的资源支持,引起了一系列问题,很快,城市人民公社化运动就走向低潮。城市人民公社撤销以后,基层管理制度又退回到原有的组织形式,但是街道党委却保留了下来。

基层社会管理体制的建构过程反映了中华人民共和国成立之初,城市社会被改造和重组的过程。新政府建立之后,现代国家政权建设即行开始。由于新政府面临的城市存在着严重的权威多元和结构凌乱的局面,这就决定了新政权必须通过社会改造,把离散的社会重新纳入新的政治体系之中,以防止体系外的力量构成对新政权的威胁,阻碍新的现代化战略的推行①。为此,中国共产党首先以根据地时期的单位为模式对城市社会进行了重新组织。当然,这一过程并非一帆风顺,它受到了来自多方面的阻滞,因此,组织化的过程就是破除这些阻滞,实现单位化建构的过程。

首先,资源的短缺及其突破。单位本身是建立在对资源的全面占有之上的,一些场域和条件能够建立单位组织,而另一些则不能。组织化被推进过程中,在工作场所形成了标准单位组织,而以居住场所为主要活动舞台的人和组织却不能被纳入单位组织,最终成为非单位人口。这一群体数量更为庞大而组织更加涣散。如中断对这一群体的单位化,那么即使国家依赖单位组织建立了社会调控网络,这一网络也是局部和断裂的。为了将单位组织所留下的组织空白全部揽下,国家只能

---

① 刘建军:《单位中国:社会调控体系重构中的人、组织与国家》,天津人民出版社2000年版,第8、66页。

通过创设新的组织形式来继续进行城市社会的单位化,街居组织就是在这种形势下走上基层社会舞台的。街居组织建立之后,通过居民委员会组织,非单位人也被纳入政府的组织管理体制内。借助这一组织形式,每一个人都可以投入一定组织里并参与有组织的活动。与此同时,街居组织虽不是一级政府,却发挥着一级政府的实际功能——上传下达,从而使得居委会作为政府和居民之间的桥梁或者说纽带运作着。城市人民公社化运动时期,党的组织系统切入街居组织的行政系统,基层社会管理体制实现了单位化的跃进。街道党委建立后,一切街道里弄居民及其社会事务都统合到党组织的管理之下,这样,行政力量就完全主导了重建后的基层社会控制网络,街居组织成为社会调控体系对非单位人群进行社会调控的有效调控单元。

其次,基层权威格局的阻隔及其消除。在民国时期的城市社会中,保甲组织和社会中间组织构成了整个基层社会的权威格局。中华人民共和国成立之后,基层社会重新组织的目标就是打破这些既存的权威格局。这是因为,城市社会的权威多元和结构凌乱局面,正是这些权威格局的存在所致,当然,整个重组过程中最大的困难也莫过于此。从接管时期,新政府就采取行动废除保甲制度,并对社会中间组织进行重组①。尽管行政力量清除了这些权威格局之所以立足的组织基础和制度基础,但一些无形的权威力量却以各种形式保留了下来。在相当长的一段时间里,这些残留的权力结构依然发挥着作用,而它们的存在,使得国家对城市社会的深入和控制大打折扣。其间,国家曾对此进行了大大小小的数次整顿,但效果欠佳。1954年,国家在经过一段时间的休养之后,发动了一场纯政治性的清理活动。在这场活动中,基层统治权威及其代表人物都经历了一场空前冲击,原有的基层权力结构被彻底瓦解。这一权力结构从社会结构中消失之后,国家和民众之间建立起面对面的关系,国家得以长驱直入地深入社会。

最后,单位化的组织建构。若基层社会单纯以组织化为目的,那么从1949年到1954年五年多的时间,这一建构就实现了。而事实上组织化的建构一直持续到城市人民公社化运动,因此,组织化本身不是目的,而以组织化推进的单位化才是重点。为了实现整个社会的全面单位化,国家不断加强对街居组织单位化的塑造。

---

① 王焰:《彭德怀年谱》,人民出版社1998年版,第422页。

国家之所以要将街居组织也打造成为一个单位组织,不仅仅是出于形式上同一的需要,而是因为这一组织作为社会调控单元的表现远远不如标准单位组织。一方面,非单位人群内部的阶层分化十分严重,街居组织最初未能形成对其所有组织成员的强力吸附,换言之,街居组织虽是非单位人群共有的基层群众组织,但这一组织形式是非常松散的。这也是街区中存在多元权威格局时,街居组织屡屡处于下风的原因。为了改变这一现状,国家将粮食定量供应的中间环节、劳动就业的知情权,特别是户籍管理权交给街居组织,强化街居组织的体制支持。通过这些努力,在事实上造就了非单位人对街居组织的强力依附。另一方面,单位建立的过程也是中国共产党的组织系统和单位行政系统相结合的过程,街居组织虽被纳入了国家行政系统,但直到城市人民公社化运动兴起,中国共产党的组织系统也没有切入基层管理体制内部。城市人民公社化运动为街居组织向单位组织迈进提供了契机,街道党委建立后,中国共产党终于如愿以偿地将组织系统楔入基层管理体制。尽管在城市人民公社引起了一系列失控现象之后,基层管理组织又退回到街居组织的形态,但党政一体格局却保留了下来。由此而言,街居组织一直以来存在的行政化倾向并非偶然,它是国家对街居组织进行行政建设的必然产物。最终,通过这一建设,居委会发展成为国家的一级执行机构,而街居组织成为事实上的一级政权。

以上是从国家视野下对城市社会重构,即对基层社会管理体制的组织结构和制度建构的关注。

本书的另一条线索则考察国家对非单位人群的具体组织行为,以及基层民众的组织化经历。本书列举了四种主要的组织化模式,并对非单位人群回应国家组织化意图的情况进行了分析,依次如下。

第一,异质性的消解。消解社会异质性是国家统治的永恒主题[1],对于中国共产党而言尤为重要。20世纪50年代的上海,是全国现代化程度最高、西化最深的大城市。同时其社会问题盘根错节,丑恶阴暗势力潜伏,又被称为"世界污水沟"[2]。从接管时期,中国共产党就决意对其进行全面的改造,改造的主要方式之一就是对

---

[1] 本书设定的社会异质性是指社会中存在的破坏社会结构各个部分亲和力而容易导致社会混乱和无序的群体或者因素。

[2] 当代中国人物传记丛书编辑部:《陈毅传》,当代中国出版社1991年版,第475页。

社会中存在的各种异质性进行消解。这种消解具有普遍性,不局限于哪一类现象或者哪一个群体,也就是说,凡社会异质性都属于改造之列。从游民收容与改造来看,由于国家政权的强力楔入,面对这一不可逆转的组织化意图,游民不得不进行自我角色的转换。由于接受政府的组织意图,就有可能获得新的身份而走入主流社会,因此,对于政府的改造,游民报以积极态度,最终从异质性群体转变为社会主义国家的劳动者。

第二,组织生态的再造。国家最终的目标是将城市社会打造成为一个高度同一的单位社会,并以单位组织为调控单元实现对社会的高度整合。为了完成这一目标,国家就必须首先对整个城市社会进行单位化的组织建构,并尽可能广泛地把社会群体纳入组织范围之内。为了达到这种广泛性,还必须采取措施防止反组织现象的发生。而组织过程存在着利益交换和规则协商的问题,行政力量推导的组织化在事实上造就了一个不对等的利益交换和协商关系,一些群体对此表示了抗拒,摊贩就是这样一个典型。这一群体在面对政府的组织意图时,没有适时地进行角色转换,表现出较强的反组织倾向。在这种情况下,政府就借助正在形成中的社会调控体系再造其组织生态,对摊贩进行强制组织化。最终摊贩在强势组织化氛围中被统合进国家行政管理体系,其自身的发展越来越多地服从于国家和组织发展的需要。

第三,资源的强力提取。重构社会调控体系的意义在于国家可以借助这一体系提取一切资源进行现代化建设。其所要提取的不仅仅是物质性资源还包括非物质性资源,对于非单位人而言则主要是劳动力资源和价值资源。中华人民共和国成立伊始,为了巩固政权,国家必须通过对资源的强力提取和分配来满足现代化的要求,单位化是这一重要战略的产物。无论单位还是街居组织都被设计为国家政权的一部分,直接承担着汇集资源并支撑整个政治体系的功能。当社会成员被纳入各种单位以及单位化组织之后,国家就通过这类调控单元对社会成员进行各种资源的提取。家庭妇女在面对这一组织意图时,表现出前所未有的积极态度。她们不仅响应中国共产党和政府的号召广泛地参与了一切领域的社会活动,并且对中国共产党和政府表现出高度的政治认同。

第四,制度化的组织安排。组织化的目的在于形成规则,并令社会成员按照组织规则行事。当中国共产党按照单位模式重构社会时,即希望社会生活能够都按照中国共产党设定的组织规则来运作。当这一组织意图因具体条件而延搁之后,国家就首先把主要的社会活动进行了制度化的组织安排。为此,国家一方面制定了许多制度化的组织规程,一方面清除妨碍组织化的因素和环节,最终令主要社会活动沿着组织的安排进行。由失业人员的案例可以看到,当一些主要社会活动被进行制度化的组织安排以后,非单位人群游移于体制外的可能性大大减少,为了获得一些有限而宝贵的资源,社会成员毫无例外都必须依照组织安排行事。

面对国家的组织化意图,大多数非单位人都顺应组织化潮流进行了自我角色转换,最终顺应了新政权设定下的生活模式。国家在对非单位人群进行组织化时,之所以没有遭遇多少阻碍,是因为社会调控体系在建立过程中就具有强大的动员力和整合力。

第一章　非单位人群组织化的兴起

伴随着城市化和工业化的浪潮，城市人口不断发生着分化。基于社会分工的不同，城市人口一直都存在着在业和非在业的区别。上海自开埠以来逐步发展成为全国经济文化中心，人口高度集中，但由于社会经济总体发展程度不高，非在业人口在城市社会中一直占有较大比重，且为数众多。中华人民共和国成立之后，城市人口又有了新的分化，出现了单位和非单位的分野。非单位人是国家单位以外的人口，其主体由城市中的非在业人口以及初次单位化后形成的无单位归属的在业人口构成。非单位人群的阶层分化十分严重，组织涣散，或身陷各种非正式的控制网络，是新国家的控制盲区。为了提高对非单位人群的控制，政府对非单位人群采取组织化的改造。

组织化实际上伴随着中国革命历程的始终。中国共产党的组织化理念源于马克思恩格斯的政党理论，最初只是用来指导建党和革命，通过成功的实践检验，发展成为中国共产党的基本领导方法和执政方式。延安时期是中国共产党组织化理念发展的一个关键时期，单位这种组织管理模式就是在这时期出现的。随着革命事业不断取得胜利，中国共产党的工作重心由农村转向城市，工作任务也由武装革命转为建设性革命。中华人民共和国成立之后，作为执政党首先要解决的就是政治稳定和经济发展问题。然而，20世纪50年代新政府所处的政治、经济环境又是极为险峻的。面对百废待兴的现实，中国共产党通过行政力量将根据地制度与新政府的社会体制结合起来，从而使得整个城市社会出现了一个单位化的重组过程，单位制度应运而生。这一制度是集政治稳定、经济发展功能于一体的一种综合性社会管理组织，也是新国家社会调控体系的基层制度。在这一过程中，基于资源的限制，一部分社会成员难以进入单位体制之内，成为非单位人群。出于对社会的全面控制以及完善社会调控体系的目的，国家不得不对这一群体进行持续的单位化组织建构。

第一节 非单位人群的概况

近代以来,上海就充当了中国工业化的领头羊。在它成为吸纳物资、劳动力的大型交易市场的同时,城市人口激增。而伴随着工业化的进程,城市人口亦不断发生分化。按照是否从事经济活动,可将城市人口划分为在业和非在业两个部分。由于整个近代中国的现代化程度总体低下,上海城市化和现代化发展严重失衡,非在业人群一直在城市人口中占有较大的比重。中华人民共和国成立之后,在城市接管和公有化运动中,一些在业人员因过于分散无法集中管理等原因,未被纳入单位组织内,成为无单位归属的在业者。这些无单位归属的在业人员和其他非在业人员都被排除在国家单位之外,于是构成了城市社会中除单位人以外的另一个主要群体——非单位人。在1949—1962年期间,上海非单位人群的数量一直高于单位人群。同时,这一群体内部阶层分化十分严重,无组织,或者身陷各种非正式的社会控制网,是社会调控的盲区,从而成为新政府组织改造的重点。

一、非单位人群的形成

随着上海多功能中心城市地位的确立,其集聚效应表现的日益强烈,吸引人口的力量越来越大。纵观上海历史,在开埠100多年的时间里,除个别年份外,上海人口始终呈递增态势。到1949年,上海已经是中国最大的工商业城市和经济文化中心,拥有人口500万余人(见表1-1)。

表1-1 上海市历年人口统计表(1840—1955年) （单位:人）

1840—1948年				1949年—1955年7月	
年别	人数	年别	人数	年别	人数
1840年	505 609	1925年	2 760 000	1949年	5 029 160
1885年	1 069 000	1930年	3 175 000	1950年	4 927 265

续　表

| 1840—1948 年 |||| 1949 年—1955 年 7 月 ||
年　别	人　数	年　别	人　数	年　别	人　数
1890 年	1 135 000	1935 年	3 685 000	1951 年	5 521 977
1895 年	1 245 000	1940 年	3 925 000	1952 年	5 726 305
1900 年	1 345 000	1942 年	4 022 000	1953 年	6 134 197
1905 年	1 500 000	1946 年	3 830 039	1954 年	6 601 207
1915 年	2 000 000	1947 年	4 494 390	1955 年 5 月	6 735 695
1920 年	2 313 000	1948 年	5 406 644	1955 年 7 月	6 595 640

资料来源：《上海市人口规划的初步意见》(草稿)，1955 年，上海市档案馆，B25—1—1。

　　伴随着城市化的进程，城市人口基于社会分工而不断分化。现代工业文明兴起之后，城市产业日益结构化，进一步加剧了城市人口的分化。从大的方面来说，这种分化主要是在业和非在业的区别。在传统社会中，"士农工商"构成了对在业人口最基本的职业分类，而非在业人口则主要以其自然属性来划分，如老人、少年儿童、家庭妇女等。随着现代生产力和社会分工的不断发展，人们的经济活动日益复杂与广泛，城市人口的类型更趋多元化。工业化和城市化的合力首先突破了传统的职业构成，四种基础职业结构中的"农"从城市社会中逐渐减少，而一些新的职业如雨后春笋般出现，如买办、资本家，以及为数众多的产业工人。这些"新质的"职业最早出现于外国人开办的银行、洋行以及机器工业中[1]，他们一经产生，就迅速扩张着自己的规模和影响力。1863 年，洪盛机器碾米厂创办，这是上海最早出现的一家民族资本主义企业[2]。1881—1891 年间，上海新增加了 24 家民族资本主义工业企业。随着上海机器工业的增加，产业工人队伍迅速壮大，1894 年，上海产业工

---

[1] 忻平：《从上海发现历史——现代化进程中的上海人及其社会生活》(1927—1937)，上海人民出版社 1996 年版，第 81 页。
[2] 关于我国民族资本机器工业始于何时，迄无定论。一般认为，建于 1866 年的发昌机器厂是上海也是我国最早的民族机器工业(中国资本主义工商业史料丛刊：《上海民族及其工业》上册，中华书局 1966 年版，第 74 页)。邹依仁则认为洪盛机器碾米厂为最早(邹依仁：《旧上海人口变迁的研究》，上海人民出版社 1980 年版，第 30 页)。

人的数量是 36 220 人,到 1928 年,上海纺织等八大行业已拥有产业工人 223 681 人①。

继各种新质职业出现之后,城市社会中有了失业、无业这样的人口类型。随着在业人口的激增,其职业分化同时引发了非在业人口的类型变化。20 世纪 30 年代前期,上海机器工业经历了一个时期的衰败,产生了大量失业无业人口②。据统计,1930 年上海"华界"失业或无业的人口共计 30 余万人,占到"华界"总人口的 18%,1936 年虽有下降,但仍然占到 15.47%。若加上同时期未参加经济活动的老弱病残、少年儿童、家庭妇女,城市中非在业人口的规模应该是相当可观的。以 1935 年来说,上海人口共计 369.7 万人,而非在业人口就有 94.77 万人,占到总人口的 25.6%③。抗日战争和解放战争期间,上海工商业萧条失业现象严重。如,解放战争期间,沪东区机器业在业人员为 1 849 人,而失业 8 618 人,炼钢业在业者仅为 227 人,而失业者达 5 780 人④。而在此期间,城市人口除 1945 年有一次下降之外始终处于递增势头,从 1937 年到 1949 年,全市人口增加了 160 多万人⑤。这些都使得城市人口中非在业人口的比重不断上升,到 1950 年,全上海 500 万人口中,在业者 206 万余人,仅占总人口的 40%⑥,其余近 300 万人口,为丧失或者不具有劳动力者、失业、无业人员以及家庭妇女等等。

如表 1-2 上海市民职业统计所示,按照是否从事经济活动,城市人口可划分为在业和非在业两部分。其中在业人员的职业构成主要是农作、园艺、畜养、渔盐,工业、手工业、饮食业、金融业、商业、交通运输业、教育文化卫生社会事业、国家机关、家庭佣工、宗教事业、其他职业等。非在业人员主要是在校学生(15 岁以上)、家庭劳动者、失业无业者。尽管表中显示的在业职业分化程度较之非在业要高得多,但在业人员的人数并不占优势,就表中列举的 6 个区来看,在业人员占其总人口的比

---

① 邹依仁:《旧上海人口变迁的研究》,上海人民出版社 1980 年版,第 30 页。
② 《前中兴铁工厂资本家陈炳勋访问记录(1961 年 6 月 8 日)》,转引中国资本主义工商业史料丛刊:《上海民族机器工业》下册,中华书局 1966 年版,第 508 页。
③ 陶冶:《近半个世纪上海城市职业构成的演变和三四十年代人口的经济属性再探讨》,载《上海研究论丛》第 8 辑,上海人民出版社 1993 年版,根据表 2 核算。
④ 《生活知识》1946 年 5 月 29 日第 2 期,转引自中国资本主义工商业史料丛刊:《上海民族机器工业》下册,中华书局 1966 年版,第 508 页。
⑤ 邹依仁:《旧上海人口变迁的研究》,上海人民出版社 1980 年版,第 31 页。
⑥ 同上书,第 104 页。

表1-2 上海市市民职业统计表（1950年3月）

（单位：人）

区别	性别	全区人口	15岁以上人口	在业人口共计	农作、园艺、畜养、渔盐	工业	手工业	饮食业	商业	金融业	交通运输业	教育文化卫生社会事业	国家机关	自由职业者	家庭佣工	宗教事业	其他职业	在校学生（15岁以上）	家庭劳动 失业 无业
北站	男	134 376	95 774	86 733	155	10 489	14 420	3 117	37 653	1 306	12 941	496	2 191	1 879	699	89	1 290	3 920	5 121
	女	103 954	71 824	9 012	18	2 664	1 191	4	1 434	25	137	101	149	753	2 379	19	124	2 167	60 645
虹口	男	101 009	71 409	91 605	52	8 006	9 175	2 274	27 298	1 226	6 258	978	3 064	2 035	837	87	315	6 659	3 140
	女	80 089	54 474	8 341	3	1 519	415	4	866	71	121	436	271	830	3 713	70	22	4 181	41 952
北四川路	男	74 005	50 972	43 950	551	6 449	5 532	1 512	13 643	1 745	8 134	977	2 435	1 841	511	45	576	3 788	3 234
	女	63 856	43 762	6 889	156	1 246	300	9	584	154	200	358	257	795	2 700	26	104	2 343	34 530
提篮桥	男	159 771	111 724	99 776	462	18 570	15 806	1 843	34 318	570	20 308	731	3 459	1 509	874	108	1 219	5 183	6 765
	女	125 372	84 839	11 757	72	5 835	797	3	1 592	22	125	126	343	527	2 216	45	54	2 612	70 470
榆林	男	113 942	79 035	71 088	728	26 510	7 896	1 759	19 731	190	9 889	253	2 061	1 051	452	100	468	2 338	5 609
	女	96 658	67 007	19 489	46	15 837	537	—	934	6	28	59	112	390	1 444	40	56	969	46 549
杨树浦	男	72 209	49 848	43 949	1 132	18 051	5 392	523	10 837	100	3 850	236	1 838	1 091	159	31	254	2 152	4 202
	女	65 886	46 323	18 233	54	15 698	353	—	398	5	21	61	101	448	1 022	17	55	787	27 350
市区小计	合计	839 763	564 703	360 557	122 070	75 428	27 903	101 265	9 493	310	41 910	2 559	7 732	6 225	3 555	1 085	2 171	16 568	187 578
	男	430 134	285 064	251 959	64 154	39 725	25 377	10 111	53 151	297	41 050	2 173	7 307	4 790	1 377	765	1 712	12 552	20 553
	女	409 629	279 639	108 598	57 916	35 703	2 526	15	6 342	13	860	416	415	1 435	2 178	320	459	4 016	167 025

重不过42.9%。同时，表1-2所列举的几个区都在市中心，劳动就业率普遍较高，若从全市范围来看，在业人员所占的比重应当更低，即，非在业人口占的比重更大。由表1-3亦可看到，从1949年到1956年间，全市人口在业人口所占的比重不足40%，而非在业人口最多时几近2/3。

表1-3 上海人口统计表(1949—1956年)

	1949年	1950年	1952年	1953年	1954年	1955年	1956年
年末总人口数(人)	5 029 160	4 927 265	5 726 305	6 152 429	6 627 050	6 231 027	6 349 365
非在业人口(人)	3 179 160	2 987 265	3 577 456	3 934 281	4 335 102	4 077 789	3 962 103
所占比例(%)	63.2	60.6	62.5	63.9	65.4	65.4	62.4

注：由于1949年和1950年的劳动就业人数为概数，即分别为185万人、194万人，故未劳动就业人口也为概数。

资料来源：① 上海市统计局编：《上海市国民经济统计(初稿)》(1949—1956)1957年10月印发，第7、117页；② 邹依仁：《旧上海人口变迁的研究》，上海人民出版社1980年版，第104页。

如上文所分析，城市人口伴随着工业化而不断发生着分化。1949年上海接管，政治格局的转换，促使城市人口突发重大分化，非在业人群在属性上有了新的走向，它和无单位归属的在业人口共同构成了一个新的群体——非单位人群。1949年5月27日，中国共产党全面接管了上海。吸取解放战争时期城市接管的经验和教训，整个上海的接管采用了"按照系统，整套接收、调查研究，逐渐改造"的方针政策①。所谓"按照系统"，即按照军事、政务、财经、文教四大部门或系统接收；而"整套接收"，即按照原有部门，从机构设置到人员原封不动地接收过来，以求不影响原来的工作与业务的继续，保持城市社会的正常运转。按照这一方针，城市的接管主要以四个方面展开：① 军事接管工作(从略)。② 政务接收工作。政务接管委员会接收了原市政府所属的以下单位：财政、卫生、工务、公用、教育、地政、民政、公安、社会等9个局，秘书、人事、调查、会计、新闻、外事、总务、交际等10个处。这些单位共计有工作人员近5万人，其中95%以上均留原职位照常工作，听候处理

---

① "按照系统，整套接收"的城市接管方针是由陈云在接收沈阳时候提出，此后被推广至所有新解放的城市接管工作，当然根据接管城市的具体情况会有所差别，但八字方针是核心。

和再次任用①。此外,接管委员会还接收了20个市区公所、10个郊区公所,以及法院、检察院、监狱等司法机关11个部门②。③ 财经接收工作。财经接收工作是把原国民党市府范围内及中央驻沪机构统一起来进行接管。共计接收银行、工厂、仓库等机构411个单位,服务于这些单位的职员共计153 000余人。当时对私营企业和外商企业未接收,但对外商企业进行了军事管制。④ 文化接收。文化接收工作的具体情况是:高等教育方面接收了大专院校26个单位,共计有教授、研究员、讲师、助教和职员2 796人,学生8 109人。市属教育方面接收公立学校和教育机关共503个单位,教职员工5 517人,学生176 412人。新闻出版方面接收和实行军管的共有58个单位,共有人员1 314人。文艺方面接收13个单位,人员计338人。在接管过程中,对各种私立大、中、小学和私营文化单位没有进行接收,也没有实行军管③。

接管后,上海客观上形成了这样的格局,即:上述实施了接收和军事管制的军事、政治、经济、文化组织机构,转变成为中华人民共和国的国民经济部门,也就是最早和最基本的单位实体,而其中的在职员工,包括"留用人员"④,即为单位人,他们构成了中华人民共和国单位人的主体(见表1-4)。

表1-4 国民经济各部门职工年末人数表(1949—1956年) (单位:人)

	1949年	1950年	1951年	1952年	1953年	1954年	1955年	1956年
总计	940 228	994 265	1 156 536	1 258 560	1 337 307	1 361 400	1 313 813	1 705 042
工业	508 292	524 327	632 343	709 944	773 376	794 962	771 495	970 188
基本建设	39 224	39 850	54 994	68 572	84 225	63 584	48 839	75 716
农业水利气象	1 331	1 560	1 657	1 645	1 551	1 701	2 615	5 228

---

① 一说49 000余人(中共上海市委党史研究室:《接管上海》下卷,中国广播电视出版社1993年版,第86页),一说45 000多人(《关于上海市政工作概况报告》,载《新民晚报》1950年2月4日)。
② 中共上海市委党史研究室:《接管上海》下卷,中国广播电视出版社1993年版,第90页。
③《上海市军管会和人民政府六七两月的工作报告》,载《文汇报》1949年8月7日。
④ 用"留用人员"来称呼公营机构的新旧人员一度引发争议,市政府于是统一规定称新干部或老干部(《链霉素译名太难认,象棋摊骗钱花样多》,载《新民晚报》1950年8月31日)。

续 表

	1949年	1950年	1951年	1952年	1953年	1954年	1955年	1956年
交通建设及邮电	50 717	52 425	50 300	56 921	66 260	80 012	79 669	84 864
商业	153 098	175 506	186 161	176 033	153 925	152 954	140 081	239 680
饮食业	14 882	22 345	25 299	23 988	23 493	22 803	18 840	18 512
银行保险	21 171	11 787	16 083	19 939	21 208	20 868	19 364	15 045
文教卫生科学	52 492	63 828	74 148	82 053	90 802	101 508	96 753	133 242
公用事业	68 504	61 682	60 716	66 166	66 378	58 259	55 467	74 942
机关及党团体	30 577	40 954	54 835	52 299	54 089	62 749	76 798	82 183
其他	—	—	—	1 000	2 000	2 000	3 892	5 442

注：部门分类是以独立的企业、事业的性质来划分的，因此工业部门中不包括商业企业、文教事业及公用事业的自来水厂、煤气厂等不独立核算盈亏的工业单位，基本建设包括承建企业、独立的自营基建单位及勘查涉及单位；公用事业中包括服务业；其他系指物资供销机构及社会救济事业单位，在1956年的职工人数中还包括公私合营企业中的实职资方及其代理人人数，其余各年则均未包括在内。

资料来源：上海市统计局编：《上海市国民经济统计（初稿）》(1949—1956)，1957年印发，第118页，上海市图书馆藏。

正如附注中所反映的，整个表1-4的统计口径并不一致。到1956年时，公私合营企业中的实职资方及其代理人也被统计到国民经济各部门的职工人数之中。实际上在此之前，伴随着国有化和社会主义改造的进行，具有一定规模的私营企业以及外资企业都被逐渐纳入国民经济体制内部，因此，单位实体既包括国有经济部门，也包括集体经济单位，还包括部分正在形成中的过渡形态的经济单位。当然，也有一部分私有经济成分因其规模小且太过分散，无法进行单位化的集中接收和管理，遂使其从业人员成为无单位归属的在业人口。这些人口和非在业人口都游离于单位实体之外，构成了一个相对单位人而存在的庞大群体——非单位人。由此可见，以单位为单元进行的城市接管和国有化运动，实际上是城市社会的一次单位化重新组织,这次重组客观上造成了城市社会的整合与分化,而城市人口也相应地被整合与分化为两个大的群落:单位人和非单位人。

就非单位人的基本构成来看,这一群体除了包括非在业人口以外,还包括了无单位归属的在业人员。从1949年到1962年,上海非单位人群中的非在业人口大体类型有:① 家属,包括料理家务者、学生及学员;宗教工作者;② 无业者,包括18岁以上仍未就业者、失业人员;③ 边缘人,包括乞丐、流氓、娼妓。无单位归属的在业人口的职业包括:① 自由职业者,包括私人医生、艺人、经纪人、资方代理人等;② 临时或长期从事商贩活动的人口,摊贩、行商、小手工业者、小工商业主、小房产主及车船主等;③ 无正当职业者,包括从事迷信职业者、舞女。若按照年龄,又可将非单位人群划分为劳动年龄人口和非劳动年龄人口,劳动年龄人口概指16—60岁的人口,非劳动年龄人口即老人和少年儿童,同样,根据职业和地位等又可将处于劳动年龄的非单位人群做出许多细小的划分。

就以上情况来看,对非单位人群进行一般性的类型分析是十分困难的。原因有三:首先,若仅仅以无单位归属的在业人员和非在业人员,或者以劳动年龄人口和非劳动年龄人口两个大的类型来对非单位人群进行研究,则研究必然会出现空泛无实的现象;其次,若具体到两个类型下的各种职业和非职业分化,这一群体的阶层分化又过于复杂。原因是整个群体本就存在着上、中、下三个层次的人群,就是同一个职业类别也存在这样的分化,如此一来,研究本身可能会陷入无穷尽的细节中无法自拔。最后,1949—1962年是中国社会极速转型时期,社会从多元化向同一化发展,在此过程中,一些职业和阶层消失,例如多数自由职业者都转变为单位人,而边缘人也作为社会异质被改造等。按照职业和阶层类别来分析非单位人群,很难反映出非单位人群组织化的全貌。

众所周知,利益关系是社会生活中的本质性关系,利益整合构成了国家统治的核心内容。衡量再三,本书决定采用利益群体分类法,即:按照人们在社会生活中不同的处境、共同利益和愿望,把非单位人群划分为游民、摊贩、家庭妇女、无业失业等不同的利益群体。当然,这种划分方式也不能一劳永逸地解决所有问题,但它提升了本研究的可操作性,以此而言,利益群体分析法或者能为我们洞悉20世纪50年代的上海社会变迁打开一片新的天地。

二、非单位人群的总数及其变化特点

表1-5虽然还不够完整,但基本上可以反映出1949—1962年上海整个非单位人群的规模。

表1-5 新中国成立初期上海单位、非单位人数统计表(1949—1962年)

(单位: 万人)

年 份	市区总人口	职工人数			非单位人人数
		合 计	国有经济单位	城镇集体经济单位	
1949	452.43	98.17	—	—	354.26
1950	453.10	104.97	104.97	—	348.13
1951	509.23	121.48	121.48	—	387.75
1952	530.29	141.38	132.64	8.74	388.91
1953	569.17	151.84	140.85	10.99	417.33
1954	608.46	156.55	142.25	14.30	451.91
1955	572.37	153.79	138.85	14.94	418.58
1956	584.85	195.83	172.80	23.03	389.02
1957	634.35	211.78	174.66	37.12	422.57
1958	614.76	253.87	223.29	30.58	360.89
1959	629.32	267.54	224.98	42.56	361.78
1960	644.80	285.95	223.43	62.52	358.85
1961	641.21	264.40	206.98	57.42	376.81
1962	635.84	233.33	188.20	45.13	402.51

资料来源: ① 李家齐主编,《上海工运志》编纂委员会编:《上海工运志》,上海社会科学院出版社1997年版,第347页。② 胡焕庸:《中国人口·上海分册》,中国财政经济出版社1987年版,第66页。

第一章 非单位人群组织化的兴起　39

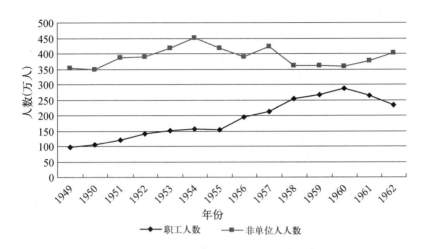

图 1-1　新中国成立初期上海单位、非单位人数变化趋势图(1949—1962 年)
资料来源：表 1-5 的导出图。

从表 1-5 和图 1-1 可以发现三个特点。

特点一：从 1949 年到 1962 年，上海非单位人的数量始终多于单位人。这是中华人民共和国成立之初上海人口的基本特点，即非单位人口在城市人口中所占的比重更大。多种材料显示：在 1955 年以前，上海非单位人在城市人口中占到了 2/3。如，据 1951 年城市居民委员会未正式组建之前的统计，当时称之为"有组织人口"的包括工会会员 897 000 多人，妇女、青年 12 000 多人，约占人口的 1/3；其余为职工家属、失学失业青年以及其他小生产者、独立劳动者等，约 2/3，分布在各街道里弄，与有组织人口(单位人)交叉居住着①。这里的"其余"人口实际上就是指非单位人。再如，"上海当时在生产、工作、学习等单位中加入集体组织的约 230 万人，占全市人口的 40%；其余人口中，除老弱幼童约 120 万人外，约占全市人口 1/3 的主要是家庭妇女、失业人员、摊贩、独立劳动者以及其他人员"②。这里"其余人口"包括"老弱幼童"和另外"全市人口的三分之一"，共计占到总人口的 60%，也接近 2/3。再如，1955 年的统计中，"非在业人口包括儿童、学生、老人，一般无劳动力、失

---

① 《1951 年街道里弄组织工作总结及今后任务的报告》，上海市档案馆，B168—1—765。
② 朱国明：《上海：从废保甲到居民委员会的诞生》，载《档案与史学》2002 年第 2 期。

业和临时人口约440万余人,占总人口的62.93%"①,基本上还是2/3的范围。由此可见,尽管在单位化进程中,人们对于单位和非单位的概念还都不明确,但已习惯上将城市人口以单位为界划分成为两个部分。当然,若笼统地认为这一时段的非单位人口比重占城市人口2/3也并不准确,从图1-1看,在1955年之前,非单位人在总人口中所占的比重是高于2/3的,大约为4/5,1955年之后,非单位人在总人口中的比重开始明显下降,最小时仅略高于1/2。

特点二:从1949年到1962年,单位人与非单位人之间总的趋势是差距逐渐缩小。在人口总数不发生改变的情况下,就业率越高,则单位人越多,非单位人越少;同样以不变人口而言,若非单位人口高于单位人口,则随着就业率的提高,两者之间的落差会日益缩小,反之,单位人口高于非单位人口,则就业率越高,两者之间的反差越大。20世纪50年代的上海属于前一种情况。如图1-1所示,随着时间的推移,非单位人与单位之间的落差处于一种逐渐缩小的趋势。这是因为,随着社会主义改造的进行,上海失业问题逐步缓解,甚至出现劳动力短缺的现象。特别是大跃进时期,就业率提高,单位吸纳了大量劳动力,单位人口增加得很快。因此,在1959年后,非单位人在总人口中所占的比重有了较为明显的下降,非单位人口数几乎和单位人持平。

特点三:从1949年到1962年,单位人与非单位人的发展呈现出非均衡发展趋向。从图1-1看,非单位人的比重并不总是随着单位人口的变动而变动,特别是在1955年,非单位人口和单位人口同时下降,这显然与就业率无关。综合考察这一时期上海人口变化情况,就会发现图1-1所反映出来的不均衡发展现象,主要是受人口迁移的影响②。中华人民共和国成立不久,政局尚未完全稳定,特别是失业现象严重,故有大量人口迁出上海。笔者虽无法确认这些迁出者的身份,但估计大部分迁出者都是难以谋生的非单位人员。正因为非单位人口的大量迁出,因此在就业率较低的情况下,非单位人口的比重仍然出现了下降的现象。1951年开始,上海社会秩序日益稳定,人口大量迁入的情况再度出现。1951年上海迁入人口高达100.4万人,创历史之最,此后几年一直保持猛增势头③。尽管此后几年,特别是1953年

---

① 《上海市人口办公室关于上海市紧缩人口的规划、指示、计划》,上海市档案馆,B2511。
② 参见拙文《建国初期上海控制人口迁移工作述论》,载当代上海研究所、上海市地方志学会编:《当代上海研究论丛》第1辑,上海社会科学院出版社2005年版,第196—210页。
③ 《上海市人口办公室关于上海市紧缩人口的规划、指示、计划》,上海市档案馆,B25—1—1。

就业率有了较大提高("一五"计划展开),但人口的大量迁入,特别是在迁入人口中又以无业人口为主,最终化解了就业率提高对单位人比重的提升。这就是从1951年开始上海就业率一直在提高,或者说单位人口数量一直在增加,而非单位人的比重却没有因此而下降的原因。

由于历年来人口的过度膨胀,导致了城市发展负担过重。1955年,上海人口较之1950年1月人口普查时增加了197万余人,出生和死亡相抵约增长90余万之外,迁入和迁出相抵约增加100余万人。据调查显示,外地流入上海的人口中,大部分都是农村人口,他们羡慕"上海市面繁荣",认为生活好"混"而盲目流入①。《关于逐步紧缩上海人口的宣传提纲》指出:"上海人口臃肿不合理状况","不利于国家社会之建设",上海市政府认为:必须采取坚决的步骤,积极地、有计划地紧缩人口,逐步改变目前人口臃肿的状况②。从1955年,上海市政府开始厉行人口紧缩政策。紧缩主要通过组织迁出来进行,组织对象既包括非单位人口,也包括单位人口。前者以疏散的形式迁出,从1955年8月1日至10日,仅游民就有81 000余人被疏散回乡③。从1955年到1957年底,全上海离城回乡净迁出人口达79.7万人④,这其中当然以非单位人口为主。而单位人主要以技术援助的形式迁出,据统计,从1953年到1956年,上海支援重点建设项目的职工有21万人,其中4级以上的熟练工就有8.2万余名,他们被组织起来分别前往新疆、吉林、河南等技术力量薄弱地区支援国家工业化建设⑤,这些人中间,既有失业者,也有组织抽调的职工。正因为如此,在人口迁出最多的1955年就出现了非单位人和单位人数同时下降的现象。

三、非单位人群的社会构成

人口的社会构成能够反映出人口与城市社会发展的关系及影响。人口的社会构成包括年龄构成、性别构成、文化构成以及籍贯、职业构成等。本书仅就非单位

---

① 《为什么要动员农民回乡生产》,载《文汇报》1955年8月16日。
② 《上海市人口办公室关于上海市紧缩人口的规划、指示、计划》,上海市档案馆,B25—1—1。
③ 《为什么要动员农民回乡生产》,载《文汇报》1955年8月16日。
④ 上海市统计局编:《上海市统计年鉴(1986)》,上海人民出版社1987年版,第58页。
⑤ 上海市总工会编:《上海工运志》(内部本),1995年版。转引熊月之主编:《上海通史》卷13,上海人民出版社1999年版,第147页。

人的年龄构成、性别构成、文化构成展开分析。1949—1962 年是中国历史上一段非比寻常的发展阶段,上海人口变迁的特点亦是极为特殊的,这些都使得上海非单位人群的社会构成展示出一些非常态的特征。

(一) 年龄构成

一般而言,所有 61 岁以上的人口和 16 岁以下的人口都属于非单位人口,故非单位人口应以非劳动年龄人口为主。然而,限于特定的时代和地域特点,上海非单位人口的年龄构成并未体现出这一常规特征。

根据表 1-6,在 1953 年,16 岁以下人口占总人口的 36.1%,1955 年占到 39.3%;1953 年,61 岁以上人口占到总人口的 3.3%,1955 年占到 3.4%。若将全部人口中年龄在 16 岁以下、61 岁以上的都算作非单位人口,则 1953 年上海非单位人口中这类人口为 2 446 517 人,1955 年为 2 823 273 人。对照表 1-5 提供的非单位人数量,则 1953 年非单位人口中,16 岁以下和 61 岁以上人口占到 58.6%,1955 年为 67.7%。

表 1-6　上海市人口年龄统计表(1953 年 6 月、1955 年 7 月)

	1953 年 6 月		1955 年 7 月	
	合计(人)	比重(%)	合计(人)	比重(%)
总计	6 204 417	100	6 505 640	100
2 岁以下	664 400	10.7	773 458	11.7
3—4 岁	354 684	5.7	413 883	6.3
5—6 岁	294 281	4.7	351 350	5.3
7—8 岁	209 739	3.4	301 701	4.6
9—10 岁	190 078	2.9	219 356	3.3
11—12 岁	170 752	2.8	195 099	3.0
13—14 岁	164 927	2.7	174 493	2.6
15—16 岁	194 906	3.2	167 928	2.5

续 表

	1953年6月		1955年7月	
	合计(人)	比重(%)	合计(人)	比重(%)
17—18岁	272 288	4.4	192 332	2.9
19—20岁	298 133	4.8	241 763	3.7
21—25岁	675 084	10.9	634 966	9.6
26—30岁	590 195	9.5	580 829	8.8
31—35岁	514 440	8.3	522 752	7.9
36—40岁	424 541	6.8	429 934	6.5
41—50岁	625 459	10.1	644 016	9.8
51—60岁	357 760	5.8	382 373	5.8
61岁以上	202 750	3.3	226 005	3.4

资料来源：上海统计局编：《上海市国民经济统计》(1949—1956)，1957年，第9页，上海图书馆馆藏。

当然，这仅仅是一种抛开各种特殊因素的理想结果。20世纪50年代上海职工队伍是以民国时期为基础的，在业人口并非全部都是劳动年龄人口。1951年，《劳动保险条例》颁布，规定男性退休年龄为60岁，而女职工为50岁。一些特殊行业，如从事井下或者高温、有毒工作的人员，退休年龄各提前5岁①。条例实施之前，单位里就有着为数不少的非劳动年龄人口。事实上条例颁布之后，也并不是所有的部门都照章执行。市统计局于1957年2月对工业、基建、交通、邮电系统全部职工的年龄结构进行调查，发现在106.5万人中，60岁以上者有1万人，占0.9%。1959年8月20日，中共上海市委劳动工资委员会对工业、基建、交通、公用系统的148万职工进行统计，结果职工年龄在16岁以下的有0.2万人，占0.1%；61岁以上1.4

---

① 《中华人民共和国劳动保险条例》(1951年2月23日政务院第73次政务会议通过)，载《人民日报》1951年2月27日。

万人,占1%①。尽管这样的人口所占比重并不高,但16岁以下、61岁以上人口在非单位人口中所占的实际比重还是会略微下降。限于整体数据的缺乏,并且上述情况所占的比重并不是很大,这里姑且以理想结果为准。

按照理想结果,非单位人群的年龄构成大致如下:在1953年的非单位人口中,年龄在16岁以下的占其总人口的53.8%,17—60岁占41.3%,61岁以上占4.9%;1955年的非单位人口中,年龄在16岁以下的占其总人口的62.0%,17—60岁占32.6%,61岁以上占5.4%。照此来看,在上海非单位人口中还存在大量劳动年龄人口,尽管到1955年,劳动年龄人口所占的比重已经有了明显的下降,但是仍然接近1/3。

(二)性别构成

表1-7 个别年份上海非单位人群性别统计表(1949、1950、1957年)

年 份	非单位人数(万人)	男(万人)	女(万人)	非单位人口性别比(%)	总人口性别比(%)
1949年	404.75	195.5	209.25	93.43	120.53
1950年	387.76	187.6	200.2	93.71	117.35
1957年	477.91	220.26	257.65	85.49	108.7

资料来源:总人口数、女性总人口数来自荒砂、孟燕堃主编,《上海妇女志》编纂委员会编:《上海妇女志》,上海社会科学院出版社2000年版,第71页。职工总数、女职工总人数来自沈智、李涛主编,《上海劳动志》编纂委员会编:《上海劳动志》,上海社会科学院出版社1998年版,第138页。1950年的数据来自上海统计局编:《上海市国民经济统计》(1949—1956),1957年版,第8页,上海图书馆馆藏;邹依仁:《旧上海人口变迁的研究》,上海人民出版社1980年版,第104页。

民国时期,上海人口中性别比例失衡的现象十分严重。开埠以来,上海工商业发展迅速,吸引了大量青壮年男性劳动力。青壮年男性的大量迁入,引起了城市人口的性别比例失衡。1934年上海未婚男女性别比例高达216.7,婚嫁率很低②。在

---

① 沈智、李涛主编,《上海劳动志》编纂委员会编:《上海劳动志》,上海社会科学院出版社1998年版,第138页。
② 忻平:《从上海发现历史——现代化进程中的上海人及其社会生活(1927—1937)》,上海人民出版社1996年版,第98页。

自由迁移的情况下,这一状况一直未能改善。据1948年的统计,上海全市共有人口4 494 390人,其中男性2 487 595人,女性2 006 795人①。1949年的男女性别比例仍然达到120,男性高出女性40多万人②。但由于女性就业率不高,因此在非单位人口中,两者的差距并不大。

如前文所述,中华人民共和国成立之后,上海人口迁移发生了很大改变,特别是控制人口迁移政策的实施,使女性移民的数量超过了男性③。新近的研究发现,迁移者大多是那些与迁入地人口有某些联系的人,存在着"迁移者网络"。这一理论强调迁移者和迁入地已有移民的联系,这种联系构成的网络是一种社会资本,起着降低迁移成本、增加收益和减少风险的作用④。民国时期,在上海人口籍贯构成中,非本地籍贯占到80%左右,1950年,这个比重更是上升到了85%。上海移民籍贯的范围涉及全国17个省区,其中又以江浙两省人为最多,将近3/4,新老移民同家乡扯也扯不断的联系构成了一个个密集的社会网络,造就了上海庞大的潜在移民群。随着上海城市社会经济的恢复和发展,在业人员的生活日益安定,上海也迎来了大批投亲型的移民,其中包括婚迁、家属随迁、老年父母投靠子女、两地分居夫妇相互投靠配偶、外地经营者回原籍定居等。"由于生产的恢复发展,就业面扩大,又由于劳动人民生活好转,有了接眷入城的条件"⑤。为了保证职工安心工作,政府允许单身职工将外地的家属接来上海定居。据统计,1954年迁入上海定居的19万人口总量中有46.57%是来自农村投亲者⑥。值得一提的是,就在各地妇女来上海定居过程中,一些技术工人或失业人员却离开上海奔赴各地参加建设,而他们的家属通常留在上海生活⑦。1957年,本着"关心职工"的原则,上海市又从外省迁入了大批职工家属。以职工家属为主体的投亲型移民中,占据主导地位的是女性。一项统计显示,中华人民共和国建立后迁入上海的人口中女性占到了51.29%⑧。

---

① 《数字下的上海人》,载《新民晚报》1948年1月20日。
② 荒砂、孟燕堃主编,《上海妇女志》编纂委员会编:《上海妇女志》,上海社会科学院出版社2000年版,第71页。
③ 参见拙文《建国初期上海控制人口迁移工作述论》,载当代上海研究所、上海市地方史志学会编:《当代上海研究论丛》第1辑,上海社会科学院出版社2005年版,第196—210页。
④ 佟新:《人口社会学》,北京大学出版社2000年版,第137页。
⑤ 《对于上海市人口和面积的看法》,载《文汇报》1957年2月11日。
⑥ 胡焕庸:《中国人口·上海分册》,中国财政经济出版社1987年版,第139页。
⑦ 《欢送失业人员参加建设工作》,载《新民晚报》1955年5月25日。
⑧ 胡焕庸:《中国人口·上海分册》,中国财政经济出版社1987年版,第140页。

与此同时,在迁出移民中,男性比例又较高。中华人民共和国成立几年来,上海市政府经过各方面的努力,除已介绍31万余人就业外,全市仍有失业无业人员约60余万人。这些人员由于失业、无业,不仅自己生活困难,国家每年也要维持着巨大的开支。据不完全统计,从1950年至1955年4月,全市共支出救济金3 090多万元,相当于建设一个月产纱四千多件、布四万多尺、三千多工人的纺织厂①。裁减和遣送具有一定的指向性,对于为数众多的失业、无业的市民阶层,显然不能采取这种过急过糙的解决方式。针对上海的就业形势和劳动力资源储备状况,市政府采取两项措施:其一,动员和组织上海市劳动者到全国各地参加建设。政府要求从在业人员、技术工学校结业学生、初中、高小毕业生、登记在案的失业人员中争取动员六七万人参加外地建设,并积极鼓励和帮助失业、无业人员自行向外地就业;其二,彻底清理和整顿现有手工业、夫妻老婆店、摊贩和三轮车等行业,根据可能的条件,有计划地移送上海市原来从事农业生产或可转业的劳动力至外省进行垦荒。早在1952年时,上海就有包括失业和在业人员在内的9.9万名职工参加了华北、东北和西北的工业建设。据统计显示,新政府成立后,在迁出上海的人口中男性占了54.87%②。

由于在迁入人口中,女性占据优势,而在迁出人口,男性又较多,这样,到了1957年,全市人口的男女性别比缩小为108.07③,失衡现象基本消失。而1957年非单位人口中84.49的男女性比,应该说是比较符合社会发展状况的。

(三) 文化构成

新中国成立之初,即便是上海,工人的文盲率也居高不下。近200万的工人"过去都是因农村生活艰难,被逼来向工厂廉价出卖劳力的","文盲当然也特别多"④。至于非单位人群更是文盲齐聚。在蓬莱区辉华里,170余人的居民大多为摊贩,文盲竟占8/10以上⑤。

若仍然将所有6岁以上、16岁以下的人口都看作为非单位人口,那么在6—15岁的非单位人口中,有7.2%是文盲,识字者为19.02%。有关16岁以上非单位人

---

① 《上海市人口办公室关于上海市紧缩人口的规划、指示、计划》,上海市档案馆,B25—1—1。
② 胡焕庸:《中国人口·上海分册》,中国财政经济出版社1987年版,第140页。
③ 荒砂、孟燕堃主编,《上海妇女志》编纂委员会编:《上海妇女志》,上海社会科学院出版社2000年版,第71页。
④ 《为扫除文盲而努力》,载《新民晚报》1951年7月23日。
⑤ 《辉华里充满新生气象》,载《新民晚报》1951年9月23日。

口的文化构成仍然缺乏全貌式的资料来说明,只能做一般性的推断。从表1-8来看,15岁以上的劳动年龄人口中文盲率更高,那么15岁以上的非单位人口中,文盲率也应该更高。就以今天的眼光来看,城市游民、摊贩、家庭妇女和失业人员这些非单位人口也都是文化程度较低的人群。而在中华人民共和国建立之初,整个城市人口的文化素质还是比较低的,因此,非单位人口的文化水平应该更低。特别是前三类人口,如摊贩、游民,他们大多是外埠流入的农民或者不能就业的城市贫民,基本不识字;而家庭妇女,她们的文盲率一直都很高。20世纪50年代迁入上海的职工家属,很多都是目不识丁的村妇。这些使得非单位人群的文化素养整体不高。当然,由于种种原因,即使知识分子也不能做到完全就业,因此,在非单位人口中也不乏高级知识分子。据统计,1952年上海市登记在册的失业知识分子达3万余人,其中不乏大学以上高学历者①,市教育局还根据这一情况举办了短期师资培训班、新教育学院等专门机构,使得4 900多人经过培训走上人民教师的工作岗位②。但总的说来,非单位人口的文化程度还是偏低的。

表1-8 1950年上海市文盲人数统计表

	6—15岁			15岁以上			文盲在6岁以上人口中所占的比重(%)
	人口数(人)	文盲人数(人)	百分比(%)	人口数(人)	文盲人数(人)	百分比(%)	
总计	737 652	278 893	37.81	3 467 561	1 843 568	53.17	50.7

资料来源:上海市秘书处:《1949年上海市综合统计》,上海市秘书处1950年印发,第19页,上海市图书馆藏。

四、群体特点

如前文所述,非单位人口类型复杂,个体差异性很大。但无论摊贩抑或家庭妇女,当他们游离于单位中心体之外时,都作为单位人的对应体而存在,其所形成的

---

① 《上海市处理失业知识分子委员会报告》,上海市档案馆,B1—1—1121。
② 《上海劳动就业成绩很大》,载《新民晚报》1952年9月23日。

非单位共同体赋予了各种非单位人一些共性,即可控性的缺乏。

中华人民共和国成立后,巩固政权和发展经济是新国家的两个立足点。如此一来,国家一方面需要在城市基层粉碎旧的政治和社会势力对新政权的抵抗,一方面要控制私人经济,动员全国的人力物力资源,以进行经济建设和应对各种危机。为此,国家必须把国民整合于具体的组织化机构和制度化规则内,进而通过权威对资源进行强力提取以满足上述要求。1949年,这种整合才刚刚开始,就在城市遭遇了来自政治、社会资源不足的限制。在国家把部分在业的社会成员以其工作场所加以组织形成单位后,却很难用单位这种有效载体实现对非单位人口的管理。不仅如此,非单位人口自身的社会特征也进一步降低了国家的控制力,具体表现在如下几个方面。

(一) 成分复杂,利益交错

非单位人群并非自然形成的社会群体。在其群体内部,各个阶层、各个年龄段的社会成员都有,他们成分复杂、利益交错,统合起来非常困难。按照利益表达的不同,非单位人群又可分为很多小的利益群体,如游民、摊贩、家庭妇女、失业人员、独立劳动者等等。与此同时,这些群体内部的利益阶层分化也很严重,如游民的上层锦衣玉食,甚至可以在政治社会中呼风唤雨,而下层则衣不蔽体、食不果腹。其他群体也普遍存在着类似的状况,以上海市石门二路派出所辖区的居民为例(见表1-9)。

表1-9 居民职业分类统计年报表(1954年12月14日)　　(单位:人)

职业别		合计	男	女
总计		35 986	18 906	17 080
工人	小计	6 324	4 436	1 888
	燃料工人	1	1	—
	金属矿冶工人	3	3	—
	及其机械器材制造工人	485	476	9
	化学工业工人	179	128	51
	水电暖气装修工人	121	115	6

第一章　非单位人群组织化的兴起　49

续　表

	职　业　别	合　计	男	女
工人	橡胶制造品工人	22	12	10
	玻璃制造品工人	65	60	5
	五金电料器材制造工人	304	279	27
	建筑器材制造工人	12	11	1
	纺织工人	508	161	347
	漂染工人	35	27	8
	被服工人	115	108	7
	食品工人	69	60	7
	烟草工人	139	41	98
	火柴工人	—	—	—
	制纸工人	22	11	11
	印刷工人	226	233	33
	建筑工人	200	200	—
	交通运输工人	152	150	2
	搬运装卸工人	54	54	—
	非机动车工人	108	108	—
	公共卫生工人	86	80	6
	手工业及手艺工人	1 418	1 425	56
	雇工	1 807	616	1 191
	其他	92	79	13
职员	小计	4 347	3 442	905
	机关团体职员	506	380	126

续表

	职　业　别	合　计	男	女
职员	国营企业职员	1 176	919	257
	公私合营职员	179	163	16
	私营企业店员	1 796	1 657	139
	教职员工	481	239	242
	医务工作者	186	67	119
	私人开业之医务人员	23	17	6
	文艺工作者	62	42	20
	小商小贩	830	347	83
	行商	28	29	1
	经纪人	53	51	2
	资方代理人	106	98	8
	小手工业者	339	306	33
	小工商业主	544	500	44
	小房产主及车船主	8	8	—
	其他劳动人民	32	18	14
资本家	小计	185	180	5
	工业资本家	91	89	2
	矿业资本家	1	1	—
	商业资本家	33	31	2
	金融业资本家	—	—	—
	交通运输业资本家	—	—	—
	房产资本家	2	2	—
	其他资本家	18	13	5

续 表

职业别		合计	男	女
农林业者	小计	3	3	—
	受雇者	1	1	—
	独自经营者	1	1	—
	业主	1	1	—
渔盐业者	小计	—	—	—
	受雇者	—	—	—
	独自经营者	—	—	—
	业主	—	—	—
料理家务者		6 711	27	6 684
学生		6 512	3 521	2 991
学员		48	31	17
宗教职业者		48	31	17
不正当	小计	11	4	7
	迷信职业者	9	4	5
	舞女	2	—	2
游离分子	小计	7	3	4
	乞丐	—	—	—
	流氓	3	3	—
	娼妓	4	—	4
无业	小计	9 639	5 331	4 308
	十八岁以上仍未就业者	293	115	138

续 表

职 业 别		合 计	男	女
无业	有生活依靠者	8 115	4 162	3 953
	无生活依靠者	11	6	5
	工人	591	435	156
	职员	471	425	46
	其他无业	132	126	6
	伪军政官吏	18	18	—
	军阀官僚	—		
	逃亡地主	8	4	4
依靠国家救济者		6	3	3
其他		65	63	2

制表机关：中央公安局　　　　　　　　　填表单位：新成分局石门路派出所
资料来源：《上海市人口办公室关于上海市人口情况分析报告及有关资料》，1954年，上海市档案馆，B25—2—6。

表1-9所登记范围之内共有居民35 986人，其中非单位人口主要可以分为两个部分：一是无单位归属的在业人口，这些在业人口的职业包括：① 自由职业者，包括私人开业之医务人员、文艺工作者、经纪人、资方代理人等；② 临时或长期从事商贩活动的人口，小商小贩、行商、小手工业者、小工商业主、小房产主及车船主，农林业、渔盐业独自经营者等；③ 不正当职业者，包括迷信职业者、舞女。二是非在业人口，大体类型有：① 家属，包括料理家务者、学生、学员、宗教工作者；② 游离分子，包括乞丐、流氓、娼妓；③ 无业者，包括18岁以上仍未就业者、失业工人和职员，伪军政官吏、军阀官僚、逃亡地主以及休业资本家等。仅仅一个派出所辖区范围内，非单位人口鱼龙混杂即达到如此程度，不能不令人叹为观止。职业是现代社会最具标志性的个人身份地位象征。作为单个的社会成员，其地位、声望乃至社会层级归属很大程度上都取决于职业身份地位，不同的职业决定了社会成员的不同身

份。在基层社会尚未以阶级身份形成新的社会分层之前,非单位人依然保持其原有的职业、社会地位而形成的身份体系。而不同身份体系的人群往往具有不同的利益诉求,当然同一身份体系中的个体其利益也存在着区别。身份地位相差越大,其利益交错程度越高,冲突也就越大,整个群体也就越松散。因此,对这样的一个群体进行统一的组织管理本身是极为困难的。

(二) 文化程度高低悬殊、价值观念多元

尽管对整个非单位群体的文化构成很难做到准确的把握,但有一点是可以明确的,那就是其社会成员的文化程度存在着严重的两极分化,高低悬殊。仍以石门二路的居民为例,在该区域居民的文化程度调查表中,有过留学经历的即有26人,大学文化程度的879人,专科197人,受过高等教育的居民占居民总数的3.06%①。与此同时,另有接近1/2的居民从未接受过教育。非单位人口之间的两极分化就更为严重。在非单位人群中,一方面,有游民、摊贩、家庭妇女等文化层次较低的人群,特别是家庭妇女,大多都不识字。另一方面,在非单位人群中又有一个特殊的群体,例如失业知识分子。由于种种原因,20世纪50年代知识分子失业也很普遍,其中不乏高级知识分子。到1952年6月10日止,在全市登记的26 631名失业知识分子中,初中毕业或相当于初中毕业者13 556人,高中程度者9 970人,大学、大专、留学者2 985人,其他102人②。这些失业知识分子中有的曾经是大、中、小学教员,报纸、杂志、书局失业编辑,著作家、书画家、电影、戏曲、剧本编者,旧律师,旧公务员,银行职员;等等③。不同职业和文化水平往往反映着不同的价值观念。而与此同时,即使相同的职业和文化水平,也会因为有着不同的生活经历,从而在思想观念上表现出极大的差异性。如,根据对已登记失业知识分子的调查,发现这些知识分子存在以下几种思想状况:"其一,他们贪图享受思想严重,家乡观念很强。其二,政治情况很复杂,有很多是地富子弟,反动党团分子,旧的司法、公教人员及旧军官等。他们政治认识很低,思想都很落后,严重缺乏为人民服务的观念。其三,大多数长期失业,有很多人已失业十年甚至二十年,因而他们大多生活很苦,有的

---

① 《居民文化程度统计年报表》,1954年,上海市档案馆,B25—2—6。
② 《上海市处理失业知识分子委员会报告》,上海市档案馆,B1—1—1121。
③ 《上海市失业知识分子类型》,上海市档案馆,B1—1—1122。

每天只吃五百钱(旧币——引者注)的食物,因而就业心切。"①非单位人群价值观念上的差异性由此可见一斑。通常,社会成员的价值观念又深刻地影响着其政治取向,因此,在对非单位人进行组织的过程中,社会主义意识形态建设不可避免地要遭遇众多非马克思主义观念的冲击,这给中国共产党的思想整合造成了很大的障碍。

(三) 身陷多重束缚之中

近代以来,上海社会所特有的三国四方统治格局,使得城市人口身陷多重人身依附之中。开埠后,上海县城的北面设立了租界,由此形成了近代上海特殊的行政体系。整个城市的行政权为公共租界、法租界和华界所分割。其中公共租界由工部局进行管理,法租界由公董局进行管理,三界既有权力交叠、彼此倾轧,也有缝隙空洞、控制盲区。在这样的社会控制格局之下,上海既成为革命志士的理想避风港,同时也成了流氓盗匪的乐土。与此同时,各种非正式的权威力量也为了能在街区中占有一席之地,各尽所能,"在帝国主义统治时期,上海在形式上并无基层的统治组织,而完全采取警察统治的办法,以若干'巡捕房'管制着街道里弄,'巡捕'与'包打听'依托地痞流氓为基础,满布着流氓组织网为其'以华制华'的力量,因之上海人民是为流氓组织——青帮、红帮、薄刀党……细胞直接危害着,而其头子即为大买办——巡捕房的大探长——帮会的领袖的结合体。虽然在行政形式上无具体的组织,但在统治的实质上却有着严密的组织,这些组织控制着所有的活动,即使如'瘪山'乞丐、小偷等也划分地段,分地而治"②。在上海,帮会、会道门组织不仅规模大,还有着深厚的社会基础。民国时期是帮会组织发展的全盛时期,"众多的城市下层劳动者和游民加入了青帮"③。除此之外,各种会道门组织也拥有众多的会众,仅一贯道组织就有道徒达30万人。据统计,江宁区武定路一条仅200人的里弄,即有10个坛主和49名道徒④。这是基层社会重新组织前里弄社会的真实写照。甚至在中华人民共和国成立后的一年时间里,正式或非正式势力的种种特殊联合,仍然控制着基层社会的运行,街道、里弄居民身陷多重依附关系的状况久久

---

① 《上海市处理失业知识分子委员会报告》,上海市档案馆,B1—1—1121。
② 《1951年上海街道里弄组织工作总结》,上海市档案馆,B168—1—765。
③ [日] 小浜正子:《近代上海的公共性与国家》,葛涛译,上海古籍出版社2003年版,第36页。
④ 熊月之主编:《上海通史》卷11,上海人民出版社1999年版,第85页。

不能改善。

　　社会的有序从来都依赖于对各个社会群体的有效控制,当社会结构处于激烈的分化与整合阶段时,社会的稳定和发展就更加依赖于把社会各个群体纳入政府管理体制的程度。就城市社会而言,随着中华人民共和国的建立,社会分化加剧,社会结构各构成要素面临新的调整,其互动关系不断增加而功能不稳定。庞大而异质性极强的非单位群体,处在几乎不具备任何符合新政权要求的组织形式下,便宛如散沙一般地存在着,成为社会控制的盲区。在无有效管理机制的情况下,为了自我发展的目的,非单位人只能用与主流社会相对的"非正常、非理性"和非社会主义的方式和手段生存①,其消极行为的累积必然酿成社会失序。为了强化对非单位人群的控制,政府决定对其进行组织化的改造。而组织化是中国共产党的基本工作方法和执政方式,其渊源极深。

第二节　组织化的缘起和发展演变

　　组织化源于马克思、恩格斯的建党理念。中国共产党建立之后,秉承组织化理念不断壮大自己的革命力量,并根据中国革命的客观需要,对组织化理念做出了创造性的发挥。到了延安时期,从组织化理念中发展演变出一种成套的社会组织管理模式——单位。中华人民共和国成立之后,为了进行各种制度建设和消弭社会危机,保证政权的巩固与经济的发展,国家展开了社会调控体系的重构工程。在这一过程中,单位组织管理模式被进一步推广,形成新政府主要的基层社会管理制度。种种事实证明,新政府成立以来,城市社会出现的组织活动实际上是一种单位化的重组。

一、中国共产党的"组织化"理念

　　中国共产党的组织化理念归根结底来自马克思主义。随着马克思主义的中

---

① 参见忻平:《从上海发现历史：现代化进程中上海人及其社会生活》,上海人民出版社1996年版,第568—569页。

化,中国共产党形成了自己独特的组织理念。这一理念从最初被移植用来指导建党和革命,发展到后来就成为中国共产党的基本领导方法和执政方式。

(一) 中国共产党"组织化"理念的演变

马克思、恩格斯在创建无产阶级政党理论时,就指出了组织化的重要性。马克思、恩格斯提出,无产阶级要想完成与资产阶级的斗争,上升为统治阶级,关键是组织成为独立的真正的工人政党。只有组织起来,无产阶级才能与资产阶级民主相抗衡,并且在自己的政党里独立讨论阶级利益而不受资产阶级的影响①。按照这一指导思想,中国早期的一批革命家发动成立了各种共产主义小组,并建立了中国第一个无产阶级政党——中国共产党。中国共产党建立之后,殚精竭虑地扩大着自己的组织,逐步发展成为一个组织严密而坚强的现代政党。在此过程中,马恩的政党组织理论也经历了一个中国化的过程,最终发展成为中国共产党特有的组织理念。这一过程可以分为三个阶段。

第一阶段:发动工农革命,以组织化壮大革命的力量。早期的革命领袖对"组织化"在中国革命中的作用进行了深入的探究。孙中山总结40年的革命经验教训,最后得出了"唤起民众"这一条②。毛泽东也认为:"人民,只有人民,才是创造世界历史的动力。"③"要打倒帝国主义和封建主义,只有把占全国人口百分之九十的工农大众动员起来,组织起来,才有可能"④。因此,中国共产党成立之后,就将"唤起"民众,即组织工农群众作为革命的主要推进方式。早在五四运动之前,各大城市的共产主义小组就发动工人成立工会组织。建党以后,中国共产党更是不遗余力地建立各级工会组织。刘少奇指出:"工会必须有严密的组织,才能克尽所担负的使命。所谓严密的组织,就是在执行委员会之上,有真正的工人代表会,在执行委员会之下,有群众中的支部基本组织。"⑤从这时起,中国共产党在各地的基层组织建设就深入开展起来。到1926年12月,全国工会会员由北伐前的100万人增加到近

---

① 转引自刘道福、檀雪菲:《马克思主义经典作家关于党群关系的主要思想》,载《当代世界与社会主义》2005年第1期。
② 《毛泽东选集》第二卷,人民出版社1991年版,第565页。
③ 《毛泽东选集》第三卷,人民出版社1991年版,第1031页。
④ 《毛泽东选集》第二卷,人民出版社1991年版,第564—565页。
⑤ 中共中央文献研究室、中华全国总工会编:《刘少奇论工人运动》,中央文献出版社1988年版,第281—282页。

200万人①。

在工农运动发动过程中,毛泽东提出,群众运动可能体现出来的积极性,必须由正确的领导者来引导,并通过适当的组织来指导,党组织要勇于承担领导群众运动的职责②。他在自己的家乡湖南进行发动农民运动的实践,并把主要精力放在了组织乡农民协会上。在此过程中,毛泽东认识到:"党应当对农民工作给予专门的注意。在中国,农民是一支决定性的力量。一旦把他们正确组织和武装起来,他们定使得中国国民所向无敌。"③由于指导方针明确、宣传鼓动到位,湖南成为当时拥有农民组织、会员最多的省份。从1925年到1926年,全省共有50多个县组织起了农民协会组织,会员达到1 367 727人④。工农运动的蓬勃发展,使得中国共产党的队伍和力量不断壮大。尽管遭遇了一次"霜冻"(大革命失败),但中国共产党的领导人已经深刻地感受到了组织化的力量。也因为如此,在后来的抗日动员和根据地建设中,中国共产党的领导人总是不断地强调动员群众、组织群众的极端重要性。

第二阶段:以组织化推进的建设性革命。在第一阶段,组织化的主要目的在于造就一个强大的破坏性力量进行颠覆性斗争,而随着中国共产党自身的壮大,组织化有了新的命意,这就是进行建设性革命。中国共产党以执政党的身份来进行建设性革命始于革命根据地时期。在根据地建设中,毛泽东指出:"人民群众有无限的创造力。他们可以组织起来,向一切可以发挥自己力量的地方和部门进军,向生产的深度和广度进军,替自己创造日益增多的福利事业。"⑤由此,组织化逐渐成了建设性革命的推进器。在以组织化为推进器的建设性革命实践中,农村合作化运动是一个典型代表。

农村合作化思想是毛泽东社会主义建设思想的集中体现。其主旨在于通过合作组织的形式,对土地革命后的小农进行社会主义改造并进而推动国家整体向社

---

① 金冲及:《刘少奇传》(上),中央文献出版社1998年版,第91页。
② 《毛泽东选集》第一卷,人民出版社1991年版,第30页。
③ 中共中央党史研究室第一研究部编:《共产国际、联共(布)与中国革命文献资料选辑(1917—1925)》,北京图书馆出版社1997年版,第744页。
④ 中国现代革命史资料丛刊:《第一次国内革命战争时期的农民运动资料》,人民出版社1980年版,第257—258页。
⑤ 《毛泽东文集》第六卷,人民出版社1999年版,第457页。

会主义过渡。向社会主义过渡即新民主主义革命的主要任务,毛泽东认为,新民主主义的"基本政策是让人民群众自己组织起来,为实现民族独立、为建立民主制度,为在所有制基础上提高人民生活水平而进行革命"①。换言之,为了实现这一过渡,就首先要将分散的小农经济集中起来,逐渐实现集体化。因为"如果不从个体劳动转到集体劳动的生产关系,即生产方式的变革,则生产力还不能获得进一步的发展,……只有这样,生产力可以大大提高。……这样的改革,……人与人的生产关系变化了,是生产制度的革新,这是第二个革命"②。由此可见,中国共产党的领导人是将组织集体生产作为实现新民主主义革命的主要方式来加以关注的。

1943年,毛泽东在中共中央招待陕甘宁边区劳动英雄会上作了题为《组织起来》的演讲,他指出:"高级干部会议的主要点,就是把群众组织起来,把一切老百姓的力量,一切部队机关学校的力量,一切男女老少的全劳动力半劳动力,只要是可能的,就要毫无例外地动员起来,组织起来,成为一支劳动大军。"③为了贯彻这一提议,中共中央书记处下达了"对贯彻执行毛泽东关于组织起来的方针的指示",要求"必须根据毛泽东同志的方向,实行一个彻底的转变,并把这种方向与作风运用到发展生产的工作及一切其他工作中去"④。新民主主义革命是具有普遍性的,组织化的对象不仅仅局限于小农经济,而是整个私有制。正如毛泽东所说,新民主主义社会的基础是工厂与合作社,不是分散的个体经济;分散的个体经济是封建社会的基础,不是民主社会的基础⑤。在这一系列理念引导下,组织化被当作向社会主义过渡的启动工程,也成为推动一切领域变革的不竭动力。

第三阶段:组织化发展成为中国共产党的基本工作方法和执政方式。成为执政党以后,政治稳定、经济恢复和社会主义制度建设,这三个方面构成了中国共产党执政的三大逻辑起点,而组织化成为推动这些中心任务的主要方式。解放战争以来,随着革命根据地的扩大,中国共产党作为执政党的实践正式拉开。从这时起,组织化逐渐发展成为中国共产党的全能工作方法和执政方式,它既是进行革命

---

① 《毛泽东文集》第三卷,人民出版社1996年版,第190页。
② 《群众》,民国三十三年第9卷第3、4期合刊,第118页。转引刘建平:《革命政治过程中理论的生成:以毛泽东的农业合作化思想为中心》,载《学海》2005年第1期。
③ 《毛泽东选集》第三卷,人民出版社1991年版,第928页。
④ 《建党以来重要文献选编(1921—1949)》,中央文献出版社2011年版,第670页。
⑤ 《毛泽东文集》第三卷,人民出版社1996年版,第206—207页。

的方法,也是进行和平建政的方法;既是社会主义制度建设的主要方式,也是经济建设的主要方式。

1949年7月全国工会工作会议召开,这次会议明确规定了全国工会工作的中心任务,"就是在一年左右基本上把全国工人阶级,首先是产业工人组织起来。只有组织起来,才能胜利地担负起工人阶级在新民主主义中国的政权建设与经济建设中所负的领导阶级的历史使命"①。1949年9月30日,在中国人民政治协商会议第一届全体会议上,毛泽东宣读了他亲自起草的题为《中国人民大团结万岁》的大会宣言,在宣言的最后一段,他讲道:"全国同胞们,我们应当进一步组织起来。我们应当将全中国绝大多数人组织在政治、军事、经济、文化及其他各种组织里,克服旧中国散漫无组织的状态,用伟大的人民群众的集体力量,拥护人民政府和人民解放军,建设独立民主和平统一富强的新中国。"②这里,毛泽东实际上把组织化当作中国共产党执政的万能钥匙,这一思想为全国各地各级党政机关所贯彻,从而使得组织化发展成为中国共产党的基本工作方法和执政方式。"我相信上海六百万人民有无限的经济力量,充分发动起来,很好地组织起来,加上中央人民政府领导全国力量适当协助,有什么困难不能克服呢"③?

(二)单位雏形的出现:组织化理念的一种演绎

组织化理念发展到第二阶段,就产生了新的内涵,即进行建设性革命。提到建设性革命,延安时期是最具代表性的,单位雏形也是出现于此。延安时期是中国共产党革命和建设的一个重要里程碑,一些学者甚至把中国革命的方式称为"延安道路"。所谓延安道路,是指中国共产党在资源缺乏的条件下对因各种外界条件而加剧的困难和停滞所作的创造性的回应④。延安道路作为中国革命传统的象征符号体系,其包含的内容十分丰富,涉及政治、经济、社会各个领域,在多数情况下又表现为一种革命化的组织管理和运作方式。这种组织管理和运作方式就是依托单位组织来进行的。当然,这时的单位还只是一种制度雏形,其主要施用于根据地的经

---

① 《把全国工人阶级组织起来——庆祝全国工会工作会议胜利闭幕》,载《人民日报》1949年8月24日。
② 《建国以来毛泽东文稿》第一册,中央文献出版社1992年版,第11—12页。
③ 《上海二届人民代表会议上,陈市长号召克服困难》,载《人民日报》1949年12月23日。
④ 参见[美]马克·塞尔登:《革命中的中国:延安道路》,魏晓明、冯崇义译,社会科学文献出版社2002年版,第289页。

济、社会和文教组织,基本制度形式是军事共产主义分配制度——供给制①。

供给制是中国共产党在根据地时期所采取的一种分配制度②。在武装割据的条件下,根据地都是偏僻边远的农村,物质条件极为困难。革命政权无法对其公务人员实行正规的工资制,只能根据当时所能筹集到的财力和物资量力分配。具体是采取实物计算和实物供给的办法,按照大体平均的原则向公务人员供给最基本的生活必需品,早期供给制度包括项目主要是食物和服装,而且分配标准相当平均,到根据地后期,供给项目增加到衣、食、住、行、学、生、老、病、死、伤残等各个方面,并最终发展成为一整套制度,其分配单元就是军政机关等单位。

随着解放区的扩大,中国共产党的革命队伍发展成为新政府公职人员的主体,而根据地时期的一些制度也逐渐被引入新社会的运作之中,由供给制所体现的组织原则和分配方式也以各种形式在公共部门中被继承和保留下来。可以说,新政府社会体制形成的过程,也是中国共产党根据地制度与社会体系相结合的过程③。

延安时期的经历,还使中国共产党树立了这样的信念:"道义的力量优于物质力量,人的因素优于机器因素,……思想上和道义上的团结比任何形式上的官僚组织所能提供或强加的人为联合更为重要。"④这一信念是延安道路的精神内核,并发展成为中华人民共和国社会主义建设的指导性原则。在这一信念的引导下,整个20世纪50年代社会主义国家建设,首先是以对人的组织化建构为基本内容的社会重构。

那么中华人民共和国成立之后,作为执政党的中国共产党,在掌握了大量独一无二的政治社会资源后,为何依然秉持"组织化"理念来执政?根据地的单位管理模式又是如何发展成为城市社会的主要管理组织和制度的呢?这还需要从各种纷繁的现实发展要求中去寻找答案。

---

① 路风:《中国单位体制的起源和形式》,载《中国社会科学季刊》1993年第5期。

② 相近界定还有,供给制是对参加革命、建设的工作人员只按工作和生活必不可少的需要免费供给生活必需品的一种分配制度。这一制度由中国共产党自革命战争年代的解放区开始推行,新中国成立初期扩及全国,而后大部分改为包干制,1955年,供给制和包干制改为工资制(参见夏征农、陈至立主编,熊月之等编著:《大辞海·中国近现代史卷》,上海辞书出版社2013年版,第452页)。

③ 路风:《中国单位体制的起源和形式》,载《中国社会科学季刊》1993年第5期。

④ [美]莫里斯·梅斯纳:《毛泽东的中国及其发展——中华人民共和国史》,张瑛等译,社会科学文献出版社1992年版,第59页。

二、中国共产党在新时期的任务及 20 世纪 50 年代的中国政治、经济环境

政治稳定和经济发展是进行各种建设的逻辑起点和保证。1949 年后,基于巩固政权和发展经济的目的,政府需要通过全国性的严密组织系统,重构社会调控体系,以动员全国的人力物力资源来满足新国家的发展需要。当然,任何社会组织、社会现象的发生和发展都离不开它所处的大环境。单位组织作为社会调控体系的基层制度也是 20 世纪 50 年代特殊政治、经济形势下的产物。

(一) 政治稳定及中华人民共和国的政治环境

政党统治的前提是政治稳定。从内部建设来说,政治稳定有两种模式,即政府主导型稳定和社会主导型稳定。中华人民共和国是在颠覆国民党政权的基础上建立起来的,因此,其政治稳定是政府主导型的稳定。最初,这种稳定是一种自上而下权力运作的结果,国家权力或者说是军事力量控制了社会的方方面面,表面上看起来,国家的权力无所不在,且超乎强大。但这种稳定却是在缺乏经济和社会发展的基础上维持的,是一种表面的稳定,并且消耗的资源极多。而社会主导型政治稳定,它强调的是社会、经济、文化各方面充分发展的情况下,政权运行模式与社会运行模式的互相契合。这样,大部分利益冲突在社会层面上就已经得到缓解,而不会影响到政治认同。但社会主导型政治稳定的前提是社会的发展必须要达到足够成熟稳定的状态。实际上,在中华人民共和国成立初期,这种稳定是不可能实现的。一方面,社会的发展是以经济发展为前提和后盾的,而就当时的情况而言,国民经济即使得以恢复并发展,其程度还是很低的,不足以支撑一个成熟社会的自我运转。另一方面,现有的社会,用中国共产党的话语而言,是旧的,是必须进行改造的社会。社会主义制度不可能根植在这样的社会土壤里,更不可能依靠这样的社会来主导政治稳定。因此,重构社会调控体系,就成为新政权的当然选择。

从外部环境来说,政治稳定的保持有赖于一个和平有序的国际国内环境。然而,在新国家的内部政权建设尚未完全展开之前,新政府就遭遇了国内外颠覆性势力的严峻挑战。其中,对中国政治影响最大的当数冷战。

冷战为战后美国外交政策的专用名词①,并为国际社会所普遍接受。冷战产生于欧洲,在20世纪50年代,冷战不断扩展,延伸到亚洲、拉丁美洲以及世界各地,中国就是一个重点区域。冷战主导着战后国际政治发展的基本趋势,冷战思维严重影响着国家行为体的决策和政策。在它的影响下,各国形成了独特的政治文化和国家结构②。

朝鲜战争是中国被卷入冷战的标志性事件。1949年中华人民共和国的建立,无疑是20世纪最伟大的事件之一。共产主义阵营的扩大,给冷战的铁幕以强烈的冲击。美国对中华人民共和国采取政治上不承认、经济上封锁禁运、军事上包围的政策,并积极策动中国台湾地区的蒋介石以及残留在大陆的军事势力,以各种方式进行破坏活动。1950年2月6日,蒋介石派出数架美制飞机装备美制炸弹,对上海进行了空袭,"无辜的上海工人和各界市民死伤达一千余人,受灾市民达五万多人,毁坏民房一千余间,所有上海水电动力设备遭到了严重的毁坏"③。但是,在中国共产党的有力领导下,整个城市社会很快度过了危机。在这一切都不足以动摇社会主义政权时,美国借联合国名义,介入了朝鲜战争,而朝鲜战争给20世纪50年代的中国社会带来的影响无疑是巨大的。

首先,朝鲜战争的爆发,中断了新政府统一全国的进程,打乱了建设部署。中华人民共和国宣告成立之时,国内一些地区还没有归新政府管辖。国民党残余军事力量还占据西部和西北部的几个省份,在边远地区的南部、西南部也有部分区域处于一些地方军阀的控制之下。新政府成立后的半年时间里,人民解放军的推进速度极快,到了1950年,国家在东南海岸线上已经部署了精锐部队,随时可以实施解放中国台湾的计划,而中国共产党的领导人也已经可以专心于国家内部的建设了。令新政府始料不及的是,美国在朝鲜战争中的介入,威胁到了东北工业基地的安全,威胁到了新中国的建设和政权安全,随着中国人民志愿军大批入朝作战,以及美国派遣第七舰队开进中国的台湾海峡,攻台计划就此被搁置起来,中国统一大

---

① "冷战"是由美国参议员伯纳德·巴鲁克在1947年4月16日的一次讲话中首先提出的。美国著名专栏作家李普曼为此写了一系列文章。从此"冷战"一词开始广泛流传与使用。冷战是美国和苏联争夺全球利益和世界影响的斗争,是他们遏制反遏制斗争所形成的两国关系和整个战后国家关系的一种状态,也是1947年至1991年的一种国际体系(参见刘金质:《冷战史》,世界知识出版社2004年版,前言第9—11页)。

② 刘金质:《冷战史》,世界知识出版社2004年版,前言第9—11页,第31页。

③ 《控诉美帝蒋匪暴行》,载《人民日报》1950年2月14日。

业为之停顿。更为严重的是,朝鲜战争的巨大消耗,使得国内经历了一个严重的资源紧缺期。据粗略估计,我国在朝鲜战争中消耗各种物资560多万吨,开支战费人民币60万亿元(旧币)①。资源的紧缺不仅造成生活资料供给的严重不足,国家经济建设的力量也被分散,为了加快社会主义建设,国家唯有强化对社会资源的提取,而这必须以组织化为前提。

其次,朝鲜战争加剧了新政府的不安全感,引起了中国内外政策的重大转变。朝鲜战争爆发以后,以美国为首的西方国家及其扶持下的各种势力对中国的威胁、颠覆成为新政权面临的主要危机。由于朝鲜战争最终演化成为一场中美之间的军事较量,这使中国面临受到直接进攻,甚至爆发一场全面战争的威胁。不仅如此,一些潜在的不安定因素也被唤起,在美国的军事保护下,国民党政权得以在中国台湾地区苟延残喘,并开始寻找机会颠覆大陆政权,"这是中华人民共和国成立还不到一年之后就出现了的、一个强大的外国可能支持一场新内战的局面"②。在这种情势下,国家领导人产生了强烈的不安全感。政府一面积极寻求以苏联为首的各个社会主义国家的支持,一面寻找适宜的组织形式,重构社会调控体系,强化对民众的统治。早在革命年代,毛泽东就认为,"组织千千万万的民众",才能"调动浩浩荡荡的革命军","要打倒帝国主义和封建主义,只有把占全国百分之九十的工农大众动员起来,组织起来,才有可能"③。

也就是说,要实现政治稳定,首先也要把民众组织起来。有鉴于此,中国共产党在城市中大力推进组织建设,把人口以各种基层组织组织起来,使中国共产党的政治触角尽可能地深入社会基层。与此同时,中国共产党也开始大力清除社会中可能威胁到政权建设的破坏性势力,镇压反革命运动就是在这样的背景之下出现的。镇反运动的对象是特务和反革命势力,各地通过群众动员,召开了各种类型的控诉反革命分子罪行的群众大会和公审大会,清理出大批反革命分子。这种清洗活动几乎持续不断地进行,并且成为基层社会整合的基本方式。

综上所述,中华人民共和国成立之时,中国共产党对于自己所面对的形势就有

---

① 薄一波:《若干重大决策与事件的回顾》(修订本)上卷,人民出版社1997年版,第45页。
② [美]莫里斯·梅斯纳:《毛泽东的中国及其发展——中华人民共和国史》,张瑛等译,社会科学文献出版社1992年版,第92页。
③《毛泽东选集》第二卷,人民出版社1991年版,第155、564页。

着清醒的认识。它意识到要进行新国家的制度建设,首先就要保证政治的稳定。而保障政治稳定,又需要构建新国家的社会结构与基础,即重构社会调控体系。朝鲜战争等外部施加的巨大压力,使中国共产党迫切地感受到了巩固政权、加强内部控制力度的必要。而要达到控制社会的目的,国家就必须借助一定的组织网络,并依靠这一组织对社会成员进行直接的控制,从而为社会的整合和现代化建设奠定统一的基础和条件,单位组织就是在这种情况下走入新政权系统的。

中华人民共和国成立之后,在新政权系统从中国共产党及其军队的组织系统中直接派生出来的过程中,革命队伍的成员转化成为新政府单位组织中的公职人员。其中很多人在军事接管和新政权系统形成过程中担任了各级单位组织的领导职务。这一群体具有高度的政治意识并只接受中国共产党的任务分派,虽然此后国家吸收干部的来源多元化了,但由党组织管理国家公务人员的传统却成为新国家体制的政治原则①。中国共产党和政府通过编制单位隶属关系网络,使每一个基层单位都隶属于自己的上级单位,使上级单位可以全面控制和支配下级单位,而上级单位又隶属于中央和省市行政部门。这样,单位组织就成为国家进行社会调控的一个基层单元。

(二) 经济发展

"如果说政治秩序是经济恢复和增长的重要前提条件的话,那么发展经济对巩固和恢复新生的政权实体就是至关重要的关键"②。中华人民共和国成立时,经济建设的任务格外艰巨。其一,经过20多年的国内外战争,物力和人力资源的消耗都达到了极限,当中国共产党接过国家领导权时,整个国民经济濒于崩溃。其二,当时的中国仍然是世界上人口最稠密的国家,同时也是最落后和最贫困的国家之一。在最初的一段日子里,中国共产党不得不依靠发行纸币的方式来维持国家政治生活的运转。据统计,1949年国家的财政赤字占全部支出的2/3,1950年财政赤字也占到了预算支出的18.7%,赤字总额折合小米达到70亿斤③。其三,中华人民共和国成立之时,中国共产党不仅面对着极度严重的通货膨胀,还遭到以美国为首的西

---

① 路风:《中国单位体制的起源和形式》,载《中国社会科学季刊》1993年第5期。
② [美] 莫里斯·梅斯纳:《毛泽东的中国及其发展——中华人民共和国史》,张瑛等译,社会科学文献出版社1992年版,第68页。
③ 范守信:《中华人民共和国经济恢复史》,求实出版社1988年版,第7页。

方资本主义国家的政治孤立、经济与军事封锁,正常的国家经济交往被切断,无法通过正常的渠道获得贸易收入或者援助。与此同时,中国共产党又是在极为艰难的情况下进行革命的,自身也是一穷二白。取得国家政权之时,中国共产党除了一支继续着庞大消耗的军队以外别无其他资源。在这种情况下,新政府借鉴苏联社会主义建设的经验,把工业化作为强国的基本战略。为此,国家展开了"有组织的现代化"建设模式①。而国家进行有计划有组织的工业化的组织载体就是各种单位组织。这是因为,"单位组织"最初主要是以经济组织为基点建立起来的,经济发展始终是这一组织的基本功能。单位的经济发展功能主要体现在,单位能为国家集中稀缺的资源,投入现代化建设的关键性领域。

综上所述,在中华人民共和国构建政治控制和经济组织管理制度的过程中,存在着把在特殊历史条件下产生的根据地制度结合进现代工业制度的可能性,也存在着建立一种从中演化出一组独特的权威关系的经济框架的可能性。最终,一系列制度安排导致了社会基层组织的单位化取向,由此形成了现代中国的单位体制②。

单位制度是新的历史条件下中国共产党的组织化理念的一种生发,它是国家在社会资源总量明显贫弱的情况下,对各种困难和停滞所作的继承性回应。中华人民共和国成立后,新生的国家政权面临巩固政权以及国家现代化的多重重任,而实现这些现实发展要求所需要的社会资源却异常贫乏。在这种情况下,国家不得不通过权威对资源进行强力提取和再分配,以此来满足现代化的要求。为此,国家继续沿用了根据地时期的单位管理模式,并将社会功能和自己的公共职能交托给企业单位,赋予其全能性。单位成为动员和配置资源的载体后,大大减轻国家推进现代化的压力③。随着单位由企业等经济组织向所有部门的拓展,单位制度应运而生。此时的单位组织已经是一种集政治控制与经济发展于一体的综合型社会组织管理制度。作为国家政权的一部分,单位直接承担着汇聚资源和供给公共产品的功能④,国家权力能够通过单位作为中介实现对资源的再分配,进而可以达到对社

---

① 刘建军:《单位中国:社会调控体系重构中人、组织与国家》,天津人民出版社 2000 年版,第 9 页。
② 李路路:《论"单位"研究》,载《社会学研究》2002 年第 5 期。
③ 刘建军:《单位中国:社会调控体系重构中人、组织与国家》,天津人民出版社 2000 年版,第 3 页。
④ 参见田毅鹏:《"典型单位制"的起源和形成》,载《吉林大学社会科学学报》2007 年第 4 期。

会有效调控的目标。在国家社会调控体系的建构过程中,单位最终发展成为一种遍布城市,用来对社会进行有效控制的制度化成果。

社会调控的意义在其广泛性和深入性,国家的统治对象也是全体社会成员。"工厂、学校、机关是'点',街道、里弄是'面',全市500万人,人人都有街道、里弄居民的身份,'面'巩固了,'点'的安全自然无问题。反过来,纵使'点'里的一切反革命分子都已完全肃清,他们还可以钻'面'的空子,从外面来破坏'点'"。"严密了街道里弄组织,居民政治觉悟普遍提高,就无异替反革命分子撒下了天罗地网"①。由此可见,国家一开始就是把社会调控体系的重构放置于整个社会之上的。由于单位在社会调控过程中的有效性,促使国家进一步坚定按照单位模式重组城市社会的决心。这种组织冲动经过中国共产党运用国家行政力量的推广而实现。最终,国家"把无数个单位作为社会纽结组织,用单位网络组织整个(城市)社会,建立一个单位化的城市社会"②。

三、组织化过程中的单位化倾向探讨

种种迹象表明,单位化"既不是一个社会自发过程,也不是一个单独展开的过程,而是1949年以来的一项社会工程"③。尽管非单位组织很大程度上仿照了单位的管理模式并以单位为发展方向,但单位化的原型并不是成熟时期的单位,而可以上溯到城市接管时期。解放战争以来,随着国家工作重心由农村向城市的转移,政府以单位来重组城市社会的意图日益彰显出来。中国共产党之所以要将城市打造成为一个单位化社会,来自城市管理中一系列理念和制度安排的结果。

"共产党只会管农村,管城市一无人才,二无效率,上海就是共产党的坟墓,共产党下了'海'就会淹死"④。这固然是西方帝国主义势力蛊惑人心的说法,却也道出了中国共产党在新时期面临城市管理特别是管理上海的严峻挑战。

城市接管,是中国共产党从"打天下"转向"治天下"迈出的第一步,也是对中国

---

① 《再论里弄福利组织(上)》,载《文汇报》1951年4月20日。
②③ 毛丹:《村落变迁中的单位化——尝试村落研究的一种范式》,载《浙江社会科学》2000年第4期。
④ 当代中国人物传记丛书编辑部:《陈毅传》,当代中国出版社1991年版,第461页。

共产党执政能力的最初考验。中国革命走的是一条被称作"农村包围城市,最后夺取城市"的独特道路,这条道路保证了中国共产党的革命力量不断壮大并最终取得国家政权。然而,随着解放战争的进行,中国共产党的工作重心也出现了一个由农村向城市转移的问题。这一转移意味着中国共产党的任务、工作思路、方法的全面调整,而调整本身却是一个痛苦的蜕变过程。1947年2月举行莱芜战役,"马夫将马拴在洋房里,均在沙发上拉屎拉尿"①。正太战役期间,"部队民兵民夫与后方机关乱抓物资,乱搬机器,因而使这些工业受到致命破坏"。占领张家口之后,"领导机关随即迁至城市,因而引起许多干部往城里跑,在城市乱抓乱买东西,贪污腐化"②。这类现象不仅仅存在于一般士兵和干部中间,党员也不例外。石家庄解放时,"抢东西及后来乱斗乱捕乱没收东西等现象,许多都是党员带头干的"。这类现象的发生,使得被接管的城市社会矛盾尖锐,一些城市甚至出现了混乱和恐慌③。之所以发生这样的现象,正是工作重心的转移所致:一方面,随着国家政权的取得,作为执政党,没有及时地将武装革命转换为建设性革命,结果所破坏的正是自己的战果。另一方面,大多数党员干部长期生活在农村和武装斗争环境中,并形成了一套固定的工作思路,照搬这套工作方式去管理城市必然是乱上加乱。有了这样惨痛的经历,中共中央对城市管理问题进行了重新思考,在七届二中全会上,毛泽东发出号召,要求全党"必须用极大的努力去学会管理城市和建设城市"。而为了"一步一步地学会管理城市,恢复和发展城市中的生产事业"④,此后的城市都按照了"各按系统,自上而下,原封不动,先接后分"的指导方针去接管⑤。这一管理方式是"中共工作重心顺利实现从农村转向城市的关键一步,也是它成功地学会管理新中国的最初一章"⑥。而与此同时,这一"原封不动"的接管模式也埋下了日后对城市进行大规模重组的伏笔。

　　中国共产党对于上海的认识可以说是五味杂陈。一方面,从政治经济角度而言,上海无疑是当时中国最重要的城市,早先,无论是西方帝国主义还是南京国民

---

① 中国人民解放军政治学院党史教研室:《中共党史参考资料》(11),第31页。
② 薄一波:《若干重大决策与事件的回顾》(修订本)上卷,人民出版社1997年版,第6—7页。
③ 《中共中央文件选集》(17),中共中央党校出版社1992年版,第54—57页。
④ 《毛泽东选集》第四卷,人民出版社1991年版,第1427—1428页。
⑤ 《陈云文选》第一卷,人民出版社1995年版,第374页。
⑥ 李良玉:《建国前后接管城市的政策》,载《江苏大学学报》2002年第3期。

政府都将上海作为政治统治的基地。与此同时，上海又是全国最大的经济中心，工业产值和贸易总额占据全国的一半，可谓是中国经济的"半壁江山"。另一方面，从社会、文化发展的角度来说，中国共产党对上海的评价又是很低的。旧上海被称为："罪恶的渊薮""冒险家的乐园""黑色大染缸"，相应地中国共产党对上海的管理与改造也被称为"化腐朽为神奇"的过程①。毛泽东把进上海看成中国革命的"一大难关"②。至于如何去管理上海，中共中央更是给予了高度重视。毛泽东曾经说："华东同志如果能够把上海搞好，上海和全世界的人民永远不会忘记你们，全中国和全世界的人民，甚至我们的敌人都将以上海工作的好坏来考验我们党有无管理大城市及全国的能力。"③

"打江山容易，坐江山难"，中华人民共和国成立前后城市管理方面所反映出的问题即为这样一个亘古命题。随着新政府的建立，中国共产党终于明确了自己所面临的形势和任务："如何迅速使接管下来的城市生活正常运转起来，恢复和发展生产。这不仅是为了解决前方军需物资供应问题，也不仅是为了解决城市人口和几百万脱产人员(军人、地方干部和旧职员)吃饭穿衣的问题，更重要的是为了稳定和发展全国经济、巩固人民民主政权。否则，一切都难以为继。"④而怎样才能把城市工作做好？"中心环节是迅速恢复和发展城市生产，把消费的城市变成生产的城市"⑤。而如何把消费型城市转变为生产型城市，按照中国共产党的思路就是要把整个城市的人口都组织起来进行生产，即"把城市里散漫的独立的小生产者与广大的城市贫民组织起来进行生产，才能使这个消费者多的大城市逐渐转变为生产者多的大城市"⑥。变消费型城市为生产型城市最终成为 20 世纪 50 年代城市发展的主题，这一导向的确立，就将城市的发展与组织生产联系起来，城市社会的重新组织也是适应这一需要而产生且不断深化的。

---

① 张文清：《"化腐朽为神奇"——陈毅领导改造旧上海建设新上海的历史篇章》，载《上海党史与党建》2001 年第 8 期。
② 之所以有这样的认识，是因为当时，一是担心攻打上海时，美国出兵干涉；二是担心解放与接管衔接不好，进城后停工停电，大混乱，上海会变成一座死城(吴祥华：《党在上海执政之初成功领导的三大经济工作》，载《上海党史与党建》2004 年第 12 期)。
③ 张文清：《从解放到执政——中国共产党在上海的成功实践》，载《上海党史与党建》2005 年第 5 期。
④ 薄一波：《若干重大决策与事件的回顾》(修订本)上卷，人民出版社 1997 年版，第 51 页。
⑤ 《把消费城市变成生产城市》，载《人民日报》1949 年 3 月 17 日。
⑥ 《如何变消费城市为生产城市》，载《人民日报》1949 年 4 月 3 日。

城市的属性是消费型抑或是生产型都是一个相对概念。忻平在有关20世纪30年代上海城市人口的属性研究中,提出了三个评判参项:其一,总人口与适龄劳动年龄人口的比例。如果适龄劳动人口在总人口中所占的比重较高,则人口属性为生产性的。其二,适龄劳动年龄人口中参加生产性活动的人口比例。如果适龄劳动年龄人口中参与生产性经济活动的人口比例较高,则人口属性为生产性的。其三,生产力发展的水平。生产力发展的水平越高,需要参与生产性活动的人口就相对越少,就此而言,不能因为消费性人口在城市人口中所占的比重较高,就否认其生产性。依照这三个参项,忻平认为20世纪30年代的上海是一个生产型的城市①。

中国共产党对于城市人口属性的评判标准不同于以上任何一种,它把城市人口分为两种类型,即:劳动者和依靠他人劳动的受赡养者,如果受赡养人口比例高,则城市的属性为消费性的。在1949年年底对上海城市人口的调查中,中国共产党认为当时的人口中,47%的是劳动者,而其余53%是依靠他人劳动的受赡养者②。这里的受赡养人口是指学龄前儿童、在校学生、退休职工以及各类无业失业人员。1952年的调查中,受赡养人口更是高达62.4%③。据此,中国共产党认为上海是一个消费型的城市。

在对城市属性的认识中,价值观念也具有决定性的影响。中国共产党在革命战争年代,生活异常艰苦,日常需要仅以维持基本生存需要为限,超出这个范围的就被当作是一种享受。因此,在对于城市属性的评价中,享受型消费所占的比重也被当作衡量城市属性的一个重要标准。如,中国共产党认为南京市是一个"典型的官僚消费性城市",原因是过去该市"二十二行工业中,有十行主要是为国民党官僚们的享受而生产的。一百零七行商业中,属日用必需品者仅十八业"④。按照这一思路,作为全国最大的工商业中心的上海,自然被中国共产党当作一个具有高度消费性的城市⑤。中国共产党还认为整个旧中国的工业都偏重于消费性的生产,并

---

① 忻平:《从上海发现历史——现代化进程中的上海人及其社会生活(1927—1937)》,上海人民出版社1996年版,第99—103页。
② 中共上海市委党史研究室:《接管上海》下卷,中国广播电视出版社1993年版,第84页。
③ 胡焕庸:《中国人口·上海分册》,中国财政经济出版社1987年版,第252页。
④ 《南京市私营工商业,正在改造和进步中,有利国计民生的一般都能维持》,载《人民日报》1950年6月4日。
⑤ 《新上海的阵痛》,载《人民日报》1950年5月26日。

且认定这是中国工业积弱的原因之一①。正因为如此,将消费性城市改造成为生产性的城市,就成为中国共产党在新时期城市管理的主导方针。

实际上,将城市由所谓的消费性城市改造为生产型城市是中国共产党对城市的一贯态度。早在1946年,中国共产党就曾进行过组织接管城市的市民将各种消费性经济组织改造成生产性的合作组织的实践②。中华人民共和国成立之后,中国共产党的城市管理理念和解放战争时期一脉相承。新政府将改造上海的目标设定为:"从一个殖民地性的、投机性的、消费性的城市,转变成为一个独立的、生产的、健康的城市。"③

综合考察中国共产党的组织化理念以及新时期政府有关城市管理的思路,不难发现:单位化是城市社会重组的一个既定方向,原因如下:其一,将民众"组织起来"④,是中国共产党自建立以来就矢志不渝地进行的工作。如前文所述,自接管城市以来,政府所掌握的物质资源以及干部的行政能力都不能胜任城市管理的需要。就此而言,政府将社会功能和自己的公共职能交托给企业单位,很大程度上缘于政府行政能力的有限性。通过单位组织将城市居民组织起来以后,单位就成为社会服务与管理的载体,从而大大减轻了国家行政负担。在基层群众组织发动过程中,党一再强调居民组织的"自我服务"与"自我管理",其实质就是要居民组织承担起类似单位的公共服务功能,就此而言,基层群众组织的单位化倾向是在所难免的。其二,"组织起来生产"⑤,即将全部人口转变为生产性人口,这实际上是中国共产党自建设性革命开展以来一力奉行的组织化理念⑥。由于单位组织首先是一种经济组织,城市人口一旦转变为生产性人口,必然会被纳入单位组织内部,因此,组织起来生产本身就是一种单位化建构的过程。其三,单位对国家而言,具有汇集资源以进行现代化建设的功能。然而,新国家在现代化建设中,社会资源总量贫弱的情况是十分严重的,并非仅凭单位组织单一方面所能够承担的。因此,国家要推行现代

---

① 《旧中国工业的若干特点》,载《人民日报》1949年9月24日。
② 《经过反奸清算组织起来生产,焦作市民合作开工厂》,载《人民日报》1946年10月14日。
③ 《上海经济在改造中,为纪念上海解放一周年而作》,载《人民日报》1950年5月26日。
④ 参见前文对组织化理念的概述。
⑤ 按照"组织起来"这一词条对1946年1月1日到1949年12月31日的《人民日报》进行全文检索,可以搜索到2 036条(参见《人民日报》图文数据全文检索系统)。
⑥ 在2 036条有关"组织起来"的搜索中,很多都以组织起来生产为中心展开的(参见《人民日报》图文数据全文检索系统)。

化建设,就必须对整个社会都提出资源提取的要求,将消费性的城市改造为生产性的城市正是这种国家要求的集中体现。"现在,我们施仁政的重点应当放在建设重工业上。要建设,就要资金。所以,人民的生活虽然要改善,但一时又不能改善很多。就是说,人民生活不可不改善,不可多改善;不可不照顾,不可多照顾"[①]。实际上,无论是减少城市的消费产业,还是降低居民的消费支出,都是为了提高社会主义建设的积累程度。当然,如何将这些闲置下来的物资汇集起来并进行提取,还必须凭借一定的组织载体,单位是当时最有效的资源提取单元。由此可见,单位化是中华人民共和国城市社会重构中的一个既定方向,从新政府建立以来就进行着的基层社会组织化活动一开始就是以单位为标的的。

任何社会工程总是基于物质、社会、人的多样性而无法做到完全把握,单位化的进程一开始就碰到了障碍。单位本身建立在对资源的大量占有之上,其中不仅包括各种物化的资源(资金、场所、人),也包括各种非物质性资源(组织规则、认同),不具备这些资源就无法形成单位实体以及制度。中国共产党进入城市后,首先通过接管和国有化对城市社会进行了单位化的重新组织,笔者将这次单位化称之为初次单位化。在此过程中,非在业人口以及部分从事小规模和分散性经济活动的在业人员因无法进行统一而集中的管理,未被纳入单位组织体系。单位吸纳人口的有限性使得相当一部分社会成员被迫游离于单位之外,成为非单位人群。这样,单位与非单位的分野同时造就了单位人群和非单位人群两个泾渭分明的社会实体。在中华人民共和国成立之后相当一段时间里,由于城市社会经济总体发展水平较低,非单位人群的数量明显超过单位人,而这一群体本身的可控性较差。因此,把非单位人群网罗到社会调控体系内部,就成为中国共产党进行国家政权建设的重中之重。

小　　结

本章作为本书的第一部分,主要是对非单位人进行概括性的梳理并对组织化

---

① 薄一波:《若干重大决策与事件的回顾》(修订本)上卷,人民出版社1997年版,第300页。

的背景进行交代。

在城市社会中始终都存在一个规模不小的非在业群体,而中华人民共和国单位组织形成的过程中,一些在业人员被分离出来成为无单位归属的社会群体,最终这两部分人形成了一个相对单位人群而存在的利益群体——非单位人群。在上海,非单位人群数量庞大而利益多元,并身陷多重人身依附关系之中,是新政府社会控制的盲区。为了加强对非单位人群的控制,政府决定对其进行组织化的改造。

组织化是中国共产党的一个基本工作方法和执政方式。中国共产党的组织化理念源于马克思、恩格斯的建党理论,这一理念在中国共产党的革命实践中,不断发展和完善,并从中演绎出一套行之有效的基层社会管理制度,即单位制度。在新的历史时期,应政治稳定和经济发展的时代要求,单位被当作社会调控体系的一种基层制度,用于汇集资源和支撑整个政治体制。为了进一步强化对资源的提取和社会成员的控制,整个城市社会都出现了一个单位化的重组过程。然而,在最初的单位化,即城市接管和国有化过程中,一些社会成员因为资源的限制无法纳入单位组织内部,形成一个区别于单位人的群体——非单位人,其主体一是非在业人员,一是无单位归属的在业人员。对于中国共产党和政府来说,无论出于社会控制还是资源提取的目的,都不能令这一群体游离于社会调控体系之外,非单位人的单位化组织正是在这样的背景下展开的。

第二章 传统基层管理制度的废弃与街居制的建立（1949—1954）

城市基层管理体制，是指基层政府组织城市居民的形式以及对之进行管理的方式方法。中华人民共和国成立后，我国城市基层管理体制主要由单位制度和单位变体——街居制度——所构成。本章以街居组织的形成及其单位化的发展为中心来对城市基层管理体制的变迁进行论述。

按照街居组织的单位化程度，可以将1949—1962年基层社会管理制度发展过程划分为三个阶段：第一阶段（1949—1954）是从中华人民共和国建立到街居制度确立，这是新政府基层管理体制的初创时期。第二阶段（1954—1958）从里弄整顿工作开始到"大跃进"前，是为基层社会管理体制的调整与巩固时期。第三阶段（1958—1962）从"大跃进"到城市人民公社结束，基层管理体制经历一个非常状态后退回到原有的组织形式。

基层管理体制是社会调控体系的调控单元、制度和运作模式的综合表现，因此，基层社会的组织化开始以后，社会调控体系的重构也拉开了帷幕。这一重构从国家视野下表现为政府按照单位组织打造基层管理制度的努力，从民众的层面则表现为非单位人群在这一不可回避的国家权力扩张中做出适应性转换或者保持自身传统的努力。换言之，一方面国家尽可能广泛地将体制外的社会成员纳入各级各类组织内部，并尽力消除各种离异或者说反组织倾向，以保证提取各种资源投入现代化建设。另一方面，非单位人群在面临国家的各种组织化和提取意图时，一些群体适时地进行自我角色的转换，而一些成员则做出了反组织和反控制的回应，但最终他们都在强势组织化氛围下，将自己的发展服从于组织或者说国家的需要。

从1949年到1954年是非单位人群组织化建构的第一个阶段。在这一阶段，组织建构的基本内容是：废除传统的基层管理体制，并初步按照自治的原则将非单位人组织到新的街居组织中来。经过这样的重组，基层社会管理制度就完成了由保甲制度向街居制度的嬗变。几乎在街居组织产生的同时，有关其性质的争论也就开始了，为此，本书以部分居委会的调查为例，对居委会的性质及其成因进行了阐释。有组织就有回应，本章的最后一部分就国家通过组织化消解社会异质性的努力，以及非单位人群的组织化变迁进行了案例分析。

第一节　基层管理体制与社会组织的历史变迁

长期以来，越是基层的社会空间，发挥社会管理功能的主角越不是国家政权组织，农村如此，城市也不例外。在城市社会中，除了官方的组织体系外，还存在两个社会控制体系：一是保甲组织，一是社会中间组织。相对于国家设立的官方组织，保甲组织以及各种社会中间组织是更真实的存在。它们所形成的成文或不成文制度、运行规则主导了基层社会的基本运行。非单位人群组织化的前提就是打破这种实际运行着的基层管理体制，把身陷旧社会控制格局中的民众释放出来，为基层政权组织形式的顺利转换以及非单位人群的成功组织奠定基础。

一、上海地区保甲制度的沿革及其废除

保甲制度是利用家族制度和伦理观念建立基层行政机构进行统治的一种社会管理制度[1]，它产生于中国古代封建社会，是中国封建社会中长期存在的一种基层政治制度。据《周礼》记载，西周时期已建"六乡六遂"制对乡村社会进行管理。所谓"六乡六遂"，是指"五家为比，使之相保；五比为闾，使之相受；四闾为族，使之相葬；五族为党，使之相救；五党为州，使之相赒；五州为乡，使之相宾"[2]。一般认为，这时的社会管理方法是保甲制度的萌芽，正式的保甲制度始于宋代王安石变法。

---

[1] 闻均天：《中国保甲制度》，商务印书馆 1935 年版，第 1 页。
[2] 孙诒让：《周礼正义》卷 19，载《地官·大司徒》。

在宋神宗熙宁七年(1074年),"令州县坊郭择相邻户三二十家排比成甲,选为甲头,督输税赋苛役"①,保甲制度正式确立。自宋朝以后,历代封建统治阶级都利用保甲制度维护和强化地方基层控制。到了20世纪三四十年代,保甲制度在上海再次复兴。保甲制度虽历经数代,却最终发展成为一个反民主和现代法理的基层管理制度,中华人民共和国成立之后,保甲组织作为旧国家机器的一部分,被彻底废除。

(一) 保甲制度的沿革

保甲组织出现在宋代,专为维护社会治安而设立,并主要在乡村施用。最初,保甲组织虽由政府设立,但在发展演变过程中,却逐渐成为一种半官方组织。明朝后期,统治者开始在城市中利用保甲维护社会秩序,保甲制度遂逐步与坊铺合成新的城市基层管理组织②。上海地区所实行的保甲法,其组织方式和功能方面一直都体现着历史的传承性。

清代保甲法规定:以10户立一牌头,10牌立一甲头,10甲设一保长,每户给予印牌,上写姓名丁口,入户出户均须注明所来所往,寺观客店概无例外③。同治初年,上海县设立"巡防保甲局",保甲制度治安功能由此大为提升。此后,由于现代警察制度的引入,上海保甲制度一度停办。淞沪会战后,日军占领上海华界,并将他们在中国台湾地区采用的保甲制度推行到上海。这时的保甲编组仍以户为单位,编制以十进位,甲设甲长,寺庙、船公及公共处所等以保为单位,组织方式与传统颇为相似。战后,保甲制度并没有随着伪政权的覆亡而撤销,转而成为国民政府进行基层控制的主要方式。1946年1月,上海市政府正式推行保甲制度,保甲编组工作随之展开。初时,保甲编组的原则依然按照1943年《市组织法》中的规定,以"10户至30户为一甲,10甲至30甲为一保"④。1947年,上海市以现有警察分局的区划为蓝本,开始新一轮的保甲编组工作,这次编组在形式上与以往有了较大的不同,全市被划分为30个区⑤,每区按其户数之多寡划分为若干整编段(即为"保"),每段内以30户为原则划分为若干分段(即为"甲")⑥。此后,上海保甲又新增加了

---

① 《文献通考》卷12,《职役一》,历代乡党版籍职役。
② 参见杨荣:《论北京市基层管理体制的历史变迁》,载《北京社会科学》2004年第1期。
③ 同治《上海县志》卷七,转引自张济顺:《沦陷时期上海的保甲制度》,载《历史研究》1996年第1期。
④ 上海市年鉴委员会编:《上海市年鉴》(民国三十六年),中华书局1947年版。
⑤ 《抗战胜利以来上海市地方自治概况》,上海市档案馆,Q119—2—5。
⑥ 《钱市长广播:如何编查保甲及清查户口》,上海市档案馆,Q131—4—1699。

临时保、甲和特编保、甲的设置①。编组完成后,全市共有 1 088 个保,25 703 个甲②。到上海接管时,全市共划有 30 个行政区,区以下共设 293 个保,28 553 个甲③。

相比以往的保甲组织,20 世纪 40 年代上海地区实施的保甲制度,其功能更强大。主要有:① 户籍管理功能。主要是人口清查登记、户籍统计汇总和国民身份证件的发放管理。1946 年后户口清查规则进一步细化和体制化,使户口清查本身开始充当一种社会管理的有效途径④。② 治安功能。主要是实行连坐联保,加强基层社会治安⑤。③ 抽丁催赋以及计口授粮。④ 意识形态工具。国民政府开始把保甲系统纳入官方政治活动的轨道,通过保甲区组织群众参加官方的集会、游行,甚至官办的文艺演出。这样,保甲就成为政府意识形态的工具,最终在现实上、思想上全面展开了对基层社会的控制。⑤ 社会服务功能。保甲制度回归到基层社会管理中,也反映了社会发展对基层社会组织服务功能的客观要求。保甲的实行,的确解决了一些基层公共事务,如"检举保内割窃电线及偷电等事项;报告保内路灯失明及其他损坏事项;报告保内太平龙头漏水及其他损坏事项;指示各项交通工具乘客应行注意事项;指示保内码头仓库工人应行事项;取缔保内不规则之指挥;注意保内济渡之安全;随时建议保内公用事业之应行改进事项"⑥。

由此可见,这时的保甲制度已经发展成为一个综合运用各种统治手段的社会控制系统⑦,这也是其受到统治者青睐的原因。原本,传统的保甲组织就具有行政、

---

① 《上海市保甲整编暂行办法草案》,上海市档案馆,Q151—3—1。
② 《抗战胜利以来上海市地方自治概况》,上海市档案馆,Q119—2—5。
③ 朱国明:《上海:从废保甲到居民委员会的诞生》,载《档案与史学》2002 年第 2 期。
④ 《日伪上海特别市政府保甲委员会关于整顿保甲组织情况及特种户口调查》,1945 年,上海市档案馆,R33—1—287;《上海市政府户籍登记处理规则》1946 年 6 月,上海市档案馆,Q1—8—2。
⑤ 连坐联保作为保甲制度一个重要表现形式,其经久不衰的魅力在于:在国家的控制能力低下以及信息严重不对称的情况下,政府的控制可以借助于低成本的"人与人之间的连带责任",并附之以礼法教化,通过法律的激励,以及低流动性人口的基于社会规范维持的信任和信用制度,来维持社会的稳定(参见张维迎、邓峰:《信息、激励与连带责任——对中国古代连坐、保甲制度的法和经济学解释》,载《中国社会科学》2003 年第 3 期)。
⑥ 《上海市公用局保甲事项》,1946 年,上海市档案馆,Q5—3—5578。
⑦ 参见朱德新:《民国保甲制度研究述评》,载《安徽史学》1996 年第 1 期;朱德新:《略论日伪保甲制在冀东的推行》,载《河北学刊》1993 年第 2 期。

役法、保安三位一体的功能,是国家控制基层社会的基本单位①。而民国时期的保甲在体现这些传统功能的同时又有了创新,此时的保甲制度除"组织民众、健全社会、保卫地方"等社会功能以外②,"已由民众的军事组织进而为国家内政之设施,再进而为社会事业、经济建设运用之枢纽"③,功能大大地扩展。由于保甲制与现代政权的有机结合,使得这一时期的保甲成为无所不包、无所不能的基层机构,其"不仅是军事组织,同时是地方基层政治的细胞组织,也同时是民众的基本组织,是推行一切政令的工具"④。

(二) 保甲制度在社会管理方面的弊病

任何制度和政策在实行过程中总会受到客观因素的制约。尤其是面对城市民众时,政策的推行就会出现许多意料之外的结果,其中一些甚至可能造成制度本身的瘫痪和无作为。尽管民国时期的保甲制发展已相对完备,但当其推行于上海社会时,国家政权借助保甲强化基层社会控制的意图却遭遇了挫折。此时,它所遇到的阻力不仅来自国家自身无力支持控制基层的成本,也与居民的消极抵制有关。举例而言,管理户籍是保甲制度的最基本的功能,但即使这项基础性的工作,在上海实施起来也格外困难。

首先,登记工作受具体条件限制,政府亦无力提供必要的支持。一方面,上海人口流动异常频繁,增加了户籍工作的难度。历史进入20世纪三四十年代,上海人口数量更为复杂多变。除了正常年份的自然变动、机械变动以外,在一些特殊的年份,人口还会出现异常变动现象(见图2-1)。

图2-1中出现的两个波谷分别是1932—1933年、1942—1946年之间,它们都是上海历史的重大转折点。1932年"一·二八"事变后,大量上海本籍人口逃离,一部分旅居上海的人口也纷纷离开回乡,加上战争中的意外伤亡,这一年上海人口较之上年减少了5.54%⑤。1942—1946年,由于战时的经济封锁,在上海谋生困难,大量外来人口从上海迁出,结果出现了人口急剧下降的趋势。抗战全面

---

① 张济顺:《沦陷时期上海的保甲制度》,载《历史研究》1996年第1期。
② 《上海市沪西区公署关于各区办理保甲现行条例及实施步骤令》,上海市档案馆,R18—1—235—1。
③ 闻均天:《中国保甲制度》,商务印书馆1935年版,第55页。
④ 李宗黄:《现行保甲制度》,中华书局1943年版,第1页。
⑤ 胡焕庸主编:《中国人口·上海分册》,中国财政经济出版社1987年版,第48页。

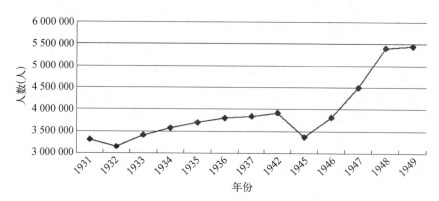

图 2-1　上海市区人口数量变化图(1931—1949 年)

资料来源：胡焕庸主编：《中国人口·上海分册》，中国财政经济出版社 1987 年版，第 48 页。

爆发后，上海地区局势渐为稳定，人口又迅速回升。市政府民政处每月调查，结果显示，"逐月有增无减"①。1945—1948 年间，人口净增加达到 204 万人，这在世界城市人口史上都是少见的②。人口数量处在如此剧烈的变动之中，户籍登记本身就很难入手。

另一方面，由于缺乏专门办理保甲的人才，工作的开展存在诸多困难。保甲行政人员是统治者与民众在政治上"粘合"的交接点，在政治沟通中扮演着举足轻重的角色③。汪伪行政院 1942 年公布《整理自治财政纲要》，其中规定，保甲经费列入市府预算之内④，国民政府沿用了这一制度。然而，内战的爆发，使得军费开支不断高涨，市面上通货膨胀，保甲实际经费大为减少，仅有的资金不足以支持保甲人员

---

①《本市人口有增无减》，载《文汇报》1947 年 5 月 1 日。
② 胡焕庸主编：《中国人口·上海分册》，中国财政经济出版社 1987 年版，第 48 页。1945 年的情况较为特殊，原本一些战时涌入上海的人口因抗战胜利而且上海就业困难等原因返回家乡，但是家乡还处在战后恢复阶段，谋生无着落，不得已之下再次返回上海，结果是 1945 年上海人口比 1942 年都减少了 14.02%，而第二年又回升了 13.64%，其中很大一部分是迁出的人口倒流。
③ 参见朱德新：《三十年代的河南统治者与保甲行政人员》，载《史学月刊》1999 年第 1 期。
④《上海市政府会计处保甲经费》，1947 年，上海市档案馆，Q124—122。保长、甲长均为义务职，不领薪水。保干事、保队附(三保合一人，专办兵役工作)、保户籍事务员(二保合一人)在区公所办公，未有薪职，由市府民政局委任。

第二章　传统基层管理制度的废弃与街居制的建立(1949—1954)　79

的编制①。与此同时,随着人口的增加,原有保甲区域内的日常业务激增,保甲组织、人员渐有不敷于工作需要之情势。1947年5月,经民政处统计,全市共应增加54保,但"限于经费保甲预算",仅增24保。此后,随着人口的增加,各区要求增加保数的多达162个,均因经费问题被迫搁浅②。保甲的日常工作繁难,许多区保纷纷要求增派户籍员和助理员。然而,现有的保甲人员不仅人数不敷使用,而且"程度不齐",且有严重的腐化现象。从保甲编组开始,就不断有保甲长利用职权之便营私舞弊,贪污受贿:"或私吞配给证;或办事不力,态度腐化;或私发身份证,以捞取钱财;或私自挪用保甲经费,中饱私囊等等,比比皆是"③。面对这种情况,政府也只能徒增叹息,因为实际的工作还必须仰赖他们去进行。

其次,政府与民众缺乏良性互动,保甲组织的反社会性遭到民众的抵制。

一方面,不断强化保甲控制力度的结果,使得这一组织的暴力色彩愈加浓重。政府恢复保甲制度的初衷,是建立一个集社会秩序管理和意识形态监控为一体的社会基层控制组织④。为了达到这种目的,当局甚至启动"连坐"这种令百姓深恶痛绝的监督机制。在日伪统治期间,督办上海市政公署令其所属警察局拟具《人民连坐保结变通办法》,印发"人民连坐保结",通令各分局从速办理,首先在华界推行联保连坐⑤。他们还派发"居住证""旅行证",生怕市民不肯乖乖做他们的"顺民"⑥。1943年4月,汪伪行政院又颁发《编查保甲户口条例》,对联保连坐做出了更加详细的规定,保甲内部须办理联保连坐;保甲长须率领壮丁队,协助军警警戒,追捕违法者,"紧急时并优先为逮捕之紧急处分权"。《各区自警团组织暂行办法及团员服务暂行规则》颁行之后,自警团纷纷建立,该组织以协助军警维持地方治安为名⑦,配

---

① 早在日伪时期这种状况就已经存在。"现时财力既恐不逮,而人民劫后余生,似又不能索赋苛急,除拟先行举办保甲青年部施以训练以期养成干部人才"(《日伪上海特别市改善保甲及自警团的文件》,上海市档案馆,R1—15—1770)。保甲人员的不足,使得户口清查工作拖沓迟滞。1943年8月上海全市保甲组织大致编组完成时,南市、沪北、市中心等6个区的户口复查和异动却还未办理,此后虽经多方催促,但直至1945年上半年,市保甲委员会仍然不能按时收到各区的户口异动统计呈报表。
② 《上海市民政局调整区域保甲及增保分配表等案》1946—1948年,上海市档案馆,Q119—2—649。
③ 《上海市民政局张益三等关于改进市政设施、改进保甲工作、提高职工待遇等建议和意见》,上海市档案馆,Q119—2—663。《上海市警察局行政处关于保甲人员不法案件之调查报告》,上海市档案馆,Q131—4—1925。
④ 参见张济顺:《沦陷时期上海的保甲制度》,载《历史研究》1996年第1期。
⑤ 上海市档案馆编:《日伪上海市政府》,档案出版社1986年版,第161页。
⑥ 《日人将自愧勿如》,载《文汇报》1946年6月1日。
⑦ 上海市档案馆编:《日伪上海市政府》,档案出版社1986年版,第254—265、274—275页。

备了警棍、警笛、警绳、电筒以及自警亭、警铃、铁丝网等用具①。战后,国民政府沿用日伪保甲制度的同时,也将联保连坐切结制度一同继承下来。虽不断有反对声音传出,指其"反民主""是束缚人民自由的铁链",但国民政府却一意孤行②。从1948年4月起,上海市接连颁发了《上海市住户签具联保连坐切结办法》《上海市各区保甲办理纵横联保切结实施办法》等法规办法,要求各区"严密清查户口,编整保甲,并由区保甲长出具纵横联保切结,互为监督及保障"③。之后,根据1948年9月11日国防部修正公布的《各县市民众自卫组训规程》及《补充办法》,先后颁布《上海市民众自卫队组训实施办法》《上海市民众组训委员会组织规程》《上海市民众组训委员会工作实施办法》等法规,规定各区组织民众自卫队,以"增强民众自卫武力,维护社会秩序,完成剿共戡乱大业"④。保甲组织所具有的上述特征,使其成为一个封建的、反民主和现代法理的暴力工具,更加扩大了政府与民众之间的隔阂。

  另一方面,民国以来保甲制度的社会服务功能进一步弱化。费孝通认为:由于保甲制度完全成为政府的执政工具,从而完全区别于一些具有社会服务功能的社会中间组织,不能与城市基层社会的公共利益与个人利益直接相关,反而逐渐演化成为一种政府强加给市民的"义务"。民众被迫履行这种"义务"时,政府对于市民的利益又是极度漠视的,长此以往,市民逐渐对这种义务也倦怠起来并进行了消极抵制,最终使得这种强加难以成行。结果是,中央的政令可能是容易下达了,"可是地方的公务却僵持了"。中央除了要钱要人外,地方上的建设事业却毫无进展,基层行政也无甚业绩可言⑤。长此以往就形成了恶性循环,导致保甲制度本身的运行都发生了困难。沪北、沪西、邑庙等区的保甲委员会不断向上司反映保甲推行之困难,如,征收的保甲费用经常"收支持感不敷""只够拨发书记费"⑥,"人民对军警米,

---

  ① 《上海特别市第一区编组保甲自警团条例》,上海市档案馆,R33—1—51。
  ② 《反民主的保甲度》,载《文汇报》1946年2月18日;《一片反对保甲声》,载《文汇报》1946年2月20日。
  ③ 《上海市民政局上海市政府关于各县市民众自卫队组织规程,上海市民众自卫训练组织规程,组训实施办法等文件》1948—1949年,上海市档案馆,Q119—4—24。
  ④ 《上海市民政局关于政治部门各项办法草案,加强保甲民众自卫》1948年,上海市档案馆,Q119—4—23。
  ⑤ 费孝通:《乡土重建》,观察社1947年版,第52页。
  ⑥ 《日伪上海特别市政府保甲委员会沪北区、闸北镇第一、二、三乡联保长谈话会议记录及南汇办事处保并联席会议记录》,1943年,上海市档案馆,R33—1—744。

无不力竭声嘶",军警米征收"收效甚微"①。由于保甲费用和物资的难以收缴,更进一步加剧了久已存在于保甲人员中间的腐败现象。严重的腐败和暴力行政色彩,使得保甲组织"差不多已成了流氓地痞的渊薮",市民对其深恶痛绝②。民众对于保甲工作人员的投诉、指控连续不断。上海市政府早在1946年10月5日即颁布《上海市政府民政处督导服务须知》,屡次派员督察视导各区整编保甲工作,并对各级自治人员进行"考核督训"。1948年2月26日,针对上海市民对各级保甲人员腐败行为的投诉指控,民政局又派朱炳熙、李元、戴庆琦等人秘密视察各区工作人员的服务状况,结果却发现各区对"贪污事项均讳莫若深,既无相当凭证而区公所大抵庇护僚属不予协助",调查工作"颇感困难"③。政府对保甲腐败现象的无作为,使得保甲引所发的社会矛盾日益深化。

综上所述,保甲制度历经民国时期的多次完善,不但未脱去封建性,其反民主、反社会的本质却日益彰显。当付诸实施于上海这样的特大型城市时,保甲制度不能如制定者所愿,具备超越时空的功效④,一劳永逸地解决基层社会的控制和管理问题,而其自身所具有的压制民主、反现代法理的暴力和封建色彩,与所处社会环境的不相容性,伴随着上海现代化程度的提高更加显露无遗。保甲制度不为民众所容,当然成为新政权打碎和废弃的对象。

(三) 保甲制度的废除

中华人民共和国建立后,保甲制度作为历代统治阶级维护和强化地方基层控制的有效工具的使命也走到了尽头。当然作为一个绵延数百年的社会管理制度,保甲制度早已扎根于基层社会,它的废止不是一朝一夕就可以完成的。

新政府对保甲制度的废除采取了审慎的态度。遵照民主建政工作中"敌人越少越好,朋友越多越好"的统一战线思想,保甲制度的废除也是以稳定社会秩序、安定人民生活、不使日常的行政运转中断为原则。故,废除保甲制度有一个逐渐过渡的过程。

---

① 《日伪上海特别市保甲委员会向保甲处各项会议通知及会议经过情形的报告决议等》,1943年,上海市档案馆,R33—1—75。
② 费孝通:《乡土重建》,观察社1947年版,第62页。
③ 郝丽萍:《战后上海保甲制度的研究》,硕士学位论文,华东师范大学,2001年。
④ 张济顺:《沦陷时期上海的保甲制度》,载《历史研究》1996年第1期。

首先，受到经济萧条的制约，保甲制度的功能得以在新社会暂时留存。新政府成立时，国家经济基础十分薄弱，全国工业总产值同历史上最高水平相比下降了一半，人均国民收入只有亚洲国家平均值的2/3①。在1949年底的财政预算中，文化、教育、卫生三大项加起来也只占总开支预算的4.1%（实际并未兑现），军费开支则占近38.8%②。上海在全国具有举足轻重的地位，可以说"上海工厂的烟囱若不冒烟，全国经济就将垮掉一半；上海市场混乱，将导致全国财政工作失去控制"③。接管上海时，这个全国最大的工商业中心正遭遇着前所未有的经济危机。全市1.2万家工业企业中只有30%勉强维持开工状态，80%的机器工业停产停工④。1950年春夏之间，全国性的市场萧条开始出现，仅上海就有一千家的企业倒闭⑤。经济萧条造成了严重的财政危机，在最初的一段日子里，中国共产党不得不依靠发行纸币的方式来维持国家政治生活的运转⑥。此时，新政权当务之急自然是考虑如何发展和恢复整个国民经济，其他领域的改革能缓则缓，特别是要尽可能减少不必要的开支，这样，基层社会的日常事务就仍然交给保甲人员去管理。

其次，稳定新生政权的需要，保甲人员得以继续在基层社会空间发挥作用。1949年5月上海接管时，中国的大片地区还没有归入新政府管辖。国民党的残余部队还占据西部和西北部的许多省份、边远地区，以及南部和西南部的许多地方⑦。"治天下的关键在于管理大城市，而共产党的大部分干部对于管理城市，尤其是大城市，是十分陌生的"⑧。在全然没有城市管理经验的情况下，维持原有的社会秩序是保证社会稳定的唯一办法。因此，整个接管工作完全是按照系统进行，甚至包括人事系统，而最初的城市管理也是以不打乱、不影响军管时期工作与业务的继续为原则。不仅如此，在上海接管后的不到一年里，就接连遭遇投机风潮、美蒋封锁以

---

① 逢先知、金冲及主编，中共中央文献研究室编：《毛泽东传》，中央文献出版社2004年版，第60页。
② 李扬：《五十年代的院系调整与社会变迁——院系调整研究之一》，载《开放时代》2004年第5期。
③ 姚会元：《陈毅领导上海解放之初的经济恢复工作》，载《当代中国史研究》2003年第3期。
④ 当代中国人物传记丛书编辑部：《陈毅传》，当代中国出版社1991年版，第455页。
⑤ 逢先知、金冲及主编，中共中央文献研究室编：《毛泽东传》，中央文献出版社2004年版，第70页。
⑥ 范守信：《中华人民共和国经济恢复史》，求实出版社1988年版，第7页。
⑦ [美] 莫里斯·梅斯纳：《毛泽东的中国及其发展——中华人民共和国史》，张瑛等译，社会科学文献出版社1992年版，第84页。
⑧ 熊月之主编：《上海通史》卷11，上海人民出版社1999年版，第1页。

及"二六"轰炸的冲击,新政权遭遇严峻考验。在这种情况下,政府不得不采取谨慎态度,力保政权的平稳过渡。"由于人民革命秩序尚未建立,给予旧保甲人员立功赎罪的机会,故未即予废除"①。因此,在这一阶段,"国民党反动制度的遗迹暂时存留最多,变化不大"②。保甲制度继续发挥着社会管理的功能。

最后,群众基础薄弱,保甲制度废除的时机未到。上海虽是中国共产党的诞生地,但共产党在上海并不具备深厚的群众基础。相对于老解放区,中国共产党在上海的组织因遭到严重破坏和压制而极为薄弱。进入城市后,中国共产党面对的是全然陌生的社会环境,尽管早在七届二中全会上,毛泽东就要求全党"一步一步地学会管理城市"③,但胜利的提早到来,却使得中国共产党有些措手不及④。面对上海 500 万之众的城市人口,在基层社会尚未组织起来的情况下,政府与居民群众缺乏联结点,中国共产党的政策、方针很难传递给基层民众。与此同时,由于新解放区的急剧扩大,中国共产党所掌握的干部无论数量还是质量都难以胜任城市管理工作的需要,基层民主建政工作更是无从开展。此时,如若断然将保甲制度从基层社会管理中清除,必然会导致基层社会管理事务的停顿,使中国共产党自身陷于孤立之境地。

有鉴于此,政府将废除保甲制度的总的精神设定为:打乱机构,留用人员;首恶必惩,一般利用;指定工作,听候处理;戴罪立功,促进改造⑤。遵照这一精神,结合社会实际情况,上海废除保甲制度的工作主要从两个方面展开。

1. 基层政权组织格局的调整:接管并打乱保甲组织

中国共产党在制定对待保甲机构的总方针上,将其视为旧国家机器的基层组织,持根本否定的态度。在具体执行过程中,使用了"摧毁""消灭"的字眼,但在具体做法上,是根据上海实际情况,"力图避免过大的波动,以求达到逐渐改造和等待群众觉悟程度提高的目的"⑥。具体执行办法是:① 与市政行政管理工作无关的机构,接收以后,即行摧毁。② 与市政行政管理有直接关系的均予保留,机构不

---

① 《芜湖人民政府明令:废除保甲制度,建立居民小组》,载《文汇报》1949 年 9 月 10 日。
② 《上海市军管会和人民政府六、七两月的工作报告》,载《文汇报》1949 年 8 月 7 日。
③ 《毛泽东选集》第四卷,人民出版社 1991 年版,第 1428 页。
④ [美] 费正清编:《剑桥中华人民共和国史》,谢亮生等译,中国社会科学出版社 1998 年版,第 73 页。
⑤ 朱国明:《上海:从废除保甲到居民委员会的诞生》,载《档案与史学》2002 年第 2 期。
⑥ 新华社:《上海解放日报发表社论,号召建设新上海》,载《人民日报》1949 年 7 月 29 日。

动,俟弄清情况再行改造,人员在接管期间一般原职不动。③ 与市政行政管理是否有关一时不及弄清,则俟熟悉其情况后再行决定打乱或改造,对人员亦采取留用的方针①。在上海人民团体联合会发布的《人民保安队总部安民告示》中明确规定,对"区镇保甲人员等一律不加逮捕及侮辱"②。按照以上执行原则,上海保甲制度经历了这样一个初步的处理:自上而下地完整保留了原国民党的户政管理机构,暂时保留了保甲系统中的经济行政机构,摧毁了伪民众自卫司令部、新兵征集所、民众自卫训练所委员会及30个区的警卫股、自卫大队、400个保队附③,较为彻底地打乱了保甲系统中的军事机构。

军事管制委员会是接管上海后城市政权的最初形式④。进入上海后,市军事接管委员会立即接管了包括保甲组织的指挥机关——民政局——在内的国民党市政府政权机构。紧接着,军事管制委员会政务接管委员会的民政接收处接收了控制全市区公所和保甲组织的指挥机关——市民政局。民政接收处派出20个市区接管专员,近郊接管委员会派出10个郊区接管专员,接管了30个区公所。区公所接管之后,按照上海市原有的行政区域,成立了30个区接管委员会。区接管委员会成立后便对基层管理组织进行了调整,如,解散了区公所的组织,取消了经济股,而保留民政股、户政股,另外又新设了文教股、调解股和秘书室。调整后区接管委员会开始办理区的行政工作,成为区的过渡性政权机构。各区接管会以3个保到10个保,90—150个甲,3—5万人口的地域,建立了102个接管专员办事处。区接管委员会和办事处的任务分别为:"接管伪保甲机构,利用保甲人员维持秩序,便于有步骤地废除保甲制。"⑤区接管委员会下的接管专员办事处就是街道办事处的前身。但此时的办事处仅仅是为了完成取消保甲而设立的过渡性组织,原因是"在接

---

① 《上海市人民政府民政局一年来民政工作总结》,载中共上海市委党史研究室:《接管上海》上卷,中国广播电视出版社1993年版,第158—159页。
② 《人民保安队总部安民告示》,载《新民晚报》1949年5月26日。
③ 《上海市人民政府民政局一年来民政工作总结》,载中共上海市委党史研究室:《接管上海》上卷,中国广播电视出版社1993年版,第159页。
④ 1949年5月27日,上海全境解放。为了顺利实现接管,中共中央十分重视在"新占领城市实行短期的军事管理制度"。《中共中央文件选集》第17册,中共中央党校出版社1992年版,第212页。所谓军事管理制度,是指在新收复的大城市中进行军事管制。在军事管制期间,要进行9项任务,主要是:肃清一切敌对分子、对城市进行完全接管、稳定城市秩序、解散一切反动组织、建立革命政权机关、组织民众和建立党组织,当时还规定:十万人以上人口的大城市取消军事管制必须先得到中央批准。
⑤ 《上海市区民主建政工作总结》,上海市档案馆,B168—1—763。

管时期为了取消保甲制,必须要有这样一个便于控制保甲,而又易于接近群众的过渡组织"①。

进入1950年,各区基于户口管理的便利性再次进行区划调整。例如,黄浦区根据地理自然环境,将原来27个旧保甲区划分为50个户口段②。经过多轮调整,区以上的行政机构基本被打乱,"行使行政职权的是我之接管干部,因而保证了军事管制的政策执行。户政工作完整无损,因而在军事接管的初期维持秩序上得到了帮助"③。1950年7月1日,上海市军事管制委员会宣布:"一年来,接管会任务基本完成;保甲机构,亦经废除;正式成立区人民政府的条件已经成熟,上海市人民政府决定成立区人民政府,故即日起撤销区接管委员会。"④此后,接管专员办事处随之撤销,保甲组织的架构至此不复存在。

2. 基层权威格局的转换

完成基层组织工作人员的新陈代谢是基层权威格局转换的关键,也是彻底废除保甲制度所必需的。一般认为,在乡村社会中,政府的统治可以分为两类:"一类是往下只到县一级的正规官僚机构的活动,另一类是由各地缙绅之家进行领导和施加影响的非正规的网状的活动。"⑤城市社会虽然不同于农村,却也客观上存在这样类似的网络所形成的权威格局。在城市社会中维持这一格局的,一是保甲组织,一是社会中间组织。保甲虽然是政府的基层设置,但实际上却发展成为一个准官方机构,政权更迭对保甲制度的影响并非决定性的。最明显的就是保甲人员具有继承性,如,抗战全面爆发后国民政府保甲人员很多都是日伪时期的,而中共新政府不得不部分留用保甲人员,这也说明基层社会中的权威格局并没有随时空的变换而更改。保甲制度虽然从形式上废除了,但是维持这种权威的所谓的基层精英以及居民的认同都还存在。正因为如此,上海地区保甲制度废除一年多后,居民一

---

① 《上海市人民政府民政局一年来民政工作总结》,载中共上海市委党史研究室:《接管上海》上卷,中国广播电视出版社1993年版,第162页。
② 《黄浦区旧保甲区 划分户口段》,载《新民晚报》1950年4月5日。
③ 《上海市人民政府民政局一年来民政工作总结》,载中共上海市委党史研究室:《接管上海》上卷,中国广播电视出版社1993年版,第159页。
④ 《上海市军管会,撤销区接管委员会》,载《解放日报》1950年7月2日。因此接管完成之后办事处一度被取消。
⑤ 费正清主编:《剑桥中国晚清史》上卷,中国社会科学出版社1993年版,第22页。

旦遇到捐款、身份证明、医药费减免等事务时仍然找保甲长解决①。要使保甲彻底退出基层社会管理，就必须将这一权威格局进行转换。而进行这一转换，就需要开展两方面的工作：一是人员清理，一是功能替代。

1949年5月20日，陈毅签发《上海军管会关于接管工作的通知》（以下简称《通知》），《通知》提出："对反动的旧保甲制，在接管初期由于主观力量不足，接管任务多，暂时采取不承认也不宣布取消的态度。……对于罪恶昭著，人民要求坚决惩处的保甲反动分子，应加处分，一般可利用者按中央指示，在群众监视下给予一定任务，以后在群众发动时才取消保甲。"②按照《通知》，上海根据需要留用了一些保甲人员，而另外一些则进行了遣散。据1950年6月底民政部门的统计，全市20个区原有旧职人员1874名，留用人数为1225名，占65%强③。这些留用人员再次工作之前，都进行了严格教育或者短期培训。他们进行的主要工作是：报告伪保办公处工作，登记文件资财并造清册；打扫卫生、掩埋尸体；清除散兵游勇、维持地方秩序；报告并收集敌伪武器物资等；调查人民在战争中的受损情况④。从以上工作来看，这些留用人员进行的都是日常性服务工作，是一般保甲人员能胜任的，据此推测，被遣散的35%的保甲人员应该以甲长以上人员为主。

在此过程中，中国共产党也积极准备自己的干部，以逐渐取代原有的保甲人员。经过一段时间的准备，继前期对保甲人员进行有选择的遣散之后，新政府又开始对现有保甲人员分别情况予以处理。对于"伤害人命的犯罪分子及特务分子，现在又不悔过自新者，逮捕法办，犯有严重贪污勒索罪行，使人妻离子散，家败人亡，为人民所痛恨的分子，搜集确实证据后，允许人民清算，然后将被控告者交人民法庭判处。对一般作恶不多，贪污不大，群众痛恨不严重的分子，撤销其工作，让其向人民承认错误，给以戴罪图功的机会"⑤。经过这样的处理，一大批保甲人员被清理出基层组织，而其留下的空缺迅速为中国共产党培养的工作人员所填补。新干部的来源主要有三个方面：一是利用企业中的职员和公教人员；二是吸收国民党统治区域城市中的工人和知识分子，三是把军队变为工作队，从军队中选拔大批干部。

---

① 《蓬莱区里弄组织工作总结》，上海档案馆，B168—1—751。
② 上海市档案馆编：《上海解放》，档案出版社1989年版，第87页。
③ 朱国明：《上海：从废保甲到居民委员会的诞生》，载《档案与史学》2002年第2期。
④ 《接管专员训示保甲人员，为民服务立功赎罪》，载《解放日报》1949年6月2日。
⑤ 《北平市人民政府，明令废除伪保甲制》，载《人民日报》1949年4月12日。

第二章 传统基层管理制度的废弃与街居制的建立(1949—1954) 87

此外,通过群众运动,中国共产党也发现并培养了一批积极分子。这些积极分子的主要成分为:工人、店员、城市贫民等,完全符合政府的阶级标准。经过不断地教育,这些人的认识水平有所提高,能够"直接联系群众,建立新的联系,便于人民与我们接触,逐步建立居民福利性组织,取消甲长"①。新兴基层社会管理阶层的成长,为改造城市社会,彻底废除保甲组织创设了必要条件。

从功能替代来看,一如国民政府不能提供足够的经费来支持保甲制度的全面运转,新政府要担当起管理及服务基层社会的职能同样面临资源不足的困窘。在这种情况下,中国共产党发动群众进行自我组织、自我管理和自我服务。各种基层群众组织出现之后,不仅弥补了政府管理社会资源不足的问题,也成功地完成了对保甲组织功能的替代。

从接管会时期,各区就开始有意在里弄建立一些居民组织。最初的组织是从进行街坊、里弄的公益活动开始的。如,组织居民打扫房前屋后,一起动手疏通水道,联手制止流氓作案等。随着这类活动的开展,各种群众组织数量大为增加。据统计,全市在很短时间里,就组织起了104个自来水管理委员会,11 650个居民卫生小组和16 396个不同规模的人民防护队,发展队员74 320人②。随着组织的增加,开展的业务也涉及与居民日常生活密切相关的各项社会活动,从扶贫救灾、疏散难民、收容游民,到宣传中国共产党的政策,消除群众疑虑,配合公安民政部门维护社会治安;从清查户口,调查本区域登记人口情况,水电费征收,到治安防护等一一俱全③。若将这些组织功能进行合并,抛开组织性质不论,其社会服务之实与保甲组织并无二致。换言之,单个组织就其功能而言相当于保甲制度的分支。正因为如此,它们的广泛建立并在城市基层社会事务中发挥作用,就从根本上动摇了保甲组织的群众基础,从而在事实上取代了保甲制度。

至此,保甲制度就从初期机构上的有实无名,发展到人员、组织功能为新的权威格局所替代的局面,彻底丧失了存在的基础和价值。

---

① 《上海市区民主建政工作总结》,上海市档案馆,B168—1—763。
② 林尚立:《上海市居委会组织建设与社区民主发展》,中国政治学文集网,http://www.wtolaw.gov.cn,浏览时间:2002年12月1日,15:17:49。
③ 《街道里弄居民组织情况》,上海市民政局档案,34—30。

二、社会中间组织：功能的委顿与消脱

前文已提到，在城市社会的基层权威格局中，除了保甲组织以外，还有各种社会中间组织。在上海，某种程度上说里弄基层空间的实际控制权是由保甲以及社会中间组织乃至以帮会为代表的非正式力量结成的联盟来执掌的。一般而言，社会中间组织是指那些介于家庭、工商业者和国家之间，既有别于国家，也有别于单个家庭、工商业者的组织。也有人将它们称为第三部门、志愿组织、非营利组织、非政府组织。"第三部门"这个概念是由美国学者莱维特(Levitt)首先使用的，意指处于政府和私营企业之间的社会组织，此后，这一概念在国家学术界开始被频频使用起来，并成为涵盖国家与市场之间的那块制度空间的代名词。社会中间组织的兴起源于一系列来自公民个人、政府以外的各种机构以及政府本身的压力。它反映了一系列独特的社会变化，以及酝酿已久的对国家能力的信任危机①。中华人民共和国建立后，随着政治统治的巩固，国家对社会的管理和控制不断加强，并逐步把所有的社会事务管理权力收归政府，并不断提升民众对国家的信任度。如此一来，具有社会管理功能的社会中间组织也失去了存在的意义。

（一）上海社会中间组织的发展演变

城市社会中大量公共事务的存在，使城市具有一个被称为"公共领域"的社会空间②，各类社会中间组织在其中发挥了广泛的社会管理和服务功能。很多研究都以"政府缺位"和"国家权力让渡"的观点来解释社会中间组织存在和发展的原因③。不可否认，从一段时间来看，这种解释还是相当圆满的。而若从跨越历史的长河来看，情况却未见得如此。自有人类社会以来，就有社会事务，社会责任从一开始就不是由国家来承担的。在封建时代，地方精英承担社会事务是司空见惯的，而国家的干预在多数情况下是以一种公开承认这种管理状态为限的。因此，政府开始进

---

① [美]莱斯特·萨拉蒙：《非营利部门的兴起》，转引自何增科：《公民社会与第三部门》，社会科学文献出版社 2000 年版，第 255 页。
② [日]小浜正子：《近代上海的公共性与国家》，葛涛译，上海古籍出版社 2003 年版，第 5—10 页。
③ 见邱国盛：《从国家让渡到民间介入——同乡组织与近代上海外来人口管理》，载《华东师范大学学报》2005 年第 3 期；蔡勤禹：《国家、社会与弱势群体——民国时期的社会救济(1927—1949)》，商务印书馆 2005 年版。

行社会事务的管理,准确地讲是一种对基层社会事务的"介入",既无所谓"缺",更难说到"让"。实际上,政府公开表示要承担社会责任仅仅是"新政"以后的事情,而到了南京国民政府时期才付诸行动。1927年上海特别市建立后,新成立的上海市政府依靠现代强权和法理,不断扩充与强化其社会整合机制,力图将其整合触角延伸到社会的一切层面。但由于特殊的政治环境,新的社会整合机制并不能无孔不入地控制一切社会领域,这就为各种社会中间组织的继续发展提供了空间。

以上海开埠为起点,上海社会中间组织的发展大致经历了三个阶段。

第一阶段:鸦片战争以后的晚清,是社会中间组织的发育阶段。鸦片战争特别是太平天国运动以后,上海经济和人口持续增长,各种社会公共事务激增,都为社会中间组织的活动开辟了空间,它们日益成为城市管理中不可或缺的一个部分。第二阶段:民国创立到南京国民政府建立,社会中间组织"现代精神"的孕育。所谓"现代"是指,社会中间组织有了新的机构,承担了更多社会、经济甚至政治任务,并且有了共和话语。这一时期社会中间组织在社会结构和社会意义上,既表现出明显的连续性(继续承担着多种社会功能),也展示着巨大的变迁。与此同时,国家政治机构对社会组织也开始表现出明显的控制欲望。第三阶段:南京国民政府时期的社会中间组织。这一时期有两个非常突出的特点:一是,不仅正式的社会组织演变成为"高度现代"的新式团体,而且一些秘密结社也被改造为高度"现代"的帮会组织;二是政府开始极力将其统治触须伸向各种组织,一些基础较好的政治团体发展受到严厉的遏制,而其他重要的公共团体如商会、同乡会、慈善团体也被迅速置于新政府的控制之下[①]。

(二)上海社会中间组织的类型

社会中间组织按照不同的标准可以形成不同的分类。按照组织成员之间的关系可以将中国传统社会的中间组织分为四类:血缘组织,如宗族;地缘组织,如商帮和会馆;业缘组织,如行会和公所;跨行业、跨地区的联合组织,如商会。在这些组织中,宗族组织在农村中居于主导地位,而在城市中功能就相对弱得多,在城市中,地缘组织和业缘组织的作用十分突出。有关上海大众的研究表明,上海人的居住格局有些是因缘于地缘关系而形成的,某地方的人往往群居在一个固定的区域,甚

---

① [日]小浜正子:《近代上海的公共性与国家》,葛涛译,上海古籍出版社2003年版,第25—49页。

至形成若干"小民俗圈"①。如上海县城北部和法租界居住着大量宁波人,而广东人聚集在县城南部、南郊和公共租界内几个相邻的地区,较为贫困的江北人则主要在闸北被称为"江北村"的棚户区。地缘群体的逐群而居使得城市中出现了大量"小广东""小宁波""小江西"这样的共同体形态,加上他们各自的地缘组织简直不啻对城市进行了一种政权分割。难怪范·德·斯普伦克尔会认为,中国城市是两种政府的所在地,即官方的衙门和非官方的会馆之类②。

20世纪初叶,社会中间组织的发展也进入它的黄金期,不仅原有的社会中间组织继续保持发展势头,还出现了一些新式的社会团体,如学术团体和风俗改良团等。从民国初期到20世纪30年代,上海有名号的慈善组织超过了120个③。到了1937年,上海文化、艺术、科技等新型社团,同业公会、宗教团体、慈善团体、公益团体等各类社团组织达1 500多个,人数在15万至50万左右④。各种社会中间组织俨然构成了上海城市社会的全部组织内容,几乎可以这样说,上海城市人口的绝大部分都已经或者可以纳入各种社会中间组织内部,事实上,由于上海社团数量的众多以及活动的频繁,上海人对社团的认同程度也相对高得多,他们同时参加多个社团的事例也是很常见的⑤。因此,从某种程度上说,社会中间组织是上海市民日常生活的组织依托。

(三) 社会中间组织的功能及其张力

社会中间组织的功能总结起来主要有五种:① 凝聚功能,② 自律功能,③ 统治功能,④ 服务功能,⑤ 应急功能⑥。其中,社会中间组织的凝聚力是基于血统、地缘和业缘等关系产生的。在城市中,无论同乡组织还是帮会组织都具有血缘组织

---

① 郑土有:《冲突·并存·交融·创新:上海民俗的形成与特点》,载上海民间文艺家协会编:《中国民间文化(第三集)——上海民俗研究》,学林出版社1991年版,第9页。
② [美]西比勒·范·德·斯普伦克尔:《城市的社会管理》,载[美]施坚雅:《中华帝国晚期的城市》,叶光庭等译,中华书局2000年版,第737页。有关城市社会管理的全部内容详见第731—757页。
③ [日]小浜正子:《近代上海的公共性与国家》,葛涛译,上海古籍出版社2003年版,第67页。
④ 转引自忻平:《从上海发现历史——现代化进程中的上海人及其社会生活(1927—1937)》,上海人民出版社1996年版,第186页。
⑤ [日]小浜正子:《近代上海的公共性与国家》,葛涛译,上海古籍出版社2003年版,第37页。
⑥ 统治功能是指,中间组织代行了政府的某些政治功能,享有一定的政治权力。由于社会中间组织在组织体制和运行方式上具有很大的弹性和适应性,便于根据不同情况及时作出调整,它们政治性不强,官僚化程度低,便于去做政府不便做的事情,政府甚至鼓励利用社会中间组织作为社会控制的工具。应急功能是社会中间组织的传统功能之一,应急主要体现在自然灾害和战争环境下社会中间组织应付危机的能力。

的形式与特征。凝聚包括两种形式：一是对人的凝聚，这种凝聚是通过为民众提供互助的组织方式，并为其提供参与社会的渠道而形成的。因此，这些组织分别吸纳了很多社会成员。帮会等非正式组织对社会成员的照单全收暂且不提，一般的社会团体只需交纳很少的会费就可以入会。这样就保证了社会组织对所有阶层社会成员的全面吸纳，尽管赤贫者被排斥在外，但它们依然是联系了一大部分社会成员的广泛组织①。二是对资源的凝聚，社会中间组织能够发动民间力量，动员众多的物质力量与人力资源，通过聚沙成塔的方式再次投入社会，解决各种社会问题。例如，1940年后，"一贯道"组织"宝光坛""慈光坛"陆续在上海设立，道首潘华龄、韩兰盈于1944年将它们整合为"宝光大组"，不仅在上海下设9个小组及无数分坛，还向东南沿海、西南各地，甚至海外发展组织。1946年二人成立了"一贯道"的公开组织"中华道德会"，表面上也进行一些施茶施药的慈善事务②。所谓自律功能是指，社会中间组织在设立之时，其一是制定了相关的章程，这些条规的设定，起到了维持成员之间的矛盾与利益冲突的作用，并成为社员自律的重要参照。其二是通过教化，在思想上约束成员，从而形成群体认同，树立独立的组织意识。

社会中间组织的这两种功能，使它能够在社会事务管理中发挥作用，与此同时，也使得这些组织具有成为拥有强大力量和自主意识的社会利益群体的潜质。实际上一些组织确实成长为能够和政府相抗衡的势力。现有研究表明，中国第一批革命团体几乎都是地区性组织，如广东积极分子组织的兴中会，湖南和湖北积极分子创建的华兴会，浙江积极分子建立的光复会等。这些团体又共同缔造了中国第一个现代政党组织——中国同盟会。可以说，早期激进分子群体几乎都是通过地缘纽带组织起来的③。毛泽东也认识到了同乡群体的力量，并把它们设想为建立一个更大的民族国家联合体的基础④。社会中间组织具有的这种张力正是其在发

---

① 参见[美] 顾德曼：《家乡、城市和国家》，宋钻友译，上海古籍出版社2004年版，第205页。
② 《反动会道门"一贯道"两首恶 潘华龄和韩兰盈的反人民罪行》，载《新民晚报》1953年5月31日。
③ 参见[美] 顾德曼：《家乡、城市和国家》，宋钻友译，上海古籍出版社2004年版，第169—170页。
④ 孙中山指出，同乡组织在结成大团体方面有很大的推动作用，"我们中国可以利用的小基础，就是家族团体，此外还有家乡基础。中国人的家乡的观念，也是很深的，如果是同省同县同乡村的人，总是特别日益联络，依我看来，若是拿这两种好观念做基础，很可以把全国的人都联络起来"。毛泽东也认为，民众的大联合是从小联合开始大的，他特别看重清末以来政治团体的发展和省议会、教育会和商会的形成，指出三类可为民众动员提供基础的自愿组织，分别是工会、国内外各种学生和教育团体，以及同乡会等社会中间组织。[美] 顾德曼：《家乡、城市和国家》，宋钻友译，上海古籍出版社2004年版，第191—192页。

展过程中不断受到压制的原因。国民政府一经建立就致力于对各种社会中间组织的重组。抗战胜利之后,重返上海政治舞台的国民政府再次投入这项工作中。1945年9月至12月,上海市共派员整理各类社会团体183家,其中允许复原的仅有19家①。历次整顿的结果是,无论"传统的"会馆,还是"近代的"工会,都被南京政府强行实行了重组②。

当然,在整个20世纪前半期,作为社会事务的承担者,社会中间组织的服务功能和应急功能是更主要的。大多数这类组织的活动推动了社会广泛关注和扶助在经济与社会生活中处于危机和劣势的人群,从而获得了受众的高度认同。因此,新政府成立之后,对待社会中间组织的态度也不同于保甲组织,相对于保甲制度,社会中间组织的改造几乎是静悄悄地进行的,甚至对于帮会这样的边缘组织也采用了消弭的手段③。

(四) 中华人民共和国建立后社会中间组织的发展

中华人民共和国建立之后,各种社会中间组织以原有的形式存在了一段时间,并在某些领域还保留了社会服务的功能。但此时,社会中间组织所处的社会环境已经发生了急遽的变化,由于政府对社会公共事务的全面接手,社会中间组织不可避免地陷入业务委顿、功能消脱之路。

1. 社会中间组织的自我发展

中华人民共和国成立以后,社会中间组织自我发展的空间日益狭窄。首先,就政治层面而言,新政府对各种旧团体的定位都是负面的:"国民党上海解放前的各种团体,一般的系国民党反动统治的御用工具。"④尽管会馆和同乡组织在社会救济方面业绩斐然,但是它们与帮会的瓜葛也使得其被定性为带有帮会性和封建性的组织。在这样的评价体系之下,且不说政府如何对其作出处理,正所谓"树倒猢狲散",不仅想要加入的望而止步,原有的组织成员也惟恐殃及自身,急于摆脱其组织成员的身份。其次,从社会层面上来说,由于新政权对社会事务的全面介入,留给社会中间组织的空间十分有限。随着基层群众组织的兴起,在社会公共领域,社会

---

① 上海市政府统计处编印:《三十四年度上海市统计提要》,1946年版,第63页。
② [日]小浜正子:《近代上海的公共性与国家》,葛涛译,上海古籍出版社2003年版,第260页。
③ 熊月之主编:《上海通史》卷11,上海社会科学院出版社1999年版,第77页。
④ 《本局(民政局)民政处社团科一年来工作总结报告》,1949年6月至1950年6月,上海市档案馆,B168—1—499。

中间组织不仅要让位于政府,而且还要退居于各种基层群众组织的背后。就此而言,其存在的社会价值已经被抽空了。最后,从经济角度来看,经费是维持组织存在的物质基础。社会中间组织的收入主要依赖捐款和业务收入,但这些以往的收入因为上述两种原因不是断绝就是剧减①。大多数这类组织都出现经费紧张,难以维持的局面:"因捐税过重致各种事业不能发展,甚有因凑缴捐税不得不将原有事业紧缩或停顿者。"②在这样的形势下,一些社会中间组织自行被淘汰出局。

2. 政府的分类整顿

社会中间组织所具有的能够成为独立权力中心的潜质,成为新政府对其进行整顿的主要原因。与此同时,社会中间组织即使不具有这一潜能,其本身也会是新政府重组的对象。这是因为,社会中间组织的领袖多属于传统社会具有影响力和号召力的精英层,而这些人被新政府设定为打倒对象;从组织成员来说,社会中间组织的成员绝大部分都是新政权的依靠对象——劳动阶层,他们是新政府基层统治的基础。鉴于社会中间组织在基层社会中的良好声誉,以及在接管城市时对中国共产党的辅助,新政府并没有立即采取激进方式取缔这些组织,但这非意味着社会中间组织能以"改旗易帜"的简单方式转变为人民团体了事,恰恰相反,新政府对社会中间组织改造的力度远远超过国民政府,其目标不仅仅是换汤又换药,而是另起炉灶。

1950 年《社会团体登记暂行办法》(以下简称《办法》)出台。《办法》毫不隐讳地表明了新政府对社会中间组织的立场:"我们不仅要求社会团体的广泛性,同时还要求社会团体的纯洁性,换言之,必须坚决制止反革命分子的集会结社,必须保证社会团体不受国内外反动分子的渗入和利用。"③《办法》第二条、第三条和第四条明确规定什么团体不必登记,什么团体需要登记;什么团体是可以存在的,什么团体是不允许存在的。按照《办法》的精神,对社会中间组织的整顿分成两类:一是彻底取缔,二是进行重组。前者如帮会以及会道门组织,后者如各种福利组织。

第一类:对于具有黑、黄、封建、反动性质的社会中间组织予以取缔。

---

① 捐款和会费,由于缺少具有号召力的领袖以及会员的急剧减少,这两项收入都大为减少。至于房租收入,也随着一些房地收为公有而丧失。业务方面的收入自然更不用说了。
② 《会馆公所山庄调查表》,上海市档案馆,B168—1—798。
③ 《不许反对派乱说乱动,谈社会团体登记暂行办法》,载《新民晚报》1950 年 10 月 22 日。

鉴于帮会在社会中具有广泛的社会基础,以及部分帮会头目对政府接管上海的协助,中国共产党对帮会的取缔采取了逐步深入的策略。对于帮会中的上层,中国共产党还是持较为宽容的态度,促其悔过并公开退出帮会组织①。对于民愤较大和有血债的中层帮会头目则进行打击。1951 年,利用镇反运动的契机,市府在帮会势力盛行的码头等地方,展开了揭发、检举"封建把头"的斗争。最后,在 13 万搬运工人中清理出了帮派 58 种,找出帮会头目 2 046 个,逮捕 468 人,枪决了其中有血债的 59 人,管制 341 人②。经过这番清理,码头上的帮会势力得到清除,工会组织的地位因此而得到提升。尽管政府并没有对帮会势力进行强行取缔,但通过分化上层和打击中层的策略,帮会分子的上下组织联系由此却被切断了,整个帮会组织在无形中消弭了。

政府对于帮会下层组织则采取了直接取缔的方式。据查,上海市共有会道门组织 203 种,可以定为反动性质的就达 52 种。其中,一贯道组织拥有基层坛堂1 144 个,办道人员 6 200 余人,道徒达 30 万人,占整个反动会道门总人数的 80％③。各种会道门组织在全市各个区均建有坛堂,在群众中有较大影响,一些组织受到反革命分子的控制。上海市公安机关于 1953 年对会道门组织进行突击行动。在 5 月26 日的行动中,共逮捕会道门首和骨干分子 614 人。30 日,上海市军管会颁布《取缔"一贯道"等反动会道门布告》,宣布上海的一贯道、九宫道、同善社、一心天道龙华圣教会、西乾道、老母道、道德学社、道法教统、崇德社 9 个会道门为反动组织,立即取缔,停止活动。同时,要求其他 43 种会道门组织的办道人员必须进行登记。到1953 年底,取缔反动会道门运动基本结束。全市共摧毁各种坛堂 768 个,惩处道首3 974 人,其中死刑 65 人,徒刑 942 人,管制 819 人。到公安机关登记的办道人员10 621 人,申明退道的徒众 32.2 万人④。

第二类:对于具有社会服务与管理功能的社会中间组织进行重组。

进行重组的社会中间组织主要是各种慈善团体。新政府对社会中间组织的重

---

① 周育民、邵雍:《上海帮会史》,上海人民出版社 1993 年版,第 831—833 页。
② 李家齐主编,《上海工运志》编纂委员会编:《上海工运志》,上海社会科学院出版社 1998 年版,第 425 页。
③ 熊月之:《上海通史》第 11 卷,上海人民出版社 1999 年版,第 85 页。
④ 上海市公安局公安史志编纂委员会编:《上海公安志》,上海社会科学院出版社 1998 年版,第108—110 页。

组主要是通过"归口"管理进行的。从1952年,上海开始对现有社会团体进行清理。市民政局首先着手审查清理旧有公益、慈善团体(会馆、公所、山庄、同乡会、善团、善堂)。对名存实亡或组织瓦解、无人主持的予以取缔或解散;零星分散、无单独举办业务能力的,争取联办福利事业。依此原则共清理了223个团体,其中取缔12个,解散162个,参加联办、自办业务的49个①。1956年8月,对社会中间组织的大规模归口管理正式展开。在这次工作中,参与归口管理的市政组织部门有市人民委员会、宗教事务局、公安局、文化局等12个单位。归口工作将还没进行清理的社团和自发筹组的303个团体,按不同性质分别由各有关业务部门负责改造和处理。当时归口宗教事务局的宗教团体有146个,归口文化局的文艺团体22个,归口卫生局的卫生团体2个,归口妇联的妇女团体3个;归口建筑局的建筑团体1个,归口轻工业局的轻工团体1个,归口科联的团体2个,归口工商联的行业性团体83个,无法归口及与民政有关的团体24个(后归口12个、解散8个,不作社团处理4个)。同年,结合体育运动委员会对体育事业单位的改造,将精武体育会等91个体育团体移交该委一并归口改造②。

如前文所述,民国时期,社会中间组织的快速发展,是由于政府行政职能不足,难以全面承担社会管理责任。中华人民共和国成立之后,政府的行政能力空前提高,原来多为社会中间组织承担的社会管理与服务功能为新政府所接手,社会中间组织的此类功能逐渐消脱,丧失了原有的发展空间。随着社会中间组织自我发展能力的弱化,一些组织自行消亡,另一些组织虽然勉力维持,但发展远不如前,经过归口管理之后,这些仅存的组织多并入中国共产党领导下的群众团体内,作为独立的个体无形中被消解了。在一份上海地区同乡会馆档案统计表所列举的48个组织中,只有京江公所一个组织维持到了1965年,其余47个在1954年以后再无档案记录③,虽然不能说它们都不存在了,但至少它们已经不能按照原有的方式存在了。到1957年,中华人民共和国建立以来存在的904个社团,完全结束的有219个④,

---

① 《关于处理旧社团的请示》,上海市档案馆,B168—1—816。
② 范静思主编,《上海民政志》编纂委员会编:《上海民政志》,上海社会科学院出版社2000年版,第314页。
③ 董永昌主编,《上海档案志》编纂委员会编:《上海档案志》,上海社会科学院出版社1999年版,第70—72页。
④ 《关于社会团体登记和旧社会团体处理工作意见的报告》,上海市档案馆,B168—1—820。

其余则通过归口管理的方式被处理。

综上所述,政府对保甲制度的废除和对社会中间组织的改造,造就了两个结果:一方面,传统的基层管理制度被废弃,为街区政权组织形式的转换清除了障碍。长期以来,在基层社会中,保甲制度和社会中间组织广泛发挥着社会管理和服务的功能,它们所形成的成文或不成文制度、运行规则主导了基层社会的运作形式,而政府行政组织对于民众的管理和控制不是被架空就是被隔离了。因此,摧毁这种实际运行着的基层管理组织、制度,也是新政府打碎旧的国家机器、重构自己的政权组织的一部分。另一方面,各种基层管理组织的存在,使得基层民众身陷旧的社会控制网络。取代和改造原有组织形式的结果是,以往为这些基层社会控制势力所掌控的人口被释放出来,恢复到了劳动人民这种单纯的身份,对于进行着社会重构的新政府来说,这才是属于自己的组织资源。

第二节 街居制的创设

伴随着传统基层管理制度的废弃,在中国共产党的发动下,新兴的基层群众组织纷纷出现,居民委员会取代了保甲组织而成为基层社会管理的主要组织形式,基层管理制度最终定格为街居制度。它的建立,不仅适应于基层社会统一管理的需要,也是社会调控体系宏观建构的一部分。这一制度在地区管理上,主要体现为通过街道办事处和居民委员会这两个行政建制的组织来开展工作[1],因此,街居组织的建构也是通过完成这两个建制来进行的。

一、街居制创立的历史背景

街居制是我国在计划经济体制时期形成的面向城市居民的基层组织管理制度。和单位制度不同,街居制在中国革命中并没有先例,它的建立虽是应时之需,却也是一种不断实践发展的结果。

---

[1] 参见何海兵:《我国城市基层社会管理体制的变迁:从单位制、街居制到社区制》,http://www.usc.cuhk.edu.hk/wk_wzdetails.asp?id=2376。

第二章 传统基层管理制度的废弃与街居制的建立(1949—1954)

上海接管后,新政府在行政工作中逐渐认识到上海城市社会的复杂性。"上海是一个人口高度集中的城市","社会性的复杂,使我们每一个工作开展,成为一种广大的群众活动。上海不但人口五方杂处,80%以上是外籍人,人口的流转高速"。人口的高度集中和高速流动使得市政管理工作异常艰巨,"政府不可能与广大居民作个别联系"①,同时,"仅仅依靠市一级的各局处无法全面地贯彻执行每一个工作到所有的角落里去。仅仅只有市一级的机关,无法集中起来"②。与此同时,群众性的基层组织,包括分布广泛的居民委员会虽在居民福利及密切党群关系上做了不少工作,却仍然存在"任务不明确、制度不健全"等缺点和问题③。从1949年10月开始,市府有关部门就开始研究上海市的区域行政工作问题。为此,研究者还分别研究了北京、天津、东北地区的街区政权形式,并对苏联首都莫斯科的组织——区苏维埃——进行了考察。经过半年多的研究,工作人员根据考察结果并结合上海的实际情况,做出了在上海"应成立与市府分工的分区行政权力机关——区人民政府"的建议④。随着区人民政府的建设,街居组织也走入上海历史舞台。

一方面,街居制是应非单位人口组织化的需要而产生的,也是重构社会调控体系的重要组成部分。"上海是一个拥有500万人口的大城市,政府不可能与广大居民作个别联系"⑤。这是因为"本市的基层政权为区人民政府,而区以下没有一级政权组织,每区里弄多,人口分散,而干部少,工作繁重,如里弄居民没有组织起来,政令的贯彻就有困难,政府与群众的联系就不能够密切,人民民主的基础就不够巩固,这是一方面。另一方面,由于里弄居民成分复杂,如不动员群众,严密组织,则里弄势必变为特务土匪与逃亡地主的隐蔽场所,成为坏分子的防空洞"⑥。因此"必须通过一定的群众组织作为桥梁;与工人、学生的联系,可以通过工会、学生会组织;与里弄居民的联系必须通过区域性的里弄组织"⑦。基于以上考虑,中华人民共和国成立不久,基层社会的重新组织工作就开始了。在此过程中,中国共产党发动

---

① 《论里弄福利会组织》,载《文汇报》1950年6月29日。
② 《上海市人民政府民政局一年来民政工作总结》,载中共上海市委党史研究室:《接管上海》上卷,中国广播电视出版社1993年版,第163页。
③ 《本市居民委员会整顿工作获得成绩》,载《文汇报》1954年12月17日。
④ 《上海市人民政府民政局一年来民政工作总结》,载中共上海市委党史研究室:《接管上海》上卷,中国广播电视出版社1993年版,第164—165页。
⑤⑦ 《论里弄福利会组织,迎区人民政府成立》,载《文汇报》1950年6月29日。
⑥ 毛丰飞:《本市里弄居民组织问题》,载《解放日报》1951年3月26日。

群众,组织了大量街道、里弄组织。经过几年摸索,最终上海市以派出所范围为主,结合自然条件如弄堂、街道,成立了居民委员会组织。

　　随着街道里弄组织的日益健全,国家发现,在政府和居民之间没有联结点的情况下,想要直接进行基层社会组织管理是十分困难的。然而,在没有形成基层管理的完整思路之前,新接管的城市在建立区政府后,曾一度将接管专员办事处这一中间设置当作过渡性结构予以撤销。政府撤销办事处的原因在于,中央并无意在城市设立区级政府,但如何在不设一级政权机构的区以下街道里弄中指导群众组织推行政令,保证民主建政以及城市管理工作的顺利进行,却成了问题。办事处撤销后,负责与居民联系的工作交给了区政府和派出所具体负责①。经过一段时间的工作后,各区工作人员都普遍感到:只依靠市级政权开展工作几乎不可能。政府部门也意识到撤销办事处的决定过于草率。"由于当时群众尚未普遍发动与组织起来,有些撤销过早,以至于政府下达的任务往往贯彻不下去,损害了工作"②。这一问题的存在具有普遍性,引起政府部门对筹建新的统一的基层组织的思考。"较大的市,若无区一级,就减少了人民参政的机会。""城市的区不同于乡村的区,它是市人民政府办事的助手。因城市中有些区里的事情,区人民政府是办不了的,而必须市人民政府直接来做,因此大城市设区级,应该使市人民政府因有了区级而为市民办事更灵敏、更深入;决不应该因有了区一级反增加办事的重复、麻烦"③。要将政府的政策法令深入每一户每一个居民中去,中间还必须构建一层更密切的联系,街道办事处就是应这一需求而创设的。这样,作为除单位制度以外的另一个社会基层建制——街居组织就产生了,和单位组织一样,它也成为社会调控体系的一个调控单元。

　　另一方面,街居制也是弥补保甲制度的空缺,顺应基层社会管理的需要而出现的。中国共产党进入城市后,首先要构建自己的基层组织体系,因此废除保甲是党的既定目标。为了完成这一目标,"直接联系群众",中国共产党积极发动群众,逐步建立了一些居民福利性组织,从而与群众之间"建立新的联系",最终取消了保

---

　　①《上海市人民政府指示》,上海市民政局档案,2—117。
　　②《1950年的工作总结》,上海民政局档案,2—118。
　　③《关于人民民主建政工作报告》,载《文汇报》1950年9月12日。

甲①。然而,随着保甲制度的废除,各种问题也随之产生。繁重的基层社会事务突如其来地压来,使根基未稳的基层政权组织险些无从招架。"本市大小里弄,统计有6 508条(市区棚户与郊区未统计在内),全市人口数多达500万左右,其中工、农、青、妇、工商及其他有组织者约计200万人,尚有300万人口无组织的,而绝大多数人口散居在各里弄中,因市区面积广大,人口稠密"②。社会事务极多、极其繁重,现有干部根本不敷所需。"从行政方面的需要来看,本市人口多,事情繁","单纯依靠干部的力量,哪怕再增加两三倍干部,也办理不完。因此街道、里弄必须有组织;凡有关居民福利问题,本里弄能解决的,就发挥全弄居民的力量自己来解决"③。但是,此时的街道里弄组织大多是群众自己组织起来的,中国共产党在其中有指导,但并未对其形式做出硬性规定,"由于缺乏集中的经验及统一领导,因此,组织形式极为繁杂不一"④。干部的兼职多、会议多、任务多、表报多,领导多头、政出多门。因此,大多数基层群众组织的效能都很低。在这种情况下,统一基层社会管理就显得格外重要了。为了保证市政工作的集中性,在接管时期,接管委员会曾在区以下设立办事处。"区以下的办事处,在接管保甲、代替保甲、免于混乱是需要的"⑤,但区政府成立之后,办事处曾一度被撤销,这一机构撤销后,基层群众组织的统一管理问题再度出现。1953年,彭真在给中央的报告中写道:"为了把街道居民逐步加以组织并逐渐使之就业或转业,为了减轻现在区政府和公安派出所的负担,在很多城市中除建立居民委员会外,还需要设立市或区人民政府的派出机关,我们的意见是设立街道办事处。"⑥通过这一制度,既可以发扬街道、里弄组织在基层社会管理与服务方面的长处,又能避免机构重复、政出多门造成的工作上的混乱。因此,街居组织创立之后,很快就走向制度化、法制化的轨道。

　　正如本书一直强调的,单位化才是基层社会重新组织的唯一方向,至于街居制度作为一种城市社会控制和整合机制,却是经历了无数次探索与实践才做出的选择。

----

　　① 《上海市区民主建政工作总结》,上海市档案馆,B168—1—763。
　　② 毛丰飞:《本市里弄居民组织问题》,载《解放日报》1951年3月26日。
　　③ 《再论里弄福利组织》(上),载《文汇报》1951年4月20日。
　　④ 《认真开好城市区各界人民代表会议并加强对城市居民组织的领导》,载《解放日报》1951年12月13日。
　　⑤ 《上海市人民政府民政局一年来民政工作总结》,载中共上海市委党史研究室:《接管上海》上卷,中国广播电视出版社1993年版,第165—166页。
　　⑥ 《彭真文选》,人民出版社1991年版,第241页。

二、基层群众组织的发育

基层群众组织主要是指城市的居民委员会和农村的村民委员会。《中华人民共和国城市居民委员会组织法》对居民委员会所下的定义是,在城市按居民居住地区设立的居民群众自我教育、自我管理、自我服务的基层群众性自治组织。其主要任务是办理本居住地区的公共事务和公益事业,调节民间纠纷,协助有关部门维护社会治安,向政府反映居民群众的意见、建议和提出要求①。按照这一定位,居民群众自我管理和自我服务就是基层群众组织的两个基本特征。就此而论,上海基层群众组织绝非仅仅是接管以后才出现的。

(一)上海接管前的基层群众组织

国民政府时期,上海里弄就已经出现了一些基层群众组织。当时最常见的是房客组织,房客组织是二房东和房客为阻止大房东提高房租和收住房自行发起。除此之外,还有一些带有自卫性质的组织。当然,中国共产党的组织也在基层社会中有了一定基础。但这些组织大部分都得不到当局的认可。

20世纪30年代,国民政府尝试进行基层自治,房客组织是这次失败的自治运动的意外收获。地方自治是孙中山民权主义政治革命纲领的基本内容,也是其规划民主共和政治结构的重要环节。早在1897年,孙中山就提出"余以人群自治为政治之极则,故于政治之精神,执共和主义"的主张。同盟会成立之后,他更是正式将"地方自治"作为建设民主共和国家的政治目标之一②,国民政府对于自治的提倡,也多以秉承总理志愿自称。上海自开埠以来所处的独特发展环境,使得地方自治在上海率先付诸实践。1905年,以李平书为首的绅商自发成立城厢内外总工程局,掀起上海地方自治运动③。这场地方自治运动维持了十年,直到1914年袁世凯下令终止,但其精神不断被传承和发展。上海特别市成立后,准备将华界里弄划为

---

① 《中华人民共和国城市居民委员会组织法》,载《人民日报》1989年12月28日。
② 《孙中山全集》第1卷,中华书局1981年版,第172、297页。
③ 相关研究见蒋慎吾:《清季上海地方自治与基尔特》,载上海通社编:《上海研究资料》续集,上海书店1984年版,第143页;刘惠吾主编:《上海近代史》(上),华东师范大学出版社1985年版,第328—344页;熊月之主编:《上海通史》卷5,第七章《市民运动:地方自治剖析》,上海人民出版社1999年版,第450—485页。

邻、闾、坊三级组织,并将它们统归于区公所隶属。其意图在于建立"完全主权在民""扶植人民参与政治"的基层自治组织。为此,上海特别市从1937年9月开始建立地方自治训练所,此事因抗战全面爆发而再无声息。在此期间,上海里弄中开始出现居民自治组织萌芽。在1933年兴起的减低房租运动中,全市减低房租运动委员会成立,其分支机构深入里弄。1935年全市共有160个里弄减低了房租,减幅在1—2折①。这些组织形式经过不断地分化组合形成各种房客组织。从全市范围来看,房客组织一般有房客联谊会、房客联合会、房客福利会、居民联谊会、同仁联谊会、自来水联谊会、自来水管理代表、自治会等②。最普遍的是房客联谊会,较具规模的里弄几乎都有此组织。各种房客组织的功能大约可分三类:"一是代表二房东向大房东交涉纠纷的;二是为了解决里弄内的水电问题的;三是属于帮会势力的,其负责人成分,一般都是二房东、旧保甲人员、自由职业者以及封建势力流氓、恶霸。如黄浦区永安坊的房客代表会全部是二房东组成的。"③这些组织直到接管后依然大量存在,据统计,仅老闸就有这类组织25个④。

此外,还有一些组织在里弄中也很活跃。在商号集中的里弄中,有各商号按月出资雇驻卫警以防盗窃的"保安社";小资本家、中下层职员为谋求某种共同利益而成立的"居民福利会"。在一些基层里弄中,中国共产党也设法建立了组织。上海接管前的一年多时间里,在中共地下组织领导下,沪西金家巷、梅芳里等处的居民组织了秘密的平民团,和沪西有名的恶霸柏文龙、许玉良等进行了斗争⑤。到上海接管时,全市普遍组织了人民保安队等组织,为迎接管作准备。

上海接管后,按照新政府重新组织基层社会的目标,首先要在街道里弄中发动居民建立群众组织,但,这些在接管前业已存在的基层群众组织却没有成为新组织的组织基础,反而成其取代的对象。究其原因,主要有两个:一方面,接管前的基层群众组织是具有压力集团性质的利益群体⑥。基层社会汇集了市民生活的方方面

---

① 转引自张济顺:《论上海里弄》,载《上海研究论丛》第9期,上海社会科学院出版社1993年版。
② 《里弄组织要办那些事》,载《新民晚报》1950年8月8日。
③ 毛丰飞:《本市里弄居民组织问题》,载《解放日报》1951年3月26日。
④ 《老闸区里弄组织工作总结》,上海市档案馆,B168—1—751。
⑤ 杨苇堤:《两年来上海街道里弄的组织工作》,载《文汇报》1951年11月2日。
⑥ 参见本书导言部分关于利益群体的论述。

面,从而产生大量的公共事务。其中任何一项公共事务的解决,都需要利益群体成员之间形成某种共识,并结成具有伙伴意识的共同体来对抗外部利益的侵蚀。这种对抗不仅针对竞争者,也变相地施之于政府。房客组织"实纯为对抗房东之组织","在此房屋严重恐慌之时,会促长对抗,导致群起效尤",因此,国民政府一直对房客组织申请合法的要求"予以批驳"①。中国共产党也认为,"这种组织一方面为了对抗房东,一方面有些政治上的投机分子企图利用群众组织,……'作建立基层政权之组织之张本'"的打算②。因此,新政府对这类组织也抱着全然取缔的态度,"对旧的里弄组织要有步骤有领导地一律加以坚决打碎"③。另一方面,政府发动基层群众组织的目的在于构建自己的基层政权组织,新兴的街道里弄群众组织虽然有着各种各样的社会性任务,但其服从政治目标的使命却是一开始就设定好的。房客组织固然是基层群众组织,却是具有自我利益要求的独立个体,和新兴的群众组织并不一致。"很明显,旧有的各种里弄组织不是为了里弄居民谋福利,而是某种特殊联合组织维护自己特殊利益和特殊地位而组织的"④。正因为如此,这些组织都被当作取代的对象而并没有发展成为新的群众组织的基础。

(二) 上海解放后街道、里弄组织的发育

进行非单位人的组织化,首先是要构建其组织载体。自上海接管以来,这项工作就立即开展起来。接管期间,上海就普遍建立起了各类群众性组织。1950年,上海更是把进行居民组织工作作为政府的五项中心工作来进行⑤。随着城市社会的稳定,数量更多、功能更全的群众组织广泛出现。

表2-1　街道里弄的各种组织及其形式、功能汇总表(1949—1953年)

名　称	动　机	成　员	组织形式与活动	资 料 来 源
清洁卫生小组	防疫	里弄居民	清洁	—

---

① 《上海皮革鞋商业、砂石商业、卷烟皂烛、铁器工程等28个同业公会为申领工商登记表与上海市社会局的来往文书》,1946年,上海市档案馆,Q6—1—406。
② 《本局(民政局)民政处社团科一年来工作总结报告》,上海市档案馆,B168—1—499。
③ 《街道里弄组织工作全过程和今后任务》,上海市民政局档案,34—23。
④ 《本局(民政局)关于里弄组织工作总结和居民意见综合材料》,上海市档案馆,B168—1—750。
⑤ 《从宝兴里看里弄组织》,载《文汇报》1950年2月27日。

续表

名　称	动　机	成　员	组织形式与活动	资料来源
福利委员会	福利	里弄居民	清洁卫生、治安	《从一个弄堂看一个社会，宝兴里换了新面貌》，载《文汇报》1949年12月30日。
里弄小组	克服个别学习的困难	年轻人	集体学习，组织了年轻人，团结了散漫的力量	《里弄学习小组成立后的副收获》，载《新民晚报》1949年11月4日。
古柏社	团结周围青少年	青少年	文娱活动、学习、宣传公债、清洁卫生运动、反轰炸、庆祝中苏盟约	《古柏社：富民路一个里弄组织》，载《新民晚报》1950年2月22日。
公益会	防盗	里弄居民	警卫、清洁卫生、宣传折实公债	《复杂的里弄有了健全的组织，介绍余庆坊公益会》，载《新民晚报》1950年2月23日。
防空小组	反轰炸	里弄居民	防空设备、人民消防、善后救济、人民自卫、疏散、水电管理、人民救护	《北四川路积极反轰炸，里弄建立防空小组》，载《新民晚报》1950年2月24日。
人民防护队	反轰炸	里弄居民	防空	《全市百分之八十以上里弄居民有了组织》，载《新民晚报》1951年12月17日。
自治会	推进居民文娱、福利事业	里弄居民	文教、福利、文娱活动、宣传公债	—
防空委员会	反轰炸	里弄居民	纠察、防空、消防、救护、宣传	《中行别业的里弄组织，很早就已经有自治机构反轰炸运动中发挥了力量》，载《新民晚报》1950年2月27日。

续 表

名 称	动 机	成 员	组织形式与活动	资料来源
房客联谊会*	房屋纠纷	房客	水电费	—
防空治安纠察巡逻组	反轰炸	里弄居民	防空治安	—
治安组	防盗	里弄居民	治安	《虹口人民积极反轰炸，四十多里弄居民组织起来》，载《新民晚报》1950年3月1日。
居民福利会	居民福利	里弄居民	清洁卫生、反轰炸、治安、消防、救灾	—
中心学习小组	集体学习	青年	集会讨论学习	—
学习讨论妇女会	组织妇女	家庭妇女	识字、学习缝纫	《里弄福利工作，宝裕里成绩可观》，载《新民晚报》1950年4月21日。
房客福利会	水电费管理	房客	管理水电，调解住户纠纷	《又一个里弄居民组织起来，恒吉坊福利会诞生》，载《新民晚报》1950年6月13日。
福利会	调解纠纷	房客	水电管理、调查户口、协调房租、公共设施	《搞好了里弄组织，"五福公"面目一新》，载《新民晚报》1950年11月11日。
冬防组织	防火、防特务、防盗	里弄居民	举办夜校、防火、治安	—
防护队	反轰炸	里弄居民	购买公债、和平签名、寒衣捐献	《搞好里弄冬防，全体居民有利》，载《新民晚报》1950年12月28日。
流动诊疗事业委员会	医疗	医务人员	免费治病	《里弄事件》，载《新民晚报》1951年3月12日。
人民冬防服务队	防火防特防盗	里弄居民	三防、公共设施	—

续表

名　称	动　机	成　员	组织形式与活动	资料来源
冬防委员会	防匪、防火、防特	里弄居民	订立爱国公约、协助镇反运动、如期缴税	《里弄组织起来,人民发挥力量》,载《新民晚报》1951年4月21日。
冬防办事处	领导冬防组织	里弄居民	镇反运动、反美示威游行、组织收听广播	—
居民互助组	防空	里弄居民	防空	《贯彻街道里弄代表会议精神,各区普遍深入进行传达》,载《新民晚报》1951年4月25日。
家庭妇女联合会	组织家庭妇女	家庭妇女	参加一切社会政治运动	—
居户访问队	镇反	居民代表	核查户口、稽查反革命分子	《控诉反革命罪行,各里弄居民愤恨》,载《新民晚报》1951年5月5日。
肃清反革命委员会	镇反	里弄居民	肃反	—
安全组	镇反	里弄居民	肃反	《肃清反革命委员会:各区里弄相继成立》,载《新民晚报》1951年5月15日。
里弄冬防队	三防	里弄居民	镇反、召开控诉会	—
收听站	收听时事	里弄居民	组织收听各种时事要闻、鼓动宣传	《市、区代表今开扩大会,控诉反革命恶霸罪行,里弄居民广泛动员收听会议情况广播》,载《新民晚报》1951年5月30日。
识字班	扫盲	文盲	提高文化水平、政治认识	—
清洁组	清洁卫生	里弄居民	组织扫除、监督卫生	—

续　表

名　称	动　机	成　员	组织形式与活动	资料来源
里弄居民筹备委员会	文教	里弄居民	组织学习	《上海点滴：里弄事件》，载《新民晚报》1951年8月13日。
学习班	扫盲	文盲	组织学习	—
读报组	提高政治认识	里弄居民	集体读报、讨论时事，爱国主义教育	—
节约储蓄组	储蓄	里弄居民	宣传动员储蓄	《使祖国早日走上工业化的道路，里弄和工厂展开爱国储蓄运动》，载《新民晚报》1953年1月12日。
居民代表会	民主	里弄居民	解决里弄重大事宜（居民的最高组织）	《认真开好城市区各界人民代表会议并加强对城市居民组织的领导》，载《解放日报》1951年12月13日。
居民互助会	水电管理	里弄居民	水电以及其他里弄福利	《再论里弄福利组织》（下），载《文汇报》1951年4月21日。
收听站	收听广播	里弄居民	组织收听时事新闻，宣传	—
缝纫组	组织生产	家庭妇女	承接工厂以及军队军需生产	—
学委会	学习	里弄居民	学习中共党史	《感谢共产党带来幸福日子，里弄居民欢欣迎党庆》，载《文汇报》1951年6月30日。
政治学习班	了解时事	里弄居民	学习时事、政策，开展批评与自我批评	王建平：《我怎样在里弄做宣传工作》，载《文汇报》1951年8月27日。

续 表

名 称	动 机	成 员	组织形式与活动	资 料 来 源
妇女生活互助社	生产	家庭妇女	学习生产技能、进行缝纫工作	《家庭妇女四百余参加生活互助社》,载《解放日报》1949年7月3日。
居民委员会	福利组织	里弄居民	里弄福利事业	—
城市居民委员会	群众性的福利组织	里弄居民	承办里弄居民的一切日常福利事务	—

注:＊新中国成立后新成立的房客组织与新中国成立前的房客组织名称虽然类似,但动机、指导方针均有很大的差别。

表2-2 上海市街道里弄组织情况统计表(1951年)

区别	街道里弄数	冬防服务队				街道里弄居民委员会				里弄肃反会	
		队数	包括街道里弄数	队员数	包括地区人口数	委员会数	包括街道里弄数	委员人数	包括地区人口数	肃反会数	委员人数
黄浦	268	88	118	6 121	44 000	—	—	—	—	7	72
老闸	244	149	214	7 567	104 000	—	—	—	—	9	97
邑庙	897	106	526	10 738	131 000	—	—	—	—	6	64
蓬莱	1 496	212	1 219	13 243	339 000	—	—	—	—	58	552
嵩山	813	68	516	10 328	239 000	—	—	—	—	22	49
卢湾	433	85	195	6 304	80 000	3	4	40	5 800	14	126
常熟	679	88	437	12 650	128 000	2	15	40	6 569	—	—
徐汇	193	74	173	7 912	98 000	—	—	—	—	4	32
长宁	401	36	128	4 669	67 000	8	8	88	—	3	27

续表

区别	街道里弄数	冬防服务队				街道里弄居民委员会				里弄肃反会	
		队数	包括街道里弄数	队员数	包括地区人口数	委员会数	包括街道里弄数	委员人数	包括地区人口数	肃反会数	委员人数
普陀	613	124	400	25 735	185 000	1	1	15	4 000	5	—
闸北	559	166	505	6 913	203 000	—	—	—	—	31	337
静安	564	9	395	4 218	127 000	8	24	—	8 844	3	—
新成	557	50	330	2 917	164 000	14	18	92	—	1	5
江宁	635	49	455	5 093	172 000	—	—	—	—	10	148
北站	365	70	167	5 553	114 000	1	2	17	2 100	79	808
虹口	288	113	185	6 129	118 000	—	—	—	—	53	584
北四川路	275	126	209	7 142	115 000	—	—	—	—	35	386
提篮桥	635	142	321	8 973	150 000	14	270	154	17 508	4	21
榆林	231	104	138	5 727	129 000	—	—	—	—	30	269
杨浦	340	59	268	3 800	125 000	14	34	119	—	4	70
吴淞	13	19	13	4 862	30 000	—	—	—	—	1	19
洋泾	648	58	522	6 008	96 000	—	—	—	—	3	76
合计	11 147	1 995	7 434	172 612	2 958 000	65	376	565	44 821	382	3 742
备注	(一) 本表所列冬防队组织地区人口数系根据市区五月份人口(包括郊区城市性地区)与各区里弄分布情况的估计数字。 (二) 各区现已成立街道里弄居民委员会均系在冬防队组织基础上改变过来的,本表所列冬防组织地区,包括居民委员会地区在内。 (三) 各区街道里弄居民委员会目前都尚在开始陆续成立中,由于若干区尚未成立,所列有关数字是不完整的。										

资料来源:《本局(民政局)关于里弄工作的综合报告调查和专题报告》,1951 年,上海市档案馆,B168—1—765。

第二章　传统基层管理制度的废弃与街居制的建立(1949—1954)

从时间上来划分,中华人民共和国建立初期,上海街道里弄组织的发育可以分为三个阶段。

第一阶段：居民组织的筹建(1949.6—1950.1)。

从1949年6月区军事接管委员会成立至1950年年初,为组织群众、联系群众的阶段。当时,保甲制度正处于逐步取消之中,顺应打乱保甲组织,进行保甲制度功能替代的需要,政府尝试性地组建了一批街道、里弄组织。而此时的基层群众组织已和民国时期的基层组织有了很大差别。除了组织主体已经发生了转换以外,新的群众组织在发动层面和群众参与程度上都大大提升,并开始向全市范围进行推广。但是,这时的基层组织还不够成熟完善,具有明显的工具理性、临时性和不稳定性。"一个运动来了,要建立一个组织,下一个运动来了,又要建立一个组织。忙着成立推销公债小组,便放松了原来的清洁、治安等工作","加紧组织人民防护队,又放松了推销公债"①。甚至,各组织的成员也不固定,一个人同时参加几个组织的现象也不鲜见。

之所以会出现这种状况,是因为在这一阶段关于如何进行基层组织建设,中国共产党党内并没有一个清晰的思路②。社会调控体系的重构是组织化的唯一目的,中国共产党的组织活动一开始就是以政治性为导向,但这种组织建构活动根本无从开展。有迹象显示,在宣布废除保甲组织以后,中国共产党的干部想当然地认为组织工作可以向基层长驱直入了,但结果大大出乎他们意料：几乎所有直接进行的组织工作都无功而返,工作人员不是"遭白眼"就是吃了"闭门羹"③。为了完成既定的政治任务,政府不得不通过带着工具理性的群众组织去实现其价值理性。

宝兴里是上海最早建立居民组织的试点里弄。该弄有92个门牌,居民456户,2 659人。在未组织之前,该弄是典型的脏乱差里弄。这里是"小偷日日有,大偷三六九",别称叫"低头弄堂",就是说,"走进弄堂,得先看脚下,不然会踩上一脚水潭污泥或粪汁"④。选定该典型之后,接管会即以解决居民福利问题为切口深入里弄。"以积极分子作骨干,发动鼓吹",通过各种方式的谈话,首先打通了部分居民的思

---

① 《从宝兴里看里弄组织》,载《文汇报》1950年2月27日。
② 为了取得经验,党每建立一个类型的群众组织,总是先进行典型试验,在以后的研究中这样的例子很多。
③ 《依靠群众做好里弄工作,北虹区妇女里弄工作队结束》,载《解放日报》1950年4月20日。
④ 《从一个弄堂看一个社会,宝兴里换了新面貌》,载《文汇报》1949年12月30日。

想,组成了福利工作委员会。福利委员会成立后的第一件工作,就是动员全里弄进行大扫除,清除了弄内陈年的垃圾。结果"宝兴里第一次现出了干净的面貌",由此,里弄居民开始热心里弄工作,关于清洁卫生、自卫治安、福利宣传等工作都由居民自动负责,"自己的事情自己管"。其中,自卫治安工作,由全里弄年龄18岁到40岁的男人担任。800多个男性每5人分为一班,其中一人为联络员。每班两个小时,值班时间为前一晚六时到第二天早上六时,一般二十多天轮一次①。以此为起点,到1950年上半年,全区共成立27个里弄居民福利会。福利会按照业务需要下设治安、清洁、宣传三个组②。从组织功能来看,它部分承担了保甲组织的功能,因此很明显,这一组织也是应废除保甲的政治需要而出现的。如果这还不足以说明最初建立的群众组织是通过进行自我服务的工具理性来推动完成政治任务的价值理性的话,那么以运动的形式展开的组织活动就很能说明问题。

作为基层社会管理组织,除了常规的服务与管理功能之外,还需要具有应急性的功能,防患于未然。运动式的组织只能进行一些补救式的工作,也无助于解决居民的日常需求。一些承担日常社会服务事务的福利性组织还能因为有着居民固定的需要而勉力维持,而作为应急性和任务性的组织却往往随着政治任务的完结而烟消云散。"人民防护队、清洁小组等组织,由于单纯地为解决一特定任务而建立;当这一任务完成或退居于次要地位时,这类组织便会立形松懈;如最近匪机不敢来偷袭了,各区人民防护队都陷于半停顿状态"③。因此,最初发起这些组织的目的并不是进行社会服务。当然,政府的行为客体本来就是社会,这些组织的服务对象自然也是市民。问题在于,它们的出现和存在不是以居民的需要为基点,而是随着政治任务的更改而变化,甚至旋起旋落。

正因为如此,不仅运动式组织一到时间就解散,就连街道里弄固定组织也存在同样的问题。状况持续了一段时间之后,政府发现,接管以来经营良久的组织联系实际上也随着这些组织的起落而时断时续并不牢固,组织活动表面的热烈背后竟是无谓的重复建设。此时,政府终于认识到城市社会和根据地的差异。在根据地,无论有无具体组织,凭借供给制和土地制度强有力的体制支撑,党的动员活动甚至

---

① 《吸收宝兴里经验搞好居民福利,黄浦区全面发动里弄组织》,载《文汇报》1950年1月23日。
② 《黄浦区人民政府1950年工作总结》,上海市民政局档案,2—118。
③ 《论里弄福利会组织,迎区人民政府成立》,载《文汇报》1950年6月29日。

可以做到一呼百应①。然而在城市中,非单位人是一个非工、非农的特殊群体,同样的组织方式和行动在他们身上很难发挥效力。就在中国共产党消极地认为组织工作要前功尽弃之时,一些里弄中仅存的组织形式走入政府的视线。这些组织毫无例外都是福利性的组织,在其他类型的组织人去楼空之时,这些组织却保持了旺盛的生命力。正是这一现象,使政府认识到:想要维持组织联系,首先就要维持组织本身的存在,而维持组织存在的唯一办法是组织必须要满足其成员的需要。

第二阶段:基层群众组织形式的探索(1950.2—1950.6)。

从1950年年初到各区人民政府成立为第二阶段。在这一阶段,吸取第一个阶段的成功经验,组织工作继续以解决居民福利问题来深入里弄。经过试点后,几个规模较大、群众基础较好的里弄开始建立综合性的居民福利组织。

黄浦区宝兴里、宝裕里居民福利会的建立,标示着上海街道、里弄组织发展的一种新方向。它们一经出现,就在各种运动中发挥了模范作用。在其影响下,黄浦区有25条里弄都建立了居民福利会组织②。嵩山、卢湾、老闸、新成各区陆续都有福利会组织出现。与此同时,在沪西,金家巷、梅芳里等十多条里弄,出现了居民互助会。这些里弄基层组织的共同特征是,它们都密切结合了群众的切身福利要求,得到群众的认可。因此,在全市的清洁卫生小组、人民防护队等组织松懈时,这些组织却日益巩固起来。这一现象使组织工作的思路豁然开朗:如果把几者合而为一,即将应急性和临时性的组织功能也赋予福利性的组织来执行,那么一切都可迎刃而解。鉴于此,从1950年4月起,几个规模较大、群众基础较好的里弄尝试建立了综合性居民福利组织——居民福利委员会(居民福利互助会)。至1950年年底,市内20个区中有7个区相继成立了47个居民福利委员会,其中试点的黄浦区便有26个,全区近1/4的居民都参加了该组织。其成员包括职工家属、小生产者、独立劳动者以及一部分小型工商业者和职工③。

建立居民福利委员会是第二个阶段的主要内容,而整个基层群众组织的突破性进展也在这里。可以说,居民福利委员会是分散的里弄群众组织向统一的居民

---

① 这主要是因为根据地具有高度的"军政民"一体同构的特点。
② 杨苇堤:《两年来上海街道里弄的组织工作》,载《文汇报》1951年11月2日。
③ 《黄浦区人民政府1950年工作总结》,上海市民政局档案,2—118。

自治组织过渡中,一种较受居民欢迎也较符合政府意志的基层组织。从其产生方式、职权范围、内部分工、规范程度等方面看,已和两年后市政府颁布的《上海市居民委员会组织暂行办法》中对居民委员会的描述相当接近。与先前基层群众组织采用推派和选举相结合产生领导机构的方法不同,福利委员会全部采用民主选举方法。即:由每幢房屋推选代表一人,五名代表中选出一名召集人,由全体代表选举工作委员会,依据里弄规模确定委员人数,一般为7人至13人。设正主任一名,副主任一至两名。委员会下设清洁卫生、治安、自卫、文化教育、妇女、其他福利等组,开展各种公益活动。福利会还制定出了一套健全的办事制度,按民主集中原则,通过小型座谈会集中居民意见,订立委员会章程和各组办事细则,定期召开会议,一切决议事先广泛征求居民意见,事后出公告。由此可见,居民福利会是一种较高规格的自我管理、自我服务的基层自治组织。经过这一阶段的组织探索,政府部门终于坚定了建立固定基层组织的决心,并开始积极酝酿方案。

第三阶段:建立统一而固定的基层居民组织的成功尝试(1950.6—1951.4)。

从1950年6月区人民政府成立到1951年4月全市街道、里弄居民代表会议的召开,是上海街道里弄组织工作的第三个阶段。这一阶段,街道、里弄组织在功能、普及程度上都有了新的突破,其中的典型代表是冬防组织。

到1950年6月,全市先后共组织起104个自来水管理委员会、11 650个居民卫生小组,以及16 396个人民防护大队、中队、小队,共发展队员74 320人①。然而,上海城市社会异常复杂,各地区情况不尽相同,就是同一地区各里弄也有着很大的差别。并且,同一里弄中居住着各个阶层的居民,"他们各有爱好,各有所长,各有其具体要求"。单一功能的组织虽普遍建立起来,但其中能够满足所有居民需要的并不多。结果就出现"号召得起这一部分人,号召不起那一部分人的偏向"。即使在具体执行各自专属的功能时,一些组织也存在"表现得不甚起劲"的现象②。"经验告诉我们要将各种组织纳入一种统一组织之内是完全必要的"③。

从1950年11月起,全国展开了抗美援朝运动,结合上海市第一次各界人民代

---

① 上海市普陀区长寿路街道办事处:《试论居委会与各类政府组织关系》,转引自王邦佐等编注:《居委会与社区治理——城市社区居民委员会组织研究》,上海人民出版社2003年版,第3—4页。
② 《论里弄福利会组织,迎接人民政府成立》,载《文汇报》1950年6月29日。
③ 《本局(民政局)关于里弄组织工作总结工作和居民意见综合材料》,上海市档案馆,B168—1—750。

表大会的举行,以及冬防保卫工作的实际需要,全市普遍组织起了人民冬防服务队。冬防队是由市(冬防指挥部)、区(冬防办事处)、街道里弄(冬防服务队)三级自上而下,为配合市府中心任务而动员建立起来的群众组织。其任务是"组织发动群众,进行爱国主义宣传教育,镇压反革命,巩固社会治安,同时为居民福利服务"①。由于冬防组织是在政府明确要建立统一而固定的基层群众组织的情况下才出现的,因此它的设置、功能甚至建立过程无不体现出政府精心设计的痕迹。为了保证这种统一性,特别是组织的长久性,原有的一些群众组织都被重新按照冬防组织的形式进行了重组。

冬防服务队的组建方针是"发动群众自觉,稳步深入,由小到大,打碎旧有组织"②。为此,组织部门首先在原先组织基础较好的里弄街道,通过原有组织中的骨干力量,逐步吸收要求进步的群众参加。吸收是通过改选的方式来进行的,改选的口号为:"谁热心,就选谁","啥人热心服务,吾伲就选啥人"③。这些热心人实际上就是里弄工作中涌现出来的积极分子。改选时"首先由区政府同志说明为啥要选代表;以及选举中应注意代表的广泛性、纯洁性及地区性,之后分开五个选区进行选举,由候选人作自我介绍后,大家才慎重的投下了自己的一票"④。在原先没有组织或组织基础较弱的街道里弄,则先以少数积极分子为核心,举办训练班。为了普遍建立冬防组织,全市共举办38期训练班,训练培养了9 052名积极分子。这些受过训的积极分子再推荐群众参加学习,层层发展,逐步扩大。这种组织方法,有的地区称之为"滚雪球",有的地区称"连锁法"。通过这种组织方法,在不到5个月的时间里,全市70%左右的里弄都组织了冬防队⑤,其发动面、普及面之广,规模之大,组织体系之完善,是以往任何一种基层群众组织都无法比拟的。截至1951年4月为止,全市计组织了2 136个冬防服务队,队员178 279人。在全市10 486条里弄中,已有6 860条建立了冬防组织(包括大楼)⑥。

---

① 范静思主编,《上海民政志》编纂委员会编:《上海民政志》,上海社会科学院出版社2000年版,第50页。
② 《1950年上海街道里弄组织工作总结——解放初上海社区组织史料选》(一),载《档案与史学》2001年第5期。
③ 《宝裕里改选里弄干部,动员全弄选举好人》,载《新民晚报》1950年6月11日。
④ 徐耀:《北四川路区嘉兴路办事处怎样产生里弄代表》,载《解放日报》1951年2月15日。
⑤ 朱国明:《上海:从废保甲到居民委员会的诞生》,载《档案与史学》2002年第2期。
⑥ 《1951年上海街道里弄组织工作总结》,上海市档案馆,B168—1—765。

至此,经过20多个月努力,上海非单位人大多被组织到各级各类基层群众组织当中。以邑庙区为例,当时该区20余万人,"街道里弄居民普遍组织了人民防护队2 800人,青工学生组织了600余人的纠察队,结合各个群众团体的建立与发展;工会参加了30 000余人,妇联吸收了2 000余人,初步奠定了邑庙区的建政基础"①。其他区域内的组织工作情况也是如此,"蓬莱区有冬防服务队的里弄占75%,北四川路区有1 500条里弄签订了爱国公约;嵩山区召开了里弄居民反对美国武装日本的代表会议,包括250条里弄,79 000居民"。总之,到1951年4月,上海市区6 500多条里弄中2/3都已经"组织起来"了②,并且,此时的群众组织也日益成熟,特别是冬防组织,它已经完全具备了综合性、统一性街道里弄组织的品质,似乎居民委员会只是一个挂牌的问题了。

从功能上来看,冬防组织并不限于防火、防盗、防匪和防特,它已经在广泛意义上代表着全能型福利组织发展的方向。然而,冬防组织终究没有发展成为统一而固定的街道里弄组织。政府原以为,只要注入群众的需要这一持久的生命力,冬防组织就可以成长为符合基层社会管理需要的固定组织,但现实却再次令政府陷入迷惘:大批冬防组织还在建立中,而建成的组织却已经出现了业务停顿现象③。在这种情况下,不明所以的工作人员唯有从组织自身寻找问题。根据对群众的调查,相关部门认为冬防组织存在的问题主要是:组织重叠,头多,会多,任务多,运动多,不仅力量分散,而且闹摩擦等。调查的最终结果是给出了一个继续完善组织和加强统一领导的建议④。此后,组织部门开始积极寻求一种较冬防组织更加完善、更加全能型的组织形式。正因为如此,当居民委员会作为冬防组织的替代组织出现之时,几乎如建立冬防组织一样,政府部门将原有的基层组织统统进行了改组和重构。

经过这样的全新改装和大动干戈之后,居民委员会成为基层社会的固定组织。然而,历史最初给出的答案一样也是否定的。令人玩味的是,居委会所遭遇的问题和经历与冬防组织惊人地相似。个中原委,将在以后的章节交代,此

---

① 《二十个月奋斗结果:邑庙区面目一新》,载《新民晚报》1951年1月30日。
② 《抗美援朝运动深入全市里弄》,载《新民晚报》1951年4月4日。
③ 《居民委员会的建立过程》,1954年,上海市民政局档案,34—35。
④ 《再论里弄福利组织》(下),载《文汇报》1951年4月21日。

三、居民委员会的建立

处从略。

在冬防组织建立的过程中,如果说政府还只是以指导者的身份来进行组织建构的话,那么到了居民委员会,中国共产党是完全以亲力亲为的方式来贯彻其组织意图的。这不仅是因为冬防组织不成功的阴影使得政府很难再放任群众自行进行组织活动,同时也还有其他更深层次的原因。

上海民政部门从 1949 年 10 月就开始探索区域民主建设问题。为此,相关部门分别研究了京、津城市的区公所,东北城市的区政府,甚至还对苏联莫斯科市区苏维埃的经验进行了揣摩①。这些活动说明,在新政权刚建立时,政府对如何推进基层组织化以实现政权组织建设并无明确思路。因此,在早期的组织活动中,中国共产党并没有同时开展基层建政工作。在冬防组织建立之前,中国共产党虽然放手发动群众,但更多地是以一种指导而非领导的方式参与其中。直到一些综合性的群众组织出现,特别是冬防组织,它已经表现出一定的政治沟通能力。也就是说直到此时,政府才决意以这种综合性组织为依托进行基层民主建政,因此,居委会一开始就被设定为基层组织的行政建制。也因为如此,政府不仅亲自参与居委会的建立,而且在整个过程中表现得十分审慎。

1951 年 4 月 19 日,陈毅在上海市二届二次各界人民代表会上布置了 1951 年的工作任务,同时强调必须"进一步扩大民主范围……重点试行里弄、大厦居民代表会议的工作,大踏步地推进与扩展民主,加强人民民主制度"②。4 月 20 日,上海市召开街道里弄代表会,各区 1 561 名街道里弄代表出席了会议。市民政局局长曹漫之作街道里弄组织建设的总结报告,他提出,为了搞好街道里弄的福利和安全工作,更好地把抗美援朝爱国主义运动贯彻到群众中去,必须加强里弄组织,并提议将原有的人民冬防服务队改组为街道里弄居民委员会。会议还决定以工人住宅区

---

① 《上海市人民政府民政局一年来民政工作总结》,载中共上海市委党史研究室:《接管上海》上卷,中国广播电视出版社 1993 年版,第 164 页。
② 《本市举行街道里弄代表会议》,载《解放日报》1951 年 4 月 22 日。

梅芳里为试点,摸索建立居民委员会的经验①。这两次会议之后,居委会建设即行开始。

梅芳里是长寿路胶州路附近的一个中型里弄。据试点前的调查,梅芳里的社会情况是:全里共有居民1 019户,4 376人,其中男2 185人,女2 191人。居民大部分是工人及其家属,其中,产业工人1 010人,占全弄人口的23.08%,手工业者、苦力408人,占全弄人口的9.32%,职员、店员155人,占3.54%,小商贩304人,占6.95%,工商业者529人,占12.08%,无业及失业者139人,占3.18%,在校学生343人,占7.84%,余为其他职业及料理家务者,共占34.00%②。其中数据出入颇多,此为改正后的数字。大致估算一下,该里非单位人口在居民中约占2/3,和全市的平均数一致,因此,选取这一地区作为试点是具有普遍意义的。梅芳里的组织情况是:接管前该里弄有国民党、三青团和义务警察等组织,还有地痞、流氓、封建帮会势力。中共地下组织建有儿童福利站。上海接管后,梅芳里先后成立了水电管理委员会、清洁卫生管理委员会、人民防护队、冬防服务队、妇女代表会等组织。里弄中较为统一的组织是1950年1月成立的居民互助会,该会下设水电、民防、文教、妇女、卫生、福利、生产合作等7个股③。从上述情况来看,梅芳里既有重新组织非单位人口的必要性,也具备一定的组织基础,属于一个具有普遍和典型意义的试点地区。

1951年4月23日,市民政局派出政府工作组,在区民政科的协助下,进驻梅芳里,开展建立居民委员会的试点工作。5月,该里38条支弄,分别推选居民代表53人,经代表协商,推选出委员15人组成居民委员会。新成立的居委会下设总务、福利、安全、卫生、文娱5个组④。6月8日,经普陀区区政府批准,梅芳里居民委员会正式挂牌成立。梅芳里居委会的成功建立,指导并推动了各区居民委员会的建设。1951年6月14日,市民政局正式发出《改变里弄组织形式的通知》,要求各区在冬防队基础上,吸收各方面人士协商,将原有的组织改编为街道里弄的日常福利安全

---

① 《上海市街道里弄代表会议》,上海市民政局档案,35—24。
② 莫新:《梅芳里群众发动组织的初步成就》(上),载《文汇报》1951年5月11日。
③ 《贯彻街道里弄代表会议精神,各区普遍深入进行传达》,载《新民晚报》1951年4月25日。
④ 范静思主编,《上海民政志》编纂委员会编:《上海民政志》,上海社会科学院出版社2000年版,第50—51页。

组织——街道里弄居民委员会①。改组方式,一般是在原有冬防队的基础上,扩大吸收在历次运动中所涌现出的新的积极分子、各界代表以及群众中有威信的代表性人物,组成新的居民委员会。另一种改组方式,是通过召开居民代表会议,产生居民委员会。到1951年年底,全市共成立了2 083个街道里弄居民委员会,其中有一部分是经过居民代表会议产生的,大部分是在冬防组织的基础上建立的,总计有委员24 862人,包括了239万余居民②。各居民委员会一般分为安全、福利、卫生、文娱、总务五组,分层负责,统一领导。有的居委会只辖一条里弄,有的包括附近的街道在内,有的则包括了好几条里弄和街道③。

1952年7月8日,华东军政委员会检发了《关于十万人口以上城市建立居民委员会试行方案(草案)》,并要求"内部掌握试行,以便取得经验再加以修正"。该方案对居委会的组织、职权、隶属关系及居民代表会议的组织、职权都作了明确规定。在此基础上,上海市民政局于当年12月颁布了《上海市居民委员会组织暂行办法(草案)》,内容基本与华东军政委员会方案相一致,只是根据上海具体情况稍加修改。此时,全市已建立居民委员会3 891个,共有居民委员49 854人,包括人口421万余人,约占全市人口的85%④,居民委员会组织普及90%的街道里弄⑤。至此,上海市城市居民委员会初步建立起来。

四、街居制的确立

街道办事处是区政府的派出机关,其前身即区接管专员办事处、冬防办事处、区人民政府派出人员办事处。街道办事处的建设是伴随着基层群众的组织发起和创建而进行的。在新政府的基层建制中,并没有把街道办事处考虑在内。是故,街道办事处的前身接管专员办事处在完成其使命之后随即被取消。原本以为基层群众组织建立之后,政府与群众的组织联系也就相应地存在了,但几年来的组织经历都不断提醒

---

① 《街道里弄冬防组织全面改组,各区居民委员会相继成立》,载《文汇报》1951年8月17日。
② 潘汉年:《上海市人民政府八个月来的工作报告》,载《解放日报》1951年12月15日。
③ 《街道里弄冬防组织全面改组,各区居民委员会相继成立》,载《文汇报》1951年8月17日。
④ 范静思主编,《上海民政志》编纂委员会编:《上海民政志》,上海社会科学院出版社2000年版,第51页。
⑤ 朱国明:《上海:从废保甲到居民委员会的诞生》,载《档案与史学》,2002年第2期。

中国共产党：政府和居民之间的联系并非想象中的那样牢靠。而要加强这一联系，还必须在政府和居民之间构建一个联结点，这个点最终被称为街道办事处。

1950年7月1日，随着各区人民政府的成立，原区接管委员会下的接管专员办事处撤销。此后一段时间里，由于缺少这一中间设置，政府的政令推行多有阻滞。因此，当年的冬防活动中，又将这一设置予以恢复。11月，上海市军管会发布冬防命令，各市区以公安派出所辖区为范围成立冬防办事处。至1951年3月，共有冬防办事处117个。冬防办事处建立之后，以往的组织断层现象立即有了改善，这一中间设置也因此被保留了下来。随着居民委员会组织在各里弄的正式成立，上海市政府指示："为了继续密切人民与政府间的联系，及指导街道里弄的组织工作，特决定：各区在原有冬防办事处的组织基础上，设置区人民政府派出人员办事处。"①此后，派出人员办事处一律改称上海市××区人民政府第×办事处。1952年底，全市共建立135个办事处②。当时它管辖的人口一般在3—4万人之间，平均有干部3人③。

经过一年多的工作实践，事实证明街道办事处机构的设立确有其必要性，但问题也很多，主要有：工作繁杂，领导多头，各搞一套。至于造成这种现象的原因，据市府调查，认为是办事处的性质任务不明确所致。所谓"不明确"，其实是街道办事处定位不准所致。为了使街道办事处和居委会组织相得益彰、互为表里，共同发挥好基层社会事务的管理功能，市府对街道办事处进行了明确的定位。1952年9月市民政局向市政府提交报告建议："办事处的性质应明确为区人民政府的派出机关，由区赋予一定的职权。"任务是"在区人民政府领导下进行地区居民组织工作为主"。具体来说就是进行关于居民委员会的组织、居民救济福利工作、街道里弄公共组织的领导工作等。建议还提出：自1952年10月1日起，区派出人员办事处一律改称区人民政府办事处④。这些建议均被采纳，同年，市政府颁布《上海市区人民政府设置办事处试行方案（草案）》，从法律上对街道办事处机构设置、工作范围做出规范：街道办事处设正、副主任各一人，干事若干人，人数依人口多少而定，一般

---

① 《关于各区冬防办事处撤销后设置区人民政府派出人员办事处的指示》，上海市民政局档案，35—35。

② 范静思主编，《上海民政志》编纂委员会编：《上海民政志》，上海社会科学院出版社2000年版，第43页。

③④ 《关于加强区人民政府办事处组织意见的报告》，上海市民政局档案，34—18。

以 5 000 人设一干部为原则。其时,大约平均每办事处 6 人,主要任务为指导居民组织工作①。有了这样的定位之后,街道办事处和居民委员会权责进一步明确,配合关系也有了改善,两者在基层社会中的作用日益凸显,并因此而快速步入制度化的发展轨道。

1953 年,彭真向毛泽东及中共中央递交了题为《城市应建立街道办事处和居委会》的报告。报告继续肯定了街区中街居两级行政建制的必要性,并对两者的权限、关系进一步做了规定。报告指出:"由于我们现在的工业很不发达,同时还处在向社会主义过渡的新民主主义社会阶段,即使在现代工业较为发达的城市中,仍有很多不属于工厂、企业、学校、机关的无组织的街道居民,这种人口在有的城市中,甚至多至百分之六十以上。"因此"街道居民委员会的组织是需要建立的"。但"它的性质是群众自治组织,不是政权组织","它在组织上并不是基层政权的'腿',不应交付很多事情给它办"。与此同时,"城市街道不需要再建立一级政权。因为城市的许多工作都是需要集中统一处理的,不宜分散进行,如街设街政府,就很容易政出多门"。在这种情况下,"为了把街道居民逐步加以组织并逐渐使之就业或转业,为了减轻现有区政府和公安派出所的负担,在很多城市中,除了建立居民委员会外,还需要设立市或区人民政府的派出机关,我们的意见是设立街道办事处"②。

1954 年 12 月,全国人民代表大会通过并公布《城市街道办事处组织条例》,此后,上海把区政府派出人员办事处统一改称为街道办事处。1955 年,根据全国人民代表大会常务委员会一届四次会议通过的《城市街道办事处组织条例》,上海市人民委员会于 5 月 18 日批示各区办事处的名称今后以其所在地街道名称称之,为××区人民委员会××街道办事处③。创设街道办事处最大的意义莫过于:它将群众自治组织顺理成章地纳入国家正式结构中来,使得社会组织的社会性服从于国家的政治理性,从而为国家政权向社会基层全方位渗透与控制打开了门径。

至此,街居制度正式确立。在这一过程中,一方面,政府通过设立居民委员会,

---

① 《上海市区人民政府设置办事处试行方案(草案)》,上海市民政局档案,35—103。
② 《彭真文选》,人民出版社 1991 年版,第 241 页。
③ 《全国人民代表大会常务委员会关于城市街道办事处组织条例》,1954 年,上海市档案馆,J1—0—1954—1。

将非单位人口纳入组织中来,这是在居民中的组织建制;另一方面,中国共产党将政权组织下沉到街道,建立街道办事处,这是政府方面的组织建制。这两级建制合而为一,实际上架设起了政府与居民之间的桥梁。作为一种社会控制和整合机制,街居制的职能包括教育、动员、社会行政、社会保障等各个方面,俨然是一个单位的变体,从这个意义上说,社会调控体系从构架上已经初具形态了。

有研究认为:街居制度的特征表现为政府的严格控制、职能复合,以及在社会体系中是作为一种"剩余性体制"存在①。那么在上海的具体时空下,街居制度是否如上所说呢? 在探讨了街居组织的主要组织形式——城市居民委员会——的组织性质后,或许能够找到答案。

第三节 关于基层居民组织的性质:以部分居民委员会的调查为例

居民委员会的性质是就其"自治性"而言的。"自治"是指行政上相对独立,有权处理自身的事务。当自治与群众组织结合在一起时,自治是指群众能够自己处理自身的具体性事务。从街道里弄群众组织到最终定型为居民委员会组织,政府始终都强调基层管理组织不是一级政权组织,并提醒防止居民组织出现政权化倾向。然而,尽管最终居民委员会的自治性以法律的形式被确定下来,但政府不断提醒和用法律固定也说明,在实际的工作中,这种度的把握存在着偏差。

以下是基于上海金家巷、久安里、宝裕里等七个居民委员会的调查资料作出的分析。

一、社会概况

1951—1952年,城市居民委员会在全市范围内开始筹建。为进一步推动街道、里弄的组织工作,市直机关开展了一系列的调研。调查涉及各居委会所辖区域的

---

① 张绍:《街居制在城市社会生活中的地位变迁》,硕士学位论文,北京大学,1996年,http//www.sachina.edu.cn/library/degreeDoc/SS/Szy/19331602_Sc.htm。

社会概况、居民组织工作、居委会内部建设等等。作为本书分析对象的几个居委会社会情况如下。

(一) 非单位人群构成及其组织状况

从几个调查案例来看,具体到各里弄,非单位人口的构成和比重都呈现出一定的差异。如,宝裕里全体居民中,职工占 24％,其余非单位人口的构成及比重为:家庭妇女 33％、无业人口 28％、城市贫民 7％、小本经营者 3％、老板 5％[①],共占 76％。久安里:摊商 2％,家庭妇女 28％,在校大、中、小学生 17.5％,自由职业及其他 0.7％[②],非单位人口占到总人口的 30.7％。两个居委会所辖人口中非单位人所占比重偏离一倍有余。

然而,若以七个居委会的总数来看,非单位人口仍然占据总人口的 2/3,和全市平均数一致。七个居民委员会(内一个工人家属委员会,下同此)总共有人口 18 400 人。按照单位与非单位分为两类:① 单位人口,即"在生产、经营、工作、学习等单位参加集体政治生活的(包括:工人、机关工作者、店员、职教员、工商业主、学生)" 7 246 人,占总人口 39.2％。扣除学生,则应在 1/3 左右。② 非单位人口,即"主要在里弄里参加活动的(包括:职工家属、家庭妇女、摊商、行商、自由职业者、独立劳动者、无业及失业者)" 6 061 人,以及"不能参加社会活动的(包括:幼童、残废、老人等)" 5 093 人[③],非单位人口占到总人口的 60.8％。至于各居委会统计数字存在的差异,可能与其进行调查时执行的标准不统一有关,如,在校学生有的归入单位人口,有的则否[④]。

从七个居委会的社会情况来看,居民的组织化程度极低。以宝裕里为例,1951 年 3 月的典型材料显示:该里弄居民包括各种成分的人,却大多无一定的组织(非指单纯里弄性的组织以及冬防服务队组织),仅有少数有职业的居民参加了一定的组织。"在宝裕里:占全里弄人口 31.18％ 的人是完全无组织的,有 40.15％ 的人是

---

① 《从宝裕里的典型了解中我们体会到里弄组织的几个方向》,1951 年 3 月,上海市档案馆,B168—1—765。
② 《上海市居民委员会调查》,1953 年 1 月,上海市档案馆,B168—1—773。
③ 《上海市居民委员会调查综合报告》,上海市档案馆,B168—1—773。
④ 在校学生是一个特殊的群体,一直以来关于学生的归属问题都处于模棱两可的状态。就本书的研究框架来说,学生的主要活动场所虽然在学校这样的单位实体里,但是有关福利问题的解决依然是以街道为主,并没有被纳入单位体制,因此并不是完整意义上的单位人。从纯经济学的角度来看,学生对之学校和产品对之工厂的意义本质上是一致的,就此而言,在学校只有教职员工才算得上单位人。

大部分无组织的;只有27.38%的人,其大部分参加了一定的组织(如工会、同业公会、学生会等),还有1.29%的家庭妇女参加了家庭妇联的组织。这就是说现有半数以上的人口完全无组织或绝大部分无组织"①。由此可见,在全市性的基层里弄重新组织工作中存在着较为严重的不均衡发展现象,或者说,黄浦等区里弄组织发展状况在全市并不具有普遍性,一些里弄居民的组织起点仍然停留在一个较低的水平上。

在这样的里弄中,由于缺乏一定的组织载体,中国共产党的各项工作难以贯彻,政府部门的社会管理仍然处于被动状态。"成分复杂的大部分还如'一盘散沙'的里弄居民是需要组织起来的"。因为在这里,"要使政府的政策、法令及各种措施以及每个中心政治任务能深入地贯彻到散漫无组织的里弄居民中去,这是困难的,进一步,要使达到巩固人民民主专政这个人民群众的最大利益的目的,也是困难的。而无组织的里弄,正是匪特、坏蛋造谣破坏的好场所"②。这些情况表明,中国共产党的基层重组工作还存在着较大的局限性,在组织尚未建立的街区中,政府仍然无法深入基层社会。

(二) 里弄的社会情况

从里弄的社会环境来看,按照中国共产党的评价体系,这里仍然是没有"新气象"和"新风气"的里弄。尽管以这样的标准来衡量上海里弄的社会情况有些过于苛刻,但从史料来看,在城市社会中,确实有一部分居民生活在极其恶劣的社会环境之中,而本书所涉及的几个里弄就存在这样的情况。

嵩山区八仙坊"在解放前有70%以上是唱戏的和妓女住居的场所,其中买毒品者,吃毒品亦不少,过去是个有名的白粉窝,是地痞流氓集中的地区,正当的居民是极少数的,那时也是个出名的风花雪月的里弄,正如该里弄群众反映说:那时出去都不肯说住在八仙坊里"③。再如宝裕里,该里"在敌伪租借时期,街内曾经有封建帮会组织,'薄刀党''三十大股党'青帮红帮的子徒孙专靠打架敲诈走私贩毒强索节关等吃饭,地痞流氓到处横行欺压居民,亦是扒手、小偷、盗匪、妓女、赌徒最活跃的地方。当时尤其以宝裕里的赌是全市闻名的,街内设有容记、利生两家大赌窟。

---

①②《从宝裕里的典型了解中我们体会到里弄组织的几个方向》,1951年3月,上海市档案馆,B168—1—765。

③《嵩山区金陵东路八仙坊里弄调查情况报告》,上海市档案馆,B168—1—765。

第二章 传统基层管理制度的废弃与街居制的建立(1949—1954)

此外并公开开设供给吸毒的燕子巢不下数百家之多,几乎发展到每幢房屋内至少一家多至四五家。环境卫生情况也相当严重,到处垃圾堆积如山,路面损坏、粪便乱倒,乌烟瘴气"①。显而易见,这样的社会环境无论是否出于社会重构等政治目的,都是需要"纯洁"的②。

社会环境如此,而居民正常的生活需要亦不能得到满足。"一般里弄居民较为关心的是自来水问题、家用电灯、路灯问题;里弄的安全问题(防卫、防盗、防火);里弄的清洁卫生问题(垃圾清除与小便交所);房租问题以及少数人要求学习文化等福利问题"。其中特别是自来水问题,一条里弄内只要有几家人不交水费,全条里弄的自来水就会断水(这是指全里弄只装一个水表的里弄)③。民国时期,许多里弄居民为了解决这些日常生活问题,曾经自发的组织过"福利会""房屋联谊会",或者是"房屋代表会""水电管理组"等形式的里弄居民福利组织。这些组织当时均"无正式组织系统和确定会议制度,也没有经常性工作,所以一般居民印象很淡漠。代表会的代表,大都属于大房东经租关系较密的二房东、伪保甲长和部分在里街中有旧声望旧势力的人来担任。因此工作都由少数人来包办,缺乏群众基础"④。

群众的日常生活需要即构成了社会公共事务。大量社会公共事务的存在,客观上对福利性组织提出了诉求,同时也为中国共产党深入社会提供了契机。新政府建立后,为了将"工厂、商店和机关、学校以外的街道居民组织起来,在居民自愿原则下,办理有关居民的共同福利事项,宣传政府的政策法令,发动居民响应政府的号召和向基层政权反映居民意见"⑤。中国共产党发动群众起来组织了大量街道、里弄组织。一些福利性质的街道、里弄组织建立之后,在基层公共事务管理中崭露头角。如自来水委员会、清洁卫生小组、冬防服务队等组织确实为群众办了许多实事,受到基层群众的认可。

综合七个居委会的社会调查情况之后可以发现,里弄的组织工作实际上体现为两个方面:一是里弄中存在大量无组织的非单位人,政府要重构基层社会,打造属于社会主义特色的社会空间,就必须将非单位人口重新进行组织化;二是里弄中

---

①③④《从宝裕里的典型了解中我们体会到里弄组织的几个方向》,1951年3月,上海市档案馆,B168—1—765。
② 熊月之主编:《上海通史》卷11,上海社会科学院出版社1999年版,第77页。
⑤《彭真文选》(1941—1990),人民出版社1991年版,第241页。

大量的社会公共事务存在,原有和现有的群众组织不能胜任,客观上呼唤新的组织形式出现。正因为如此,新的基层组织要建立就必须响应新政府社会调控和一般群众要求解决生活福利这两种基本诉求。因此,当功能性质各异的街道里弄组织经重组而被整合为统一的基层群众组织——城市居民委员会时,这一组织形式的内部建制不可避免地体现为两个向度的建设:一是组织结构建设,二是组织制度建设。

二、居民委员会的制度建设

居委会的制度建设主要是通过组织结构和组织制度建设两方面达成。组织结构建设主要体现为,为满足群众社会公共事务管理的需要而进行的健全组织功能的活动;而组织制度建设则体现为构建一种贯彻政府调控意识的权力配置。

(一) 组织结构建设

基层组织的组织结构是指组织具有的结构方式、权力配置、内部关系等的总和。从居民委员会的发展历程可以看出,居委会的组织结构是经过不断地摸索最终定型的。最初,上海各类居民组织并无规范结构,这是由于各区功能属性各异,里弄居民的需求也不尽相同,相对地也就产生了形式各异的街道里弄组织。尽管这些早期的群众组织在组织功能和组织结构上差异很大,但它们均作为重要的组织资源为统一的居民委员会组织提供了参考,这些组织资源归并调整的结果即形成了居民委员会的基本组织结构。

上海接管后,应发动基层群众组织的号召,全市范围内建立了大量基层群众组织。这些组织包括户籍服务组、清洁卫生组、人民防护队、自来水管理委员会、里弄镇反委员会、居民卫生小组、水电管理委员会、妇女代表会、房客联谊会、里弄福利会、环境卫生委员会、防空治安委员会等(见表2-1)。这类组织功能较为单一,不能满足居民的综合需求。其中多数组织需要时则组织起来,时间或者中心任务一过则名存实亡。在此过程中,冬防服务队建立起来。除了"四防"工作以外,冬防组织还进行清洁卫生、防疫、管理水电、文化娱乐工作等。从组织功能和结构上来看,冬防组织实际上已对前期基层群众组织的功能进行了部分归并,其机构设置体现

第二章 传统基层管理制度的废弃与街居制的建立(1949—1954)

出多功能的综合型街道里弄组织的特点①。

正是因为冬防服务队已经具备了统一的基层群众组织的组织基础以及要素,在基层组织以冬防服务队为模板进行改进时,其原有的组织功能和组织设置也被移植到居民委员会的组织结构上,只是新组织更为严谨和完善。

由图2-2可见,居民委员会下设总务、福利、清洁卫生、文娱、安全等组。当然各区根据实际情况还进行了相应的调整,结构不尽一致,如,有个别居委员组织下还配备优抚组、合作组、水电组等。各组工作内容如下:文娱组负责宣传中心任务政策法令,以及有关卫生安全常识,掌办黑板报墙报,组织学习以及文化娱乐活动。

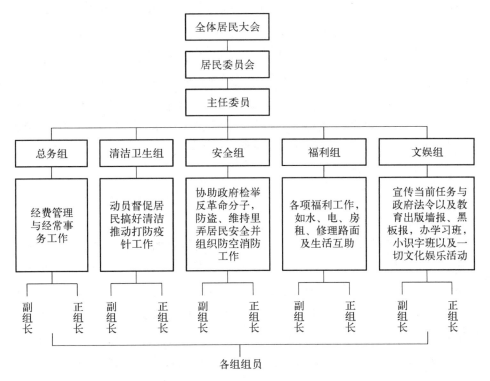

图2-2 上海市黄浦区宝裕里居民委员会组织系统图(1952年6月)

资料来源:《从宝裕里的典型了解中我们体会到里弄组织的几个方向》1951年3月2日,上海市档案馆,B168—1—765。

① 《1950年上海街道里弄组织工作总结——解放初上海社区组织史料选》(一),载《档案与史学》2001年第5期。

安全组负责协助政府检举监视、管制一切反革命分子,组织群众防火防盗。福利组负责主办有关地区福利工作,修理里弄道路,以及居民生活上的互助事宜。卫生组负责动员并督促居民打扫里弄,疏通阴沟,保持清洁,协助政府推进防疫注射运动,学习医疗救护常识。总务组负责掌文书往来保管,筹划保管经费,编造预决算,公布水电费账目及经办不属于其他各组的各项工作①。各组除分工外,必要时相互配合,日常事务由居民代表会议选举产生的居民委员会来负责。

若将早期群众组织的功能(见表2-1)与图2-2中各专业组的功能进行对比,就可以清楚地发现:其实,居民委员会组织是中华人民共和国建立初期兴起的一些群众组织功能的合并和重组。如总务组是由自来水管理委员会、水电管理委员会、户籍服务组等组织归并而成的;清洁卫生组是由清洁小组、环境卫生委员会、居民卫生小组等归并而成;人民防护队、防空治安委员、里弄镇反委员会归并为安全组;房客联谊会(接管后兴起的)、里弄福利会等归并为福利组。当然,经过重组并加以制度化后形成的居民委员会,不再是过去仅由少数积极分子发动的功能单一的街道里弄组织,而"发展到由广大居民推选自己的代表,办理自己的事情的机构,扩大了民主基础,健全了组织结构"的统一街道里弄组织②。

(二)制度结构建设

基层组织的制度结构,即组织保证其组织结构和组织成员按照组织既定的规则进行运作的形式(见图2-3)。

由图2-3可见,在居委会制度结构中,具有三层权力和结构:① 城市居民委员会是组织的最高机构设置,由正、副主任代行主持工作。1952年上海市颁布《上海市居民委员会组织暂行办法(草案)》,规定以3000人左右为范围组成居民委员会。居民委员会由居民代表会议选举主任1人,副主任1—3人,委员7—15人组成。委员任期一年,可以连选连任。② 各种专业委员会是居委会的事务性机构设置。图2-3显示的是居委会的标准制度结构,此后的居民委员会内部建制也渐趋统一为这种布局,即:一般下设治安保卫委员会、文教卫生委员会、调解工作委员会、妇女

---

① 《上海市街道里弄居民组织1952年工作情况总结——建国初上海社区组织史料选》,载《档案与史学》2001年第6期。
② 范静思主编,《上海民政志》编纂委员会编:《上海民政志》,上海社会科学院出版社2000年版,第51页。

第二章 传统基层管理制度的废弃与街居制的建立(1949—1954)   127

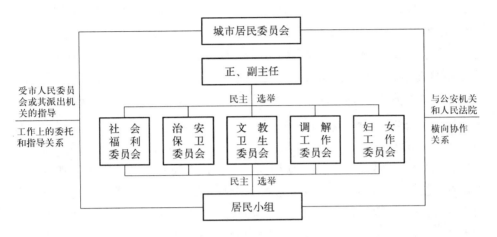

图2-3 上海市居民委员会制度结构图

资料来源:陈辉、谢世诚:《建国初期城市居民委员会研究》,载《当代中国史研究》2002年第4期。

工作委员会、社会福利委员会等专门委员会。居委会的日常功能就是由这些专业委员会来具体推动的:"居民委员会以下各组,除接受居民委员会统一领导外,又直接受各有关上级机关、团体领导或者指导。如文娱组、卫生组分别接受区政府文教科、卫生科指导,妇女组受家庭妇联领导……"③ 居民小组是居委会的执行机构设置。"在一般较大的里弄,如果单有居民委员会的上层组织,下面无居民小组做细胞,也可能闹'上下不通气'的毛病。"因此,各区还根据地区实际需要,经区政府批准设其他各种组织,如居民小组,它是居住区以居民10—20户组成的组织。每一居民小组选举居民代表1人,组成居民代表会议,居民代表会议每年改选一次,可以连选连任。"居民小组以下的各干事,除受居民代表领导外,又直接受居民委员会各有关组领导"①。这是城市居民委员会内部上下层组织的制度结构情形,从这里可以看到科层制度的特点,即,在居委会的层级中,每个设置都有相应职权,并与其他部门相互配合,职权层层分解,职权层层隶属。这类科层化的层级结构保证了组织内部的规则可以自上而下地贯通。当然,单纯这样一个制度结构并不具备政治意义,而政府对此早就做了安排。在居委会设立时,政府就做了这样的规定:"居民委

---

① 《再论里弄福利组织》(下),载《文汇报》1951年4月21日。

员会受区人民政府领导,区人民政府通过区人民政府办事处实现其领导,居民委员会按月向区人民政府办事处报告工作,召开全体居民大会时,须经办事处批准。"①这样,通过把政府行政机构与居委会相连接,居委会就在事实上成为政府的一个分支,顺理成章地被统合到国家行政体系之中了。

尽管政治辅助功能被预设为居委会的第一要义,但在具体实施过程中,其功能的实现却是需要通过社会服务功能才能展开。因此,居委会制度建设的过程就是统合街道、里弄组织的各种社会功能,再将其置于制度框架内最终实现政治辅助功能的过程。也因为如此,从上海市居民委员会的内部建制来看,它兼具了服务与调控的双重结构。一方面,居委会的主要组织结构决定了它的日常工作是围绕社会服务展开,这是居委会具有社会性的一面。另一方面,由于区政府对居委会的领导关系存在,以及居委会内部层级领导关系的配置,又使居委会具有较强的行政色彩。

三、居民委员会的性质

抛开居委会的宏观命意,仅从其建立过程以及组织制度建设而言,它也绝不是一个单纯的"群众性自治"组织。当然,就此给居委会定性也不免草率,毕竟评价组织性质的参照项远远不止于此。

(一) 居委会的工作内容

居委会工作中社会性和政治性工作所占的比重大小是衡量其组织性质的一个重要标准。那么,居委会的工作到底是政治性多一些呢?还是社会性多一些呢?其实,早在居委会创立之前,政府就给出了答复。"从普及抗美援朝的时事宣传教育工作来看,目前正是要求把抗美援朝的时事宣传教育从全市200万工、农、青、妇、工商界等有组织群众中,普及到其余300万无组织的街道、里弄居民中去。动员宣传队下里弄固可以收一定效果,但他们不可能长期地钉住在一条里弄里,同时也不可能把每一个居民都从家里拖出来听宣传报告,这只是一种'打游击'的方式,而不是'就地生根'的方式。只有当街道里弄居民普遍组织起来,人人都参加一定的组

---

① 《上海市居民委员会调查综合报告》,上海市档案馆,B168—17—73。

织生活,这时才有办法建立正规化的学习制度,使时事学习成为经常性的活动"①。在这里,政府建立居委会的真正用意再明显不过了,换言之,居委会是被当作完成政治任务的行政辅助机构而存在的。那么实际情形又是如何呢?且看以下史料。

久安里居民委员会工作情况(节选)

居民委员会几年来经常工作情况如下:

(一)福利工作方面:1. 在居住生活方面:(1)二六轰炸后,为防止缺水,居民募集掘井款九百多万元,经精打细算掘四口井,只用去三百多万。(2)居委会筹备会成立,出现解决了对久安里实业地产公司要增加房租一倍的纠纷问题,结果准加百分之二十的房租,即原房租三十六个单位,现在只加到四十三点二单位,最后还解决了以下四个问题:甲、要大房东(即地产公司)出钱修建里弄路面。乙、增装里弄路灯五盏,灯头全部调大。丙、房东出钱修建四个垃圾桶,两个小便池。丁、对军烈属优待房租,在两个单位以下的房租全免,两个单位以上的房租酌量有折扣。(3)对贫困居民调查反映情况,协助政府救济工作。(4)协助土产公司推销各种土产(价格较便宜)如线粉、枣子、糖、葡萄干等物,共九十六万元。(5)协助上粮公司推销白稻米等。(6)协助税务局收集房捐税(据反映:可免每家居民按月去银行排队送房捐税浪费时间)。

2. 建立居民保健站,接洽里弄内居民。(1)陈道中、王鉴民两个中西医生,凭委员会筹备保健证看病收每病人挂号费一千元,该费由居委会支付(没有保健证和久安里弄外的病人挂号费即须一万五千元)。另有接洽好永康中药铺购药有九折优待。(2)贫苦居民生病,经居民代表证明和委员会调查属实及开会决定后,居委会可救济治病补助费。(3)贫苦居民生急病的,福利组设法送院代办理手续,并向区府代申请治疗减免。(4)互助互济:甲、失业者陈庸初的女儿生重病,经筹备会发动居民募集五十余万元送给治病(在1952年11月间)。

(二)优抚烈军属:1. 经费:自居民委员会筹备会成立后,即建立有优抚组,其具体工作由福利组工作人员掌握。曾在1951年10月筹募过一次优抚基金1 631 800元,并由居委会筹备会所募集四次的经费中抽出百分之十作为组

---

① 《再论里弄福利组织》(上),载《文汇报》1951年4月20日。

织经费,计597 000元,合计有优抚经费22 288元,据称:除已开支的现在尚存有1 200 000元现款(其具体开支项目见附表)。2. 优抚方式:(1)季节性的优抚,如八一建军节、中秋节、元旦、春节等买肥皂、毛巾、牙膏、牙刷、煤球、米油、盐等用腰鼓队送去,另在中秋节送月饼,过新年送花生、年糕、日历等物。(2)自定每月一日为优抚日,方式有两种,一是召开军烈属座谈会,有茶水、香烟、花生、糖等招待。一是干部去军烈属家里慰问,谈话内容是问安和征求意见。(3)庆功报喜:如朱有得的儿子在朝鲜前线立三等功,即召开了一次庆功大会,并在会议上送毛巾肥皂等礼物。(4)贷给贫苦军烈属陈秀珍摆香烟摊贩的资金三十万元。贷给贫苦军属黄金福的母亲病故丧事五十万元。另有七家军属贫苦贷款数十万至二十万。

(三)文教工作方面。(四)卫生工作。(五)调解工作。(六)治安保卫工作。(略)①

乍一看久安里两年来的工作情况,定然会为其在短短两年中所取得的业绩由衷地叹服,从某种程度上说,该居委会确实发挥了其应有的社会服务功能,为居民做了大量实实在在的工作。但,这却仅仅是管中窥豹,唯见一斑。如果仔细分析这些活动的内容,再和同时期的政治性工作相比,那么结论就会大大不同。

首先,联系当时的政治运动来看各个专业委员会的工作内容,其中配合政治运动而展开的工作占了绝大部分。仅就居委会所进行的工作本身而论,它们确实属于里弄日常社会事务,但若从时间度上再加以把握,则这些活动明显地与同时期的政治活动主题相一致,如优抚工作②。抗美援朝运动开始以后,为了鼓励志愿军"努力杀敌,直到美帝国主义愿意停战为止"③,民政部门对生活困难又有就业条件的烈军属,优先介绍就业。全市广泛开展优抚活动。优抚工作的主要内容是:优先介绍优抚对象就业,安排生产,改善生活。这些具体工作都是居

---

① 《久安里居民委员会情况调查》,上海市档案馆,B168—1—773。
② 优抚当然不是新中国成立后才出现的,但是作为一种经常性和制度化的工作却是始于抗美援朝运动。
③ 《上海市第二届第三次各界人民代表会议上的发言》,载《解放日报》1951年12月16日。

委会经手的,以发补助为例,一般是先由居委会走访烈军属,如发现有困难的烈军属,即报送区政府进行审核并提出意见,经市民政局批准后,再由居委会负责发给临时补助。当然,随着"国家、社会、群众"三结合的优抚制度的逐步建立和完善,优抚工作成为居委会的日常工作,不再随着政治任务而变更①,但优抚工作作为居委会日常工作的最初出发点却是政治运动。再如,文教工作。可以说几乎在所有的政治运动开展的同时,里弄都要配合相应的中心运动进行针对性的教育。至于卫生工作与爱国卫生运动,治安保卫工作与反轰炸运动之间的联系自不用多说。这也难怪,原本这些专业组织的前身就是因应一定的政治运动而产生的,形成稳定的组织以后,因配合中心任务而重操旧业也是理所当然的。

其次,在时间分配上,居委会工作中政治性的活动也占多数。从居委会两年来日常工作内容来看,成绩确实可嘉。然若与同期开展的政治运动相比,则显得微不足道。1950年开始,仅久安里居委会组织开展的运动就包括:搞防空活动、冬防活动、抗美援朝、爱国公约、镇压反革命、"五一"大游行、国庆活动、优抚运动、"三反"、"五反"、爱国卫生运动、改造旧警察、禁烟禁毒、司法改革、劳动就业登记等。从所占时间的比例来看,"百分之八十的时间是搞各项运动,百分之二十的时间是搞日常工作"②。政治运动是如此频繁,以至于一些里弄居民干脆称呼里弄干部为"运动干部"③。

这种情况绝非久安里所独有。由于全市的居委会都是在一种制度模式下建立的,因此它们的工作格局也基本一致:"它的中心任务,在目前来说,应该是在深入抗美援朝运动的要求下,防匪、防特、防火、防空,并有责任检举匪特,向公安机关报告,配合人民警察缉捕匪特分子,以镇压反革命活动,巩固社会治安。它的经常工作,主要的应关心居民福利(房屋保养、水电管理、清洁卫生、防疫),帮助烈军家属,增进居民中的团结互助友爱,向居民宣传人民政府政策法令与进行时事教育,提高群众政治觉悟。也只有有中心、有重点地照顾居民福利,结合教育,团结群众,才能持久和巩固,不致流于形式,并更好地推动中心工作的进行。"④由此而言,居委会所

---

① 攸谙发:《优抚工作五十年》,载《中国民政》1999年第6期;沈光芹:《社区在军人社会保障系统中的地位和作用》,载《社会》2003年第8期。
② 《久安里居民委员会情况调查》,上海市档案馆,B168—1—773。
③ 而在此之前,居委会的建设也一直以此为目标推进着。
④ 毛丰飞:《本市里弄居民组织问题》,载《解放日报》1951年3月26日。

从事的工作实际上是政治性为主、社会性为辅。针对居委会存在的和"群众性自治"组织定位严重不符的现象,政府这样解释:"居民委员会一方面固是居民群众的福利(广义的福利:如其现在举办的文教、卫生等基本上是福利性质的)组织,同时,也可从此认为居民委员会也是里弄群众的政治生活的组织,运动在居民委员会就是群众的政治生活,不能认为搞运动是居民委员会的额外负担。"①与此同时,政府还以另一种策略使得居委会始终保持了群众性和自治性的色彩,并使得政府能够继续宣称居委会是群众性的自治组织,这就是:政府始终都没有在居委会中设置行政干部去代替群众干部。

(二) 居委会干部构成

若单从组织成员来看,居委会几乎清一色都是基层群众,毫无疑问是群众性组织。特别是到了居委会的成熟期,原先就属于义务职并且是工人成分的干部也全部被替换为非单位人②。以此而论,居委会不仅是群众性组织而且还是一个相当纯粹的群众性组织。但组织的性质并不完全取决于其成员的属性,这正如农民起义军可能从士兵到领袖都是农民,但一样在干革命,是同一个道理。因此,居委会干部的属性是否左右其组织的性质,必须把它放置到具体的历史情境之中考察才能得出结论。然而,随着这种考察的深入,你就不得不惊叹,当政府向城市基层社会渗透时,地方性的街区权力结构与这种渗透相互冲突和磨合的场景,竟然匪夷所思到如此程度。

一方面,当群众组织以基层选举的方式产生里弄干部时,由于政府的介入,使得选举本身流于形式,而通过这种方式产生出来的干部,混同着群众性与行政性的双重色彩。从表面上看,居委会干部确实是经过民主选举的并以群众为主体的干部。早在居民委员会建立之前,基层群众组织的干部都是由具有群众基础和工作能力并符合条件的积极分子经选举产生的。同时,城市居民委员会从建立时起,就规定:作为群众自治组织,居委会应选举产生③。在实际的组织过程中,居民委员会也确实采取了民主选举的方式。但各种规定本身说明,里弄干部的选举是按照政府既定的规程和要求进行的,因此,其政治意味不言而喻。如,政府规定:居民委

---

① 《久安里居民委员会情况调查》,上海市档案馆,B168—1—773。
② 这是居委会干部配置的方向。
③ 《上海市居民委员会组织暂行办法》,上海市档案馆,B2—1—22—82。

员会的正、副主任以及各种委员都从群众中产生,并贯彻以下原则,即:"依靠家庭妇女、尚未就业的劳动人民,其中要更多吸收职工家属参加。与里弄关系较密切的小商贩、独立劳动者中的积极分子,在不影响其本身职业的条件下可以参加工作。工商业者家属亦可适当吸收,但不能作为领导骨干。"①简而言之,所有当选干部应具备以下两个条件:一是密切联系群众,热心公益事业;二是历史清楚,政治上无问题,不利用里弄中旧有的统治人物作骨干。在实际的操作过程中,由于基层群众整体素质还不高,连选举本身也必须在政府的指导下才能勉强进行。尽管居委会的干部配备一直朝着群众化的方向发展,但由于干部的配置完全按照政府既定的程序和要求进行,因此这种"群众性"也是打了折扣的。

另一方面,尽管政府设计好了基层干部的配置原则,但社会却以其自身的逻辑修改着政府的方案,因此,政府关于居委会干部的规定和要求总是不能完全兑现,居委会干部配置又呈现出群众性的一面。

从表2-3鸿运四里居民委员会的情况来看,在男女比例上,居民委员会中男性委员占到总委员数的68.8%,男性委员高于女性委员的数量;从委员的家庭成分来看,工人出身的委员占多数,为32.4%,一般劳动人民出身的共计占到总人数的52.1%;从文化程度来看,居民委员文化程度相对较高,仅初中程度的委员就有40人,占到总人数的51.9%,加上高小程度的共占到83.1%。由表2-4久安里的统计可见,其一,男性委员在居民委员会中占据多数。五个主任委员中,男性占据三个席位,而五个副主任委员基本为女性。在21个专门委员中,男性委员有12位,占57.1%。其二,居委会干部以家庭妇女和失业人员为主。在全部26名干部中,有家庭妇女约9—15名(文教、卫生委员不详,但极有可能为家庭妇女),失业人员6名,占到总人数的60%—84%。表2-5的宝裕里,居委会干部没有一位女性,全部由男性担任。其中主要职位居民委员会主任委员由工商业经理担任,另有两个职位由商号老板担任,失业人员仅占据两个席位,其余均为在业人员担任。再对照七个居民委员会的统计数据来看,居委会委员和各种专业委员共413名。其中,男265名,占总数的64.1%;女148名,占36.9%。在业者168名,占总数的40.6%,不在业的245名,占总数的59.5%②。

---

①② 《上海市居民委员会调查综合报告》,上海市档案馆,B168—1—773。

表2-3 鸿运四里居委会委员性别、程度、成分、出身、职业分类百分比表(1953年)

区别	总计	性别		文化程度					家庭成分			职工	职员	教员	医生	贫民
		男	女	文盲	小学		中学		大学	工人	农民					
					初小	高小	初中	高中			贫农	中农					
人口数(人)	77	53	24	1	10	24	40	1	1	25	5	9	10	13	13	1	1
百分比(%)	100	68.8	31.2	1.3	13	31.2	51.9	1.3	1.3	32.4	6.5	11.9	13	16.9	1.3	1.3	1.3

资料来源:《上海市嵩山区鸿运四里居民委员会情况调查(初稿)》,上海市档案馆,B168—1—773。

表2-4 久安里各个专门委员会的组织情况表(1953年)

	主任委员			副主任委员			委员			
	性别	成分	工作表现	性别	成分	工作表现	人数	性别	成分	工作表现
治安保卫委员会	女	家庭妇联总代表	认真负责	女	军属	认真负责	3	男	店员、店员、学生	工作负责
福利委员会	男	职员	热心踏实立场稳	—	—	—	3	男	经理、职员、失业人员	能做些具体工作
							1	女	家庭妇女	
调解委员会	男	居委会副主任	工作负责	女	家庭妇女	吃苦耐劳	2	男	失业人员	负责
							2	女	家庭妇女	负责

续表

	主任委员			副主任委员			委员			
	性别	成分	工作表现	性别	成分	工作表现	人数	性别	成分	工作表现
文教委员会	男	失业人员	积极分子	女	家庭妇女	积极	2	男	失业人员	能做一些工作
							3	女	—	
卫生委员会	女	家庭妇女	能做些具体工作	女	家庭妇女	工作积极	2	男	—	两人较积极，一人较差
							3	女	—	

资料来源：根据《上海市久安里居民委员会调查报告》相关资料制作，上海市档案馆，B168—1—773。

表 2-5　宝裕里居民委员情况表(1951年)

姓名	性别	年龄	成分	职位	工作表现	政治态度	社会地位
沈近义	男	49	工商界（经理）	主任委员	喜欢表现自己，尚空谈，不从实际做事，理论与实际脱离	认识较高，但不从思想出发	市人民代表、区人民代表
冯仁华	男	41	邮局职员	副主任委员	工作认真负责，但受不起打击（能解决群众实际困难）	认识甚高，有些小资产阶级意识	—
唐银元	男	54	旅店老板	—	对群众福利事业关心，具体领导处于被动	政治认识较差，从未反映情况	—
王大魁	男	21	纸号职工	—	工作一贯积极负责，但有些主观	阶级立场坚定	—
王岑	男	23	纸号职工	委员兼文娱组长	对工作认真负责，有些主观	—	—

续 表

姓名	性别	年龄	成分	职位	工作表现	政治态度	社会地位
蒋增□	男	28	失业	—	工作热心,但有冷热病,从未反映情况,政治认识较差	—	—
王孔题	男	37	烟纸店老板	委员兼安全组长	工作爱出风头,□□犯冷热病	—	—
陆荣良	男	28	失业	—	工作一贯认真负责,有掌握能力,能及时反映情况,政治认识甚高	—	—

注:"□"为原资料模糊,未能识别。
资料来源:《从宝裕里的典型了解中我们体会到里弄组织的几个方向》,1951.3.2,上海市档案馆,B168—1—765。

上述统计数据表明:首先,居民委员会建立时期,在里弄工作中,虽已有相当数量的妇女参加,但男性仍占多数,尤其是负主要责任的,妇女所占比例更小。其次,做里弄工作的人员,虽然不在业的超过了在业的,但在业人员所占的比例仍然不小。最后,从居委会委员的成分来看,总的趋势虽是以工人及其家属占主导地位,但一些不符合阶级要求的人员也进入了居委会组织之中。

综上可见,尽管政府在居委会干部的选拔方面做出了种种规定,但在实际生活中,却很难依设计而行事。例如,家庭妇女很早就被设定为里弄干部的理想人选,但这时家庭妇女在居委会干部中的比例却总是提不上去。这是因为,在组织化初期,家庭妇女尚未走出家庭。就其自身素质而言,以文盲为多,社会化程度低,组织发动工作往往较其他群体更难开展。再如,居委会干部要求以无业人员为主,但从实际情况来看,工人的比重一直都不在少数。这是因为,在发动建立基层组织之时,工人已经较多地参与工会、共青团等组织,他们较早地接受了组织动员,政治觉悟较高。为了加快组织化的步伐,政府提倡由这些单位人口来带动非单位、无组织人口的组织工作。居委会成立之后,里弄中一时又不能发现能够胜任组织工作的人选,只好继续留用在业人员担任里弄干部。至于干部中存在的阶级成分不纯现象,这也是客观情况所决定的。在部分里弄中,要找出既能够胜任工作,又符合出身要求的干部很难。实际上,一些出身背景"不好"的人员,因其工作能力出众而受到群众的拥护,政府工作人员也不得不勉为其难地接受这种现实。举例来说,嵩山区金陵东路八仙坊在协商居民委员时,关于妇女代表李文娟当选问题,"我们的干部认为他父亲是伪甲长,是流氓,她的三个妹妹是小阿飞,不能要她当委员,群众指出她工作积极,是里弄里的一只臂膀,不能没有她,而且这个也不是她的生父"[①]。结果工作人员最终还是采纳了群众的意见。

由此可见,里弄干部的实际配置情况和中国共产党的设计还有相当大的距离,这当然难以令政府满意。与此同时,居委会成立后不久,即出现组织劣化和衰落的现象,其表现形式竟然和冬防组织如出一辙。此时政府已不再寄希望于筹划新的组织来替代居委会,而只能从维护组织自身的角度出发行事,这也是进行第二阶段的组织清理和整顿的根本原因。在此之前,为缓解居委会存在的危机,政府采取了以下两个措施:一是开始对居委会提供财政支持,二是将居委会的干部国家化。

(三) 居民委员会的经费问题

早期群众组织具有自治性,很大程度上是因为它们的经费完全是自筹自理的,且管理人员都是义务职,并非国家公务人员。与其他组织一样,里弄居民工作必须要有一定的经费才能开展起来,在城市居民委员会未正式建立之前,各区里弄组织的经费都采取自筹的形式,居委会成立以后,延续了这一传统,但各区收集的方法,仍各有不同。有的在房捐上附加收费,有的在水电费上附加收费,有的由殷实的工商户认捐和劝募,有的按户分甲乙丙丁四种摊派的方法收集。如宝裕里就是在房捐上附加收费,每月计有旧币四五百万元。又如新永安路4号利泰昌大楼,每月按户收费一次,甲等工商户旧币1万元,乙等工商户旧币8千元,丙等一般住户旧币6千元,丁等公教人员旧币5千元[②]。嵩山区丽园路辖区内有居民委"采取每月按户收费,水电费附加二成,持簿上门捐募等方式"。可以说,早期居委会的经费大都是来自民间,有的甚至是里弄工作人员自掏腰包[③]。

---

① 《各区改变街道、组织形式工作情况初步调查简报》,上海市档案馆,B168—1—765。
② 《街道里弄居民委员会的经费应当怎样收集和支付》,载《文汇报》1951年10月20日。
③ 《纠正里弄组织的铺张浪费现象》,载《新民晚报》1951年11月16日。

经费的用途主要是做了经常办公费和居民福利费用。以办公费用为例,如召开里弄大会,则布置会场、招待茶点、搭台、扎牌楼、送锦旗、献花、放鞭炮、演戏、放电影、组织军乐和腰鼓队、化妆等,都需要支出一定的费用①。福利费用主要用作宣教费、购置费,修建小便池、垃圾箱、阴沟盖、路面,以及各种活动费用、互助救济等。从办公费用和居民福利费用所占的比重来看,办公费用远远超过了福利费的支出。以嵩山路为例,该路派出所辖区51条里弄的经费,"用于居民福利的平均仅占19%,其余81%为腰鼓队、招待、送锦旗杂支费用"。该区顺昌路承庆里为庆祝"红五月",成立腰鼓队,包括腰鼓、服装及其他杂支费用就花去旧币282万余元。全区里弄202个腰鼓队,仅设备费就在旧币2亿元以上。黄浦区北京东路庆顺里在召开肃清反革命委员会、居民委员会成立大会时,当场收到其他里弄送来的锦旗11面,鲜花14束,而该里弄为使会议特别隆重,又租借会场、请军乐队、铅印特刊、赠送各单位锦旗等就花去了150个折实单位②。上述现象固然说明里弄组织在经费使用上存在着严重的浪费现象,同时也说明:这一时期居民组织的经费开支完全是自主的。在经费上的独立性以及在开支方面的自主性,使得这时的居委会组织仍然保持以往民间组织的自治性特征。

原本政府限于社会资源的贫乏并无力全面包办基层社会事务,居委会在经费上的自筹自理令政府负担减轻不少。然而,居委会建立不久就出现和冬防组织一样的停顿现象,一些居委会的工作很快就流于形式,而开展业务的很多组织却又出现劣化现象,这令新政府着实不安。据调查总结,这种劣化除了上面提到的浪费外,还表现为严重的贪污。里弄干部"贪污挪用""大吃大喝"者大有人在,总数竟在80%以上③。里弄干部贪污浪费引起了整个居委会的劣化,使得居委会作为政府全力打造并维护的统一基层组织的良好形象受到损害。政府认为经费收支制度的缺乏是其中一个很重要的原因,于是围绕于此采取了措施。

1954年《城市居民委员会组织条例》(以下简称《条例》)颁布后,对于居委会的经费做了新的规定,主要意思有三层:一是由政府来拨付居委会的日常开支。"居民委员会的公杂费和居民委员会委员的生活补助费,由省、直辖市的人民委员会统

---

① 《街道里弄居民委员会的经费应当怎样收集和支付》,载《文汇报》1951年10月20日。
② 《部分里弄工作流于形式造成严重铺张浪费现象,望即进行检查发扬成绩纠正偏向》,载《解放日报》1951年7月10日。
③ 《本市居民委员会情况及存在问题》,上海市民政局档案,35—114。

一拨发,标准由内务部另行规定"。二是居委会的集体福利开支不得随意从居民处筹集。"居民委员会办理居民的共同福利事项所需的费用,经有关的居民同意,并且经市辖区、不设区的市的人民委员会批准,可以按照自愿原则向有关的居民进行筹募,除此以外,不得向居民进行任何募捐或筹款"。三是经费的开支纳入财务管理。"筹募的共同福利款项和开支账目,在事情办理完毕后,应当及时公布"①。从以上内容来看,《条例》关于经费的规定事实上封闭了居委会走向自治的道路,居委会干部也成为"吃皇粮"的准国家干部,而居委会的收入在断绝了民间的筹集渠道之后,只能依赖于政府的拨付,经济上的依附关系使得居委会的"存在和活动就很自然地被纳入由国家政权主导的整个政治过程中,成为国家调控社会的重要辅助组织"②。换言之,此时居委会的性质已从前期徘徊于社会性与政治性之间的游移状态定格为政治性为主、社会性为辅。

通过对居委会性质的分析,政府不断强调居委会的"自治性",而实际上该组织却朝着"行政化"不断发展的原因逐渐浮出水面。"500万人的事情,不是少数政府工作同志所管理得好的,只有当老百姓都组织起来,充分发挥'自己事情自己管'的精神,才可以使政府工作同志减轻行政上的负担"③。换言之,自治性的群众组织——居委会,之所以出现"行政化"倾向,是适应中国共产党以低成本进行基层社会控制的需要而出现的。一方面,"行政化"是基层社会单位化的必然结果。单位作为社会调控体系的基层调控单元,如果没有行政体系的切入,政府的调控活动就无从开展。街居组织是一种单位变体,其发展目标是完全单位化,以符合作为社会调控体系基本调控单元的需要。依照这一组织方向,街居组织的建构过程也就是不断提升其单位化层次的过程。"行政化"是为单位制度的第一要素,相应地也就成为街居组织努力的方向。另一方面,尽管政府意欲将基层社会管理组织打造成行政体系的一个部分,但刚刚成立的新政府,既没有足够的干部,也没有必要的资金来支持这一庞大官僚体系的运转,早在废除保甲组织之时,政府就深刻地意识到了这一点。群众性的自治组织正是因应政府以最低的成本来强化基层社会的控制

---

① 《中华人民共和国主席令》,载《人民日报》1955年1月1日。
② 王邦佐等编著:《居委会与社区治理:城市社区居民委员会组织研究》,上海人民出版社2003年版,第7页。
③ 《论里弄福利会组织,迎区人民政府成立》,载《文汇报》1950年6月29日。

而出现的,特别是最初的一两年里,基层群众组织在经费上完全自理,而在社会功能上,又弥补了政府行政功能的不足,大大减轻了政府的行政负担。此后,政府行政能力虽然有了很大的提升,但城市人口也在增加,市民生活水平的提高,都使得基层社会管理事务较之过去更多、更复杂。"行政化"成本激增,使政府不得不继续倚重具有自治性的群众组织来进行基层社会的管理和服务,笔者认为这正是政府不断强调居委会组织"自治性"的原因所在。

至于街居组织在社会体系中是否作为一种"剩余性体制"存在①,这一问题可作以下回答:一方面,1950年国家重构社会调控体系的过程中,它意图将全社会打造成为一个高度同一的单位化社会,令单位组织成为社会调控体系的基层调控单元。从这个角度来说,街居组织仅仅是作为一种向单位组织过渡的形态而存在。换言之,街居制度作为国家对非单位人群进行社会调控的基层制度,是临时性的,势必为单位制度所取代的,就此而言,它的确是一种"剩余性体制"。另一方面,在现实生活中,街居组织功能一直处于"超载"状态②。以20世纪50年代而言,非单位人群在数量上远远超过了单位人,而他们与政府的组织联系又是极为松散的,街居组织所承担的社会服务与管理、动员与整合功能不比单位组织轻松,就此而言,又不能把街居组织简单的当作一种"剩余性体制"来看待。改革开放以来,单位制度的瓦解导致了单位职能的外移,同时,非公有制经济的发展,使得非单位人群的规模空前膨胀,社区日益成为市民生活的主要归宿,在这种情况下,街居组织就更不可能以"剩余性体制"的身份存在。

第四节 组织化对异质性的消解:透过游民收容与改造的分析

消解社会异质性是国家统治的一个永恒主题。社会异质性是指社会中存在的

---

① 张绍:《街居制在城市社会生活中的地位变迁》,硕士学位论文,北京大学,1996年,http://www.sachina.edu.cn/library/degreeDoc/SS/Szy/19331602_Sc.htm。

② 何海兵:《我国城市基层社会管理体制的变迁:从单位制、街居制到社区制》,载《管理世界》2003年第6期。

破坏社会结构各个部分亲和力而容易导致社会混乱和无序的群体或者因素。中华人民共和国社会调控体系的重构过程中,一个主要任务就是要通过各种方式将社会结构不同的构成要素、互动关系及其功能结合成一个有机整体,从而提高社会一体化程度。在此过程中,为了防止社会结构的各个部分因为缺乏亲和力而导致社会冲突和失控,就必须对其中可能造成这种状况的异质性进行消解。组织化是进行这种消解的一个重要方式,通过制度重建和价值重构,基层社会的多样性和异质性为同一性、均质性所代替。

非单位人是一个阶层分化严重、利益多元的异质性群体。在非单位人群中,包含着各个阶级、阶层、集团,只有将他们整合为一个和谐的共同体,才可能保持组织的稳定性。通过居委会的形式将全体非单位人群都组织起来,这种组织本身是非常宽泛而松弛的。因为即使在同一个阶层之内,个体之间的差异也是存在的,更何况非单位人群几乎涵盖了所有阶层及年龄段的人口,在这种情况下就很难找到一个放诸天下皆准的形式来强化组织联系。有鉴于此,政府在构建统一的居委会组织形式的同时,也针对不同的非单位人采取不同的组织活动,其中对游民采取的是收容与改造的形式。

一、消解异质性:游民收容与改造的缘起

新中国成立之初,如何将"黑色大染缸"的上海打造为共和国社会主义建设的排头兵是新政府亟待解决的问题[①]。当时,上海是远东和中国的第一大城市,国内经济、文化和金融中心,与此同时,由于资本—帝国主义的长期浸淫,使得这个中国经济的半壁江山充斥着各种严重的社会问题。其中,因异质性群体游民云集而造成的社会失序即其代表。社会异质性是指社会中存在的破坏社会结构各个部分亲和力而容易导致社会混乱和无序的群体或者因素。多年来,学者们对于游民问题的关注集中于过程性的梳理[②],而寄寓于过程管理中的内在逻辑却鲜有触及。本书

---

① 《每晚读报》,载《新民晚报》1952年5月28日。
② 相关成果著作见王学泰:《游民文化与中国社会》,学苑出版社1999年版;笑蜀、蒋兆勇主编:《流民、游民与社会动荡》,广东人民出版社2009年版;阮清华:《上海游民改造研究(1949—1958)》,上海辞书出版社2009年版等。

通过分析新政府对游民改造的过程,揭示思想重塑、身份再造以及"文化整改"是国家对社会异质性进行消解的密匙。

"改造中国与世界"是毛泽东一生的追求,中华人民共和国成立后,他立即就提出了社会主义改造的问题。他指出:"社会主义改造有两方面:一方面是制度的改造,一方面是人的改造。"①实际上,就"制度的改造"而言,伴随着新民主主义革命的进行,此项工作从未间断过,"人的改造"特别是对诸多异质性群体的改造,是随着新政权的建立——铺开的,游民收容与改造正是其中具有典型意义者。

游民主要指一切脱离了当时社会秩序(主要是宗法秩序)并从事非稳定、正当职业的人们②。游民这一概念最早出现在《礼记·王制》之中:"凡居民量地以制邑,度地以居民,地邑民居,必参相得也。无旷土,无游民,食节事时,民咸安其居,乐事劝功,尊君亲上,然后兴学。"这里的游民是指离开其特定的居住地区,没有固定职业的人们。而随着游民群体历经数代不断扩大,其概念和范围也日渐模糊。在很长一段时间,人们都将游民和刁民联系在一起。清朝统治者对游民所做的解释中,就把游民与流民区别开来,将其和莠民中的游手、无赖、地痞、流氓一起打入另册③。这种做法实际上是将游民中最边缘化的个体特征扩大成整个"游民"的群像。

新政府也是根据游民的思想倾向、道德品质来对其进行定性的。瞿秋白、毛泽东等人很早就对游民现象进行了研究。毛泽东把游民局限于"兵,匪,盗,丐,娼妓"五种从事不正当职业的人中,并估计这个群体约有两千万人。他所概括的游民谋生方法:兵为"打",匪为"抢",盗为"偷",丐为"讨",娼妓为"媚",并认为这些游民谋生方式虽各不相同,然谋生弄饭吃则大致相同,由此认为游民乃人类中生活最不安

---

① 《毛泽东选集》第5卷,人民出版社1977年版,第443页。
② 王学泰认为,游民其重要的特点就在于"游",从长远观点来看,他们缺少稳定的谋生之手段,居处也不固定。其大多数人在城市乡镇之间游动,迫于生计,以出卖劳动力(包括体力与脑力)为主,也有以不正当的手段牟取财物的(王学泰:《游民文化与中国社会》,学苑出版社1999年版,第17页)。
③ "难民"是指遭到战争威胁或者受到某种外力压迫而背井离乡的人。"流民",泛指丧失生产资料而无所依归的人群,他们无生活来源,没有住所,四处流浪。(尹虹:《近代早期英国流民问题及流民政策》,载《历史研究》2001年第2期。)"难民""流民"和"游民"三者之间既有联系又有区别:首先,游民在生存状况劣化的情况下,也会成为难民流动,同样,游民中间也有难民,难民长久流浪于非居住地就化为游民。两者的区别在于,难民的出现带有偶发性。一旦偶发性因素消失,他们中的大部分会结束这样的流动,游民则否。其次,游民和流民的共同之处在于,他们都失去基本生产资料,但流民和游民不同,"流民"是指成为"流"状态而离开其故土的人们。他们有可能没有脱离其所处的社会秩序,和游民所区别的是:流民仅仅是处所的更改,但不一定会产生游民意识和文化(王学泰:《游民文化与中国社会》,学苑出版社1999年版,第18页)。

定者①。中华人民共和国成立之初,政府对游民的定位受到这种思想支配,游民被定性为"寄生者"以及"影响社会治安"者。

从游民这一概念本身来看,游民影响安定,具有极强的异质性。而游民作为一个异质性符号在其漫长的发展中,又被严重泛化。新中国成立之初,上海游民固有的一些特质加剧了其作为异质性群体引发社会失序这一大众想象,在社会改造推展开来之后,消解游民社会异质性这一工作变得更为迫切。

其一,上海游民为数众多,结成了一个庞大的异质性群体。

上海开埠后,游民大量增加。有记载说,"闽粤贫民游食于兹者,不下数十万"。太平天国运动期间,上海游民数量剧增,不得已之下,当局采取了士绅们的意见,招了一部分游民练为兵勇②。然而,这一做法无异于杯水车薪,随着上海人口的增加,游民也迅速地拓展规模。到1949年,上海游民连同家属在内,共计17万人③。新中国成立后,政府通过各种方式对游民进行了收容,一度造成收容所人满为患。

例如,从1949年到1952年,针对市内的游民聚集情况,上海市政府共进行了4次大型突击性收容。在1949年12月突击性收容中,市民政局会同市公安部门、警备部队、各区接管会以及各群众团体,从深夜开始连续四天进行突击大收容,收容游民4 522名④。1950年11月,市民政局、市公安局生产救济委员会协同发动了全市第二次游民大收容。各区政府和公安分局联合行动,日夜收容,仅11月16日夜就收容游民8 830名,此后十余日里又陆续在街头进行说服收容,到月底,共收容了12 000多人⑤。经过历次突击性的收容之后,上海街头巷尾的游民才有了明显减少。再如,在上海接管后的第一年中,以经常性收容形式共收容游民6 293人⑥。到1950年年初,公安局和法院陆续拘捕涉嫌犯罪的流氓、扒手之类共7 000余人,民政局收容上千人,连同警备司令部收容的上万名散兵游勇在内,上海市共关押收容了这类游民将近3万人⑦。

---

① 转引自王学泰:《游民文化与中国社会》,学苑出版社1999年版,第16—17页。
② 毛禅麟:《三略汇编》,第982—983页。转引自周育民:《开埠初期上海游民阶层研究》,载《近代史研究》1992年第5期。
③ 中共上海市委党史研究室:《接管上海》下卷,中国广播电视出版社1993年版,第84页。
④ 《盖棉被,吃干饭:教养所游民编组》,载《新民晚报》1949年12月21日。
⑤ 《大力收容灾民游民有助搞好冬防工作》,载《解放日报》1950年12月20日。
⑥ 中共上海市委党史研究室:《接管上海》下卷,中国广播电视出版社1993年版,第172页。
⑦ 《上海市两年来游民改造工作》,上海市档案馆,B168—1—932。

如此规模游民群体的存在给上海社会治安造成了巨大隐患。例如,在新政府的一份调查中,上海解放初期原虹口、提篮桥、北四川路3区内发生的抢劫或扒窃案件,有40%以上被认为是游民干的①。

其二,上海游民成分复杂,其异质性特质亦十分突出。

上海游民与其他城市相比,既有共性,也有其突出的特点。早在上海接管前,其游民就以种类繁多、难以管束著称。按其行为分类,有职业乞丐、窃贼、劫匪、骗子、黄牛、拾荒者、"吃白食"、"推桥头"、贩毒人员、妓女、散兵游勇、地痞流氓等10余类。据统计,在"华界"人口的职业构成中,从1930年到1936年这七年间,无业游民和囚犯等所占的比例最高的年份是1930年,为18.21%;最低的年份是1934年,为15.47%,七年平均为16.35%②。这一统计尚且混杂着囚犯的人数,但如将国民党的兵痞、警棍等考虑在内,出入也是不大的。

在一份15万左右游民的统计中,扒手、小偷约20 000人,贩卖毒品及聚赌的约2 000人,散兵游勇约2 000人,娼妓约30 000人,流浪儿童约5 000人,拾荒约4 000人③;如果细化其分类,则种类更多。1950年,据对收容在劳动、儿童、妇女、残废四个生产教育所的6 344名游民的统计所示,这些人主要包括乞丐1 676人,扒手1 468人,流浪儿童2 841人,娼妓10人,特务游勇132人,吸毒者166人。论文化水平:大学程度者10人,专科学校22人,高中61人,初中256人,小学3 238人,私塾260人,不识字的2 446人。其中有1 146人是具有生产能力或者一技之长的,他们的职业类型涉及二十多个工种④。论籍贯则遍及全国30个省市,远至海南岛、中国香港地区,甚至还有少量的华侨和外国籍游民。

新中国建立后,在上海仍然生活着相当数量的外国人,1953年为4 896人,1956年为2 553人,而无法回国的外国人,其中很多沦落为游民。据统计,从1952年9月至1956年8月,在外籍游民收容所收容的174名外籍游民中,无国籍者96人、苏联

---

① 《哈尔滨大楼清理记》,载《新民晚报》1951年2月28日。
② 转引自郑春苗:《论土地革命时期的游民问题与党的策略》,载《近代史研究》1985年第3期。
③ 中共上海市委党史研究室:《接管上海》下卷,中国广播电视出版社1993年版,第171页(另据《人民日报》报道,1949年8月上海有"无业游民17万"。载《人民日报》1949年8月8日)。依赖、依靠游民生活的约8.7万人。范静思主编,《上海民政志》编纂委员会编:《上海民政志》,上海社会科学院出版社2000年版,第291页。
④ 《三个月的学习与改造,游民确立了劳动态度》,载《文汇报》1950年3月7日。

籍50人,另有少数朝鲜人、南斯拉夫人、希腊人等①。这些外籍游民同国内游民并无二致,也参与偷窃、诈骗、卖淫、酗酒滋事等违法犯罪活动,有的还趁外宾来沪参观之际拦路强讨。

由此可见,作为一个群体,上海游民不仅人数众多,而其本身所具有的异质性亦十分突出,这使得游民成为中国共产党评价体系中具有超强异质性的社会群体。为了防止游民异质性可能招致的严重社会失序,新政府沿着社会改造的思路对游民厉行改造。毛泽东之所以对社会改造情有独钟,关键在于他认为社会改造不仅可以彻底医治旧社会的疮疤,解决新民主主义遗留问题,而且对社会主义新制度起到了良好的拱卫作用。新中国社会改造的一个主要任务就是要通过各种方式将社会结构不同的构成要素、互动关系及其功能结合成一个有机整体,从而提高社会一体化程度。在此过程中,为了防止社会结构的各个部分因为缺乏亲和力而导致社会冲突和失控,就必须对其中可能造成这种状况的异质性进行消解,游民改造正是这些工作的起点。

二、改造预备式：游民收容

游民的收容是改造的基础。一般而言,社会改造就是针对社会基本的矛盾,采取相应措施变革社会经济、政治、文化结构和生活习惯,以推动社会进步的发展。就此而言,社会改造是一项系统而庞大的社会工程,其中的具体工作游民改造亦是如此。这是因为,游民不同于一般的流民、难民,相对而言,游民更为固定,并且组织化程度较高。因为有着固定的组织与文化,游民俨然成为一个社会阶层②。一位党的干部如是说,上海"游民的多,他是全国各城市不能比喻的。上海瘪三、扒手、地痞流氓,已形成一种特殊力量"③。有鉴于此,在整个改造工作进行之前,首先必须对游民进行大规模的收容,以保证游民群体被尽可能全面地纳入社会改造的框

---

① 范静思主编,《上海民政志》编纂委员会编:《上海民政志》,上海社会科学院出版社2000年版,第293页。

② 周育民有关开埠初期上海游民的研究中指出,游民的组织程度还是很高的,有名有规模的组织就包括：天地会、小刀会；本地帮会,如罗汉党、庙帮、搪桥帮等(周育民:《开埠初期上海游民阶层研究》,载《近代史研究》1992年第5期)。

③ 中共上海市委党史研究室:《接管上海》下卷,中国广播电视出版社1993年版,第173—174页。

架之内。

自有游民始,游民收容救济事业也就开始了。在传统社会,游民救济多采取赈抚政策,如发放"恩赏米石"、收养老残病弱等丧失劳动力者、设立粥厂、收留灾荒与战争性无业游民等。清代,政府对游民的收容有了较多的改进,已经开始采取垦辟荒地和开办技术传习性质的公艺局所的办法来安置游民。晚清时期,政府曾经对无业游民进行救助,这些救助活动一度改变了传统制度下单纯的、临时性的救济方式,而是采取了复合的、长远性的教养兼施的救助,取得了一些成效①。但随着清王朝的崩溃,这一救助体制也随之废弛。

近代上海,在游民收容与救济工作中承担了主要角色的,是以各种慈善组织、同乡组织为代表的社会中间组织。原因是开埠以来,大量游民汇集于上海,传统的游民救济办法和机构都逐渐不能满足游民的收容与救济工作需要,社会中间组织于是参与到游民收容与救济中来。早在1922年年末,上海主要慈善团体的30多名代表就商议成立收养游民的工厂。到1925年,游民人数日益增多,游民问题已经到了非解决不可的地步。当年底,上海华界、租界的士绅联合发出倡议,扩充原先作为残疾人收养机构的上海残疾院,成立了收容乞丐的淞沪残疾乞丐游民教养院②。该所以传授工艺技术,增长生存能力,图求社会的安宁为宗旨,随后,淞沪教养院也设立。1927年,南市慈善团体会同上海县当局和上海县警察局,在漕河泾建立了乞丐习艺所,后改称游民习勤所。到1931年到1935年,该所共收容游民2 230人,其中763人习得技艺,重新走向社会③。然而,社会中间组织所进行的慈善活动,往往具有不稳定性,更缺乏全市性的统一行动,各种救助活动犹如杯水车薪,于问题无补。

中华人民共和国建立后,政府建立了自己的收容机构,并全面承担了游民工作的职责,各种社会救济团体逐渐淡出了社会公共事业领域。政府全面接手收容工作后,收容工作体现为突击性与经常性收容、临散性和全面收容相结合的方式,实现了游民收容工作的有效性(见表2-6)。

如表2-6所示,从1949年到1958年上海市共计收容各类游民69 573名。通

---

① 参见彭南生:《晚清无业游民与政府的救助行为》,载《史学月刊》2000年第4期。
② 转引自张礼恒:《略论民国时期上海的慈善事业》,载《民国档案》1996年第3期。
③ 上海游民习勤所编:《上海游民习勤所第一届报告》,上海游民习勤所1931年版。

表2-6 上海市收容游民情况统计表(1949—1958年)

(单位：人)

年份	合计	乞讨	偷窃	诈骗	娼妓	流氓阿飞	监犯	流浪人员	其他	刑满释放	国民党军政警宪	反动会道门反动党团核	清洗开革人员	地主、还乡团分子	反革命及刑事犯家属
合计	69 573	15 577	16 629	3 540	7 195	8 459	2 147	4 578	3 362	2 229	3 622	484	261	600	890
1949	7 320	4 004	3 272	—	4	40	—	—	—	—	—	—	—	—	—
1950	4 257	1 890	1 452	518	2	273	—	—	122	—	—	—	—	—	—
1951	15 657	3 222	6 780	1 281	652	1 695	2 027	—	—	—	—	—	—	—	—
1952	5 787	2 077	1 379	171	1 303	506	84	—	267	—	—	—	—	—	—
1953	5 777	577	774	94	850	266	17	2 550	649	—	—	—	—	—	—
1954	5 224	924	585	95	1 520	336	18	847	899	—	—	—	—	—	—
1955	13 911	1 936	1 226	777	1 879	2 084	1	—	709	1 166	2 833	276	138	373	513
1956	5 475	705	587	393	585	492	—	250	300	604	789	208	98	87	377
1957	5 544	235	559	209	319	2 488	—	819	387	404	—	—	25	99	—
1958	621	7	15	2	81	279	—	112	29	55	—	—	—	41	—

资料来源：范静思主编，《上海民政志》编纂委员会编：《上海民政志》，上海社会科学院出版社2000年版，第294页。

过突击性、经常性,以及对各种类型游民的全面收容,流浪于街头巷尾的游民大为减少,社会治安情况也有了较大的改善。据沪北地区公安局报告,突击收容了游民集中的哈尔滨大楼后,至少使沪北地区内的治安案件减少了 40%①。从全市的情况来看,治安状况也随着游民的收容有了起色。据市公安局的统计,自大规模收容工作开展以来,偷窃盗劫案件逐渐减少。1950 年 10 月份(未收容前)的全市偷窃案发生 2 937 件,11 月份进行收容后全月发生 2 492 件,减少 435 件。以灾民较多的闸北区为例,11 月份上半月和收容后的下半月来比较,上半月偷窃案计 73 件,下半月为 51 件,减少了 33%②。

然而,这种好转是暂时性的。和其他社会问题一样,游民收容并不能解决游民问题本身,一段时间的集中性收容治标不治本,收容工作告一段落之后,游民群体亦会死灰复燃。如何彻底解决游民问题,症结不在于收容,而在于改造,并且这绝非一般意义上的改造,而是一种异质性的消解。

三、游民改造:异质性的消解

作为社会改造的一部分,消解社会异质性的游民改造工作并非易事。"改造这些人,不是短时间的事情,他(它)不仅要有充分的财力,而且要有大量的干部。当着还没有完整一套改造这些落后分子经验的时候,就是有钱有干部也不能贸然来大批收容的"③。这是因为,社会改造本身需要从政治、经济、文化等各个方面多维进行,才能达到彻底解决游民问题的目标。纵观上海游民改造历程可以发现,为了完成对游民的改造,上海市政府制定了有效的过程管理模式,渐进推行。

(一) 扼灭游民思想上的腐朽性:思想之重塑

游民的阶层意识形态往往与官方的、正统的意识形态不符,甚或相对立,很难为主流意识形态所容,通过教育的方式,重塑他们的思想和价值观是改造游民的前提。

任何阶级、阶层一旦形成,必然形成其特有的思想政治意识,这种意识是一定

---

① 《上海市收容散兵游勇办法》,上海市档案馆,B168—1—932。
② 《大力收容灾民游民有助搞好冬防工作》,载《解放日报》1950 年 12 月 20 日。
③ 中共上海市委党史研究室:《接管上海》下卷,中国广播电视出版社 1993 年版,第 173—174 页。

历史条件下经济、政治关系的反映,它集中代表着该阶级或阶层的愿望、要求和根本利益。游民阶层也是如此,他们在经济生活以及组织形式上的种种特征,也反映到了他们的思想意识、政治倾向、道德观念和行为价值取向上。瞿秋白就认为,游民在政治和文化观念上表现出"狭隘的民族主义""国家主义""排外主义"以及"国民文化主义",并由此而产生了"一切反动的思想和策略";在政治生活和组织观念上表现为"首领式的个人主义""盲目的服从"的意识、"流氓式的纪律观";在行为上表现为"无政府主义""盲动主义""个人恐怖主义",甚至"主张烧毁城市的倾向"①。

这实际上是把游民中最腐败分子的特质扩大为整个游民阶层的。但这种观点构成了新政府对游民的基本认识,这样一个印象化的群体,显然难以符合社会主义国家"人民"的标准。因此,新政府对于游民的基本态度是,"必须采取坚决的强迫劳动、教育改造的政策与长期耐心的教育相结合,启发他们的政治认识和自尊心,培养他们的劳动习惯,树立正确的劳动观念,从而使他们自觉地、积极地劳动生产,成为社会生产力之一部分"②。游民在进入收容所后,往往先集中半年左右时间进行政治思想教育,以培养其劳动人民的品质。

这些教育包括政策纪律教育、阶级教育、爱国守法教育、劳动与前途教育四个方面。例如,政策纪律"教育的目的是逐步清除游民散漫的习性,培养其集体生活的习惯,使游民了解政府的政策和他们的光明前途"③。劳动教育的目的是纠正他们轻视劳动的观念,"帮助他们学会技术参加生产",引导他们"重新做人"④。教育内容一是讲收容改造的目的与好处、人民政府改造游民的方针政策;二是组织游民学习有关生活、卫生、纪律等方面的规则,使他们养成服从改造、遵守纪律的习惯。阶级教育主要是"运用诉苦和坦白方式使游民深切了解到帝国主义、封建主义、国民党反动派对人民的迫害,启发他们的觉悟性"⑤。

除以上教育外,管教部门还根据不同时期的政治任务,向游民宣传国家总任务、总路线、宪法等,中间也穿插进行有关时事政治的教育,以提高游民的思想认识。游民所受到的教育完全是一种社会主义色彩的教育,而教育在游民的社会主

---

① 《瞿秋白文集·政治理论编》第 3 卷,人民出版社 1989 年版,第 87、342 页。
② 中共上海市委党史研究室:《接管上海》下卷,中国广播电视出版社 1993 年版,第 171 页。
③⑤ 《把旧社会的渣滓变为有用的人,本市游民改造工作获得成绩》,载《文汇报》1951 年 10 月 19 日。
④ 《民政局新人习艺场改造游民,帮助他们学会技术参加生产》,载《新民晚报》1953 年 1 月 20 日。

义社会化过程中,能够"以完整的、系统的、正面的、强制的方式"对游民"进行社会化",从而塑造出具有社会主义人格与素养的公民①。在此过程中,游民思想中的腐朽性被扼灭,游民的阶层意识为新政府的政治文化所同化。

(二) 改变游民的寄生性:身份之再造

游民的出现源于其生活的无保障,游民形成并不断劣化的主因也在于此,如此一来,改造游民的关键就是改变其寄生性,再造"公民"的身份,以方便其被纳入正常的社会序列之中。

人口的游民化以及游民的阶层化都源于生活的无保障。自1840年鸦片战争以来,随着外国资本主义的侵略和中国自然经济的解体,在我国社会内部,一方面出现了代表新生产关系的资产阶级和无产阶级,另一方面也造就了被排斥于社会生产之外的空前庞大的无业人群②。这个庞大的无业人群,因失掉了土地和赖以为生的职业而游民化。而部分游民在生存危机中,通过从事不正当的职业以谋生,"当这些由于过分都市化而产生的庞大而又复杂的游民阶层形成并迅速扩展时,由于求安全、求温饱以及求发展的本能",使他们纷纷投入帮会组织体系③。这样,具有庞大群体规模、帮会化的组织体系,以及鲜明文化特质的游民就逐步阶层化。也由于生活来源的极不稳定,遂使这个阶层具有随时沉浮、变化无常的阶级特性,可以说是"破坏有余而建设不足"④。总之,游民作为一个群体边缘化现象十分严重。而作为一个整体都边缘化的庞大存在,游民很难为社会所消化吸纳。与此同时,作为阶层分化十分突出的群体,它又在近代社会的变迁中流动不居,不仅寄生于大社会,而且向社会的各阶层渗透⑤,腐蚀着整个社会。

防止游民阶层异质性对社会的腐蚀是游民改造的根本,而其关键是改变游民的寄生性。换言之,只有使游民具备保障自身生存与发展的基本条件,才能使其因新获得的经济地位而重新被纳入社会的不同层级内,而不伤及社会本身。在上海,

---

① 参见忻平:《从上海发现历史——现代化进程中的上海人及其社会生活(1927—1937)》,上海人民出版社1996年版,第217页。
② 参见周育民:《开埠初期上海游民阶层研究》,载《近代史研究》1992年第5期。苏智良、陈丽菲:《近代上海黑社会研究》,浙江人民出版社1991年版,第20页。
③ 苏智良、陈丽菲:《近代上海黑社会研究》,浙江人民出版社1991年版,第20页。
④ 转引自郑春苗:《论土地革命时期的游民问题与党的策略》,载《近代史研究》1985年第3期。
⑤ 参见彭南生:《晚清无业游民与政府的救助行为》,载《史学月刊》2000年第4期。

第二章 传统基层管理制度的废弃与街居制的建立(1949—1954)

这一过程是通过赋予游民劳动者的能力、意识和身份来进行的。当游民从异质性群体转化为普通劳动者—公民时,也就在事实上完成了对游民阶层的分化以及对该异质性群体的消解。具体过程如下:

在对游民进行收容之后,随之而来的问题是收容所人满为患,大量人力物力被耗费,而游民问题并未因此而解决,游民收容工作突破口打不开,一度陷入两难的尴尬。通过对游民的调查发现,很多游民不仅曾经有过职业身份,而且具有一定文化水平。根据1950年5月对6 293名游民的调查统计,这些游民的文化程度都不低,其中,私塾263人,小学3 238人,初中256人,高中61人,大学10人,专科22人,只有少数为文盲。在这些人员中有生产技术的占总数80％以上,其中具备农业生产技能的有3 313人,工业1 630人①。在有生产条件的情况下,这些人只需接受短期教育培训,即可成为自食其力的劳动者,进而被重新纳入社会。

有鉴于此,教养部门把改造游民的活动围绕劳动教养和培训展开。"对长期以偷盗、抢劫、欺骗、敲诈、乞食、贩卖违禁品、赌博维持生活的游民,强制其离开上海市,到农村中劳动生产,在生产中教育改造他们成为劳动人民。今年下半年可在离上海市较远的农村,成立专门的教养机关,对被遣送的游民进行强迫的生产教育"②。最初,为了配合劳动教养,政府组织了一些手工业、建筑工程、农业、饲养业等生产活动。1950年起,先后组织起缝纫、制鞋、装订、麻袋加工、理发、摇绳、织袜、弹棉花、泥水工、竹木加工、打铁、制豆腐、发豆芽以及牧羊、养猪、种菜等30多个生产项目。上海市新人习艺场"把游民中有工业技术与一部分年轻而有学习技术条件的游民,集中该厂进行劳动改造与思想教育"。场内先后设立营造、缝纫、制鞋及汽车修理等生产部门,创建一年就在劳动生产中培养出670多名技术工人③。

通过各种形式的劳动训练,游民掌握了一定的谋生技能,提高了自我生存的能力。在这种情况下,政府采取各种措施促成游民向公民的转化。

从1952年5月起,游民教养所开始对参加生产的游民实施按月给予生产奖励金的办法,每人每月2—7元。1953年5月起,新人习艺场实行工资待遇办法,工资标准为:定有劳改期的游民每月按劳发给奖励金;已恢复自由因无出路自愿留所与

---

① 中共上海市委党史研究室:《接管上海》下卷,中国广播电视出版社1993年版,第172页。
② 《上海军管会制定方案,疏散二百万人回乡生产》,载《人民日报》1949年8月13日。
③ 《新人习艺场出现新气象》,载《新民晚报》1953年8月24日。

自投入所的劳动者按每月70个工资分(折合人民币15元)加奖励金发给;职工实行计件工资与固定工资相结合的办法,有特殊技术者酌情增加报酬。此后,根据教养单位生产发展的程度,各教养所都先后实行计日、计时、计件工资等多种工资形式①。工资待遇办法的实施改变了最初教养所"不要报酬白做工"的义务劳动制度,意味着游民已经成为经济独立的劳动者,这一制度的改革是游民身份转换的一个转折点。

1953年初,市民政局贯彻国家内务部关于"规定三年为游民改造期限"的指示精神,拟定《评定游民成分及确定改变成分的实施细则(草案)》(以下简称《草案》)。《草案》针对收容人员的行为、品质、历史情况、流浪时间的不同情况作出不定改造期或定改造期的详细规定。一般游民的劳动改造期限定为三年,游民改造期满后,恢复政治自由,不再称为游民,由劳动教养所宣布出所,发给出所证明。

如此一来,游民在获得劳动技能、经济上取得独立、成为新的个体的同时,通往社会中心体的道路也向他们打开。"经过一定时期的思想教育和劳动锻炼的游民,逐步革除了游惰习性,纷纷要求做个劳动的公民"。1956年,上海市一年之内就有17 000多个经过改造的游民走上了工作岗位。其中大部分是回乡生产,并有6 000多人到上海各工厂、企业等单位工作,还有一些志愿去安徽、甘肃、西藏等地参加社会主义建设②。通过对游民进行劳动能力的训练,具备劳动意识和能力的游民被重新赋予公民身份得以再次进入社会,此时,他们所具有的职业身份和阶级身份自动做出调整,他们被纳入新的社会阶层,游民群体伴随着游民身份的消除而消减。

(三) 游民的去阶层化:文化的整改

游民阶层在漫长的形成发育过程中,拥有了本阶层的文化,游民文化不仅根深蒂固,而且维系着并壮大着游民这一群体,因此,游民文化的整改是消解游民阶层的根本。

游民在发展过程中形成了自己独特的文化,不仅如此,游民文化还对主流文化产生了冲击。王学泰认为,游民文化是与孔孟文化相对立的文化,这种文化"自宋代以来由于通俗文艺作品的普及,游民的思想意识也通过通俗文艺作品散播到一

---

① 范静思主编,《上海民政志》编纂委员会编:《上海民政志》,上海社会科学院出版社2000年版,第302页。
② 《从此自立作新人,上海今年一万七千多游民走上工作岗位》,载《人民日报》1956年11月30日。

般民众中去,因此,才使得许多不是游民的中国人的灵魂中也活跃着游民意识,它与儒家意识和道家意识构成了中国的思想传统,应该说这是极其可悲的"①。王学泰所指的由游民文化滋生出来的各种游民意识,主要是"逞英雄""打不平""讲义气""有办法"以及"威风"之类②。就这些意识本身而言,虽然是愚昧和目无法纪的集中表现,但这种意识不仅由来已久,且深入人心,甚至是人们日常生活中的主要行为逻辑。一些会道门组织正是以标榜这种意识为幌子,吸引了众多徒众,而当它作为一种集体意识存在时,其暗含的破坏力也是巨大的。

游民文化的一种典型载体是地方戏,其流传的过程,也是上海游民文化不断酝酿和形成的过程。由于游民文化是维系游民群体的精神力量,故游民的改造也就落实到旨在消解游民文化的戏曲改革工作上。"人民戏曲是以民主精神与爱国精神教育广大人民的重要武器。我国戏曲遗产极为丰富,和人民有密切的联系,继承这种遗产,加以发扬光大,是十分必要的。但这种遗产中许多部分曾被封建统治者用作麻醉毒害人民的工具,因此必须分别好坏加以取舍,并在新的基础上加以改造、发展,才能符合国家与人民的利益"③。

上海游民人数众多,而戏曲界戏院剧种之繁多,艺人队伍之庞大,亦是其他任何都市所不及的。据调查,上海共有京剧剧场 10 个,演员 1 200 人;越剧 30 个剧场,演员 1 500 余人;沪剧 9 个剧场,演员近千人;江淮戏 11 个剧场,演员 800 余人;淮扬戏 7 个剧场,演员 340 余人;滑稽戏 8 个剧场,演员 175 人;评话弹词演员 100 人。此外还有通俗话剧、苏弹、故事、蹦蹦戏、常锡文戏、甬剧、绍兴大班、魔术、大鼓快书、相声,以及不经常演出的粤剧、川戏、潮州戏、昆曲等。这些剧种共拥有剧场 100 个左右,书场及饭店表演的约百家左右,演员总数 8 000 余人。每天的观众达 15 万人(电台和郊区场子尚无统计),每天演唱的艺人约 5 000 人,业余的还未算在内④。如此庞大的传播规模与受众,再加上戏剧所特有的娱乐、消遣而非强制性的传输方式,使得游民文化几乎可以做到无孔不入。因此,整个戏改工作受到上自中央下到地方的全面重视。

---

① 转引自王学泰:《游民文化与中国社会》,学苑出版社 1999 年版,第 6 页。
② 《怎样认识流氓的丑恶本质?》,载《文汇报》1955 年 2 月 8 日。
③ 《政务院关于戏曲改革工作的指示》,载《人民日报》1951 年 5 月 7 日。
④ 《上海市一年来戏曲改革工作的总结》,载《解放日报》1950 年 7 月 30 日。

1951年，政务院发出"改戏、改人、改制"的戏曲改革指示，首先改戏。5月5日，政务院发布了中华人民共和国戏改运动的纲领性文件《关于戏曲改革工作的指示》（简称"五五指示"，以下简称《指示》），《指示》明确了戏曲改造的方向："戏曲应以发扬人民新的爱国主义精神，鼓舞人民在革命斗争与生产劳动中的英雄主义为首要任务。……凡鼓吹封建奴隶道德、鼓吹野蛮恐怖或猥亵淫毒行为、丑化与侮辱劳动人民的戏曲应加以反对。各地文教机关必须根据上述标准对上演剧目负责进行审查，不应放任自流，……对人民有重要毒害的戏曲必须禁演者，应由中央文化部统一处理，各地不得擅自禁演。"①

通过对演出剧目的审查，禁演"坏戏"和不健康的剧目，戏剧文艺工作的内容、性质由此发生巨变。从内容看，这一时期上演的大多数作品都以反映革命历史和社会主义时期新生活为主题，如昆剧《琼花》，京剧《红色风暴》《赵一曼》《智取威虎山》，沪剧《罗汉钱》《星星之火》《红灯记》，淮剧《海港的造成》，评弹《一定要把淮河修好》，毛泽东诗词谱唱《蝶恋花·答李淑一》等②。从出演形式看，曲艺表演走向有领导、有组织、有针对性的演出，逐渐成为中国共产党的文艺阵地。而旧社会的"戏子"也被赋予文艺工作者的身份，陆续参加了土地改革、镇反运动、抗美援朝等政治运动。正如文艺工作者自己所说的："我们参加了每一项爱国运动，如劳军、庆祝开团纪念、劝购公债、'五一'劳动节大游行等，并且也经常做救灾等义演、义播工作。"③通过戏改，戏剧开始以"为工农服务、为社会主义服务"为宗旨，并向大众化、革命化的方向发展，逐渐与游民阶层脱离，曲艺等文艺形式从此负载的不再是游民文化而是整个社会主义文化，至此游民完全去阶层化。

综上可见，为了清除各种异质性趋向，完成社会主义改造，新政府制定了严格而有效的游民改造过程管理模式。在此模式之下，通过"思想改造"扼灭了游民的腐败性，通过"身份再造"精心塑造其社会主义人民性，最后通过"文化整改"实现了游民的去阶层化。通过这样的社会主义改造，使得游民整个阶层退出了上海社会舞台。

---

① 《政务院关于戏曲改革工作的指示》，载《人民日报》1951年5月7日。
② 李太成主编，《上海文化艺术志》编纂委员会编：《上海文化艺术志》，上海社会科学院出版社2001年版，第6页。
③ 《感谢人民大救星，翻身艺人上书毛主席致敬》，载《文汇报》1951年7月5日。

事实上,无论是扼灭游民的腐败性,还是精心塑造其社会主义人民性,这都属于新政府主流意识形态为清除各种异质性趋向,推动现代化进程而必须完成的。中国社会的现代转型中诸如对于异质成分的消解之类的工程,在中华人民共和国建立初期非单位人口的组织化管理中是极为普遍的,游民收容与改造正是这些工作的起点。

小　　结

1949年5月中国共产党接管上海到1954年,是新的基层社会管理制度的初创时期。组织化和社会调控体系的重构是同步的,从组织化的角度而言,在这一阶段,基层管理体制完成了从保甲到居民委员会的转变,相应的组织建构过程也体现为两个向度:一是打破以保甲为主要组织形式的传统基层管理体制;二是按照中国共产党的基层管理理念建立以居民委员会为主要形式的群众性自治性组织。从重构社会调控体系的角度而言,国家通过各级各类基层组织,将社会成员纳入组织体系内部。与此同时,为了保证体系内部存在的各种阶层分化和多元利益的群体和谐共处,国家通过一系列措施,消除组织内部的各种具有破坏性张力的异质性成分和因素,游民的收容与改造就是这样一个典型例证。由于服从于组织化和政府的调控行为,就可以获得为社会接纳的新身份,顺利进入主流社会,游民在面对国家的组织意图时,自觉地进行了相应的角色转换。

经过近五年的组织化建构,基层社会管理制度确立下来,但这一时期还只是它的初创时期,其形式的建构更大于内容的建构。正因为如此,基层社会管理组织的稳定性一直存在问题。如前文所述,在组织化的发动时期,各种街道、里弄组织就普遍存在着旋起旋落的现象。为了弥补各种组织可能因功能不足而引起的难以为继的缺憾,政府筹建了综合性的街道里弄组织——冬防组织,然而,问题并没有因此而得到解决。当组织结构更加完整、组织功能更为完备的居委会组织依旧没有摆脱这种周期性衰落时,政府改变了原有的工作方式,将重点放在了对组织自身的维护上,这样,基层社会管理制度的发展就进入第二个阶段。

第三章 基层社会管理体制的调整与巩固(1954—1958)

从1954年到1958年是基层社会管理体制发展的第二个阶段。在这一阶段,从组织化的角度出发,组织建构的主要内容是彻底清除街区中原有的权力结构和基础,并在此基础上完善以街居组织为主要形式的基层社会管理体制。从构建社会调控体系的角度出发,国家通过赋予街居组织以坚强的体制支撑,提升了街居组织的单位化程度,夯实了社会调控体系的调控基础。

构建组织结构和形式本身不是目的,以此为依托进行的社会调控才是核心目标。组织化本身包含了一系列组织建构过程,每一个组织实体都可以成为一个调控单元。从宏观上来说,整个社会调控体系的重构需要很长一段时间,但在微观层面上,基层社会所进行的一切组织活动都是社会调控行为。正是这些动态的组织建构赋予了社会调控体系以功能。为了说明这一问题,本章以中华人民共和国建立初期上海贯彻婚姻法运动为例证,来展示组织化建构的另一种情境。

经过多重组织化建构,社会调控体系不仅在形式上,且在功能上更加完善。为了将城市社会打造成为一个高度同一的单位社会,以单位组织为调控单元实现对社会的高度整合,国家总是尽可能广泛地把社会群体纳入组织框架中来。组织化意味着规范化和秩序化,在非单位人群中,总有一些群体出于种种原因不愿参与新的组织生活,表现出抵制情绪甚至对抗行为。为此,政府借助社会调控体系再造社会成员的组织生态,从而形成了能消弭各种反组织倾向的强势组织化氛围,最终实现了组织的广泛性和深入性。

第一节　基层里弄整顿工作的展开

种种迹象表明,居民委员会在其建立的最初两年里,遭遇着欠完善、被腐蚀,乃至蜕变的多重压力与挑战。从 1952 年开始,中国共产党就陆续在里弄中进行了一些局部整顿工作,但工作本身收效并不明显,令政府深感居委会生存危机。为此,1954 年中国共产党在基层里弄中发动了一场规模宏大的清理整顿工作,这一活动不仅完善了基层社会管理体制本身,也使居委会开始"完全按国家意志和政府预设的政治轨道行事"起来①。

一、缘起

从接管上海开始,中国共产党就开始了基层社会管理体制的构建工作,当 1952 年城市居民委员会建立之时,非单位人群终于被纳入统一的基层社会管理制度框架内,开始了有组织的生活。然而,居委会正式建立后,政府与居民之间的政治沟通仍然不畅。甚至不久之后,居委会就出现了三大危机,即组织衰败、劣化、蜕化,这些危机的存在几令居委会重蹈冬防组织的覆辙,政府经过广泛调查后,将原因归咎于居委会"没有按照阶级原则组成",即"组织不纯"②。也因为如此,整个清理整顿工作是围绕纯洁组织进行的。但本书认为,除了组织"不纯"以外,居委会所以存在这些危机另有原因。

首先,组织衰败源于街居组织的资源贫乏。

里弄整顿前,最令中国共产党不安的还是居委会组织的衰败现象。"里弄干部和群众对里弄工作大多缺乏正确认识。干部不团结,组织涣散,工作由几个干部光棍跳舞,包办代替,不能发挥组织作用,所以工作越搞越忙,干部越搞越少。"据卢湾

---

① 张济顺:《上海里弄:基层社会动员与国家一体化走向(1950—1955)》,载《中国社会科学》2004 年第 2 期。
② "1950 年代早期的上海居民委员会并没有完全按照阶级原则组成,也没有完全按国家意志和政府预设的政治轨道行事"。张济顺:《上海里弄:基层社会动员与国家一体化走向(1950—1955)》,载《中国社会科学》2004 年第 2 期。

区统计,整顿前共 78 个居民委员会中,约 2/3 的组织已成为半瘫痪或完全瘫痪状态,剩余 1/3 能推动工作的,其中尚有不少是操纵在"坏分子"手中①。很显然,里弄组织"不纯"和居委会的衰败几乎搭不上关系,甚至于里弄组织之所以停顿,还是因里弄干部"纯"度有余而能力不足造成的,"里弄组织不起作用,坏分子在里弄大搞小厂小店"②。与此同时,居委会虽较之冬防组织更为完善,但仍然不能很好地发挥作用,政府通过重建组织形式来改变组织衰败的实践被证实为无效,说明功能不健全也不是引起居委会衰败的关键性因素,那么究竟是什么原因导致了居委会以及冬防组织的衰败呢?

考察单位制度不难发现,单位之所以能够与其成员结成牢固而紧密的组织联系,是因为单位掌握了组织成员赖以生存和发展的全部资源,"甚至早在根据地时期也有供给制这样强大的体制支持"③,如陕甘宁边区在当时就已经形成了较为完备的供给体制。相比较而言,这时的居委会,除了能够提供一些社会服务与管理之外几乎一无所有,并且居委会这种仅有的功能其根基也并不牢靠,具体表现为:

一是形式化,而这一缺陷恰恰是政府行为引起的。由于政治运动构成了早期居委会组织生活的大部分,但其本身是有时间限制的,这就给以此为维持的居委会造成了很大的困惑。"运动来了就忙,运动过了就停",干部自称为"运动干部"④。任务不断、工作繁忙,干部们颇有微词:"办事处干部还有星期天休息,我们连星期天都没有"⑤,有的干部运动一过就申请辞职。如,在整顿前,北四川路区的"75 个里弄组织仅有三分之一尚起作用,其余不是处于瘫痪状态就是推推动动,不推不动,部分组织甚至操纵在少数坏分子与剥削阶级手中"⑥。

二是选择性。就满足群众的福利需要而言,任何一个具有针对性功能的组织都可以进行。只要能妥善解决问题,居民并不计较是何种性质的组织来为其提供服务。而事实上,为了废除保甲与重新组织群众的需要,中国共产党在里弄发动建立了各种类型的群众组织。如此一来,一方面,街道、里弄中存在的组织过多,而干

---

① 《上海市里弄整顿组织建设工作总结(草稿)》,1955 年 4 月,上海市档案馆,A20—1—116。
② 《普选情况报告》,1953 年 11 月—1954 年 1 月,上海市档案馆,B52—1—40。
③ 王海军:《抗战时期供给制探析——以陕甘宁边区为中心》,载《中共党史研究》2010 年第 11 期。
④ 《全面进行调查研究掌握里弄中存在的主要问题》,上海市档案馆,党 20—1—123。
⑤ 《关于目前里弄工作情况的报告》,1955 年 11 月,上海市档案馆,B2—1—22。
⑥ 《北四川路区里弄整顿工作总结(草稿)》,上海市档案馆,党 20—2—55。

部大部分又是一套人马,干部身兼多职的情况在所难免。由于干部往往身兼多职,其结果是里弄工作多头,当里弄干部的侧重点不是唯一集中在居委会时,部分居委会的业务就出现停顿。如,北四川路区,全区里弄干部3 436人,其中挂名的就有1 083人,占31.5%。第五办事处一个居委会,57个干部中挂名的就有40人,妇委干部10人中挂名的就有7人。"第三办事处一居委会,由于各工作委员会都是挂名,专门委员会没人领导,全部垮台"①。另一方面,大量基层群众组织的存在,客观上令居委会处于一种竞争格局中。从综合功能来看,居委会固然有优势,但就单项功能而言,居委会不一定能胜出。因此,在居民没有把对日常生活的服务需求唯一固着在居委会时,或者说居委会如若不能掌握压倒性资源优势,就不得不与其他群众组织展开生存竞争。有竞争就有淘汰,部分居委会就遭遇了这样的命运。普陀区全区里弄组织"机构庞大重叠,部分组织陷于瘫痪状态。居民反映'居民委员会白天打烊,晚上看电影(屋黑无人)'"②。很多居委会组织的发展历程印证了居民这样的总结:"组织刚成立时轰轰烈烈,送锦旗、开庆祝会,到后来就没人管了,也没有经常工作了,有人把这种现象称之为:'轰轰烈烈,空空洞洞,冷冷清清。'"③由此可见,在没有足够的体制支撑而缺乏资源优势的情况下,居委会不能把居民完全纳入自己的组织范围内,而其他群众组织的存在又为居民提供了多种选择的余地,引发了居委会的生存危机。这也是冬防组织出现衰落的纠结之所在,但那时政府并没有意识到这一点,结果又重建了一个和冬防组织几乎一样的组织——居委会。

其次,居委会组织存在的制度缺陷是引发组织劣化的主因。

居委会的劣化主要反映在干部的违法乱纪上,其中贪污腐化现象普遍且影响恶劣。整顿前,根据掌握的材料,居民委员会工作委员以上干部有严重违法乱纪行为或者作风极度恶劣的达2 000多人,平均每个居委会有一至二人④。据调查显示,干部的违法乱纪行为主要有贪污腐败、强迫摊派、"打秋风"、盗卖公物、奸淫妇女等。除了奸淫妇女这一项以外,其余违法现象都可以归为贪污腐败问题,因此居委会组织劣化的主要问题是贪污。虹口区峨嵋路寿椿里居民委员会副主任、总务组

---

①③《全面进行调查研究掌握里弄中存在的主要问题》,上海市档案馆,党20—1—123。
②《普陀区1954年里弄工作初步总结》,1955年1月,上海市档案馆,党20—2—55。
④《上海市居民委员会组织工作情况》,上海市档案馆,B2—1—22。

长、委员利用职权,将自来水费私营拆放,经常造成该里断水①。北四川路嘉兴路办事处一个居委会中的35个干部中有贪污现象的即有19人②。新成区西斯文里干部集体贪污自来水费,为首的福利主任四年来共贪污3 000万元(旧币)之多。干部中间存在的违法乱纪现象,引起了居民群众的不满,"这种人还当干部?最好送去改造改造"③。不仅如此,干部腐化也损害了居委会的形象和地位,居民反映"居委会好话讲尽,坏事做尽"④。这些现象使中国共产党深刻认识到:"如不对之进行系统的整顿,就必然会脱离群众,阻碍政策法令的贯彻,影响群众的生产积极性和政治积极性。"⑤

从以上材料来看,居委会干部普遍存在贪污腐化问题,其中也包括通过审查符合"阶级原则"的里弄干部。既然无论是有"政治历史问题"的还是符合"阶级原则"的居委会干部都存在贪污腐化现象,那么问题的症结就不在于人员本身,即组织的"不纯",而可能出在居委会的制度上面。追根溯源,贪污问题当然与经费收支制度相联系。从街居组织的建立过程来看,限于国家财政的紧张,居委会及其他街道、里弄组织在经费上一直都采取了自筹自理的方式。而自筹,筹多少以及怎样筹集?里弄干部大多根据惯例或者个人偏好做出选择,各区都无定制,因此"强行摊派"的现象屡有发生⑥。"居委会办公费用,过去由群众自筹,而且由于缺乏统一管理,严重地造成强迫摊派、贪污浪费现象"⑦。结果是,居委会从公共福利机构转而成为部分里弄干部牟取私利的工具,而经费的自理传统无疑进一步助长了里弄干部对公共利益的侵害。

最后,组织"不纯"造成了居委会组织的蜕化。

街道、里弄群众组织是新政府为重构基层社会而进行组织化的产物,这些组织一般都是经过中国共产党的发动并按照党的组织原则和程序进行的,特别是居委会组织,几乎是党一手打造出来的基层群众组织。按照中国共产党的要求,街居组

---

① 《陈林声等四人挪用自来水费》,载《新民晚报》1952年8月16日。
② 《关于目前里弄工作情况的报告》,1955年11月,上海市档案馆,B2—1—22。
③ 《全面进行调查研究掌握里弄中存在的主要问题》,上海市档案馆,党20—1—123。
④ 《普陀区1954年里弄工作初步总结》,1955年1月,上海市档案馆,党20—2—55。
⑤ 《市委关于里弄整顿工作的指示(草案)》,上海市档案馆,B168—1—14。
⑥ 王建平:《民主评议·开诚协商 取得合理·用得适当》,载《文汇报》1951年7月17日;毛丰飞:《街道里弄民委员会的经费应当怎样收集和支付》,载《文汇报》1951年10月20日。
⑦ 《本市居民委员会情况及存在的问题》,上海市民政局档案,35—114。

织必须按照以工人阶级及其家属为领导的原则组成。

但是实际的情况却不同,在党的干部没有适应基层社会管理之前,为了开展业务的需要,"首先吸收了在群众中兜得开的,会穿门子的'老上海'"。如,对杨浦区566名居委会委员的调查显示,其中有174人为非职工成分的"所谓里弄'威望人士'"①。党对这些人的存在采取了默许态度,但这也为不符合阶级身份的干部进入街居组织打开了门洞。中国人任人唯亲的传统在这里同样存在,这也是很多里弄组织往往不是一个、两个干部存在问题的主要原因。"领导权为反革命分子及其他坏分子所窃取",如长宁区三泾北宅居委会,除主任外其余几个主要干部都有政治问题,福利主任是扒窃犯,文教主任是宪兵,调解主任因包庇反革命被捕,而治保主任却是"现行"特务②。另一方面,出于维护既得利益的本能,一些原有的基层统治权威也不可能自动从承载他们荣誉与利益的权力场撤离。保甲制度废除之后,他们迅速做出了自我调整和转换。"他们为了隐藏问题,掩护身份,在工作中表现假积极,当面一套,背后一套"③,经过"改头换面"之后,很多旧式权威摇身一变成为积极分子,顺理成章地进入里弄组织。与此同时,在实际组织过程中,确有一些符合阶级成分要求的干部存在着能力严重不足的问题,结果导致组织的实际控制权力日益集中到"坏分子"手中。由于"过去改造重在生产和文化教育,工作单纯从工作要求和行政任务出发,不重视政治情况",从而使得"居民委员会的委员中混入了不少坏分子"④。

这样的情况在有些地区十分严重,梅芳里派出所辖区内居委会委员共有工作委员以上干部192人,其中有103人有政治历史问题。居民委员会主要干部中竟有特务、反革命骨干分子、叛党分子、恶霸地主、强盗土匪⑤。再如,在已经整顿的63 382个里弄干部中,有政治历史问题的就有18 044人,占干部总数的28.48%,其中五类反革命就有1 031人,占到干部数的1.62%;个别地区里弄组织干部不纯的比例甚至高达57.8%⑥。这些情况都表明,转型时期的居委会鱼龙混杂,一些为"坏分子"所侵蚀的组织正遭遇着严重的蜕化。

从功利主义的角度出发,只要能够保证政府意志的畅快表达,什么样的组织形

---

① 《居民委员会整顿组织工作初步计划(草案)》,1952年,上海市民政局档案,34—18。
②⑥ 《里弄整顿运动材料工作总结(草稿)》,1955年3月,上海市档案馆,A20—1—116。
③ 《全面进行调查研究掌握里弄中存在的主要问题》,上海市档案馆,党20—1—123。
④ 《关于居民委员会组织整顿工作的报告》,上海市民政局档案,34—30。
⑤ 《普陀区1954年里弄工作初步总结》,1955年1月,上海市档案馆,党20—2—55。

式并不重要。换言之,即使里弄组织确实不纯,如若它能够顺应新政府基层社会管理的需要,仍然不存在被整改的问题,而实际的情况并非如此。自居委会成立以来,不断出现的组织衰败、劣化和蜕化已经危及居委会自身的存在,其肩负的管理基层社会的任务自然难以实现。正如前文所述,"组织不纯"并非居委会衰败和腐化的唯一原因,因此"纯洁组织"本身并不能根除居委会的生存危机亦无法提高其效能。而政府之所以将里弄组织的危机归因于组织"不纯",主要由于本次整顿活动不是单纯的里弄整顿或者政治清理,而是一次社会调控体系的构建过程,它的目标不仅要完善社会调控体系本身,即,对作为社会调控体系基层组织制度——居委会——的组织架构进行完善,还要提高社会调控体系的有效性,即增强居委会作为基层管理单元的效能,这也意味着"纯洁组织"本身并非毫无意义。

首先,"组织不纯"虽然并非居委会生存危机的根源,但"纯洁组织"本身却是革除基层社会管理制度弊端的有效方式。"打扫干净屋子再请客"是新中国开展各项工作的惯有思路。这一工作模式之所以受到青睐,一是因其直接有效性,二是因为工作对象的顽固性。中共接管上海不过五年,街道里弄组织实际上已经大大小小进行了数次整顿。早在1952年11月—1953年3月,政府就结合全市劳动就业登记工作,对居民委员会进行了整顿,制定的工作目标之一就是纯洁组织①。但直到1954年,即使是政府一手建立起来的居委会本身也不是"完全按国家意志和政府预设的政治轨道行事"②。实际上,政治沟通不畅的问题由来已久,前面也提到过,为了加强政府与居民之间的联结,而特意设立了街道办事处。但街道办事处建立之后,问题并没有得到根本解决,政府和居民之间的隔阂依然如故。一路追究过来,

---

① 参与这次整顿工作的居民委员会共有3 891个,并按照3 000人左右的范围调整了居委会的区划,这是参照了1952年华东军政委员会《关于十万人口以上城市建立居民委员会试行方案》设定的标准执行的。经过合并后,"所有里弄中的过去各类组织,将由市宣布一律取消"。居民委员会成员也进行了改选。目的是努力培养工人阶级成为新的里弄领导核心。这次整顿持续到1953年3月左右结束,居委会由原来的3 891个整顿为1 961个,委员约11万人,新吸收了劳动就业积极分子44 448人。初步达到了整顿开始时的区划调整与纯洁组织的目的。但是,从实际情况来看,并不十分成功。如,居民委员会工作性质、任务不明的情况仍然存在。同时,强行统一区划的结果是区划又出现过大,打乱原来里弄自然格局,难以处理好工作的贯彻和居民委员会之间的团结问题。而且,人员片面强调工人阶级领导,又造成干部挂名多,居委会职能不能完整体现的弊病。事实证明,1953年整顿结束后,这种全凭主观愿望出发进行的整顿工作,反而给居民委员会开展日常工作带来更多的困惑,在这种情况下,新一轮的整顿被提上了日程。

② 张济顺:《上海里弄:基层社会动员与国家一体化走向(1950—1955)》,载《中国社会科学》2004年第2期。

第三章　基层社会管理体制的调整与巩固(1954—1958)

问题恰恰就出在联结上,一个适宜的联结无疑会起到很好的沟通作用,反之却会成为一道不可逾越的屏障。这个屏障过去存在,当时也没有消失,这就是传统基层统治权威。基层统治权威既存已久,可以说,他们在"相当程度上'支配着中国民间的社会和经济生活'"①。传统基层统治权威的联结作用是有目共睹的,历来他们都既是官方的代表,又是民众的代言人;但与此同时,传统基层统治权威在国—民之间也形成了一道难以逾越的隔阂②。当作为隔阂存在的时候,他们就既形成对官方的抵制又产生对民间利益的侵蚀。

中华人民共和国成立之后,曾试图一举清除这些传统权威及其影响,而就当时的上海而言,在废除保甲制度之后就立即清除他们的影响,既不现实也难以达成。在政权交替、秩序重建的空档,国家依靠传统基层统治权威维持了社会的稳定和持续运转,同时也造成这些旧的权威势力对街居组织的入侵。从居委会干部成分来看,传统权威人物的比例是相当高的。如,北四川区第二办事处某居委会主任是贩毒犯、伪保长,某居委会主任是逃亡地主;第四办事处一个居委会 21 个干部中有政治问题的即有 11 个,在某些地区,资产阶级占据了主要领导地位。如第三办事处某某居委会干部 50% 是资本家家属③。从全区发挥作用的干部情况来看,有政治历史问题者 575 人,如大华农场居委会干部 21 人中有大小问题者 11 人;少数组织领导权掌握在资产阶级手中,如一达丰有 50% 的干部是资本家及其家属④。原本居委会与保甲组织在功能上就存在着高度的重合性,旧势力对居委会的渗透,使他们能够继续以基层组织为基础盘踞起来,形成政府与居民之间的隔阂。在这种情况下,街道办事处的联结作用很难彻底发挥,政府对基层社会控制被弱化。

对于一个处在秩序重建时期的政府而言,清除传统基层统治权威单凭改革是难以实现的,最直接有效的方式是全面整顿与清理。

其次,以清理组织"不纯"为名,令政府名正言顺地深入社会并对基层社会强行重组。对非单位人群进行组织化,并以此对基层社会进行重组,重构新国家的社会

---

① [美]费兰兹·迈克尔:《导言》,载张仲礼:《中国绅士——关于其在 19 世纪中国社会中作用的研究》,李荣昌译,上海社会科学院出版社 1991 年版,第 1 页。
② 参见盛邦跃、杨珉:《民国时期乡村绅权嬗变的区域性研究——以苏南为中心》,载《求索》2010 年第 3 期。
③《全面进行调查研究掌握里弄中存在的主要问题》,上海市档案馆,党 20—1—123。
④《北四川路区里弄整顿全面工作计划》,上海市档案馆,党 20—2—55。

调控体系,这些都是既定的方略。但一直以来,政府苦于欠缺资源和时机,始终不能大规模地进行这一组织工作。直到里弄清理整顿工作之前,政府深入基层社会的程度都是有限的。也因为如此,中国共产党于1954年全面发动的基层里弄清理整顿工作并不是单纯的组织清理活动,而是一次大规模、高强度的基层社会重组活动。而重组工作在此时开始,并不是偶然的。

从政治层面上讲,随着朝鲜战争的进行,国内的镇反运动也日益深入。毛泽东本人更是强调:"就是要坚决地杀掉一切应杀的反动分子。"①随着抗美援朝战争临近尾声,中国共产党更有余力去深入进行这项工作。从经济层面讲,"经过三年的经济恢复,我们的收支大体上可接近平衡"②,政府也开始具备了基层重组的经济基础。从社会层面上讲,"本市在中央和华东局的领导下,已有近140万职工和文教工作者完成了民主改革和思想改造工作,使构成上海经济主体的重要生产部门以及与生产密切联系的方面,清除了反革命分子,基本上弄清了政治情况,加强了内部团结并初步整顿了基层组织"③。

在这种情况下,政府不仅有决心也有时间和余力及基础去开展这项重组工作,欠缺的就是一个适宜的理由。"镇反"运动所以能够赢得相当广泛的社会认同,一个重要的原因在于运动的发动者成功地把那些在社会上为非作歹的恶霸流氓与致力于复辟政权的"反革命分子"联系在一起,从而使"镇反"事实上成为维护社会治安和代受欺凌者伸张正义的代名词④。同样的道理,里弄组织"不纯"不仅使得政府能够深入基层社会去推行社会重组活动,而且也意味着这次重组活动可以用强硬的政治手法去进行。

二、清理整顿工作的过程

居委会存在的问题决定了清理整顿工作必须围绕防止衰败、消除劣化以及打击组织蜕化展开,与此同时,为了保证社会调控体系的有效性,也必须疏通甚至重

---

① 《毛泽东文集》第6卷,人民出版社1999年版,第117页。
② 中共中央文献研究室编:《周恩来年谱》(上卷),中央文献出版社1997年版,第246页。
③ 《市委关于里弄整顿工作的指示(草案)》,上海市档案馆,B168—1—14。
④ 杨奎松:《新中国巩固城市政权的最初尝试——以上海"镇反"运动为中心的历史考察》,载《华东师范大学学报》2004年第5期。

建调控环节。这些活动本身之间也存在着交叉进行的情况,总体而言,里弄整顿工作是以下三个层面来进行的。

(一) 通过各种配套建设,敦实基层社会管理制度的体制支撑,强化非单位人对居委会的依附

现有资料还不能证明政府在这个时候明确意识到居委会存在的根本问题在于体制支持的不足,一个客观事实却是,一些从1952年就开始陆续实施的政策确实令居委会具备了坚实的体制支撑。

首先,国家向居委会直接注入资金,实现居委会经费、干部的国家化,确保其事业的持续开展。为居委会提供财政支持,这也是居委会财政收支制度建设的一部分,早在1952年时就被列入政府议事日程①。在居委会进行第一次整顿前,民政部门就提出"居民委员会办公费及主任或副主任必须脱离生产者,其薪给由市政府统一拨付"②。1953年年初,上海市下发《关于上海市居民委员会办公费用及专职人员生活津贴的意见》,这是政府首次提出要对居委会进行财政支持,而与此同时中央财政部也将街居组织的经费下拨给了各区。到1955年4月,上海市正式下达了《上海市居民委员会经费使用实行办法》(以下简称《办法》)。《办法》施行之后,居委会的办公经费便正式纳入国家财政。这一举措的意义在于:一方面,国家向居委会提供稳定的资金来源,确保了居委会组织即使在财政状况不佳的情况下也能维持存在。不仅如此,居委会为里弄干部提供必要的物质补贴,也增强了干部的工作积极性。而此前很多干部都"认为机关干部有劳保,有公费,有学习,自己一样也没有,感到里弄工作'没有前途''没有出息',产生疲沓情绪"③。将干部国家化,这比仅仅靠干部的觉悟来开展工作要更实际和长久得多。另一方面,国家对居委会的财政支持,客观上强化了两重依附关系,即干部对居委会组织的依附,以及居委会对国家的全面依附,这些都使得街居组织日益发展成为社会调控体系的一个稳定调控单元。

其次,确保街居组织对关键性资源的占有和调控。在1953年之前,居委会组织虽然也以满足群众的福利需求为旗帜,但仅限于服务型的满足,而缺乏供给型的服

---

① 前文中曾经就居委会的经费问题展开过这方面的讨论,当时政府为了防止强行摊派和腐败问题,对居委会收支制度进行了改造。
② 《9个月来民政工作资料》,上海市民政局档案,19—36。
③ 《关于目前里弄工作情况的报告》,1955年11月,上海市档案馆,B2—1—22。

务。1953年11月,为了配合粮食的统购统销,国家开始对居民实行粮食定量供应制度①。在粮食定量供应中,粮食计划供应管理员在各街道办事处办公,而居委会福利委员配合进行粮食管理工作,这样,非单位人的粮食供应行政权就下沉到街居组织②。在粮食定量供应中,居委会的具体业务是负责审核居民用粮计划,填发购粮证等。居委会干部通过"层层摸底、层层算账、分别对象","掌握各户以往用粮资料和人口情况"③。在这一体制中,虽然居委会并不是居民粮食的直接供应者,但通过这一制度,居民和售粮点之间就形成了一个不可逾越的中间环节,而居委会正是通过掌握这一关键性的环节来实现对居民的软供给的④。

进入正式单位就业是非单位人梦寐以求的,因此,除了粮食定量供应之外,能够提供就业机会是造就非单位人对居委会紧密依附的另一个重要因素。伴随着居委会对非单位人劳动就业知情权的垄断,其影响力与日俱增,这种依附也不断强化⑤。除此之外,政府还通过区划调整,终于将里弄组织日渐统一,并明文规定:里弄中除了居委会(家属委员会)和妇代会以外,不建立其他组织⑥,这样居委会不仅拥有必要的物质支持,也获得了独一无二的发展空间,保证了组织的稳固性。

最后,户籍管理制度的形成,强化了非单位人对街居组织的依附。户籍制度是我国历史上一项重要的社会制度,其主体包括两个方面,即登记制度和管理制度。一般认为,当代户籍制度始于1958年《中华人民共和国户口登记条例》颁布之后⑦,

---

① 实行粮食统购统销主要是因为进入大规模经济建设时期以后,国家粮食生产开始跟不上商品粮需求的增长,粮食供需矛盾突出。
② 应飞主编,《上海粮食志》编纂委员会编:《上海粮食志》,上海社会科学院出版社1995年版,第97—98页。
③《上海市核实用粮计划工作总结》,1955年,上海市档案馆,B135—1—151。
④ 不能提供物化的供给,笔者将此称为"软供给"。
⑤ 详情见本书第五章失业安置相关内容。
⑥《上海市里弄整顿组织建设工作总结(草稿)》,1955年4月,上海市档案馆,A20—1—116。
⑦《上海市人口办公室关于上海市紧缩人口的规划、指示、计划》,1955年,上海市档案馆,B25—1—1。上海在1949年9月发布了《申报临时户口通告》,在全市设立临时办事处,接受人们申报户口,同年12月,发布了《上海市户籍校正办法》和《上海市户口异动登记暂行规则》,此后,上海市政府将原来由民政局处理的户政事务移交给公安机关。1953年之后,连续发布了《关于特种人口管理的暂行办法》《全国人口调查登记办法》《建立经常性户口登记制度的指示》,到1956年,《国务院关于建立经常户口登记制度的指示》颁布,全国性的户籍制度先在城市建立起来,并由政出多门统一到公安部门,即统一到国家行政管理的范畴。1958年1月9日颁布的《中华人民共和国户口登记条例》只是对此前形成的户籍管理体制的一种全面确定而已。

但此时的户籍制度已不再局限于户口登记和管理两个方面,而是一种与户口或者户籍有关的成套政治经济和法律制度。它以《中华人民共和国户口登记条例》为核心,以定量商品粮油供给制度、劳动就业制度以及医疗保健制度等辅助性措施为补充①。以此来论,这一制度实际上是伴随着中华人民共和国的诞生而逐渐形成的。早在1951年7月16日公安部就公布了《城市户口管理暂行条例》,规定城市居民家庭来客住宿超过3天者,必须向公安部门报告②。这是我国第一次制定全国统一的城市户口管理法规,也是统一的户口管理制度开始形成的标志。

正在形成中的户籍制度具有以下三方面功能:一是证明性。户籍登记事项是确定公民法律地位的最基本的法律文件,具有证明公民身份、确定公民权利能力和行为能力开始和终止的法律效力。二是控制人口的活动范围。从1955年开始,上海严格实施了紧缩人口计划,限制人口的自由迁移。这样,每一个居民只能在一个住所登记为常住人口,离开这个范围,就成为行动受限制人口。三是作为利益和资源分配的主要依据。1953年人口普查后,上海开始建立经常性的户口登记制度,并把户口登记和粮食定量供应结合起来共同发挥管理人口的功能。对未申报户口者,不供应粮食,对临时户口,不发给油、粮、布等购物券,并降低其粮食供应标准,过期不走的即不发粮食。尽管在1958年之前,国家并没有把户籍管理制度与其他辅助性的制度加以综合性的法律确定,但政府的许多部门都已经开始围绕户籍制度的这些功能来行使职能,街居组织作为主要的基层社会管理组织,相应地承担了非单位人口的户籍管理工作。由于各种户籍管理法规及其辅助性措施相互结合,并配套运作,在事实上发挥着综合性人口管理的功能,从而大大强化了非单位人对于街居组织的依赖程度。

从以上内容来看,国家对街居组织基础的充实,主要是围绕两个方面展开,一是保证其存在,一是保证其发展,重点是后者。特别是户籍制度正式确立以后,定量供应制度、劳动就业制度和户籍管理制度三位一体,共同造就了非单位人对街居组织的强力依附。时至此时,组织生活就成为非单位人社会生活和社会行为的常

---

① 江业文:《新中国户籍制度的历史形成及历史地位探析》,载《广西社会科学》2004年第1期。相关研究见马福云:《当代中国户籍制度变迁研究》,博士学位论文,中国社会科学院,2000年;李红霞:《1949年后的中国户籍制度变迁研究》,硕士学位论文,华南师范大学,2003年。
② 《中央人民政府公安部公布,城市户口管理暂行条例》,载《人民日报》1951年7月26日。

态,任何非单位人口失去了与街居组织的联系,对于本人而言都是极为不利的,它不仅会给人们的行为带来"失落和迷茫,而且也会使人们逐渐失去自身社会存在的基础"①。

(二) 通过政治清理,全面扫除街道里弄中的旧式权威,并全力扶持新的街区权威

"权力是一个关系概念,这种关系不仅包括正式关系,更重要的是还包括个体互动时彼此的利益、情感、亲缘等各种复杂的交换关系,这种相对固定的互动关系使得产生于其中的权力具有了结构性"②。从街道里弄的实际情况来看,传统基层统治权威掌握的正是这种具有结构性的权力。这种权力的结构由两个基本权力关系构成:一是纵向的、正式或非正式精英所构成的层级关系,二是基于各种缘,如血缘、地缘、业缘等关系建立的横向联系。这两组关系构成的上下延伸、平行断裂的结构是隐藏于正式结构之下,并在基层社会中发挥实际作用的行动结构。它是基层社会运作的基本形式,也是基层社会基本权力结构以及利益结构的隐性内核。从纵向的权力关系来看,新政府建立以后,区以上的权力已被新政权所完全取代,传统权威只存在于街以下的社会基层中,但仍然是贯通的。而横向关系却稳固如初。政治清理工作实际上就是对街区中原有结构性权力的彻底摧毁和在此基础之上的社会主义重构。

1954年8月,全市范围的清理整顿工作开始。工作采取"先清理后建设,先干部后群众"的做法分层展开。

1. 干部清理

从干部清理的整个过程来看,体现了如下思路,即:通过社会主义教育、启发阶级觉悟等一系列活动,促使干部内部的自我分化,凸显并孤立整顿对象,然后就此做出处理。其主要步骤有三:第一步:进行社会主义前途教育。第二步:交清政策,号召自觉交代。第三步:集中运动材料,初步进行处理③。工作队到达工作点后,先对里弄干部进行培训。通常所上的第一课为:前途教育。内容包括"什么是

---

① 胡伟、李汉林:《单位作为一种制度——关于单位研究的一种视角》,载《江苏社会科学》2003年第6期。
② 李猛、周飞舟、李康:《单位:制度化组织的内部机制》,载《中国社会科学季刊》1996年秋季卷。
③ 《北四川路区里弄整顿全面工作计划》,1954年9月—1955年2月,上海市档案馆,党20—2—55。

社会主义?"①启发参加整顿工作干部的光荣感②。第二课:回忆对比,强化阶级意识③。经过初步教育之后,干部具备了一定的政治认识,于是开始号召自觉交代问题。由于教育和阶级启蒙"一般打破了顾虑,……从而提高了干部的积极性"④。里弄干部出现了大的分化,这种分化按照中国共产党的评价就是:一些干部更加熟悉并胜任里弄工作。例如,整顿后,柳林路荫余里二十八号居委会成功调解房租纠纷,赢得了群众信任⑤。

另一些有政治问题的干部也初步暴露出来。在强大的动员机制下,不仅一般觉悟高的干部积极检举有问题的人,就是有政治历史问题的人也迫于形势进行了自我检举。"有的已非正式的找工作队谈历史、谈问题"⑥。通过这种形式,工作队轻而易举地掌握了里弄干部的情况,使得清理整顿工作顺利进行。在这次整顿中,共清洗了社会治安危害分子1888人;有政治问题8455名里弄干部通过民主改选而落选,因其他问题而落选的2217人,占到全部干部的47%⑦。干部的清理整顿工作,使得里弄组织中的旧有精英人物被清除,从而为以工人阶级、劳动人民家属为主体的平民精英掌握街居组织的主导权奠定了基础。

2. 群众清理

群众清理实际上是基于对上海的民情认识所做出的决定。接管上海时,曾有不少人预言,如果不是共产党摧毁上海,就是上海摧毁共产党⑧。时任华东局书记饶漱石也认为上海的社会环境不适合社会主义因素的存在和积累,他甚至建议要把500万城市人口中的一半迁移到中部地区去⑨。接管上海后不久,中国共产党就开始以单位为基点对所有职工进行清理整顿工作,因此,里弄干部清理完成之后自然顺延到群众清理这一层面。群众清理工作主要针对除干部以外的里弄人口,当

---

① 《里弄整顿情况》第二号,1954年5月,上海市档案馆,党20—1—123。
② 《北四川路区里弄整顿全面工作计划》,1954年9月—1955年2月,上海市档案馆,党20—2—55。
③ 活动的形式是:① 每个参训人员能够思想过去,比比现在,看看将来;② 联系自己,仇恨旧社会;③ 认识巩固政权的重要性;④ 注意发掘及培养苦主。《里弄整顿情况》第二号,1954年5月,上海市档案馆,党20—1—123。
④⑥ 《里弄整顿情况》第三号,1954年5月,上海市档案馆,党20—1—123。
⑤ 《在一个居民委员会的办公室里》,载《新民晚报》1954年12月16日。
⑦ 《上海市居民委员会组织工作情况》,上海市民政局档案,34—41。
⑧ [法]白吉尔:《上海史:走向现代之路》,王菊、赵念国译,上海社会科学院出版社2005年版,第298页。
⑨ 《经济周报》1949年8月25日。

时确定了50万人的范围进行重点清理。整个清理工作和干部清理的步骤一致,处理时按其"罪恶轻重,民愤大小,成分好坏,坦白和抗拒程度",选择类型中的典型,召开会议,公开处理①。从清理整顿的目的来看,干部清理是为了将旧式权威清理出里弄组织之外,而群众的清理则不仅仅是清除残余反革命分子,净化里弄社会空间,还有强化居民对居委会组织认同的意图在其中。很多资料中都有类似的记载:里弄整顿后,群众对里弄工作积极响应,如邑庙区居民孙元坤、徐玉燕等对工作队说:"你们这样搞一搞真好,居民觉悟提高了,反革命清理了,今后工作就好做。"他们为了担负起小组长的职责,想了各种方法,努力开好小组会议。如陈二、陈瑞钰"留学"别组会议,来提高掌握小组会的能力。一些群众更是要求工作队员多与他们具体研究和给予帮助②。资料说明,这时候的里弄居民已经逐步脱离了原有的关系网,并以新的组织为基点形成了新的社会关系。这些记载可能经过了人为渲染,但渲染本身就表明了政府的导向,而且,在政治清理这样的强势氛围里,一般居民适时做出调整和转换也是必然的。

对干部和群众所进行的清理最终将传统基层统治权威全面清理出基层社会的权力场。一方面,对旧式统治权威代表的清洗,清除了原有权力结构中纵向的关系。在这次清理活动中,"处理了大批罪大恶极的惯匪、恶霸等历史反革命分子,打击了不少历史性特务、反动党团骨干和现行特务的漏网犯"③。北四川路二联居委会内共有成年人800人,接管后逮捕了40人,管制7人后,在里弄整顿工作中,清理出还乡团分子、反动党团人员、伪职人员、地主、反革命家属等人数约占居民户数的一半以上④。根据1955年4月,对2798个里弄的组织统计,通过整顿工作,共清理出各种问题的人员11246名。其中有严重政治问题的人员7689个,反革命家属1339人,2218个严重违法乱纪分子,占原有干部总数的11.3%。其中,具有严重政治历史问题的人员有894人被法办,271人被管制,还有683人准备法办⑤。可以说,这样的清理活动本身就是对传统基层统治权威的全面扫荡,在此过程中,即使有漏网之鱼,他们也不可能再拥有力量。

---

① 《北四川路区里弄整顿全面工作计划》,1954年9月—1955年2月,上海市档案馆,党20—2—55。
② 《里弄整顿情况》第十七号,1954年7月,上海市档案馆,党20—1—123。
③ 《里弄整顿工作总结(初稿)》,上海市档案馆,A20—1—116。
④ 《里弄整顿运动材料工作总结(草稿)》,1955年3月,上海市档案馆,A20—1—116。
⑤ 《上海市里弄整顿组织建设工作总结(草稿)》,1955年4月,上海市档案馆,A20—1—116。

另一方面,通过破除基层民众的固有认同结构,基于各种缘关系建立的横向联系被替代。似乎相对于纵向的权力,基于各种缘关系建立起来的权力更加难以动摇。在清理整顿工作一开始,工作队就发现他们的工作很难进行,调查的结果是,很多居民认为,与好些有政治问题的人员都是邻居,平日"爷叔""伯伯""大嫂"叫惯的,一旦在小组中面对面地提意见,一时拉不开情面①;"一条里弄住了好多年,前门对后门,提了意见今后不好意思打招呼了。"有更多的人认为:"检举了人家吃官司,对己无益,对人有害。"②甚至于"参训中积极分子和一般无问题的人,经过回忆对比、诉苦挖根、初步划清了敌我界限,摩拳擦掌,跃跃欲试,但是到了小组交代时,积极分子有的怕发言,有的说肚子痛,都是一言不发"③。这种状况随着里弄整顿工作的进行,发生了很大逆转,"经过揭发三大敌人罪行,克服了群众的麻痹思想,各阶层居民划清了敌我界限,打破了原来的思想顾虑,踊跃地进行检举和揭发"④。初步统计,在运动中工作人员共接获检举材料257 897件⑤,如此大规模的检举活动是少有的。同时,在此过程中,还出现了妻子揭发丈夫、丈夫揭发岳父的情况⑥。至于邻里关系也全面为政治关系所取代。蓬莱区的居民,对新搬来的邻居,特别是单身汉,都非常积极地去了解情况,注意这些人的动态,并主动监督里弄中的管制分子,如发现有未报户口及其他可疑行动,都及时去向居民小组或户籍警反映⑦。这种情况说明,基层社会中的各种缘关系已为政治关系所取代,原有的认同结构全面瓦解,基层权力结构的横向联系也已破坏。

通过对干部和群众的双重清理,首先是传统基层统治权威代表较为彻底地从基层社会权力空间中退出,居民对传统基层统治精英的认同也转向新的街居组织;与此同时,各种基于缘关系建立起来的横向联系,也在政治关系的冲击下土崩瓦解,里弄中原有的权力结构被解构,为社会调控体系的调控疏通了环节(见图3-1)。

正如图3-1所示,通过里弄组织的清理与整顿,国家与民众之间建立起一种面对面的关系。

---

①③《里弄整顿情况》第九号,1954年6月,上海市档案馆,党20—1—123。
②⑤《里弄整顿工作总结(初稿)》,上海市档案馆,A20—1—116。
④《上海市居民委员会组织工作情况》,上海市档案馆,B2—1—22。
⑥《徐汇区里弄整顿工作总结》,上海市档案馆,A20—2—58。
⑦《里弄整顿宣传工作总结(草稿)》,1955年3月,上海市档案馆,A20—1—116。

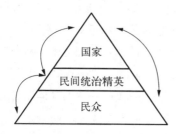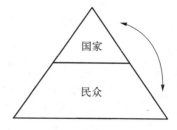

图 3-1 清理前后国家与民众互动图

资料来源：孙立平：《改革前后中国大陆国家、民间统治精英及民众间互动关系的演变》，载《中国社会科学季刊》1994年春季卷。

（三）通过全新的组织建设，重构新政府的政治沟通体系

干部和群众清理告一段落之后，随之而来的是组织重建，这也是基层社会管理体制调整与巩固的关键。本次组织建设的目标被设定为：通过整顿，纯洁和健全里弄组织，正确贯彻组织路线，确保工人阶级在居民工作中的领导作用。组织建设亦分为三步。第一步：在清理反革命胜利的基础上，总结里弄工作，处理人民内部关系，肯定里弄工作的成绩，鼓励干部工作信心。第二步：在确保工人阶级领导与团结各阶层的方针下，经过充分准备，改选里弄干部。第三步：制度建设：协助里弄组织，根据必要和可能建立工作制度，组织业务训练①。由此可见，这个层次的工作意在通过对居委会组织内部的调整和完善，重构新政府的政治沟通体系，因此，整个工作的重点就是围绕加强居民—居委会—政府三者之间的联系而展开的。

首先，缩小区划，增派干部，加强居委会组织与居民的联系。整顿前，全市21个市区、五个郊区，有1 852个居委会（妇代会）和109个家属委员会，共1 961个组织。里弄干部委员以上约11万人。里弄组织的区划范围一般在七八百户左右。人口最多的有2万人。里弄组织的区划范围与户籍段不尽相同，很多里弄组织甚至跨四五个户籍段。由于辖区过大，而里弄干部又偏少，无形之中就疏远了与居民的联系。鉴于此，组织建设就首先对区划进行了调整。全市的街道办事处从原有的218个增加为331个，干部也由944人增加为1 552人。街道办事处调整以后，又根据情况增配了大批干部进入居委会。据统计，整顿后，全市共有里弄组织2 798个，里弄干部

---

① 《北四川路区里弄整顿全面工作计划》，1954年9月—1955年2月，上海市档案馆，党20—2—55。

161 630人,其中委员以上干部100 925人,平均每一里弄组织范围内有58人,包括36个委员以上的干部。里弄组织一般统辖三四百户左右,区划范围调整为与户籍段相适应,一般是一个居委会对应一个或者一个半户籍段①。

其次,扶持新的国家代理人,掌握政治沟通的主动权。街区旧式权威清除之后,中国共产党领导下的新街区权威迅速填补这一真空。从全市范围来看,整顿后,在2 798个基层组织中,共去掉原有委员以上干部46 769人。其中属于政治清理范围的11 246人,吸收新涌现的积极分子48 387人。经过这样的一出一进,里弄组织中的干部成分发生了很大变化,工人、其他劳动人员及其家属占干部总数的75.8%,特别是女性干部,她们终于取得了压倒性的优势地位。在以往的组织建设中,中国共产党在更新干部方面花费了很多精力却收效甚微。将工人出身的干部推上干部的位置,并保证其所占比重超过其他成分的干部,固然可以令街居组织保持纯洁性。但领导地位的保持,却要依赖于领导权威的树立。而做到这一点,里弄干部就必须能够身体力行地为群众办些实事,以取得他们的信任和依赖。尽管,"许多居民对过去挂名不办事的里弄居民委员会的委员提出了批评"②,但是,在职在业人员由于还有本职工作要进行,分身乏术。结果是,"干部中在职在学的很多,占到五分之一,挂名不发挥作用"③,反而为其他阶级成分的人员乘虚而入提供了方便。当里弄中的各类残余反革命分子被清理后,中国共产党对居委会的干部要求做了新的调整,确定了以"劳动人民家属"为主、以"政治可靠、工作热情,与群众有密切联系"为干部的任用标准。

启用妇女来领导里弄工作体现了政府重构政治沟通体系的新思路。一方面,家庭妇女一直都远离权力中心,她们的社会关系最简单,"妇女一般是纯洁的"④。"因此一般说,其历史问题少,清理中不是主要对象"⑤。另一方面,家庭妇女又是社会化程度最低、最单纯的人群,从某种程度上说,她们认同中国共产党的权威的容易程度,远远超过了为各种思想观念熏陶过的知识分子,甚至包括工人阶级自身。

---

① 《上海市里弄整顿组织建设工作总结(草稿)》,1955年4月,上海市档案馆,A20—1—116。
② 《群众当家作主责任感普遍提高》,载《新民晚报》1953年8月28日。
③ 《上海市里弄整顿组织建设工作总结(草稿)》,1955年4月,上海市档案馆,A20—1—116。
④ 《里弄整顿试点工作总结》,1954年,上海市档案馆,B168—1—014。
⑤ 上海市民主妇联宣教部编印:《里弄整顿工作情况反映》,1954年6月,上海市档案馆,C31—2—259。

"妇女在旧社会受压迫深,解放后,政治地位和家庭地位有了根本变化。因此翻身感的体验较深,只要详细反复进行教育,讲清道理,都能正面接受,响应政府号召,积极参加各项运动,并发挥作用"①。这样,"家庭妇女除了有作为人力资源和适合在为生产服务的从属领域工作的特点外,又增加了政治上的可靠性"②。1953年统计时,上海居委会工作人员中妇女占到37.3%,而1954年整顿后妇女超过半数,达到54.6%③。居民委员会委员中妇女占据多数席位的历史由此拉开。

这些女干部在居委会工作中表现出高度的积极性和责任感,尽管报酬很低或者没有报酬,但是她们在工作中"任劳任怨",事事以身作则,甚至放弃进入工厂去做单位人的机会④。事实证明,启用妇女来领导里弄组织,是中国共产党"找到了最经济有效的途径来解决治理城市的一系列难题"⑤。经过本次调整之后,基层社会管理体制得以完善并获得进一步的巩固,运行效果大大改善。下面两则史料显示了居委会组织的新变化。

> 该时期,居委会主任和其他居委会干部在居民群众中有很高的威信。由于居委会干部长年累月与居民群众一起,所以每家每户,不论是在家的家庭妇女,还是在职职工,都认识居委会主任,都与居委会主任打过招呼,有的年高的居委会主任几乎成了居民群众的"老长辈",家里事、邻里事、弄内事,都会找居委会主任反映,请示居委会主任帮助解决,居委会干部与居民群众关系融洽,因此,居委会换届改选,推荐候选人等选举工作开展也比较顺利。
>
> ……
>
> 新选的干部的责任心大大提高,主动地关心群众的社会福利,改变了过去上面布置工作就有事干,不布置工作就没有事干的被动状态,在群众的积极支

---

① 《市妇联关于发动妇女参加里弄整顿试点工作的总结》,载《里弄整顿情况》第10期,上海市档案馆,党20—1—123。
② 王政:《居委会的故事》,载吕芳上:《无声之声Ⅰ:近代中国的妇女与国家(1600—1950)》,"中央研究院"近代史研究所2003年版,第173页。
③ 屠远基:《城市居民委员会工作》,上海人民出版社1955年版,第19页。
④ 王邦佐等编:《居委会与社区治理——城市社区居民委员会组织研究》,上海人民出版社2003年版,第5—6页。
⑤ 王政:《居委会的故事》,载吕芳上:《无声之声Ⅰ:近代中国的妇女与国家(1600—1950)》,"中央研究院"近代史研究所2003年版,第196页。

持下,解决了今年来积压未解决的公用水表的水费分摊问题,危险房屋修理问题,路灯装置和电线修理问题,以及防止里弄小偷问题,等等。由于干部关心居民群众的生活福利,很多工作都得到居民积极的支持。干部普遍感到整顿后工作好做了,由于居民革命警惕性的提高,不少区出现扭送反革命分子的生动事例。①

通过完善社会调控体系的基层制度——街居组织,也实现了对社会调控体系本身的维护,有了较为敦实的体制支撑,纳入社会调控体系的非单位人更多且组织联系更为稳固。与此同时,由于对基层社会进行了一次重构,基层社会原有的权威格局全面瓦解,而新的政治沟通环节的建设,也使得社会调控体系的有效性有了保障。因此,1956—1958 年被称为居民委员会的黄金发展时期②。

清理整顿工作也使得街居组织的单位化程度迅速提升。对照单位的四大要素③,可以发现本次里弄整顿工作也是健全街居组织单位要素的过程。首先,整顿工作通过确保工人阶级在里弄组织中的领导权,加强了党团组织与街居组织的行政关系。虽然此时还没有实现党政合一,但中国共产党的核心地位已在事实上得到确认;其次,居委会经费和干部的国家化,使得街居组织内部实现了与正规单位类似的行政级别制和编制;第三,通过垄断劳动就业的知情权,使得街居组织对劳动力统一分配、人员招收录用都产生了重要影响;第四,通过对粮食定量供应的有力介入,使得街居组织具有类似正规单位的福利分配权力;最后,通过户籍管理体制,不仅将非单位人口固着在街居组织内部,且保证了劳动就业和粮食定量供应等其他单位功能的发挥。尽管街居组织所具有的四大单位要素经过了各种变通,但在事实上,街居组织还是不断向单位靠近,正因为如此,街居组织也实现了对非单位人的强力吸附和有效调度。

综上所述,在本次里弄清理与整顿过程中,通过进行防止衰败、清除劣化以及

---

① 上海市浦东新区潍坊街道办事处:《居委会自身组织体制与运作机制》,转引自王邦佐等编:《居委会与社区治理——城市社区居民委员会组织研究》,上海人民出版社 2003 年版,第 5—6 页。

② 王邦佐等编:《居委会与社区治理——城市社区居民委员会组织研究》,上海人民出版社 2003 年版,第 6 页。另有部分学者认为,中华人民共和国建立初期居委发展的黄金期是 1954—1958 年(参见林尚立:《居民委员会建设与社区民主发展报告》,载《上海社区发展报告》,上海大学出版社 2000 年版,第 286—287 页;刘祖云:《中国都市居民委员会的历史沿革及其特点》,载《社会学研究》1986 年第 5 期)。

③ 参见本书"导言"部分相关论述。

打击蜕化等一系列工作,基层社会管理体制得到了调整和巩固,并造就了对非单位人口的强力吸附。与此同时,通过横扫基层社会旧的权威格局,新的政治沟通体系得以重建,为社会调控体系疏通了关节。经过第二阶段的组织建构,作为形式存在的社会调控体系已经较为完善。形式虽然是基础,但社会调控体系的目的不在于形式的构建,其核心目标是进行调控,即对社会进行约束与规范。当然,社会调控体系的调控活动是和组织化同步的,构建组织形式本身也是一种社会调控。

第二节 组织化的另一种情境:群众运动

"组织既是一种容器,又是容器中的内容;既是结构,又是过程"①。在组织现象中,一直都存在着两种状态,既有作为"容器"和"结构"存在的组织,也有以"内容"和"过程"存在的组织。前者如基层组织的实体,单位和街居组织;后者如有组织的活动和社会运动。当然,作为一个完整的组织建构过程,组织的这两种状态是不可能截然分开来讨论。在前面的论述中,虽然重在考察组织形式和结构的建构,但形成或者说建构"容器"和"结构"的过程,本身也是一个以"内容"和"过程"存在的组织建构。为了完整说明组织化的建构过程,接下来将具体展示作为"内容"和"过程"存在的组织建构。群众运动是一种典型的作为"过程"存在的组织,本节将以上海贯彻婚姻法运动为例证来展示组织化的另一种情境。

一、群众运动

"社会运动从人类发展的意义上,是推行一种价值体系的集体行动"②。中国共产党历来推崇以群众运动的方式来推进政治与社会的改革。成为执政党之后,政

---

① [法]埃哈里·费埃德伯格:《权力与规则:组织行动的动力》,张月等译,上海人民出版社2005年版,第3页。分解开来说,所谓"容器",即社会调控体系将组织对象纳入并维持在组织生活的状态;"容器中的内容"是指,社会调控体系中又包含了无数个调控单位,小规模的调控体系包含于大的调控体系之中;所谓"结构",是指社会调控体系也是具有基本制度、权力配置和内部关系及机制的一个合体;而作为"过程"是指目标管理。

② 王海光:《旋转的历史:社会运动论》,上海人民出版社1995年版,第233页。

治整合和社会改革的任务艰巨,而中国共产党所掌握的政治资源仍然有限,在完成这一系列任务的过程中,中国共产党习惯性地选择了群众运动作为实现一切政治社会变革的重要手段。从接管上海伊始,各种群众运动就蔓延不断地展开。

新政府建立后,中国共产党通过群众运动来推进社会整合,不单纯是一种传统情结,还具有政治、社会多方面的因素。从政治层面来看,社会主义制度建设基础极为薄弱而形势逼人。接管时,上海是中国共产党组织力量薄弱的地区之一,"过去从来没有听见过啥叫社会主义"①,民众对社会主义不要说认同,连最起码的认识也不多。新政府成立后的一段时间里,政府进行社会主义制度建设又面临严重的资源不足,而国内外的形势又容不得经济重建和政治巩固有所延搁。在这种情况下,支持政治整合和前期社会改革的群众运动就先于新体制的制度化而开展起来了②。

从社会层面来看,"社会的变迁是一个长期而曲折的历程,新的历史规定性要经过反复的社会震荡才能在社会生活中就位"③。上海基层里弄世界之庞大与复杂,是其他城市难以企及的。"在上海这个大城市中的一条弄,其性质等于城镇中的一个村,当然,就人口而言,就经济性质而言,一条弄的构成也许要比一个镇还要复杂,里弄是大城市的基层构造,每一条里弄都有不同的典型"④。城市特有的生活特征,如匿名性等,使得居民利益独立,社会关系呈现出不均衡的断裂状态:"甚至于一幢房子里住了五六户家住户,彼此连招呼都不打,谁家是哪一种情况,更互不了解。"因此,"组织一个由几百个或几千个生张熟魏结合在一起"的里弄,并不是一件轻而易举的事情⑤。在历史演变过程中,社会运动总是充当着新时代的助产士的角色,因为它经常能够通过激烈的形式迅速达成目标管理的诉求。为了完成政治整合和社会改革的双重任务,中国共产党选择通过社会运动的形式来推进制度建设。

---

① 《北四川路、北站、普陀区有关里弄整顿工作计划、总结》,1954—1955年,上海市档案馆,党20—1—55。

② 参见[美]詹姆斯·R.汤森、布兰特利·沃马克:《中国政治》,顾速、董方译,江苏人民出版社2004年版,第77页。

③ 王海光:《旋转的历史:社会运动论》,上海人民出版社1995年版,第177页。

④ 《里弄——城市的基层》,载《新民晚报》1951年3月22日。

⑤ 《搞好了里弄组织,"五福公"面目一新》,载《新民晚报》1950年11月11日。

表 3-1　上海群众运动汇总表(1949—1958年)

名　称	运动对象	方　式	功　能
反投机运动	不法商人	运用经济手段打击	平稳物价
反封锁运动	国民党、美国	调集外地物质支援上海	维持工商业发展
反轰炸运动	国民党军队	局部战争,难民救济	稳定社会秩序
推销公债运动①	殷实富户、退职官吏、房地产持有者、金银持有者	宣传、教育	缓解财政危机
订立爱国公约运动	全体市民	宣传、订立公约	慰劳中朝战士、捐献救济
抗美援朝运动	全体市民	宣传	支援国家
保卫世界和平的签名运动	全体市民	签名	社会动员
镇压反革命运动	反革命分子	宣传、户籍管理	肃清反革命
民主改革运动	五类反革命分子	清理整顿	纯洁社会
反对美国侵略中国台湾地区和朝鲜运动	全体市民	游行示威	社会动员
拥护军队优待军属运动	烈军属	优待抚恤	安抚军心
爱国主义缴粮运动	全体市民	缴粮	支援抗美援朝战争
和平签名运动	全体市民	宣传、签名	培养爱国精神、社会动员
知识分子思想改造运动	知识分子	思想改造	"洗澡"

---

① 《北四川路余庆坊里弄组织有力量,推销公债克服偏差,帮助法院调处纠纷》,载《新民晚报》1950年4月9日。

第三章　基层社会管理体制的调整与巩固(1954—1958)

续　表

名　称	运动对象	方　式	功　能
宗教界的"三自革新"运动	宗教人员	宗教组织的清理整顿	纯洁改造社会组织
爱国卫生运动	环境卫生	扫除活动、卫生设施	美化市容、提高医疗水平
贯彻婚姻法运动	市民	宣传普及婚姻法规	婚俗改革
增产节约运动	市民	号召节约、爱国储蓄	支持社会主义建设
"三反""五反"	工商业资产阶级	整风、镇压	制止腐化
肃反运动	反革命、反动分子	镇压	强化地方党组功能
新三反运动	党政机关和基层组织人员	典型处理,教育一般	提高行政人员素能
社会主义改造运动	农业、手工业和资本主义工商业	合作化	建立公有制
大鸣大放运动	文艺、学术和政治生活	公开"鸣放"言论	—
"反右"运动	右派	处理右派分子	—
"大跃进"运动	经济建设领域	跃进式建设	—
城市人民公社化运动	经济、政治、社会生活	集体化	—

注：表中只收录了和组织化关系较为密切的一些群众运动,其余如各种文艺界的整风运动以及各种节庆的示威游行运动为数也很多,兹不罗列。

仅以表3-1而言,对这一时期的群众运动进行明确的分类是很困难的。这是因为,几乎每一次的群众运动都包含有政治和社会双重意义①。如明显具有政治性质的抗美援朝运动,在进行过程中,既有发动群众支持国家对外战争的政治动员,

---

① [美]詹姆斯·R.汤森、布兰特利·沃马克:《中国政治》,顾速、董方译,江苏人民出版社2004年版,第77页。

又通过激起反美情绪开展了旨在清除以美国为代表的资本主义价值观念的社会动员;再如,具有明显社会性的贯彻婚姻法运动,整个运动既有对传统婚姻制度进行的改革,又有对社会中普遍存在的妇女不平等现象进行的治理。与此同时,这些运动都是以行政力量来推动的,因此,很难把它们归结到政治或者社会的具体类型中。有鉴于此,笔者仅就运动的主旨,将这一时期的群众运动分为三类:① 经济动员类,主要是协助政府渡过危机或者为工业化建设进行积累;② 思想整风类,主要是对人们的价值观念、思想方式进行改造;③ 阶级斗争类,主要是肃清敌对阶级及其影响。

纵观中华人民共和国建立初期的社会发展,一些重大政治、经济改革几乎都有相应的群众运动相伴随。这些运动接连不断的进行,使得"无组织的居民,初步团结在爱国的红旗下面。同时进一步密切了政府与人民的联系"①。实际上,从这些群众运动的结果来看,不见得都完成了既定目标,然而,"这些早期的群众运动扩大了群众组织,建立了宣传网络,吸收了新的积极分子和党员,清除了反对者并创建了新的社会关系,因此大大加强了共产党的政治整合"②。由此可见,作为"内容"和"过程"存在的组织——群众运动,也是一种组织建构的方式,它与作为"容器"和"结构"存在的组织其目标是一致的,即:一是组织工作,即建立健全组织,将组织成员纳入并将其维持在组织里面;二是清除妨碍组织活动和沟通的中间势力;三是进行政治整合。因此,组织的两个状态和向度实际上是一体同构的。那么,群众运动是如何实现如上目标管理的呢?以下仅以上海贯彻婚姻法运动为例展开说明。

二、组织化的另一种情境:贯彻婚姻法运动

贯彻婚姻法运动是一个全民性的运动,作为一种组织建构过程,它的推进方式和路径与街居组织具有一致性。即:在发起的阶段,以解决社会问题为切入口带动政治性目标的实现;在组织过程中,一方面扩大组织,创建新的制度规则;另一方面清除各种组织障碍并建立新的社会关系。唯一不同的是,在基层社会中业

---

① 《抗美援朝运动深入全市里弄》,载《新民晚报》1951年4月4日。
② [美]詹姆斯·R.汤森、布兰特利·沃马克:《中国政治》,顾速、董方译,江苏人民出版社2004年版,第78页。

已存在组织和组织制度的情况下,这些组织资源为社会运动提供了持久的条件和力量。

(一) 贯彻婚姻法运动的发动

婚姻不仅是一种生物行为,而且是一种社会行为。在传统中国,占统治地位的社会单位是家庭及其扩大化了的形态——家族乃至宗族等亲缘单位,特别是在东南地区,家族组织通常构成了县以下的权力结构。尽管在城市社会的权力网络中,这种功能有所弱化,但也发挥着重要的作用。中华人民共和国成立后,万象更新,中国共产党设计了宏大的社会制度与意识形态构架,以此为圭臬,新政府在全国范围内对宗族等传统社会组织和社会势力以及民间宗教等封建文化象征体系予以更彻底的摧毁。对上海家庭结构、家庭关系、家庭功能进行全面改造,实际上是直接向以家庭为单位盘踞起来的传统余威发出挑战,从而在重新塑造城市家庭的同时完成对封建势力所掌握的社会资源的剥夺。在对作为中国封建统治基层社会控制方式的传统家庭生态和婚姻制度进行消融与重构的同时,必然会引起城市社会的整体性变迁,从而彻底根除封建势力,巩固人民民主政权。这是发动贯彻婚姻法运动的基本出发点。

随着新政权的巩固,全面的工业化运动即将展开,动员最广大的劳动人民,特别是将束缚在落后婚姻制度中的人民群众解放出来,共同投身于国民经济恢复与发展的大潮中去,是新政府社会改造运动的主旨之一,"贯彻婚姻法运动是一个重大的社会改革","我们国家的经济建设正在开始,……需要发挥广大人民群众的政治积极性和生产积极性来保证。这首先要把在封建婚姻制度束缚下的广大生产力解放出来"[1]。新中国成立以来,为了迅速恢复国民经济,开展国家工业化建设,无论生产生活中都全面贯彻为生产服务的宗旨。彻底摧垮封建婚姻制度,打击资本主义的婚姻观念,创建民主和睦的社会主义新家庭以及解放妇女劳动力,被认为是促进生产发展的有效途径,而上海家庭妇女有百万之众,完成对她们的解放,也就必然推动上海经济社会的发展。

20世纪20年代,中国开始在法律上确立了婚姻自决权、寡妇再嫁权,但在配偶制上,还只处于一夫一妻制的提倡阶段。1938年对上海职工的一个调查表明,"在

---

[1]《各级人民检察机关要认真地监督检查贯彻婚姻法》,载《文汇报》1953年3月24日。

上海的纺织工人当中,从最封建的'指腹为婚'一直到最进步的'自主婚姻'都有"①,这种现象一直持续到中华人民共和国成立后。根据上海市妇联从1949年8月到1950年12月为止所调解的案件看,受封建家庭压迫虐待的1 282件,重婚纳妾的269件,解除婚约的297件,同居通奸533件,包办婚姻246件,童养媳脱离者189件②。1949年6月至1950年12月即有67起青年男女因婚姻问题而自杀的事件发生③,与此同时,妇女受虐待致死或不堪封建婚姻压迫而自杀的事件时有所闻,这些引起了中央政府的高度重视,政府先后数次下达重要指示,要求把贯彻婚姻法运动作为某一时期的中心工作,从上至下地贯彻,使这一工作造成一个轰轰烈烈的群众运动,使全市每一个人都能受到婚姻法的教育。

(二)运动的过程

1950年5月10日颁布施行的《中华人民共和国婚姻法》(以下简称《婚姻法》)是新政府的第一部婚姻法规,也是中华人民共和国的第一部法律。《婚姻法》明文规定:废除包办、强迫婚姻;禁止重婚、纳妾、童养媳等;并确立了婚姻自由、一夫一妻等原则,从法律上确立了新的婚姻制度,是中国婚姻制度的一次重大革新。婚姻法颁布后,上海市投入了大量人力物力展开婚姻法的贯彻运动,这一过程主要通过以下三个并行不悖的维度完成,即婚姻法宣传、婚姻法规的实施以及婚姻问题的解决。

首先,婚姻法宣传。婚姻法颁布以后,上海市随即展开了广泛的宣传活动。妇联在不到一年的时间里,通过召开各种妇女代表会议、定期讲座或训练班等形式展开婚姻法的宣传,听到婚姻法报告的里弄妇女有103 585人,全市有40 000多妇女代表进行系统的婚姻法学习④。1953年,上海市以3月份作为贯彻婚姻法运动月,再次掀起贯彻婚姻法运动的高潮,将婚姻法的宣传力度推向一个更深更广的层面。全市各电影院配合婚姻法的宣传,先后上映有关影片,观众达41万余人次,流动电影放映队的观众有14.3万余人次,全市37个公营和私营的职业剧团,也于同时在

---

① 上海研究中心、上海人民出版社编:《上海700年(1291—1991)》,上海人民出版社1991年版,第275页。
②④《上海市民主妇女联合会关于妇女在婚姻问题解放情况说明》,上海市档案馆,C31—2—119。
③《上海市民政局1951年婚姻登记工作情况》,上海市档案馆,B168—1—715。

各剧场作了1 105场的宣传演出,观众达77.645 6万人次①。通过广泛宣传,社会各阶层对婚姻问题有了一个不同以往的看法,尤其是妇女认识到自己在婚姻生活中的不平等地位,纷纷拿起"婚姻法这个强有力的武器"捍卫自己的合法权益。自1950年5月1日至1951年4月一年内,上海市共受理婚姻案件13.349万件,其中以离婚及脱离同居最多,占到65%,在受理的全部婚姻案件中,由女方提出诉讼的计10万件②。

随着人民民主政权在上海的巩固,一些精明世故的上海妇女滋生了资产阶级的婚姻观念,她们把目光锁定在具有较长的革命历史或者具有专门技术的新兴官员阶层。1951年,小学女教员林洁芝在信中表露了这种倾向,以这封信为发端,社会中开始大规模地对资产阶级、小资产阶级婚姻观进行批判。从12月开始,《文汇报》以《深入贯彻婚姻法,批判林洁芝思想》为题对该女教员的资产阶级婚姻观展开了持久的批判,许多读者参照林洁芝的错误思想对自己的婚姻观进行反省,发表了大量评论文章,如《受了依赖思想和'纯技术观点'的毒害》《林洁芝思想不单单存在于小学女教师中间》《看看劳动妇女是怎样选择自己的对象的》《高攀的结果是无限苦闷的》等等③。

经过对婚姻法知识的普及和对落后婚姻观念的批判,封建的落后的婚姻制度与观念开始遭到摒弃,新民主主义的婚姻家庭观念逐渐树立起来,表现为:首先,包办婚姻减少,婚姻自主原则得到了广泛响应。1952年上海市自由恋爱而结婚的有2 277对,寡妇再嫁的有534人,尼姑结婚的18人,登记离婚的约3 990件④。其次,在社会变迁进程中,产生了富有时代特色的婚姻观。一方面,婚配双方对家庭的出身的要求发生了重大转折,一般妇女在择偶时不再以金钱为标准,而政治立场是否一致,找工人阶级,最好是党员或团员,以及至少也要是个积极分子等观念,逐渐成为男女青年择偶的共识;另一方面,由于全国掀起增产建国的热潮,全国人民都被空前广泛地动员参加生产建设,共同努力生产争当模范夫妻等成为人们追求的理想婚姻形式。

---

① 《本市贯彻婚姻法宣传活动深入展开》,载《文汇报》1953年4月4日。
② 胡焕庸主编:《中国人口·上海分册》,中国财政经济出版社1987年版,第287—288页。
③ 《文汇报》1951年12月4、7、19日。
④ 《上海市民主妇女联合会关于妇女在婚姻问题解放情况说明》,上海市档案馆,C31—2—119。

其次,婚姻法规的实施。中华人民共和国成立初期,上海结婚方式是多种多样的:有到人民法院公证的;有参加私人开设的集团社结婚的;一般教徒在礼拜堂结婚;有在家庭中结婚的,包括拜堂成亲等传统婚礼;有不举行任何仪式,光是登报声明就算夫妻的,还有不经过任何手续,男女在一起就成夫妻的;等①。在这样混乱的婚姻制度之下,不仅妇女应有的合法权益得不到保障,而且滋生了许多社会问题。1952年12月22日,上海市开始施行结婚登记工作,无论结婚还是离婚都必须把办理或注销婚姻登记作为确立或者结束婚姻关系的法定程序,从而以法律婚代替事实婚。婚姻登记中的一项重大举措是进行婚前健康检查,"这一规定对于即将结婚的男女青年们来讲,是未来美满家庭的有力保障",它"更有效、更彻底地保障家庭的幸福,维护结婚人及下一代的健康"②。婚检试行三个月后,上海市卫生局对1952年12月至1953年登记在案的男女婚前登记情况作了统计,在10 921名男性中,参加体检者8 421人,准予登记的8 119人,通过率为97.3%,女性通过率为96.6%③。表3-2是一份没有通过体检的男女暂缓结婚的原因分析。

表3-2 暂缓结婚的原因分析表(1952年12月—1953年3月)

日期	总计(人)	梅毒(人)	百分比(%)	精神失常(人)	百分比(%)	结核(人)	百分比(%)	严重疾病(人)	百分比(%)	其他(人)	百分比(%)
	504	418	82.9	1	0.5	51	10.1	7	1.5	27	5.5
1952年12月	30	21	72.4	1	0.5	4	13.8	1	3.5	3	10.3
1953年1月	204	165	80.9	—		22	10.9	2	1.0	14	6.7
1953年2月	118	99	83.9			12	10.2			7	5.9
1953年3月	153	133	86.9			13	8.6	4	2.6	3	1.9

资料来源:根据《卫生部上海市政府、市卫生局关于婚前健康检查问题、报告、批复、总结》相关数据制作,上海档案馆,B242—1—559。

---

① 《上海市民政局婚姻登记工作十年回顾》,上海市档案馆,B168—1—785。
② 《为什么要实行婚前身体检查》,载《文汇报》1952年12月22日。
③ 《卫生部、上海市政府、市卫生局关于婚前健康检查问题、报告、批复、总结》,上海市档案馆,B242—1—559。

表 3-2 显示,1952 年 12 月—1953 年 3 月间,在暂缓结婚的对象中,患有梅毒者达到 82.9%,其次为结核病,占到 10.1%。旧上海的青楼业曾经繁盛一时,除为数众多的公娼外,难以计数的私娼广泛活动于全市各个角落,临到中共接管上海时,靠卖淫为生的妇女仍有 30 000 人左右①。社会中上层人物频频出没情色场所,即使一般没钱娶妻的工人、苦力也常常光顾低级妓女和私娼。娼妓业的畸形繁荣导致梅毒等传染性、遗传性疾病的大肆蔓延。婚前体检对患病者的婚姻加以限制,从长远来看不仅仅是维护了家庭的稳定,对后代健康的重视更具有关怀民族繁盛的伟大意义;在与近期目标的协同上,则直接与 1951 年 11 月进行的取缔残存妓院相配合,共同起到移风易俗,改造落后的、丑陋的社会遗毒的作用。

最后,婚姻问题的解决。中华人民共和国成立初期,处在政权更替与社会重建的肇始阶段,制度化进程与意识形态的塑造并不能一蹴而就,习惯的势力是一种具有巨大惯性的强势政治文化。一段时间内,民众对新生政权仍持观望和消极抵制的态度;社会中,旧式婚俗婚制的遗毒仍然侵蚀着人们的思想,新的婚姻制度不可避免地遭到部分抵制和冲击,从《婚姻法》颁布开始,上海婚姻问题就有愈演愈烈的架势,一些严重的婚姻犯罪时有发生。

为了有效遏制这些严重婚姻问题的发生,保证运动的顺利开展,政府除了加强婚姻法的宣传之外,妇联、人民法院等相关部门还配合以具体婚姻案件,组织各种座谈会、读报组、公审大会等活动,强化婚姻法的贯彻力度。妇女通过学习、讨论婚姻法文件和旁听公开审理的婚姻案件,逐渐认识自己的婚姻问题,一些妇女还在相关干部的帮助下,勇敢地走出了痛苦的婚姻。1951 年 11 月 12 日,中区分庭到浦东高桥区去举行巡回审判及宣传婚姻法大会,当时下着大雨,冒雨旁听的农妇仍达一千余人。当法院审判员讲解婚姻法时,许多妇女想起自己所受的痛苦,不禁痛哭失声。会上不少被迫害的妇女纷纷当场对虐待她的丈夫和婆婆提出了控诉。童养媳黄秀珠控诉了婆婆的虐待,要求解除这一强迫婚姻,经法院了解属实,当场批准②。

对于一般家庭纠纷,人民法院多采取调解的办法予以解决,但对于重婚及一切野蛮的虐待妇女行为,则采取主动深入群众的办法,依照婚姻法分别犯罪时间和犯

---

① 杨洁曾、贺宛男编著:《上海娼妓改造史话》,上海三联书店 1988 年版,第 4 页。
② 章山:《本市人民法院巡回调节婚姻案 深入群众中工作获得很好成绩》,载《文汇报》1951 年 11 月 12 日。

罪情况予以惩处,并对部分婚姻案件重点实行了巡回调解。从1951年10月下旬起市人民法院挑选了一些虐待妇女的典型案件,先后在上海市郊区杨泾公布公开审理案件的庭次及时间、地点,如,1951年11月26日人民法院审理婚姻案十二起,分布在全市四个法庭,其中仅南区分庭四庭就有五起①。一些严重的婚姻犯罪者在公开审理后被处以极刑并公开执行,起到了很强的警示作用。1951年11月23日,市法院在上海中学礼堂审判顾楷虐杀妇女案,法院授命原告母女二人分别陈述案情②,在场听众群情激奋,一致高呼"枪毙虐杀妇女的顾楷!""打倒封建婚姻制度!"的口号,人民法院对顾楷判处死刑。受害人陆琴宝看到被告得到法律的惩处,激动地说:"各位爷叔伯伯,各位阿哥阿妹,今朝要是呒没人民政府,我格性命老早保不住了。我要谢谢人民政府!谢谢毛主席!"③通过强有力地执行婚姻法规,严重婚姻问题有了一定程度的减少,根据法院刑事案件统计,杀害妇女的由1953年100件下降到1954年的56件,通奸由1 198件降为704件,强奸由888件降为658件④,上海的婚姻面貌进一步发生了变化。

(三) 政治社会效应

第一,贯彻婚姻法运动,引起了上海婚姻制度与习俗的重大变迁。伴随着贯彻婚姻法运动的进程,广大的上海人民对婚姻法有了比较深入的认识,数千年来封建社会的"父母之命""媒妁之言"等陈规陋习受到挑战和涤荡,一些社会新气象出现,表现在:首先,婚姻受到法律的制约与保障,办理婚姻登记成为确立婚姻关系的法定程序,形成了结婚、离婚自觉登记的新风尚,以法律婚取代了事实婚。1953年上海全年批准婚姻登记的为36 564对,1954年上升为44 799对,增加20.5%,以后也逐渐增加,说明结婚登记已日益为广大市民认识与拥护,这也是新、旧婚姻制度的主要区别之一。其次,从法律上解除了两千年来父母决定子女婚姻大事的旧习俗,废除了强迫包办、买卖婚姻,从而实现了婚姻自由和自主。1953年因强迫、包办、欺骗等而未予批准结婚的为1 242对,为批准数之3.4%,1954年为975对,为批准数之2.2%,而批准中有90%以上是自主婚姻⑤。最后,清除了旧婚姻制度的陈规陋

---

① 《人民法院审理婚姻案今日开庭时间及庭次》,载《文汇报》1951年11月14日。
② 受害人被顾砍了53刀,浑身受伤,幸而未中要害。
③ 《人民法院昨日设庭公开宣判,凶犯顾楷虐杀妇女判处死刑》,载《文汇报》1951年11月23日。
④⑤ 《十年来民政局婚姻登记工作》,上海市档案馆,B168—1—785。

习,彻底贯彻了"一夫一妻"的原则,消灭了重婚、纳妾等一夫多妻陋俗,妇女的合法权益得到有力保护。

在婚姻法颁布后的第一年,上海市法院共处理婚姻案件 13 349 件,其中女方提出诉讼的达到 10 000 件左右①。反映在夫妇家庭关系上,根据上海 24 个点的资料显示,有 11.3% 家庭是团结生产、民主和睦、具有一定的社会主义觉悟的新型家庭。79.5% 家庭是一般相处的,虽仍然存在一定关系不够民主的旧思想家庭,但这些家庭已改变了妇女受虐待、打骂的现象,而仅有 9.2% 家庭关系是恶劣的②,这些都体现了时代的发展和社会的进步。

第二,思想意识形态得以重新塑造,培养了新政治认同。"传统制度的崩溃,可能导致人们心理上的混乱,然而对新的认同感和新的忠诚感的需求正由此而产生的。这种新认同感和新忠诚感","可以表现为在对在现代化过程中所形成的新事物或新集团进行认同"③。新中国成立初,对于广大上海民众来说,不仅对中国共产党不了解,很多人甚至就没听说过社会主义④,而在基层社会中,封建思想、资产阶级、小资产阶级等思想却相当有市场,在各种思想文化的交互作用下,形成了上海社会纷繁杂呈、多元异趋的价值形态。在贯彻婚姻法运动过程中,中国共产党结合上海地方实际,采取电影、幻灯、戏剧、标语、图片、黑板报等,并配合业务采取大型、小型集体发证,个别教育等方式进行大力宣传。除了各种走街串巷式的宣传,还有小型图片展览以及有关婚姻法的国产、苏联电影放映,例如,《儿女亲事》《明朗的夏天》《幸福的生活》等⑤。

通过婚姻法贯彻运动,中国共产党向最广大的人民群众表明了自己的存在,无数普通人与国家之间或强或弱的联系产生了。尤其是在广泛组织的公审、控诉活动中,政府严肃处理了一批婚姻犯罪,将长久处于社会最底层并遭受封建婚姻枷锁

---

① 《向封建婚姻和资本主义婚姻斗争》,载《文汇报》1951 年 5 月 28 日。
② 《十年来民政局婚姻登记工作》,上海市档案馆 B168—1—785。
③ [美] 塞缪尔·亨廷顿:《变革社会中的政治秩序》,李盛平、杨玉生等译,华夏出版社 1988 年版,第 38 页。
④ 不要说一般的市民,就是知识分子对中国共产党的认识也是一知半解的。"我们在南京的时候,曾听到一种离奇的传说很普遍,说共产党实行公妻,实行妇女配给制,很多人害怕。后来一个上海六十多岁的老朋友对我说:'共产党来了,我别的都不怕,就怕他们的妇女配给我,我六十多岁了,要是配给一个青年的女人,我可受不了!'"《怎样改造? (六)》,载《文汇报》1950 年 3 月 2 日。
⑤ 《今日起全市将广泛展开宣传活动》,载《文汇报》1953 年 3 月 26 日。

桎梏的广大妇女解放出来，展示出积极的国家形象。这样，在新旧婚姻制度交替之际，上海城市社会中的弱势群体——深受旧式婚姻之苦的妇女，耳濡目染了社会中新式婚姻的种种气象，并借助国家的力量，改变了自己在婚姻中的被动、痛苦局面，完成了社会地位上被通俗地称为"翻身"的过程。通过对"婚姻法—政府—国家"的层层感知过程，新民主主义的价值观开始渗透到人民的日常生活中去，列宁主义、毛泽东思想逐渐取代封建主义、资本主义思想而在意识形态中占据主导地位，一般民众也都逐渐产生新的政治认同。

第三，平稳顺利拉开了上海政治社会改革运动的帷幕。中共接管上海后，上海社会进入一个特殊的发展阶段，城市政治社会经济正处于重建与恢复阶段，城市社会功能虚弱，经济恢复的需求，提高生活水平的需求，城市建设、文化弘扬的需求均向原本紧俏的社会资源总量提出庞大要求，造成严重的供给不足，在这种情况下，社会改革内容和方式选择稍有不慎即可导致各种关系、各种力量之间的无序和失衡。为此，在接管上海和政权建设的最初阶段，中国共产党对上海采取"自上而下、原封不动、按照系统、整套接收"的方针，因此，尽管政权和社会性质发生了根本变化，但在社会内部也不可避免地保留着较多的旧痕迹。上海特殊的地位以及城市社会独特的地缘因素决定了中国共产党不可能立刻采取暴风骤雨式的政治运动来完成对城市社会的改造，而只能用温和的、局部的、渐进的社会运动推进社会主义因素的积累。

在传统中国，婚姻不仅赋有"上以事宗庙，而下以继后世"的宗法意义，还具有"父母之命""从一而终"的伦理色彩，而寄寓于其中的迷信观念以及礼教内涵更是不一而足。在贯彻婚姻法运动过程中，随着新民主主义婚姻制度的确立、封建纲常礼教被废除，传统的婚姻家庭模式得到根本改造，家族观念、父权意识、夫权意识都在一定程度上受到削弱，从而弱化了家庭的传统功能，封建制度本身的存在失去了依托，从而进一步扫除了封建势力的统治基础。由于婚姻制度与习俗的变革并不涉及物质生活的变更，社会资源的调动以及家族权力的剥夺不会产生物质生活水平的落差，从而消解社会改革所必然面临的强大阻力，降低了社会成本，为社会主义改造和此后各项社会运动的开展奠定了社会基础。

综上所述，从整个过程来看，群众运动和街居组织的组织建构过程确有很多相似之处，但就其产生的效应来看，群众运动的整合功能更为明显。说到这里，也就能够理解组织为何具有的两种状态,而组织化为何要以两个向度展开。实际上,规则和权力是组织行动的动力,作为"容器"和"结构"存在的组织形成规则,而作为"内容"和"过程"存在的组织形成权力①,整个基层社会的重新组织就是以这两个向度展开的,或者说社会调控体系的重构正是建筑在组织化的这两个向度之上的。

三、社会调控体系的调控结构

社会调控体系的重构和组织化是同步的。无论单位制度还是街居制度都是单位式组织化的产物,它们同为社会调控体系的基层制度。但构建组织结构和形式本身不是目的,以此为依托进行的社会调控才是核心目标。社会调控的实现是通过体系所具有的横向和纵向两重机制来完成的。

单位组织是社会调控的基本单元。为了重构社会调控体系,整个基层社会按照单位模式进行了重新组织,最终形成了以工作场所为基点的标准单位组织和以居住场所为基点的单位变体——街居组织。无数单位和街居组织最终构成为一个完整的体系,尽管体系内分布着成千上万的个体单位和街居组织,但它们都是根据一定的原则和组织结构联系在一起的②。这样,单位和街居组织就分别成为社会调控体系针对不同类别人口进行调控的单元,而这两个基层组织的组织制度共同构成了社会调控体系的基层制度。

正如图 3-2 所示,以街居组织为基层制度的社会调控体系的制度结构包括两个向度:一个是横向的,这就是处于各种水平层面的平行组织。另一个是纵向的,体现为权力和内部关系的分布和配置。两个向度合而为一即构成了社会调控体系的局部调控结构。这种结构与单位作为调控体时所具有的"伞状结构"基本一致,整个社会调控体系就是由这样一个一个平行林立的"伞状结构"组成的③。在这个庞大的调控领域,每个单位组织和街居组织都是一个调控体系的基本单元,既接受代表"国家"的上级行政组织的资源分配和意志整合,又对下实施资源的再分配和

---

① [法]埃哈尔·费埃德伯格:《权力与规则——组织行动的动力》,上海人民出版社 2005 年版,第 3 页。
② 参见王沪宁:《从单位到社会:社会调控体系的再造》,载《公共行政与人力资源》1995 年第 1 期。
③ 参见刘建军:《单位中国:社会调控体系重构中的人、组织与国家》,天津人民出版社 2000 年版,第 255 页。

190 从非单位到单位——上海非单位人群组织化研究(1949—1962)

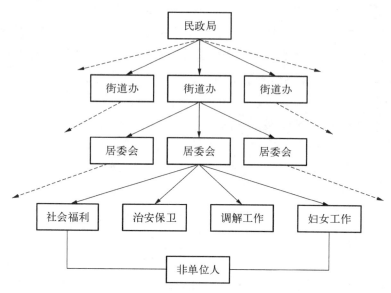

图 3-2 社会调控体系的局部制度结构图

意志的再整合。国家正是借助于这一"伞状结构"的单位制和街居制调控体系,将单位和街居组织凝结成为社会调控网络上的节点①。通过这些节点最终实现对整个城市人口的全面整合。

　　社会调控功能的实现也是通过两重机制来完成的,一个是横向的机制,一个是纵向的机制。基层社会管理制度即为横向的机制,它是通过在水平面上构建一个个单位以及单位化的组织,再通过这些组织负责执行同一水平层次上分解的功能来实现调控。如图 3-2,居委会的各专业委员会即分别执行着不同的组织功能。而纵向的机制,则是指同一类型或者说系统的组织有垂直的指挥系统,从中央到地方,发布命令,再由各个所属组织负责执行②。整个社会调控就是通过这样的方式来完成的。

　　组织化本身包含了一系列的组织建构过程,每一个组织实体都可以成为一个调控单元。从宏观上来说,整个社会调控体系的重构需要很长一段时间,但是在微观层面上,基层社会所进行的一切组织活动都是社会调控行为,因此,社会调控体

---

　　① 参见胡位钧:《现代国家中的政治沟通:中国社会政治整合的变迁与重构》,博士学位论文,复旦大学,2003 年。
　　② 参见王沪宁:《从单位到社会:社会调控体系的再造》,载《公共行政与人力资源》1995 年第 1 期。

系的重构是与组织化同步的。

为了进一步说明问题,本书将社会调控体系重构阶段的社会调控按照形式和规模分为三个层次:初级调控、中级调控和高级调控。初级调控是一种组织的广义纳入,即:把组织对象纳入并保持在组织里,如在1949—1954年组织化建构的第一个阶段,政府通过发动群众,建立各种街道里弄组织,并最终将非单位人较为普遍地纳入街居组织之中。中级调控则表现为一种日常组织管理或者再组织活动,即:执行组织的日常功能以及对部分组织成员进行针对性的再组织,前者如居委会的各种专业组织进行福利、优抚等日常工作;后者则如对游民进行收容和改造以及本章即将讨论的摊贩整顿。所谓高级调控,主要是大范围、强力度的目标管理,即群众运动,如表3-1所列举的各种社会运动。在组织化建构的初始阶段,初级调控活动频繁,中级调控开始但不流畅;组织建构或者维护达到一定程度之后,社会调控就主要表现为中级调控为主,而初级调控为辅。至于高级调控,它不是一种常规调控形式,因此在时间的分布上并无规律性可言。高级调控带有极强的工具理性,在运动式的推进过程中,社会调控体系将原有组织力量化为整合社会的现实力量,从而迅速达成调控目的。连续的高级调控可以造就一种强势组织化氛围,防止反组织现象的发生,但长时间、高频率的社会调控也容易陷入过度调控的境地,引起失控。这样的例子,前者如对摊贩的整顿,后者如城市人民公社化运动。

第三节 组织生态的再造:从对摊贩的整顿谈起

就本书而言,组织生态是指影响组织成员生存、维持和发展的外部条件,具体包括人文区位和政府、政党、单位(街居组织)、其他组织等多种组织存在的因素[①]。摊贩是一个非常特殊的群体,不同于其他非单位人群的是,他们是无单位归属的在

---

① 关于组织生态学理论可以参见[俄]谢尔比纳:《什么是组织生态学?》,《现代外国哲学社会科学文摘》(沪)1993年12月。在当代科学中,组织生态学是指在宏观社会学理论的客观主义流派范围内的历史系统方法。它试图解释任何社会构成体的实际状况,并确定该构成体的变化的潜在前景,根据首先是现存的、该构成体以前已形成的属性和行为模式,其次是与该构成体相互影响的它的社会环境因素(共同体、社会群体、机构、组织、文化因素)的状况和特点。外部社会环境被看作它的存在和发展的条件、动因和限制。

业群体。这一群体经济独立而自我组织程度高,自身具有较强的反组织倾向,其所处的社会生态也提高了其抗压能力。中华人民共和国建立以后,从民国时期就存在的摊贩问题也摆到新政府的面前,且相比较过去,摊贩的数量更多,相应的它所带来的问题也更为严重。在这种情况下,国家通过社会调控体系再造了摊贩的组织生态,将摊贩置于一个强势组织化氛围中,从而顺利地实现了对摊贩的再组织。

摊贩即摆摊做小买卖的小贩。城市人口的巨大消费,造就了上海庞大的摊贩群体。民国时期,上海摊贩的规模已经不小,此后摊贩数量不断增多。1949年12月,摊贩数量就达84 623户,在以后的几年中,摊贩的总数也是只增不减①。到1955年进行摊贩整顿工作时,全市有近20万户摊贩,包括了84个行业②,若每户以4口人计算,则连同他们的家属在内超过80余万。1954年10月底,上海市每户平均人口为4.69人。户平均人口短期内不会发生大的变化③。

摊贩的活动,弥补了市场供应的不足,方便了市民生活,因此老上海对摊贩怀有特殊的感情。而对于政府来说,规模庞大而缺乏有效和规范管理的摊贩群体,也给上海交通秩序、社会治安、工商税收等诸多方面带来不小的负面影响。几乎所有的摊贩都存在着逃避工商行政管理和偷逃税款的行为,蒙古路肉摊逃税行为甚至还得到税务局包庇④。与此同时,摊贩的过度增长也给市容和市政管理造成了很大的困难。在复兴公园附近,由于摊贩数量众多,竟然把从前"法国学堂墙边的冬青树都给糟蹋光了"⑤。据统计,自1949年5月25日到6月2日的七天之内,就有车辆因摊贩阻塞交通肇祸,造成死3人伤2人的惨剧⑥。因此随着摊贩数量的增加,新政府也不得不对摊贩进行整顿。

一、摊贩问题的由来

20世纪初,上海摊贩还不成其规模,但发展很快,并逐渐演化为社会问题。在

---

① 《上海市三年来摊贩管理工作概况》,上海市档案馆,B182—1—307。
② 《上海市对近二十万户摊贩展开整顿工作》,载《新华社新闻稿》1955年,第2023期。
③ 《关于上海人口情况和市民经济生活资料》,上海市档案馆,B25—2—6。
④ 文松涛:《蒙古路猪肉商普遍逃税希望税务局迅速处理》,载《文汇报》1952年2月9日。
⑤ 江文新:《有关整理市容 几点补充建议》,载《文汇报》1949年11月14日。
⑥ 张辰:《解放初期上海摊贩的管理》,载《档案与史学》2003年第1期。

第三章 基层社会管理体制的调整与巩固(1954—1958)

1912 年以前,上海"除了小菜场、庙宇、河浜桥堍、埠头、空场外,街头巷尾,只有晨昏出现的粢饭豆浆等吃食摊和炒货水果摊。白天虽也有流动的肩挑手携的小贩,却稀少得很"①。至于常年设摊,百货杂陈的城隍庙情形,还是 1912 年后才出现的。孤岛时期,上海失业现象严重,加上大批难民的涌入,摊贩数量为之大增。抗战胜利之后,上海社会经济尚未恢复又陷入内战的消耗之中,大量新旧失业人口被迫转化为摊贩,一时间上海成了"摊贩之天下",各种问题杂生。报摊工会在例行检查时没收了不少色情小说②,至于食品卫生、产品质量,以及交通更是常见而难以处置的问题。以交通而言,"各处人行道及马路两旁,密层层尽是地摊,甚至溪口路整个被贩卖美国货的摊头所占,不要说车辆不能通过,就是步行,也得在人丛中力挤"③。摊贩营业引起交通和市政管理的紧张,滋生社会问题,就是从此时开始的。

"过去在反动政权时代,除了用皮鞭、枪刺、逮捕以外,别无办法处理"摊贩④。鉴于摊贩增加过快,引起交通阻滞和税收管理混乱,上海警察局于 1945 年 11 月发布《取缔摊贩规则》(以下简称《规则》)。《规则》宣布对小商小贩实行申请登记、划区营业的管理办法⑤,但遭到摊贩的强烈抵制。1946 年秋季,上海当局再次以摊贩影响市容和工商业税收为由,宣布取缔摊贩,激起了轩然大波⑥。此后,摊贩和政府之间的冲突不断。11 月,一批摊贩因反对政府取缔摊贩而遭到警察弹压,摊贩风潮随之升级。30 日,黄浦区摊贩家属,向黄浦分局要求释放被拘摊贩,未得结果,延至下午五点,双方发生冲突,有 3 000 余摊贩参与其中。到晚上,黄浦区一带的商店以及公共场所全部自动停市。12 月 1 日,外滩至西藏路、北京路至金陵路、南市北区、虹口南区商号公司家家铁门紧闭,自动宣告停市。就连小型的烟铺、大饼油条店也自动停业,"昔日熙熙攘攘之菜市,路旁仅存青菜垃圾而已。前往买菜之娘姨空篮而返"。当日,共有 5 000 余摊贩聚集在黄浦分局、金陵路、中正路、大世界、西藏路一带,"时被驱散、时又聚集"。市府虽然没有正式宣布戒严,但气氛十分紧张,从早晨到中午,全市零落枪声不断⑦。"摊贩风潮"过后,摊贩问题最终也没有得到妥善

---

① ③ 《十万摊贩有了组织,作风改善秩序整齐》,载《新民晚报》1951 年 6 月 18 日。
② 《肃清黄色文化,除恶必求务尽》,载《文汇报》1949 年 9 月 16 日。
④ 《八万摊贩组织起来》,载《新民晚报》1950 年 2 月 15 日。
⑤ 孔祥毅主编,《上海工商行政管理志》编纂委员会编:《上海市工商行政管理志》,上海社会科学院出版社 1997 年版,第 104 页。
⑥ 《失业摊贩如何善后》,载《新民晚报》1946 年 9 月 8 日。
⑦ 《警察弹压情态紧张,摊贩骚动扩大》,载《新民晚报》1946 年 12 月 1 日。

解决。

　　整顿摊贩行动失败的原因,除了摊贩们的坚决抵制以外,还有来自社会各界的压力。早在20世纪二三十年代,摊贩就依托同业公会和行会组织了各种团体,到1929年时,上海已经有纯摊贩组织的团体8个①。历次摊贩整改中,摊贩的对抗活动都得到工商业界的支持。与此同时,从一些情况来看,在对抗各类取缔活动的过程中,摊贩们还得到了来自市民的声援。"本市各摊贩推出代表向当局请求收回成命或暂缓取缔,总括其理由,是为了生活问题。而市长接见代表劝其改业,拒约请求之理由,听来也很充足。人民与政府两方面都有理由,不能说哪一方面不好。但在事实上取缔摊贩后,无数人的生活问题,就接踵而来"②。具有这样认识的人,当然绝非一般知识分子,他们虽然理解政府的行为,但还是对摊贩表示了支持。至于寻常市民,政府恐怕连这点理解也是很难得到的。

　　　　每天,无论在大街或者小巷,只要是当警察三五成群踱过来的一刹那,一定会引起一阵不小的骚动,那就是由于路旁边各式各样的摊贩慌张失措逃避逮捕所引起的结果。一个五十多岁卖香蕉的老头子,躲在一个弄堂里,眯起一双老花眼往外窥视,两手颤巍巍地抱住那依靠它为生的箩筐,他叫警察作"猫",当他发觉我在看他的时候,他似乎有点害羞似地干笑了,他说:"我又钻洞了"!

　　　　警察有时目不旁视地走了过去,有时却真像猫似的在搜索他所需要的猎获物,如果风平浪静的过去,他会感到那些摊贩向他露出谄媚的笑和卑屈的招呼,好像说他们将来做他最忠实的臣仆。可是万一被抓住一个:那里面却存在和发生许多有趣的事。

　　　　一个被抓住过的摊贩说:"有时巡捕来得太快,连摊子也来不及挑,就光身人跑了。"可是他并不把被他抓到的摊子送到"行"(他们对警察局的称呼)里去,只朝附近店里一摆,这样子是好办,顶多搅落两个铜钱,赎出来完事。要是万一连人带货一块抓住,虽然并不是完全没有办法可想,但到

---

　　① 张亚培主编,《上海工商社团志》编纂委员会编:《上海工商社团志》,上海社会科学院出版社2001年版,第303页。
　　② 《失业摊贩如何善后》,载《新民晚报》1946年9月8日。

"行"里去的机会总比较多,如果你要是犟一犟,那准会挨耳光或吃生活。因为这样,他们就以是否人能逃得脱来占下自己的运道是好还是坏。进"行"里去,老底子在外国人手里,是罚钱,现在是罚做半天苦工,这就真"推板"不起了。半天生意不能做,一天的饭钱就落空……他摇摇头:"现在生意难做啊!"①

社会的各个基本构成,都有各自相对独立的一个生态圈。摊贩作为一个颇具规模的社会群体,也是处在其特有的社会生态环境中的。尽管民国时期的摊贩生活状况并不见佳,但是相对而言,它和一些环境因素形成了良好的互动关系,处于一个有利于自身发展的社会生态之中(见图3-3)。为研究方便,这里仅将摊贩和与之紧密关联的两个社会环境因素抽离出来进行了模拟。

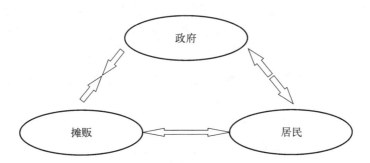

图3-3 整顿前(民国时期)摊贩的社会生态图

图3-3为整顿前也即民国时期摊贩的社会生态。在这个图中存在三种基本关系:第一组:政府与摊贩,两者之间是相互对峙的局面。之所以会出现这种局面,是因为:一方面,摊贩作为私营工商业,政府对他们有税收提取以及市政管理的需求,但总是遭到抵制难以实现。另一方面,摊贩特别是流动摊贩的生存之道就在于不缴税和自由灵活的经营风格,为此,摊贩总是千方百计地摆脱提取和控制,并由于政府管理上的漏洞部分得逞。第二组:政府和居民,两者之间存在着断裂。至于因何而断裂,为什么断裂,前文已有交代,兹不赘述。第三组:摊贩和居民之间的关

---

① 《演不完的戏街头猫捕鼠,摊贩谈生意多少辛酸泪》,载《新民晚报》1946年7月16日。

系,两者是一种畅通的互动关系。"当你需要的时候,他们已经准备着"①。据说上海一个居民家庭,尽管可以一个星期都不去商店买东西,但是要在一天之内不和摊贩打交道却是不行的。上海摊贩为居民提供了周到而优质的服务,而居民在摊贩处于困境时也表明了自己的态度做出了声援②。从这个图来看,摊贩是处于相对优势的发展环境,它本身具有很强的反组织倾向,其所处的社会生态也具有较强的抗压能力。摊贩正是处于这样一个社会生态中,才能够作为社会问题继续存在,并不断扩展着其规模和影响。

二、摊贩组织生态的再造

在中华人民共和国成立之初,摊贩的社会生态并没有立即发生改变。随着中共接管上海,新政府也不得不面临摊贩问题,而与此同时,由于社会发生急遽转型,上海摊贩的数量较之过去增加了很多,相应地,政府所面临的管理形势也更为严峻。在这种情况下,政府对摊贩的社会生态进行了改造,即通过组织化,将摊贩的社会生态改造成组织生态,进而通过社会调控体系对组织生态进行再造,从而造就了有利于摊贩整顿的社会氛围,顺利地完成了整顿工作。

(一) 摊贩问题的延伸

整顿前,新旧政府面临的摊贩问题是一致的,即主要有三个方面:一是政府出于治安、税收和工商管理的需要,必须对摊贩的经营做出规范。中共接管上海之初,根据市公安局当时估计有摊贩达十五六万户之多,12月摊贩户数减少至约为84 623户。社会秩序趋于稳定后,工商业却一度陷入萧条,且有不少商人对新政府心存观望,他们将产业化整为零,因此造成摊贩数字大量增加,1951年底达106 826户,1952年底增至125 304户。截至1953年3月,根据上海工商行政管理局统计,全市约有75 271户摊贩、摊商(固定摊贩),根据其自报资本统计总额达3 773 598亿元(人民币旧币,下同),仅这部分摊商,其营业额就高达66 598 108亿元。而仅仅是这一额度甚至还超过全市的小商店乃至内地中小城市的全部工商业户。如果将流

---

① 《上海街头的摊贩》(下),载《新民晚报》1957年5月5日。
② 如在1946年8月,上海市政府敕令要取缔摊贩,摊贩在抗议中遭到警察弹压时,市民对此表达了愤懑(《方治举行招待会》,载《文汇报》1946年12月3日)。

第三章　基层社会管理体制的调整与巩固(1954—1958)

动摊贩 45 073 户计算在内,则实际数字更大。一些摊商资本额达一二亿元,如邑庙区纸品摊商户,据估计,其营业总额可以占到全市纸品商的 1/3①。新政府成立后,国家工商行政管理日益规范化和制度化,与此同时,对流动摊贩的管理仍然较为松弛。相对于固定摊贩等中小工商业者,流动摊贩却还处于一种"五不管"的状态②,如摊基不受限制,可以在主要交通干线流动,又可以摆设在固定摊贩设摊地段两头;经营商品可以任意变换;既不需缴税,又不受组织管理的约束。于是中小工商业者都以流动摊贩自由且负担轻而纷纷化整为零,"由于摊贩负担轻,经营自由,使中小商业化为摊贩、流动摊贩的增多",而"流动摊贩的增多,又影响固定摊贩营业,使固定摊贩亦化为流动摊贩"③。最终的结果是流动摊贩数量剧增,并且形成恶性循环。

二是摊贩生活贫困,贸然取缔会引发其他社会问题。数据显示:大多数摊贩仅能维持生计。从具体收入来看,流动摊贩每月收入在 15 元以下者占 34.38%,15 元到 30 元者占 54.23%,31 元到 50 元者占 8.23%,51 元到 100 元者占 2.31%。其中严重困难依赖救济、借贷过活者占 23.15%,"勉可生活不致冻馁者"占到了 63.84%,生活无困难者仅有 13.01%④。由此可见,当时人们从事摊贩这一行业只能做到维持生活,大多数无业人员以摊贩为生只是因为找不到更好更简单易行的谋生方式。由于摊贩这种谋生之道简单易行,它实际上维系了很大一部分城市人口的生计。1952 年的统计显示,如果"平均以负担三口之家计算,它的存在便关系 36 万人的生活"⑤,如果按照每个摊贩平均负担两口计算,估计 1955 年依赖摊贩生活的人口也达到 70 万人,这个数字占到当时全市总人口的 1/10⑥。从这个意义上说,摊贩是相当一部分城市人口的谋生之道,它的兴废关系到底层社会成员的民生问题。

三是无论治安管理还是税收管理仍然遭到摊贩的抵制,进展缓慢。社会秩序的混乱,是新政权面临的一大社会问题。灾民、难民的涌入,使得城市拥挤不堪,市容环境脏乱,治安状况很差。中共接管上海时,全市约有摊贩

---

①⑤《上海市三年来摊贩管理工作概况》,1953 年,上海市档案馆,B182—1—307。
② 即开歇、税收、经营范围、价格、设摊地点、卫生条件、政治教育与成分好坏等五个方面,都无人管。
③《摊贩管理工作方案》,1951 年,上海市档案馆,B182—1—163。
④⑥《上海市第二商业局关于全市摊贩情况》,1955 年,上海市档案馆,B98—1—40—1。

265 100余人①,其中占1/3是流动很强的流动摊贩。他们随处设摊,经常造成交通塞阻情况。一般百姓时有不便之处,"下写字间的辰光,南京路与西藏路口总是水泄不通。行人偶一不慎,陷身'车阵'之中,即有'行不得也'之叹。惟有叫卖晚报的男女报童穿插其间,轻捷如燕"②。沪西愚园路靠百乐门商场到静安商场的一段行人道,本来也只有三、五尺宽,来往行人又多,流动摊贩停留之后,行人只能"被迫"到马路上走了③。这种情况在全市闹市区十分普遍。作为管理者的政府更是为此大伤脑筋,"南京东路流动摊贩甚多,售品以轻便为主,如鞋油头梳之类。一块方布,平摊人行道上即成'摊基',布的四角紧以条带。彼等视觉敏捷,警察还未近前即一跃而起,人货俱杳"④。

中共接管上海后,城市管理的基本导向是:树立全新的政权形象,为恢复和发展生产、改造城市打下良好的基础⑤。整顿市容市貌是新政权最先进行的市政工程。"上海摊贩数字的激增,连市区主要交通干线上都挤满了摊贩,严重地妨碍了社会安宁秩序和交通市容"⑥。要整顿市容市貌,则摊贩的整理是首要任务。然而,此时整个城市的失业问题也极为严重,断然取缔摊贩必然会加剧社会贫困。有鉴于此,政府并没有立即采取直接的取缔行动,而只是要求公安部门在确保社会治安与秩序,不妨碍市容的情况下,进行限制、紧缩性的整理。1949年5月,上海市人民政府公安局接管了马路摊贩工作。6月26日,市公安局发布《上海交通管理暂行规则》,同时发布《管理摊贩暂行规则》,对马路摊贩进行登记、发照管理,并规定:商贩必须经公安局批准,领取许可证,才可以在指定地点集中设摊经营。当年年底,全市共设立463个设摊地段,批准在指定地段设摊的马路摊贩共计84 623人。其中包括百货摊22 629名,市立菜场菜贩6 184名,里弄摊贩5 190名,流动摊贩3 780名,旧货摊贩3 769名,私立菜场摊贩1 047名⑦。1950年4月,上海市人民政府成

---

① 中共上海市委党史研究室:《接管上海》下卷,中国广播电视出版社1993年版,第84页。《上海工商行政管理志》中提供的数据是15万余人,种种迹象表明,这个"15万"的单位很有可能是"户"。孔祥毅主编,《上海工商行政管理志》编纂委员会编:《上海市工商行政管理志》,上海社会科学院出版社1997年版,第104页。

②④《车阵挣扎行不得,流动摊贩捷于飞》,载《新民晚报》1950年11月3日。

③《人行道摊贩多,妨碍行人走路》,载《新民晚报》1951年4月28日。

⑤ 熊月之主编:《上海通史》卷13,上海人民出版社1999年版,第1页。

⑥《进一步整理本市摊贩,摊贩整理委员会成立》,载《解放日报》1950年3月4日。

⑦《八万摊贩组织起来》,载《新民晚报》1950年2月15日。

立摊贩整理委员会,各区相应成立仍以公安局为主的摊贩整理分会,进一步对摊贩进行整顿。治安整顿的原则是教育为主,惩罚为辅,限制摊贩发展,主要目的是扭转摊贩占路为市,随地设摊,影响交通市容和社会治安的混乱现象。经过一个时期的交通整治,市政管理确实有了起色。与此同时,也出现了一些问题,主要表现为两个方面:一是工作人员工作方式粗暴强迫,引起了摊贩的不满情绪。"由于求之过急,不求方式,有少数区工作人员对流动摊贩之整理采取集体捕捉办法,也有少数工作人员不很好对流动摊贩进行教育,而是将他的篮子、秤扣留,甚至有个别区摊贩纠察随便抓流动摊贩,引起打架情事,造成摊贩不满情绪"[1]。二是整顿工作未经统筹安排,引起了摊贩的对抗。"有的对于必须迁移的摊贩也只是指个偏僻地点叫他们去,不考虑搬去以后有无困难和买卖。而部分摊贩因不明整理意义,也表示怀疑抗拒"[2]。这些情况的出现令政府认识到,"如果轻率整肃或取缔,很有可能促使有组织的摊贩们起来对抗,而会造成严重的事态"[3]。在此之后,市委把摊贩管理工作交给工商局管理,和民国时期历次治安整顿的结局一样,摊贩的管理再度回到工商管理层面。

然而,中华人民共和国成立初期,国内外战争的持续进行,不仅消耗了大量物资,同时也延搁了国内的建设,国家财政状况恶劣。在1949年11月中央财政委员会和中央财政部联合召开的首届全国税务会议上,陈云就如何解决财政赤字问题发言,他指出:当前摆在政府面前的有两条道路可供选择,一是增加税收,二是发票子。而大量发行纸币就会造成物价不稳,通货膨胀,并且也不能根本解决问题,所以只有增加税收,这是最好的办法[4]。会上,关于增加税收的提案通过,此后各级政府开始制定相应的税收规则。就当时的上海而言,增加税收是不可能通过扩展税收项目来进行的,唯一的办法就是统一税政,即建立健全税务征收制度,特别是要防止偷逃税责的现象发生。

摊贩的税收历来都成问题,流动摊贩流动性很强,摊贩经常借此偷逃税责,而政府的登记工作也难以进行,影响了正常的税收工作的开展,甚至给固定摊贩的税

---
[1]《上海市摊贩委员会通知》第四号,1950年3月,上海市档案馆,B182—1—116。
[2]《北平是怎样整理摊贩的?》,载《解放日报》1949年7月29日。
[3]《关于整顿摊贩及新闻报导上处理的意见》,1950年,上海档案馆,B182—1—118。
[4] 赵昭:《建国初期(1949—1956)税收工作的简要回顾》,载《税务研究》1995年第5期。

收也带来影响。1952年,对上海20个市区的调查估计,全市约有45 073户营业户不缴税,根据嵩山区府保守的估计,该区流动摊贩3 067人,每月营业额约在30亿元以上,损失税收在1亿元以上①。以上种种情况表明,新政府面临的摊贩问题依然如故。而政府在摊贩社会生态中的孤立状态一日不得改善,摊贩的整顿就一日不能获得实质性的进展。

在摊贩问题上遭遇这样的困顿是新政府始料不及的。在这种情况下,政府不得不放弃使用强制手段来取缔摊贩的做法,转而进行摊贩的组织化。为了再造摊贩的组织生态,首先必须为整顿工作营造一个强势组织化氛围。

(二) 摊贩组织生态的再造

摊贩组织生态的再造,实际上是就整顿前(民国时期)摊贩社会生态的一种针对性改造。其重点有两个:一是要将社会生态转换为组织生态,即把摊贩纳入新的组织,将摊贩问题置于组织化格局下进行解决;二是消除居民对摊贩情境化的支持,即动用各种社会资源进行意志的再整合。

首先,以各种组织形式将摊贩纳入新的组织化格局。

实现对各类非单位群体的组织化是社会调控体系重构的重要形式②。摊贩是非单位人群中的一个重要组成部分,对他们进行组织化也是既定目标之一。与此同时,在非单位人群中,摊贩又是一个非常特殊的群体。一方面,他们是无单位归属的在业人口,其职业的特殊性使得无论单位还是街居组织都无法对其实现有效的统合。因此,即使经过了几年的规范行动,摊贩的管理状况却一直不容乐观,他们"既不守交通秩序,又不明政府政策,东游西窜,到处钻营,管理上颇为困难"③。另一方面,相对其他非单位群体,摊贩的组织起点较高,普遍拥有自己的行业性组织。从历次的摊贩风波看,这些组织在提高摊贩对抗能力方面发挥着明显作用。因此,摊贩的组织化又是一个组织和再组织双重建构的过程。政府将摊贩改造的基本方针设定为:"组织起来,加强教育,严密管理,限制发展,区别不同情况逐步进行改造。"④

---

① 《上海市三年来摊贩管理工作概况》,上海市档案馆,B182—1—307。
② 《批转上海市第二商业局对摊贩整理和改造的报告》,1955年8月,上海市档案馆,B98—1—40—7。
③ 《宣传要点》,1951年,上海市档案馆,B182—1—163。
④ 《上海市对近二十万户摊贩展开整顿工作》,载《新华社新闻稿》1955年第2023期。

具体组织过程分为以下四个阶段：① 宣传酝酿期。主要是说明政府的意图，稳定摊贩情绪。② 登记时期。摧毁由"流氓"等操纵的旧摊贩组织。③ 组织阶段，以五种不同的行业合成一组，并由他们自动推选纠察维持秩序。④ 组织健全后发给许可证①。由此可见，摊贩的组织也是以两个层次进行的，第一打破原有的组织格局，第二是创建新的摊贩组织及组织规则。

上海接管后，摊贩们先是按照全市32个区的各种行业性质来分成小组，小组组成之后，按每一地段组成大组，每区的大组代表选举总代表4位，4位总代表互推工作组组长一位，正工作组组长则由各个区公安分局的行政股股长担任。大组组长选出来后以地段为单位参加每区的代表大会②。这样，原有的基于地缘和业缘关系建立的摊贩组织就被打乱并废除了，而在此基础上，新的摊贩组织得以建立起来。

1950年，上海全市20个区10个郊区，除里弄摊贩、旧货摊贩外，大部分都已建立了组织。具体情况如下：① 20个区和10个郊区都普遍地划定了地段，使历来分散凌乱的摊贩，大部分归聚到指定的地段安置下来。② 所有地段的摊贩与菜场，一般都创设小组组织，并推选了"自己的"代表和小组长，而这些代表和小组长都经过了"初步的教育"。③ 各菜场成立摊贩纠察，由摊贩轮流担任，维持该菜场的交通秩序并督导清洁。④ 各地段都编订摊基号码，公安局已经向"有了组织的"摊贩发放许可证共计5万件③。经过这样的组织工作，到1955年1月份为止，全市共成立了菜场或者路段委员会246个，产生委员1 882人，3 726个小组，共推选出正副组长7 198人，而组织起来的摊贩共有46 615户④。这样"原来散漫无组织、长期情况不清、疏于管理的流动小贩"终于"切实地管起来"⑤。

被纳入组织化格局之后，每一个摊贩组织都成为社会调控体系的一个基本单元，而其面临的社会生态也相应地转换为组织生态，这为国家通过社会调控体系对摊贩实现整合奠定了基础。

其次，通过社会调控体系再造摊贩的组织生态。

当社会群体被纳入社会调控单元，相应地也就被放置于社会调控体系之中了，

---

① 《八万摊贩组织起来》，载《新民晚报》1950年2月15日。
② 《摊贩发扬自觉精神》，载《文汇报》1949年7月5日。
③ 《上海市摊贩管理工作方案》，1950年2月，上海市档案馆，B182—1—118。
④ 《1954年摊贩工作报告》，1955年1月，上海市档案馆，B182—1—640。
⑤ 《关于一年来摊贩管理教育工作的总结报告》，1956年，上海市档案馆，B98—1—144—60。

这时,政府就可以通过社会调控体系对组织成员进行整合了。连绵不断的运动是整个20世纪50年代组织生态的主要特色,一些全民性的运动,例如抗美援朝、贯彻婚姻法等自不用说,其他各种指向性很强的运动还包括:1951年2月发动且余绪不断的镇压反革命运动,1951年秋到1952年夏秋的"三反""五反"运动,1952—1953年的爱国卫生运动,等等。考察这些运动的对象,就会发现,尽管每次运动均有各自不同的侧重点,但摊贩却必然牵涉其中。

以镇反运动来说,政府将摊贩作为运动对象的理由如下:① 摊贩中容易潜藏反革命分子。因为摊贩经营简单,并且需要的启动资金不多,也不需要很高的技术要求和劳动强度,具有"开支省、易于立足"的特点,于是就有"各种残余反革命分子和社会渣滓厕身其中,危害性很大"①。② 摊贩"成分很复杂,有地痞流氓,散兵残匪,特务坏蛋,破落封建地主,也有破产的商人和少数失业的公教人员"②,具有政治历史问题的人比重较高③。③ 摊贩的组织不纯。根据掌握的材料,一些摊贩组织的干部中有政治历史问题的竟占到干部总数的50%④。因此,对摊贩,"特别是对混杂在摊贩中间的一部分反革命分子和危害治安的分子,应该坚决把他们清除出来,其中首恶的必须镇压法办。不这样做,不但影响社会治安,也影响正当摊贩的社会主义改造"⑤。这样,从1950年12月起,随着镇压反革命运动在全国范围内的开展,摊贩首先在镇反运动中经历了一场政治洗礼。

摊贩与"三反""五反"运动的关系则更为密切,其存在的主要问题有三方面:① 脱逃税责,很多营业户不缴税,偷逃税款⑥,"摊贩的发展,……严重影响国家税收"⑦。② 损害工商业发展,由于流动摊贩"不登记,不纳税、成本低,无组织。有的利用大秤做滑头生意,价格低于市价,这样,抢走了固定摊贩的营业,因此引起了固定摊贩的不满反映"⑧。③ 妨碍了摊贩整顿工作。固定摊贩和小型商店借口流动

---

① 《上海市第二商业局关于全市摊贩情况》,1955年,上海市档案馆,B98—1—40—1。
② 《宣传要点》,1951年,上海市档案馆,B182—1—163。
③ 其中,所谓的政治、社会问题主要是指:五类反革命分子、管制分子、敌伪军政人员、反动会道门会众、刑犯、刑犯家属,以及流氓和逃亡地主。
④ 《里弄整顿宣传工作总结(草稿)》,1955年3月,上海市档案馆,A20—1—116。
⑤ 《批转上海市第二商业局对摊贩整理和改造的报告》,1955年8月,上海市档案馆,B98—1—40—7。
⑥ 《上海市三年来摊贩管理工作概况》,上海市档案馆,B182—1—307。
⑦ 《摊贩管理工作方案》,1951年,上海市档案馆,B182—1—163。
⑧ 《十月来流动摊贩发展情况和管理意见》,1952年,上海市档案馆,B182—1—306。

摊贩影响营业不肯缴税,甚至出现固定摊贩集体向工商科退还许可证的事情①。至于摊贩与爱国卫生运动,据悉,在全市性的大扫除工作中,但凡城市中的脏、乱、差地带以及卫生死角都是摊贩聚集地。尤其是流动摊贩,摊位摆在哪里,垃圾就撒到哪里。有些摊贩集中的地方,垃圾成山阻塞了交通。与此同时,摊贩经营的大多数食品都存在卫生隐患②。

　　在前面的内容中,本书曾讨论了群众运动的强大整合功能。一场贯彻婚姻法运动就对社会成员的价值观念做出了那样大的修正,那么,接二连三的群众运动对人们的思维所造成的冲击就可想而知了。摊贩不断地被投入各种政治运动中去,这里面涉及的实际上是意志整合的问题③,这种意志整合不仅仅对摊贩本身,也是针对摊贩的组织因素,即组织化了居民。在连续的群众运动中,社会成员经历了一次又一次的社会主义政治社会化,"个人的具体特征或具体的人际关系"大大弱化④,其社会关系被改造成组织关系和政治关系,从而取代了原有的情境化的观念体系。进行了这种整合之后,摊贩的反组织行为再也得不到居民的声援,不仅如此,居民还自觉地站在维护政府指令的立场上行事。以下一则史料即反映出摊贩对此所表现出来的无奈:"我们是专营批发的流动送货员,每天向食品作场批取各种食物,捎挑出门,向学校、小型商店及各里弄摊贩等处兜售,最近有些里弄在弄口立牌:'一切小贩,禁止入内',使我们营业发生了困难,很为焦急痛苦。""现在许多里弄都禁止流动摊贩入内,据说是为了保障里弄安全,这种措施是对的,但是我们却失去了我们的市场了,生意没有地方去做,现在只好在没有禁止的棚户暂时维持营业,但是长此下去生活怎么办呢? 如此无疑是打碎了我们饭碗"⑤。居民观念系统的非情境化,表明社会意志的整合已经发生了效力,而实际上此时,意志整合运动才刚刚开始。随着各种意志整合和再整合的进行,摊贩的组织生态发生了巨大转变(见图3-4)。

---

① 《闸北区流动摊贩情况及如何处理流动摊贩的请示报告》,1952年,上海市档案馆,B182—1—306。
② 《爱国卫生运动普遍深入,饮食摊水果摊面貌一新》,载《新民晚报》1952年7月28日。
③ 所谓意志整合,本书是指通过对民众的思想、信仰、心灵、人格的影响和塑造,提高民众对国家的认同程度,奠定国家的合法性基础。
④ 胡位钧:《现代国家中的政治沟通——中国社会政治整合的变迁与重构》,博士学位论文,复旦大学,2003年,第44页。
⑤ 《里弄组织的纠察人员不应阻止流动摊贩入内》,载《解放日报》1951年7月21日。

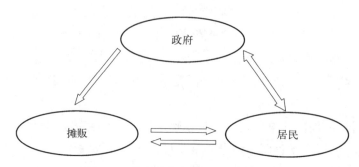

图3-4 整顿过程中摊贩的社会生态图

图3-4为整顿过程中摊贩的组织生态图,此时,整个摊贩被置于组织生态的格局下。相比较图3-3,图3-4的几组关系发生了很大的转变。在这个组织生态中,第一组关系:政府和居民形成了互动。新政府成立以来,经过对基层社会的重新组织,居民被纳入政府所设定的组织框架之内,与此同时,国家通过历次清理整顿工作,清除了横亘在政府和居民之间的隔阂——传统基层统治权威,造就了政府和居民面对面的权威格局。伴随着社会主义政治社会化的进行,居民对新政府的认同不断提高,政治沟通前所未有地畅达起来。第二组关系:摊贩与居民,经历一次次强劲的意志整合运动之后,居民对摊贩的情境化支持消失,两者的关系仅保持在经济层面。第三组关系:政府与摊贩,由于政府与居民之间的关系得到改善,而居民与摊贩之间的互动又日趋消失,客观上使得摊贩处于一种孤立状态,在这种情势下,摊贩对政府的反控制和反提取倾向逐渐消失。由于摊贩的组织生态发生了转变,整个摊贩的整顿工作不仅顺利进行,并且呈现出新的特点。

三、摊贩整顿工作的特点

(一)制度性管理和政治清理并举

摊贩的制度性管理主要是管理和征税,前期侧重管理,而后期两者并重。在上海工商业普遍恢复发展之前,整个城市的工作重心都放在维持社会秩序方面,对摊贩的管理也仅采取了"管理重于征税"的政策。"在全国解放初期,有个特点,即当时人民政府为了恢复社会秩序,并照顾摊贩的生活,采取了'管理重于征税'的原则,是必要的"①。因此,在接管后一年的时间里,整个摊贩工作都是以治安管理的形式进行的。直到 1950 年 4 月 25 日,上海市才根据市府 4 月 13 日府秘字第 898 号公告开始征税,核发摊贩营业牌照。牌照分为征税与免税两种②。相关征税办法规定:"凡从事固定经营或流动经营之零售摊贩,均依本办法交纳摊贩业税","摊贩每日平均营业额不满三万元者,免纳摊贩业税"③。但必须填写免税申请书,保送摊贩管理机构核转税务机关,经调查属实后,发给免税许可证。

经过两年的恢复,工商业恢复了发展,社会秩序日益稳定,"摊贩业亦不例外;其经营业务已日形稳固,负担能力亦趋于正常"。这时,国家颁布了新的《摊贩业税征稽办法》,采取征税与管理并重的原则④。征税与管理并重,实际上是加强了征税的力度。这一原则的实施不仅限制了摊贩的发展,也保证了政府的税收。在新税法实行以前,摊贩是按照资本额计税的,而坐商是按照营业额计征的。由于营业额比较容易控制了解,税务负担也较为接近实际。但以资本额来计税却存在很大的主观性,摊贩们在自报资本额时往往虚报漏报,因此摊贩的税负一直较坐商为轻。正因为如此,在经营困难时,一些坐商才化整为零,变为流动摊贩。在全市工商业好转以后,由于税负轻、开支小,能自行廉价推销商品等原因,流动摊贩的发展很快。一些大的摊贩较之坐商发展得更快,并与坐商形成竞争形势,有的甚至左右了市场行情⑤。针对这种状况,新颁税法采取了按照统一计算标准纳税的办法,使同一商品的售价渐趋统一,并促使有条件转化为坐商的摊贩转化为坐商。在 1954 年春节,全市各菜场摊贩在各区政府工商科的组织下,普遍实行明码标价,并建立顾客联系站、校秤站等⑥。这样就减少了坐商为了减轻税负而化作摊贩的可能,既达到了限制摊贩发展的目的,又提高了政府的财政汲取能力。

除了制度性管理之外,政府对摊贩也进行了政治性的清理整顿。1955 年,在里弄整顿工作的后期,开始了对摊贩的清理与整顿。这样安排的目的是为了把摊贩的整顿工作放置于更强势的组织化氛围之下。有了这样的组织背景,摊贩的清理

---

①④《新颁摊贩业税征稽办法的作用》,载《中央税务公报》1951 年第 1 卷第 20 期。
②《摊贩牌照税开征》,载《文汇报》1950 年 4 月 25 日。
③《中央人民政府财政部公布摊贩业税征稽办法》,载《中央税务公报》1951 第 1 卷第 20 期。
⑤ 张辰:《解放初期上海摊贩管理》,载《档案与史学》2003 年第 1 期。
⑥《国营商业和合作社充分组织了货源,本市春节副食品销量激增价格稳定》,载《文汇报》1954 年 2 月 9 日。

工作目标十分明确,要求"对混什其间的反革命分子和危害治安首恶分子,坚决镇压;对社会游离分子分批收容,卫生及带有赌博欺骗性的,勒令改进和取缔"①。例如,潜逃来沪的累犯金祥,"伪造证件,报进户口,取得合法身份,隐藏在流动摊贩中",被老闸公安分局逮捕②。由此可见,这时的政府实际上已经掌握了摊贩整顿的绝对主动权。它毫不避讳地公开摊贩处理方法,甚至使用"清洗"这类措辞:"对现有摊贩进行全面彻底清理和整顿,有计划地动员农民回乡,清洗反革命和各种坏分子;并取缔有害,淘汰多余,组织输送过剩人口,使转至外地从事有益生产,对保留下来的加强组织管理,以限制发展,逐步进行社会主义改造。"③

1954年12月16日,上海开始对近20万户的摊贩进行整顿。整顿采取了先调查、分类排队,然后分别处理的步骤。整顿工作开始后,上海市第二商业局、民政局、公安局等单位共同组成了摊贩整顿工作办公室。各区人民委员会也先后成立摊贩管理所,并且派出了80多个工作队,访问和调查摊贩的营业和家庭经济情况。清理的结果是,全市整顿了158 600个摊贩,清理出有政治历史问题的45 298人,占总人数的28.5%④。清理整顿中,不少摊贩回乡参加生产,上海市最大的闸北区大统路旧货市场仅一个半月内就有500户摊贩携家属回乡,嵩山区蒙自路的旧货市场有摊贩及其家属290人回乡⑤。整顿对流动摊贩的打击力度最大,如在嵩山区的整顿活动中,共打击了233名对象,其中仅流动摊贩就有92名,占该区打击总数的41.2%⑥。在这样大力度的清洗之后,摊贩的反组织倾向全然消失,他们自动地把经营活动统一于政府的行政管理之下。以下是一份摊贩配合政府使用新人民币的保证书。

这次政府发行新人民币,这是我们国家和全体人民的一件大喜事。我保证做到并带动本区的摊贩们共同做到下列四点:

(一)明码标价,老老实实,不欺骗顾客。

(二)旧币兑换期间,保证不拒绝使用旧币及对旧币要求补贴等现象。

---

①③《关于上海摊贩改造情况的报告》,1955年,上海市档案馆,B98—1—144—26。
②《一批罪犯最近已被依法逮捕》,《新民晚报》1955年8月11日。
④⑥《里弄整顿宣传工作总结(草稿)》,1955年3月。上海市档案馆,A20—1—116。
⑤《本市许多摊贩回乡参加生产》,《新民晚报》1955年8月20日。

(三) 爱护新人民币,新人民币上印有我们的国徽,我们要加以爱护,不使损坏。

(四) 做好宣传工作,对顾客宣传人民币的好处。①

(二) 多重安排相互结合

中华人民共和国成立后,对摊贩的组织化管理遵循的基本导向是:限制发展,逐步改造。为此,上海市采取了很多办法,互为补充,最终限制了摊贩的发展。

首先是规范税收,逐步缩小流动摊贩产生的门径。《摊贩业税征稽办法》实施以后,摊贩的管理采取了征税与管理并重的原则②。《摊贩业税征稽办法》规定:无论固定经营还是流动经营的摊贩,都必须依照规章交纳摊贩业税。税额按照经营状况定出等级,每日平均营业额不满三万元者,虽然可以免纳摊贩业税③。但必须填写免税申请书,并报送摊贩管理机构核转税务机关查实后,才发给免税许可证。这样做,一方面使得即使组织程度较低的流动摊贩也被纳入组织体制内部,并按照组织的规则展开活动,从而达到了限制新增摊贩数量的目的。另一方面,固定摊贩和流动摊贩都以税收进行管理,不但促成了大的流动摊贩向固定摊贩转变,同时还减少了固定摊贩向流动摊贩转化的可能性。

其次,通过动员回乡生产,减少摊贩数量。由于摊贩中很大一部分人是来自附近省份的农民,因此动员这类摊贩回乡生产,成为摊贩整顿工作的重点。在1951年到1954年之间,全市共动员23 285名摊贩返回原籍④。另外还组织了1 919名有劳动能力的无证商贩到江西垦荒⑤。黄浦区最初包括流动摊贩在内有一万数千名摊贩,到1951年6月,全区只有4 024人继续维持,其余全部回乡⑥。1954年,在摊贩的整顿工作中,以动员回乡生产为主的疏散人口方式进一步被推广。当年经过这样的方式,共压缩了摊贩27 994户,占摊贩总数的14.3%⑦。1955年3月到8月,

---

① 《摊贩的保证》,载《新民晚报》1955年2月22日。
② 《新颁摊贩业税征稽办法的作用》,载《中央税务公报》1951年第1卷第20期。
③ 《中央人民政府财政部公布摊贩业税征稽办法》,载《中央税务公报》1951年第1卷第20期。
④⑥ 《十万摊贩有了组织,作风改善秩序整齐》,载《新民晚报》1951年6月18日。
⑤ 孔祥毅主编,《上海工商行政管理志》编纂委员会编:《上海市工商行政管理志》,上海社会科学院出版社1997年版,第10页。
⑦ 《对本市摊贩进行改造的初步意见》,1954年,上海市档案馆,B182—1—640。

仅水上区就有5 300多户,20 000余农民回乡参加生产,他们中间的不少人是没有固定职业的小摊贩①。据统计,1955年全年动员回乡的摊贩约有23 258户,占总户数11.86%②。

最后,通过归口管理,减少摊贩。早在工商部门接手摊贩之时,行政管理机关就开始对个体工商户进行登记清理。其中,凡是具有赌博性质、经营金银饰品和迷信违禁品的摊贩,以及具有顶替和出租、转让摊位等行为的摊贩一一被取缔。通过每年由工商行政管理机关核发个体工商户营业许可证的方式,政府对摊贩实现了部分的控制。随着社会主义改造的进行,摊贩的经营也被纳入国家计划管理的轨道。1956年,资本主义工商业的社会主义改造完成后,上海对个体工商户开始按行业进行归口管理,组织走合作化道路。在这一过程中,共对152 141户摊贩,170 284人进行了改造。其中固定摊贩96 170户,114 102人;流动摊贩55 971户,56 182人。归口管理的情况是:国营:112户,117人;联购联销17 783户,20 877人;联购分销:1 824户,2 057人;其他:132 422户,147 233人③。1958年下半年,市府对已归口管理和尚未组织起来的个体工商户,重新进行了整顿。当时参加整顿的个体工商户有14.8万人,占个体工商户总数的75.4%。经过这次整顿,由市工业部门吸收参加工作的摊贩有13 419人,组成合作商店的有10 934人,高级合作商店44 484人,合作小组11 189人④。经过这样的安排,摊贩在数量上发生了很大变化。从中共接管上海以来到1955年上半年,上海摊贩一直处于逐步增加的状态。特别是流动摊贩,以1949年的22 018人为基数,在1955年进行整顿时则为314.5,比1949年增加了2倍以上。经过限制后,从1955年下半年开始,全市摊贩的户数、人数逐月减少。根据1956年4月对全市18个区的统计,当时实有摊贩154 367户,172 362人,较1955年第四季度时分别减少了14.82%和13.91%。减少的人口主要流向是:参加西北壮工等外地建设的7 875人(指摊主及雇工,不包括家属),江西垦荒1 631人,回乡生产8 081人,其他8 835人。其中,流动小贩的减幅最大,户数、

---

① 《两万多人回乡参加农业生产》,载《文汇报》1955年8月5日。
② 《关于上海摊贩改造情况的报告》,1955年,上海市档案馆,B98—1—144—26。
③ 《上海市摊贩改造情况统计表》,1956年7月,上海市档案馆,B31—2—958。
④ 孔祥毅主编,《上海工商行政管理志》编纂委员会编:《上海市工商行政管理志》,上海社会科学院出版社1997年版,第109页。

人数都在总人数的 24% 左右①。

(三) 一般性管理与体制支持并重

一般性管理主要是针对已经登记和纳入组织化管理的摊贩而进行的。管理方式主要是通过对价格、经营作风等方面进行规范来实现。如在价格上，开展议价运动。议价的方式为：以当日主要副食商品批发最高议价为标准，根据各地区以往批零差率，议定零售最高价格，相约遵守出售该项商品，一致不超越最高议价②。在经营作风上，通过法制教育以及爱国主义教育来端正摊贩的经营态度。在1954年民主改革时，有关部门以分区组成的400多个摊贩委员会③，以及6 467个基层工作小组为基础④，对摊贩开展了爱国守法教育，并订立了爱国公约，端正其经营作风。

为了让这些一般性的管理工作能够发挥规范摊贩经营活动的目的，政府也采取措施强化摊贩管理的体制支撑。我国从1953年秋季开始实行粮食统购统销。这一体制创立之后，逐步取消了粮食的自由市场，"主要商品的批发已逐步为国营代替，内部调拨增加，流转环节起了变化，本市的外来流动购买力减少，私营商业的营业额有下降趋势"⑤。统购统销本身就限制了摊贩的自由发展，而凭证购货制度建立后，国家通过国营公司控制货源的方式，实现了对摊贩的全面管理。

一直以来，摊贩的货源多来自自由市场。对嵩山区第一办事处辖区的405个摊贩所做的调查显示，在这405人中，向国营公司、合作社进货的只占28.89%，其余极大部分从自由市场进货⑥。由于摊贩从自由市场进货，政府很难对其营业进行限制。实施统购统销后，摊贩要进行经营活动就必须和国营公司建立批购关系。在1954年就有28个行业5万余户摊贩先后与国营公司建立了凭证购货、经销与批购的关系。到年底，全部蛋摊、猪肉摊贩以及部分水产摊贩共4 979户，走上了合作化

---

① 《关于一年来摊贩管理教育工作的总结报告》，1956年，上海市档案馆，B98—1—144—60。
② 《各菜场摊贩广泛展开年货议价》，载《解放日报》1951年2月4日。
③ 《本市全面整顿近二十万户摊贩》，载《新民晚报》1955年12月15日。
④ 《对本市摊贩进行改造的初步意见》1954年，上海市档案馆，B182—1—640。1955年年底，上海有三户书报摊贩组织了一个合作书亭。该书报亭经向新成区人民委员会和新华书店上海分店申请后组织起来，经营方式采取合作式，"经批准后，他们在新华书店上海分店的具体帮助下，做好了调度资金、人力分工和规定工资制度等工作，并且同新华书店上海分店建立了经销关系"。据报道，"这个书亭现在出卖的书报比过去各户分散经营的时候增加了一倍多"。《上海市有三户书报摊贩组织了一个合作书亭》，载《新华社新闻稿》1955年第2 030期。
⑤ 许建国：《坚决拥护和贯彻市镇粮食定量供应办法》，载《文汇报》1955年9月6日。
⑥ 《嵩山区第一办事处流动摊贩调查情况》，1951年，上海市档案馆，B182—1—165。

道路①。而"随着对食油、粮食、棉布统购统销政策的实施,所有的私营油店、米店、布店都已变成国营公司的代销店和经销店。此外还有橡胶、绒线、糖、小百货、燃料、木材、新药等十余个零售行业先后与国营公司建立了全业的或部分的批购关系"②。对于经营统购统销计划供应商品的摊贩,工商局会同行业主管部门进行了计划核配,实行凭卡购货、来货登记,统一差价和明码标价制度。由此可见,通过对摊贩货源的控制,政府最终控制了摊贩的数量、经营品种、经营方式,实现了对摊贩的全面计划管理。

在图3-4中,居民和摊贩的互动虽然消失,但是其经济层面的联系还是存在的,而统购统销制度的实施,对这一联系也产生了不小冲击。灵活快捷贴近市民需要是摊贩的生存基点,但随着摊贩的组织化程度的提升,它作为个体的灵活性为组织性所取代,与市民的需求渐行渐远,丧失了其独立存在的经济基础。在江宁区摊贩管理所召开的座谈会上,众摊贩纷纷倒生意的难处:"菜不好,消费者当然要批评我们,但是蔬菜公司领导上却不听我们的意见。比如,有些菜从北新泾船上运来,每一篮要装200斤,领导上不接受。去年'夜开花'上市时,公司不和我们商量,就运来1 000多斤,摊贩说卖不掉这么多,蔬菜公司的陈同志就说:'这是公司给你们饭吃。'他还批评我们思想不好。""公司要我们推销小蚕豆,每担要17元,比自由市场上的价格还要贵。"③由于摊贩经营与居民需要之间的脱节,使得摊贩在其组织生态中,由主动转为被动,甚至由被动转为孤立。

综上所述,中华人民共和国成立后,针对摊贩存在的反组织倾向,政府通过社会调控体系进行了资源的重新配置和意志整合,实现了对摊贩组织生态的再造,在组织化的强势氛围之下,摊贩最终被纳入组织管理体制的内部。而在新的组织生态中,摊贩不能再仅仅满足于自身发展的需要而发展,而是越来越多地受到了既定的城市发展方向以及国家意志的影响,甚至完全服从于它们。

---

① 《对本市摊贩进行改造的初步意见》1954年,上海市档案馆,B182—1—640。
② 潘汉年:《上海市人民政府工作报告》,载《文汇报》1955年2月12日。"实行粮食定量供应的直接目的是提高粮食供应工作的计划性,更合理地分配市镇居民和其他方面需要的粮食,以便杜绝浪费,节约粮食。"多数摊贩从事的营业都是食品以及副食行业,限制了原料的来源,也就限制了整个行业的发展。《坚决实行粮食定量供应办法》,载《文汇报》1955年8月28日。
③ 《蔬菜调配存在不合理现象,小菜场摊贩纷纷叹苦经》,载《新民晚报》1957年5月18日。

小　结

本章从基层社会管理体制的调整与巩固谈起，分析了新兴基层群众出现以来就存在生存危机。一直以来，在有关里弄整顿的研究中，都简单地将组织整顿的原因归结为组织不纯。"组织不纯"固然是其中一个重要因素，但用这一现象去解释里弄整顿的原因不免又陷入了表面化，甚至用结果来解释原因的怪圈。本书认为，里弄整顿是政府为破除居委会组织的生存危机，提升街居组织作为社会调控单元的效能所进行的努力。

在整顿前，居委会存在着三大危机，即组织的衰败、劣化和蜕化现象。这三大危机危及居委会自身的存在。"组织不纯"是政府得以广泛深入基层社会进行清理整顿工作，并借此大规模重构基层社会的契机。在整顿工作中，政府通过赋予街居组织以体制支撑，造就了非单位人对街居组织的强力依附；通过对干部和群众的双重清理，传统基层统治权威代表较为彻底地从基层社会权力空间中退出，居民的认同也转向新的街居组织，为社会调控疏通了环节。社会调控体系基层制度的完善，使其有效性有了保障。

基层社会管理体制的调整与巩固，使街居组织日益发展成为社会调控体系的一个稳定调控单元，这样，单位和街居组织就分别成为社会调控体系针对不同类别的人口进行调控的单元，而这两个基层组织的组织制度共同构成了社会调控体系的基层制度，社会调控体系的组织架构基本完成。在组织形式和结构建构的同时，组织的另一种形式也在持续地进行着社会调控体系功能的建构，这就是以各种"过程"存在的动态的组织建构。社会调控体系正是借助于各种固态的、横向的组织形式，而以动态的、纵向的运作方式来实现对社会成员的调控的。社会运动是社会调控中的一种高级调控，例如贯彻婚姻法运动较为完整地体现了这一调控的全过程。

随着社会调控体系的不断完善，国家更加积极地将体制外的非单位人纳入社会调控体系内部。由于组织过程存在着一个利益交换和规则协商的问题，行政力量推导的组织化在事实上造就了一个不对等的利益交换和协商关系，一些群体对此表示了抗拒，摊贩就是这样一个典型。为了保证组织的广泛性，国家通过社会调控体系，再造了组织生态，将各种反组织行为置于强势组织化氛围中加以规训，最终实现了对各种反组织倾向的消解。

若基层社会单纯以组织化为目的，那么从1949年到1954年五年多的时间里，这一建构就完成了。而事实上组织化的建构一直持续到城市人民公社化运动，这说明组织化本身不是目的，而以组织化推进的单位化才是重点。从1954—1958年，为了实现整个社会的全面单位化，国家对街居组织进行了第二个层次的组织建构，即：通过赋予街居组织以各种单位要素，加强对街居组织单位化的塑造。经过这一阶段的组织建构之后，街居组织的结构、制度更加完备，社会调控体系也表现出强大的整合功能，但仍然无法和正规的单位组织相提并论。1958年"大跃进"中，政府开始积极促成街居组织的单位化"跃进"，一度令街居组织实现了单位化。

第四章　基层社会管理体制发展过程中的失误（1958—1962）

从1958年"大跃进"到1962年城市人民公社的不了了之,是基层社会管理体制发展的第三个阶段。这一阶段,街居组织以"跃进"的形式实现了单位化的建构,被改造成"政社合一"的公社组织。当政府通过该组织以单位式的运作方式展开调控之时,公社自身存在的非标准单位的局限性,却引发了一系列过度调控现象,而正是这些过度调控行为毁损了城市人民公社的基础。尽管上海城市人民公社草草退出了历史舞台,但居委会久已存在的制度运作偏离法定原则的事实却长期固定下来,街居组织最终发展成为政府的一级执行机构。

本章将对这一非常态的基层社会管理制度的形成、单位化的运作方式,以及社会过度调控引起的失控问题进行论述。为了详细说明城市人民公社化过程中存在的过度调控现象是导致公社失败的重要原因,本书选取一个过度调控的特殊案例——家庭妇女的组织化,来补充说明问题。

第一节　城市人民公社化：基层社会管理体制的一种单位化跃进

20世纪五六十年代,在中国广大农村普遍建立起人民公社的同时,这种同名组织在城市中也一度风行。城市人民公社兴起之后,取代了原有的街居组织。这种政社合一的组织几乎具备了单位制度的一切要素,因此,它也开始以单位化的方式进行运作。然而它毕竟不是真正意义上的单位组织,单位化的运作很快耗尽了其仅有的资源。这种过犹不及的社会调控不仅使基层社会管理工作陷入了混乱,也伤及了社会本身。正因为如此,城市人民公社化运动迅速转入低潮。城市人民公社撤销后,基层社会管理组织退回到"跃进"前的状态,而它的高度政治化和行政化建构却保留了下来。

城市人民公社化是人民公社化运动不可分割的部分,是"持续跃进"的产物①。全国的城市人民公社化运动从1958年下半年开始,到20世纪60年代前期结束,历时不到10年,短的只有一两年,上海也不过是四五年的时间②。城市人民公社化运动从发动时期就存在着种种问题,尽管声势浩大,却来也匆匆,去也匆匆。

城市人民公社曾经在几个主要的大城市中先后出现过,但一开始政府就限制了对城市人民公社化运动的宣传,有关此类的新闻报道为数很少,文书档案的数量相比较其规模而言则不足为道。什么是城市人民公社呢?按照当时上海市制订的《城市人民公社试行简章(草案)》总则中的规定:公社是本地区人民群众在党和政府领导下自愿组织起来的政社合一的社会组织,它是人民群众的政治、经济和文化生活的统一组织者,是改造旧城市和建设社会主义新城市的有力工具③。从这样一个政策性的规定中,要获得一个有关城市人民公社的大致印象是很困难的。同时,作为一场失败了的组织化运动,无论是学术研究还是文学创作,都很少将它作为主题。文学作品《城记》为我们提供了北京城市人民公社的生动画卷,就显得弥足珍贵了。

> 1959年,在白塔寺西北角,一幢巨大的"公社大楼"拔地而起,这幢住宅楼又被称为共产主义大厦。
>
> 这幢8层高的大楼内,每家每户没有厨房,要吃饭,你就到公共食堂里去打。这个大楼,更像一个旅馆,它与真正的旅馆所不同的是它那巨大的集体概

---

① 高华、黄骏:《1960年"持续跃进"中的江苏省城市人民公社运动》,载《浙江学刊》2002年第5期。
② 没有找到结束人民公社的正式文件。
③ 《城市人民公社试行章程(草案)》,1960年,上海市档案馆,A20—1—31。根据当时北京市制订的《北京市城市人民公社试行简章(草案)》总则中的规定:城市人民公社是城市劳动人民在共产党和人民政府的领导下自愿联合起来的社会基层组织,它是一种没有私有制残余,实现财产共有制度,作为桥梁逐步过渡到共产主义的城市社会基层组织,同时也是共产主义社会城市的基本单位,它的主要任务是尽可能地发展生产,最大限度地组织城市居民参加集体生产劳动与集体生活(李端祥:《对北京城市人民公社历史的考察》,载《北京党史》2005年第1期)。

念,如此众多的家庭拥挤在一幢大房子里,每一层40多户。

笔者访问这幢大楼时,看到众多人家都在昏暗的走道里搭建了小厨房,而笔者与一位老住户在楼道里的交谈,竟如此有趣:由于楼道内安装的是声控灯光,我们必须通过跺脚的方式获得照明,灯一亮,看见彼此的都是那个大踏步姿势

……

自从毛泽东1958年8月在河北徐水称赞"人民公社好"之后,全国各地掀起大办人民公社的高潮。8月29日,中共中央政治局北戴河扩大会议讨论通过《中共中央关于在农村建立人民公社问题的决议》,宣布"共产主义在我国的实现,已经不是什么遥远将来的事情了,我们应该积极地运用人民公社的形式,摸索一条过渡到共产主义的具体途径"。

仅几个月的时间,人民公社的浪潮淹没了农村,后又滚滚涌向城市,迅速完成了"包围城市,夺取城市"的历程。

……

人民公社及其向共产主义过渡的高潮给人们的生活带来了什么？它是真正的全民所有制,集体所有制和个体所有制全部被改为全民所有制,一切财产归全民所有。在农村,房子姓了公,树木归了公,鸡、鸭、猪充了公,铁锅砸了去炼铁,家家户户不冒烟,全都去吃食堂。除了一双筷子、一只碗是个人的,还真没有什么私人财产了。

……

公共食堂是人民公社的一大特征。到不到食堂吃饭被看成一个严重的政治问题。

……

在1960年4月召开的全国人民代表大会上,"城市人民公社好得很"成为代表们众口一词的称赞。"许多代表在发言中热烈欢呼这个具有伟大历史意义的革命群众运动,认为城市人民公社运动的发展,必将进一步使我国城市的政治、经济面貌和城市人民的精神面貌发生深刻的变化"。

……

城市人民公社运动,被纳入"大办"之列。国务院副总理李富春在人大会

议的报告中提出:"现在,全国各城市正在大办人民公社,大办街道工业,大办郊区农业,大办公共福利事业,大办公共食堂,广泛地组织居民的经济生活,把城市人民进一步地组织起来,并且使成千成万的城市家庭妇女从家务劳动中解放出来,参加社会劳动。"①

尽管上海城市人民公社化运动的发起、形式和北京有着很大的不同,但其中一些根本性的东西却是一致的。以这段文字为楔子,我们得以揭开上海城市人民公社的重重帷幕,找到城市人民公社发生、发展的一般特点及其成因。

一、城市人民公社一般特征及其成因

一般认为,城市人民公社化运动的产生是思想、经济、政治、社会多重因素共同作用的结果,其特点为"一大二公"②。这种认识虽中肯但不免过于笼统。相对而言,《城记》里所反映出的城市人民公社的成因及其特征,更有针对性和代表性,上海尤是如此。

首先,关于城市人民公社的成因。在城市人民公社产生的过程中,以下几个因素发挥了重要作用,即:毛泽东的一力提倡,农村人民公社的示范效应以及一哄而起的组织化情势。

1958 年之前,农村中广为开展的公社化运动并未波及城市,而城市中掀起公社化运动,主要是领袖毛泽东的一力倡导。1958 年 8 月上旬,毛泽东到冀、豫、鲁农村视察,对"人民公社"倍加称赞与推崇。当《人民日报》于 8 月 13 日公布了上述消息后,立即在农村掀起了小社并大社与直接办人民公社的热潮。此时,毛泽东提出:"搞人民公社,又是农村走在前头,城市还未搞,……将来城市也要搞,学校、工厂、街道都办成公社,不要几年工夫,就把大家组成大公社。"③有了这样的指导,建立城市人民公社的呼声日益高涨。一时间,在城市中,关于农村人民公社真是"好得不得了""吃饭不要钱""各取所需""楼上楼下电灯电话""共产主义是天堂,人民公社

---

① 王军:《城记》,生活·读书·新知三联书店 2003 年版,第 285—289 页。
② 李端祥:《城市人民公社成因探析》,载《广西社会科学》2005 年第 2 期。
③ 《建国以来毛泽东文稿》第 7 册,中央文献出版社 1992 年版,第 627、629 页。

架桥梁"等鼓舞人心的宣传铺天盖地①。全国最早实现公社化的城市在河南。北戴河会议后不久,河南省郑州市花了三天的时间,全市范围内实现了公社化。到国庆节时,该省省辖的9个城市基本实现了公社化。此外,北京、哈尔滨等城市也出现了公社组织②。

1960年1月7日,中共中央在上海召开政治局扩大会议。会议认为1960年将是一个大跃进年,并提出"三年实现农业发展纲要四十条""五年赶上英国"的口号,要求在城市试办城市人民公社。会后,毛泽东指出:"城市人民公社的出现是不可避免的,也是很好的。"③随后在3月24日天津召开的会议上,毛泽东进一步提出:"城市人民公社普遍化。不管是大城市,中等城市,小城市,一律搞人民公社。这个问题,我在郑州会议是右倾机会主义。"④毛泽东在天津作自我批评之后,中共中央迅速发出关于城市人民公社问题的批示,组建人民公社的狂潮迅速波及各大城市。

1960年4月,一份城市人民公社的调查报告出炉,报告宣称,城市人民公社在短时间内已"吸收城市闲散劳动力627.5万人,城市居民的收入有很大增加,京、津、沈、哈、郑州等城市平均每户收入增加了20%—35%"。此后,全国的城市人民公社化运动正式开始。据全国总工会党组的统计资料,1960年7月,在全国1 064个城市人民公社中,"闲散劳动力的组织程度已达87%",全国已有社办公共食堂76 000多个,入伙人数1 700多万人,加上国营企业、机关、学校办的食堂,共达170 000多个,入伙人数4 300多万人,占已组织城市人民公社的190个大中城市总人口的60%⑤。上海市在这股强劲的公社化潮流中,也"加快建立城市人民公社准备工作的步伐",在短短两三个月里,城市人民公社的建设工作就被大大地扩展了。

其次,城市人民公社的基本特点。城市人民公社有两大特点,即"一大二公"。这一特点的产生具有深刻而特殊的历史背景,既来自中国共产党的理想追求,也和现实情形的鼓动有关。

---

① 《人民公社颂歌》,载《人民日报》1958年9月1日;杨义:《万众争赞公社好》,载《人民日报》1958年9月23日。
② 李端祥:《对北京城市人民公社历史的考察》,载《北京党史》2005年第1期。
③ 《建国以来毛泽东文稿》第9册,中央文献出版社1992年版,第54、55页。
④ 顾龙生编著:《毛泽东经济年谱》,中央文献出版社1993年版,第516页。
⑤ 《城市人民公社光芒万丈》,载《新华半月刊》1960年第9期。

所谓"大"是指"人多势众,办不到的事情可以办到"①。从字面的意思来看,这里所指的"办不到"的事情,泛指一切领域的事务。从深层的含义来讲,它还特指跨越资本主义阶段直接进入共产主义社会。"共和国的领袖们试图用人民公社这种形式由社会主义过渡到共产主义,去实现前人没有实现、也不可能实现的一种空想社会"②。

中华人民共和国成立时,国家一穷二白,原本计划用 15—20 年的时间完成向社会主义的过渡,事实上,这个看似艰巨的任务,中国只用了 3 年就完成了。1952 年,我国工业生产总值(不包括手工业)比 1949 年增加了一倍多,全国 35 种主要工业产品的总产值已超过战前最高年产量的约 1/4。三年的时间里,农业已经恢复战前最高水平的 95%。全国已有互助组 600 余万个,农业生产合作社 3 000 多个,并已经建立十几个集体农庄③。这还不算,随着第一个五年计划的进行,国家经济建设成绩斐然,到 1956 年年底,"一五"计划提前超额完成。1957 年,我国工业总产值为 1952 年的 223.4%,平均每年增长高达 23.7%,农业约增产粮食 700 多亿斤、棉花 400 万担④。

一个积贫积弱的国家在短短的几年时间里取得如此辉煌的成就本身就是一个奇迹,人们把它归就为合作组织的高效率,并强调人的能动性在改造自然过程中的能量。由于有合作化运动成功的经验,又拥有着全世界最大规模的人口,这使得领袖们信心倍增的同时,也打开了他们无限遐想的空间。北戴河会议期间(1958 年 8 月 17—30 日),中国共产党的领导人作出了"共产主义在我国的实现,已经不是什么遥远将来的事情了"的惊人论断⑤。很快,经济领域的"大跃进"运动应运而生,伴随着这种跃进式的经济推进方式,劳动力缺乏的问题日益突出。国家把注意力放到了城市中大批闲散的劳动力,即非单位人口身上。发动城市人民公社化运动的一个重要原因,就是希望通过这种组织形式,尽可能地动员一切领域里的社会劳动力,以加快工业发展的速度。由于农村广泛采用了合作组织来发展生产,并被认为是成功的,以此类推,在城市中进行人民公社化,这一组织形式也应该在组织生产

---

① 《建国以来毛泽东文稿》第 7 册,中央文献出版社 1992 年版,第 627、629 页。
② 李端祥:《城市与农村人民公社化运动比较研究》,载《当代世界与社会主义》2004 年第 5 期。
③ 《从数字看我国三年来的伟大成就》,载《新民晚报》1952 年 10 月 1 日。
④ 《国家计委负责人谈第一个五年计划执行情况和成就》,载《人民日报》1957 年 10 月 1 日。
⑤ 《中共中央关于在农村建立人民公社问题的决议》,载《人民日报》1958 年 9 月 10 日。

大协作、促进生产"大跃进"方面能够发挥重要作用。因此,"大"既成为城市人民公社化运动的既定目标,也是其成型之后的显著特点。

至于"公",则是指"比合作化更要社会主义,把资本主义残余都可以搞掉"①。诚如《城记》所述,这种"公",不仅表现为物质财富的公有化,还表现为社会生活的公共化。城市人民公社一经建立,就以对城市中的私有制残余进行彻底的社会主义改造为目标。在"大跃进"之前,经过了大规模的社会主义改造,公有制经济已在广泛意义上建立起来。在中国共产党的政治理念中,家庭被认为是私有制的最后"堡垒"。毛泽东曾做过这样的展望,"人民公社实行工资制、供给制,工资发给每个人,而不发给家长,妇女、青年一定很高兴,这样就破除了家长制,破除了资产阶级法权思想"②。言下之意,通过公社把劳动者组织起来实行生活集体化,也是在持续进行着反帝、反封建的民主革命。集体化有了这样深厚的内涵,各级政府就围绕于此展开了积极的准备工作。为了把职工及其家属的社会生活全面地组织起来,1958年上半年,以对残存的资本主义进行彻底的社会主义改造为名义,一些工厂、矿山、企业对职工宿舍进行了大规模的调整。这种做法被认为是在"为建立城市的人民公社创造了前提条件,为将来向共产主义过渡打下了基础","共产主义大厦"就是在这样的社会氛围下产生的③。

二、上海城市人民公社化运动

上海城市人民公社化运动从开始到结束,也是经历了准备、公社化、整顿和消亡四个阶段。但公社化运动于何时正式结束,却一直未找到有说服力的证据。报刊上向来对城市人民公社很少进行报道,从1962年开始,有关城市人民公社的专题档案资料急遽减少。据此推断,上海城市人民公社化运动持续的时间较短,大致时间跨度为1958年到1962年④。上海城市人民公社虽然随着历史的车轮滚滚而过,

---

① 薄一波:《若干重大决策与事件的回顾》(修订本)下卷,人民出版社1997年版,第767、769、781页。
② 《建国以来毛泽东文稿》第7册,中央文献出版社1992年版,第433页。
③ 《城市社会生活的革命措施,培养共产主义新人的好办法》,载《人民日报》1958年10月22日。
④ 上海文书工作向来是十分到位,但凡政府各个部门及其开展的各项正式工作,无不在文字上做到有始有终,各项总结分析也很到位,但是有关城市人民公社的档案资料数量虽多,却很鲜有总结性的文档,更令人不解的是,关于城市人民公社何时结束的这一问题,既找不到正式文件,也不到相关档案佐证。

但是它所留下的余音却久久不能消散。

(一) 运动过程

在1958年的人民公社化浪潮中,上海城市人民公社化运动的筹备也开始了。准备工作主要是从两方面开展,一是继续健全居委会的组织形式,为向公社组织转变打基础。1958年,整风运动开进了里弄,在整风运动中,一些思想疲沓的干部被清理出组织,而充实以具有"'我为人人,人人为我'的共产主义思想"的新干部①。二是新建了一些社会服务组织。中国共产党八届二次会议后,为了适应"大跃进"与全民大办工业的要求,各级党组织直接领导城市街道居民兴办各种各样的生活服务组织。上海也在"全民整风和总路线教育的基础上",以生产为中心,兴办集体福利事业、社会服务事业,如托儿所、幼儿园、公共食堂、洗衣房、修理店等,"积极地进行了城市人民公社的酝酿和准备工作"②。

1958年年底,上海部分地区已经建起公社形式的组织。以虹口区嘉兴路为例,当时该居委会的合并工作已完成,1 013户人家的4 500个居民开始过着"大家庭"的生活。走进里弄,随处可见白底红字的木牌,上面写着"民办小学""第×托儿所""××加工工场""第×公共食堂"……③据统计,从1958年到1960年5月之间,上海各街道共建立了各种形式的生产组织约9 400多个,参加生产的里弄居民约为97.4万人,约占全市各里弄有劳动能力居民的80%。举办各种规模的街道、里弄食堂3 800个,约有103万多人参加搭伙;托儿所4 200个,入托儿童30余万;此外还办有各种生活服务组织5 000余个④。一些诗歌对城市人民公社的景象进行了描述。

集 体 生 涯

柴米油盐酱醋茶,开门七事乱如麻。

谁还能说家庭好,集体生涯举世夸。

---

① 《进一步调动积极因素,里弄工作大家来搞》,载《新民晚报》1958年7月15日。
② 曹荻秋:《关于上海市1960年国民经济计划草案的报告》,1960年5月12日,见《上海市第三届人民代表大会第三次会议文件汇编》(内部本)。转引自熊月之主编:《上海通史》卷13,上海人民出版社1999年版,第61页。
③ 《和旧生活决裂,红星居民委员会的一场思想大辩论》,载《文汇报》1958年12月3日。
④ 钟民:《为实现上海城市人民公社化的伟大任务而斗争!》,载《文汇报》1960年5月14日。

托 儿 所

绕膝群雏应付忙,拖来带去总难忘。

今朝送进托儿所,解放娘亲去炼钢。

公 共 食 堂

公共食堂众口传,家常风味试新鲜。

前途幸福争先说,吃饭将来不要钱!①

经过两年时间的准备,到1960年,居民委员会"经过历年来的工作和两年来的发展,已经成为全面组织居民的生产、生活的里弄委员会,它在事实上已成为城市人民公社的一种基础组织"。与此同时,"在里弄居民中,已有856 000人参加了各种社会劳动和生产组织","为建立城市人民公社准备了一部分条件"。② 在此基础上,上海积极促成整个城市的公社化,里弄居民也被更加广泛地组织到集体劳动、集体生活和社会服务活动中去。据统计,截至1961年12月,在城市人民公社的组织下,参加街道工业生产的人口共有45 692人,参加里弄工业生产的有130 153人;办有公共食堂1 578个,从业人员70 262人;幼儿园、托儿所、哺乳室共1 724个,从业人员16 498人;组织服务组5 002个,从业人员23 141人③。部分里弄90%以上有劳动力的居民参加了社会生产劳动,出现了"村无闲户,户无闲人,户户忙生产,人人勤劳动,事事有人管,个个忙学习"的局面④。

全国范围内的城市人民公社化运动并不是同步发展的,就在上海公社化的过程中,一些早已实现公社化的城市却已经出现了失控局面。鉴于此,1960年8月10日,中共中央发出指示:"城市人民公社的公共食堂和社办福利事业,要分期分批地逐步发展,不要一下子发展过多,以免增加粮食和副食品的供应。"⑤9月3日,中共中央批转了关于"城市人民公社一般应暂时停止发展"的建议⑥。从1961年开始,以"整顿、巩固、充实、提高"为方针的国民经济计划展开,中国共产党的工作重点转

---

① 苏风:《里弄新竹枝》,载《新民晚报》1958年11月2日。
② 《关于积极准备条件建立城市人民公社的工作规划(草稿)》,1960年,上海市档案馆,A20—1—28。
③ 《城市人民公社组织情况统计月报》,1961年12月,上海市档案馆,A20—1—38。
④ 《组织起来好处大,集体生活乐无穷》,载《新民晚报》1960年4月17日。
⑤ 《建国以来重要文献选编》第13册,中央文献出版社1996年版,第524页。
⑥ 李国忠主编:《中国共产党工运思想文库》,中国工人出版社1993年版,第1206页。

移,推动了对城市人民公社的调整。中共中央在《关于当前工业问题指示》中指出:"全民所有制的国营工业和集体所有制的城市人民公社,不能合在一起。已经合在一起的,必须分开。"①按照中央这一指示,国营企业都退出了城市人民公社。抽出公社的经济组织功能,也意味对这一组织形式的否定。此后,现有公社组织每况愈下,一部分"逐渐解体,自行消亡"②,一部分虽然保留着公社的形式,但无论在组织生产还是组织人口数量上远不能和发起时相比。1962年6月底的统计,街道里弄参加生产单位共4 088个,已较年初少了1 539个单位,59 989人③。在1962年的《关于改造街道里弄集体事业的财务管理等若干意见(草稿)》中,有这样的记录:"根据中央和市委'今后城市人民公社一般不再举办工业企业'的指示精神,本市街道里弄组织统办、统管生产、生活等集体事业状况必须改变,今后街道办事处(街道委员会)和里弄委员会不再直接举办生产、生活等集体事业。"④以此为转折,城市人民公社逐渐淡出了上海人民的视野。公社虽然撤销了,但那些曾经在社会生活中发挥作用的,且作为弥补基层组织社会功能不足的设施还保留着,如居民食堂、托儿所、敬老院和生活服务站等⑤。当然,同时保留的还有街道党委及党政一体化格局。

(二) 基层社会管理组织制度的单位化变迁

城市人民公社化运动也是基层社会管理组织单位化变迁的结果。街居组织单位化的过程,实际上是被不断赋予单位要素的过程。在经过两个阶段的组织化建构后,街居组织已经变通地具备了一些单位要素。城市人民公社化运动过程中,街居组织被打造成"政社合一"的组织形式,使得基层管理组织最大限度地接近了正规单位组织,基本上实现了单位化。

首先,所谓"政",其实是基层社会管理中的党政一体格局。

在城市人民公社化运动中,街道开始设立党委,这即是城市人民公社的"政"所

---

① 《建国以来重要文献选编》第14册,中央文献出版社1995年版,第627—628页。
② 王均伟:《对城市人民公社历史的初步考察》,载《当代中国史研究》1997年第2期。
③ 《中共上海市委城市人民公社工作领导小组关于改进和加强街道里弄工作的意见》,1962年7月,上海市档案馆,A20—16—8。
④ 《关于改造街道里弄集体事业财务管理等若干意见(草稿)》,1962年6月,上海市档案馆,A20—1—70—1。
⑤ 熊月之主编:《上海通史》卷13,上海人民出版社1999年版,第62页。

以立足的基础。1960年以来,按照建立城市人民公社的要求,首先对原有的街居组织进行了调整,各街道行政上均成立街道委员会,一般由委员11人到15人组成。街道委员会设主任1人,副主任2到3人①。街道委员会成立后,"调配了大量的干部"②,原来的区人民委员会街道办事处,即予以撤销。在此基础上,根据《关于街道(公社)组织形式和编制员额的暂行规定》的规定:"各街道均成立党委会,委员名额一般为9人到13人。党委设书记1人,副书记2到4人。"③按照这一规定,全市街道党建工作即行开展起来。

早在1958年下半年,各区就以街道办事处为单位建立了党支部。1960年4月,应设立街道党委要求,街道办事处党支部改建为街道党委。街道党委建立后,发展了大批党员。以卢湾区为例,1958年前,该区只有117名党员(其中机关干部和民警党员就有54名),而1961年发展到812名④。截至1962年,全市12个市区共建立100多个街道单位,街道党委有99个,街道办事处(街道委员会)有100个,里弄委员会928个。99个街道党委共领导936个支部,共有党员8 748人。其中,仅里弄支部有764个,党员就达6 145人⑤。

街道党委的设立以及里弄党建工作的大力开展,进一步加强了公社和国家政权之间的关联,公社(即街居组织)实际上被完全统合进国家的政权体系。此后,公社就成为政权组织的基层单位,它行使上级规定的一切行政职权,还直接对公安派出所以及街道妇女、共青团工作等进行统一领导。这样,中国共产党、共青团、妇联等组织与街道行政系统就构成为一种嵌入式的结合,其中,中国共产党的组织系统是核心,党政一体格局确立,基层社会管理体制就具备了单位制度的第一要素。

其次,社的形式以及功能变迁。

"社"是通过调整街道办事处和居民委员会两级行政组织而形成的。公社化过程中,原区一级政府(街道办事处)改为"人民公社",另成立的"分社"其实就是扩大

---

①③《关于街道(公社)组织形式和编制员额的暂行规定(草稿)》,1960年5月,上海市档案馆,A20—1—17。

②《为实现上海城市人民公社化的伟大任务而斗争》,载《文汇报》1960年5月14日。

④《街道里弄工作(1958—1961)三年总结(草稿)》,上海市档案馆,A20—2—14—57。

⑤《上海市妇女工作机构及干部配备问题各区街道党委贯彻执行情况的报告》,上海市档案馆,A20—2—11。

了区划的居委会,"分社"是"公社"的下级单位。上海将居委会的名称改为里弄委员会(简称"里委会")作为公社的分社。与原先的街道办和居委会相比,社和分社的管辖范围大为扩大,而上海此类组织规模更大。据全国总工会党组的统计,到1960年7月底,在全国190个大中城市里,平均每个公社的人数为5.1万余人①,这样调整的目的是为了造就一个"大"的形式,从而为集体化奠定基础。在"大跃进"前,上海地区街道办事处平均人口只有3万多人,当时的10个市区(包括浦东城市地区)在1957年10月为止共有193个街道办事处。"大跃进"后,全市加上闵行、吴淞在内12个区街道办事处减少为100个。上海人口原本就多,而街道办事处设置又减少,使得街道办事处所辖人口激增。据统计,全市范围之内的街道办事处所辖人口平均为6万人左右,少数过大的达八九万人,甚至还有高达12万人的街道②。"大跃进"前,上海共有2 300多个居民委员会,居民委员会范围内一般有500户左右,"大跃进"之后合并成为940多个里弄委员会③,范围一般扩大为1 500户左右。1962年时,里弄委员会户数在1 000户以下的只占里弄委员会总数的16%;1 000—1 500户的占58%,1 500—2 000户的占21%,2 000户以上的占5%④。

  区划的调整虽使公社组织与以往的街居组织相比有了诸多差别,但这只是形式上的。一直以来,与标准的单位相比,街居组织都存在一个很大的缺憾,就是它不能与单位一样为组织成员提供固定就业和稳定的福利。公社组织最实质的变化是,它从此开始承担起经济生活的组织功能。中国共产党八届六中全会通过《关于人民公社若干问题的决议》,决议提出:"城市中的人民公社,将来也会以适合城市特点的形式,成为改造旧城市和社会主义新城市的工具,成为生产、交换、分配和人民生活福利的统一组织者,成为工、农、商、学、兵相结合和政社合一的社会组织。"⑤为了将公社打造成经济组织,从1958年开始,上海就陆续在里弄中建立了各种形式的生产组织。国家通过赋予公社以管理经济组织的功能,使基层社会管理组织的

---

  ① 北京市海淀区档案馆,全宗1,目录112,案卷127,第14页。转引自李端祥:《城市与农村人民公社化运动比较研究》,载《当代世界与社会主义》2004年第5期。
  ②④《关于街道里弄工作的若干情况》,1962年7月,上海市档案馆,A20—1—68。
  ③ 钟民:《为实现上海城市人民公社化的伟大任务而斗争!》,载《文汇报》1960年5月14日;《关于街道里弄工作的若干情况》,1962年7月,上海市档案馆,A20—1—68。
  ⑤《建国以来重要文献选编》第11册,中央文献出版社1995年版,第600页。

单位化程度获得了一次"大跃进"。最终,通过确立党政一体格局和赋予公社组织经济活动的功能,基层社会管理组织基本上实现了单位化。

"政社合一"的组织制度一经确立,即全面接管了基层社会生活的一切事宜,表现出"全能型的自治组织"的架势①。在设置上,公社组织配有生产、生活、文教和政治专职书记,在党委下按集体事业几个方面设立了生产、生活、文教、秘书、财务等组。在之后建立的街道委员会、街道党委会下的若干组织机构,也都是按照这一模式建立的。党委会的职能机构设置也即是街委员会的行政职能机构,从而"形成了'两块牌子一套人马'的组织机构"②。

(三) 公社的单位化运作

在里弄委员会尚未建立之前,街居组织就已成为里弄居民参与一切领域活动的主要组织者。此时它距离标准单位组织还有较大的差距,其调控效果始终和单位难以相提并论。城市人民公社化运动中,街居组织完成了单位化建构,政府开始以此为调控单元对基层社会进行调控。正因为如此,这种调控规模也是空前的,以至于公社竟表现出连标准单位制度都不曾具有的激进色彩。

由表 4-1 来看,上海城市人民公社的组织活动实际上包括了两个层次:第一个是将里弄居民纳入公社组织。表中所指的"里弄居民"是有特别限制的,即"16 周岁以上的里弄居民,不包括国家机关、工厂企业、公办事业单位等在职职工和合作商店等集体经济单位人员以及在校学生"③。第二个层次是将组织成员进行再组织,也就是对"应组织劳动力"的组织。公社把"应组织劳动力"这一范围限定为:女 16 岁至 55 岁,男 16 岁至 60 岁具有劳动力者,以及虽超过或不足上述年龄但已实际参加里弄劳动的人员。由表 4-1 看,1961 年 6 月,应组织劳动力为 639 924 人,已组织劳动力为 496 472 人,占到应组织劳动力的 77.6%。另据 1960 年 4 月份的统计,当时里弄居民总数为 1 084 044 人,城市人民公社预备组织的劳动力为 612 016 人,已组织的劳动力为 128 071 人,占应组织劳动力的 66.7%④。

---

① 参见王邦佐编著:《居委会与社区治理:城市社区居民委员会组织研究》,上海人民出版社 2003 年版,第 21 页。
② 《关于丽园街道委员会性质任务的调查报告》,1961 年 3 月,上海市档案馆,A20—1—59。
③④ 《上海市统计局关于城市人民公社组织情况统计月报》,1960 年 5 月,上海市档案馆,A20—1—23。

表4-1 上海城市人民公社月报主要指标变化情况表(1961年6—12月)

(单位：人)

组织项目 \ 月份	6月份	7月份	8月份	9月份	10月份	11月份	12月份	12月与11月比较	12月份与6月份比较
应组织劳动力	639 924	634 242	631 784	629 378	626 557	623 935	628 288	4 353	-11 636
已组织劳动力	496 472	493 207	485 660	481 464	473 233	461 173	426 595	-34 578	-69 877
一、参加生产人数	368 761	365 096	394 449	350 744	342 592	331 446	298 862	-32 584	-69 899
1. 街道里弄工业从业人数	283 609	281 980	278 806	271 850	264 572	256 414	242 033	-14 331	-411 526
2. 农副业生产从业人数	2 095	2 264	2 464	3 724	4 317	4 538	4 191	-347	2 096
3. 街道运输队人数	125 508	1 264	11 184	10 750	10 377	10 861	9 878	-983	-2 630
4. 街道建筑队人数	—	—	2 783	3 194	4 005	4 432	6 402	1 920	6 402
5. 参加临时性突击劳动者	70 549	68 244	59 212	61 226	59 121	55 151	36 308	-18 843	-34 241
二、参加集体生活服务工作人员	102 958	103 334	103 427	102 986	102 180	101 244	100 633	-611	-2 325
三、参加文化教育卫生工作人员	16 031	16 071	16 772	17 025	17 096	17 332	17 298	-34	1 267
四、经常参加里弄工作,小组长以上干部	8 722	8 706	8 542	8 516	8 573	8 300	7 801	-507	-921

第四章 基层社会管理体制发展过程中的失误(1958—1962)　227

续　表

月份\组织项目	6月份	7月份	8月份	9月份	10月份	11月份	12月份	12月与11月比较	12月份与6月份比较
五、培训人员	—	—	2 463	2 193	8 226	1 717	7 001	-608	1 109
六、下放人员	—	—	—	—	766	1 126	892	-234	892
尚未组织的劳动力	143 452	141 035	146 124	147 914	153 324	162 762	201 693	38 931	58 241
托儿所,幼儿园哺乳室	3 653	3 371	2 943	2 845	2 661	2 263	2 253	-110	-1 400
入托入园儿童数	377 202	363 306	326 055	309 548	304 265	292 290	280 466	-11 824	-96 737
食堂个数	3 262	3 073	2 893	2 738	2 649	2 573	2 491	-82	-771
参加搭伙人数	1 556 264	1 597 302	1 673 364	1 610 685	1 534□32	1 274 260	1 367 675	-93 415	-188 571

注:"□":原件模糊不清。
资料来源:《中国共产党上海市委员会城市人民公社工作领导小组(通知)》,上海市档案馆,A20—1—34。

从表4-1看,社员活动主要涉及以下几个方面:① 参加生产,包括参加街道里弄工业、农副业及饲料收集、街道运输队、街道建筑队以及参加临时性突击劳动。其中街道工业数量最多,吸引的劳动力也最大。② 参加集体生活的服务工作。集体生活服务工作主要是指,参与当时开办的公共食堂、托儿所、幼儿园、哺乳室以及社会服务组等,这些组织涵盖了社会生活的方方面面。③ 参加文化教育卫生工作。④ 经常性地参加里弄工作会议。⑤ 参加围垦。⑥ 参加儿童入托活动和参加公共食堂的搭伙。

按照参加组织活动的性质,以上社员的活动又可以归结为三大类。第一类:参加生产活动的,即表中"一"的内容。这在当时而言,也是城市人民公社化最重要的使命。刘少奇在河南考察城乡人民公社时就曾提出:"使社会上所有劳动能力的人都进行劳动,特别是体力劳动。每个人都应当担负起力所能及的劳动。……每个人都参加体力劳动的重要意义,毛主席说过,马克思、恩格斯也都指出过,这是过渡到共产主义的一个必要条件。"①第二类:参加生活服务劳动的,即表中"二、三、四"的内容。第三类:参加集体活动的,即培训、入托、搭伙等。后两类组织活动虽不同于生产活动,但它们却是城市人民公社化程度高低的主要指标。从表4-1看,尚未组织的劳动力只有1/5左右,说明通过城市人民公社这一单位化的组织形式,上海里弄居民已经广泛地参与到各种公社生活中,基本实现了单位化。综合以上内容可见,城市人民公社组织在运行过程中具有以下特征。

1. 街道里弄工业化

动员全社会的力量来建设社会主义是中华人民共和国建立之后,政治动员的一个重要内容,而全民办工业是社会主义建设的基本方针②。城市人民公社化运动中,组织经济活动就成为公社的主要工作。里弄委员会秉持这一指导思想,一是根据上海工厂较多,劳动潜力较大的特点,在街道大量举办为工厂企业服务的加工生产,这也是里弄生产的重点。截至1960年5月,全市共举办了9 400个里弄生产组

---

① 《少奇同志在河南视察时具体阐述过渡到共产主义的几个条件》,载《人民日报》1958年9月24日。
② 《技术革命文化革命两大高潮席卷全上海,大办城市人民公社的高潮即将到来》,载《文汇报》1960年5月14日。

第四章 基层社会管理体制发展过程中的失误(1958—1962)

织,参加劳动的居民共 240 000 人①。二是组织劳动预备队,以应付工厂企业、基本建设、交通运输部门的某些季节性、临时性、突击性生产任务。早在 1959 年,里弄居民就被组织起来参加了修建公路、铁路和市内运输等临时性的劳动,共做了 400 多万个劳动日②。由表 4-1 看,1961 年 6 月参加临时性突击劳动者已达 7 万多人。通过这两种形式,街道里弄实现了工业化:一方面,原本为市民居住、生活环境的里弄转变为一个个巨大的生产场;另一方面,里弄居民由无业或者以杂业为生的人口转变为工业劳动人口。

2. 生活集体化

生活集体化是指,人们的社会生活都被纳入集体生活的形式中,个人的、家庭的独立行为消失。简而言之,里弄"居民们在大食堂吃饭,把孩子送到托儿所,自己安心参加生产"③。生活集团化最突出的特点是人们广泛地参加公共食堂。公共食堂被认为是"巩固社会主义的阵地"和新生活的桥头堡④。之所以有这样的认识,是因为中国共产党认为,"由于家庭妇女长期以来过着一灶一户的分散的个体生活,这种生活方式养成她们落后狭隘的风气,把她们组织起来的过程也就是先进和落后、个人主义和集体主义两种思想斗争的过程,是一个深刻的变革"⑤。因此,要进入共产主义社会,就首先要打破这种日常生活模式。为此,政府积极引导居民走向集体化生活,对于市民的迟疑,组织者更是反复告诫:"食堂是干不干社会主义的分水岭。"⑥ 到 1960 年 6 月,全市已有 3 280 多个大小里弄食堂,有 130 万多人搭伙⑦。年底,全市搭伙人数已达 160 多万人⑧。当然,集体就餐并不是生活集体化的全部。除了食堂搭伙之外,较大规模的集体生活还有孩子入托。早在 1960 年上半年,里弄托儿所就已发展到 4 200 多个,收托儿童达到 30 万人⑨,1961 年,收托儿童的数字

---

① 《上海在建设社会主义新城市的道路上进入新的里程,广大里弄居民积极组织起来走集体化道路》,载《文汇报》1960 年 4 月 2 日。
② 钟民:《为实现上海城市人民公社化的伟大任务而斗争!》,载《文汇报》1960 年 5 月 14 日。
③ 《六十年代春色好,组织起来气象新》,载《文汇报》1960 年 5 月 12 日。
④⑥ 转引自高华、黄骏:《1960 年"持续跃进"中的江苏省城市人民公社运动》,载《浙江学刊》2002 年第 5 期。
⑤ 《组织起来万家同乐》,载《文汇报》1960 年 4 月 13 日。
⑦ 《里弄公共食堂大发展、大巩固、大提高》,载《新民晚报》1960 年 6 月 13 日。
⑧ 《郭建同志在上海市第四次妇女代表大会上的报告(摘要)》,载《文汇报》1960 年 12 月 16 日。
⑨ 钟民:《为实现上海城市人民公社化的伟大任务而斗争!》,载《文汇报》1960 年 5 月 14 日。

达到了37万。此外,依托各种组织,里弄居民也经常参加里弄的政治学习和文化娱乐等集体活动。

3. 家务劳动社会化

家务劳动社会化体现了中国共产党"一手抓生产、一手抓生活"的军事化生活理念。从1958年,上海就陆续开始有各种家务劳动服务组织建立。这些组织是按照服务生产的原则建立,其目的是使"占人口总数一半的妇女劳动力"摆脱繁重的家务劳动而投入生产①。在大批家庭妇女走出家庭,参加各种类型社会生活之时,"适应居民生活上多方面需要而举办的生活服务组织"和"里弄公共食堂、托儿所构成了实现家务劳动社会化的一套很好的组织形式"②,也开始在全市范围内推广。1959年年底,全市新发展的家务劳动服务组有500多个,新增服务员5000多人,服务项目少的有10余种,多的有50余种③。到1960年城市人民公社建立之前,全市共兴办了各种服务组织5000多个,服务员有32000人,"成为整个社会服务事业的一个组成部分,有些地区已形成星罗棋布的服务网"④。从表4-1看,在1961年6月,全市仅参加集体生活服务组织工作的人员就有10万余人,较之1960年有了很大发展。

综上可见,街道里弄工业化、生活集体化、家务劳动社会化不仅是城市人民公社化的基本特征,也是公社的基本组成部分。作为基本特征,街道里弄工业化、生活集体化、家务劳动社会化可说是对基层社会管理组织的一种单位化提升。在前面的研究中,笔者认为街居组织经过清理整顿后,已经部分具备了单位的要素。之所以称其为"部分具备",是因为,一方面,很多所谓的单位要素更多是以一种变通的形式表现出来的,如在福利制度上没有实现完全意义上的单位运作,仅仅是一种软供给;另一方面,是因为街居组织确实还有部分要素不具备,如,街居组织还没有形成党政一体格局,也不具备组织经济活动的功能。而城市人民公社化运动中,这些要素一一俱全,就此而论,基层社会管理组织已然实现了单位化。当然,需要注

---

① 《新的苗头》,载《新民晚报》1960年1月6日。
② 《上海在建设社会主义新城市的道路上进入新的里程,广大里弄居民积极组织起来走集体化道路》,载《文汇报》1960年4月2日。
③ 《协助职工安排生活,发扬团结互助精神:上海开展家务劳动服务工作》,载《文汇报》1959年12月4日。
④ 钟民:《为实现上海城市人民公社化的伟大任务而斗争!》,载《文汇报》1960年5月14日。

意的是，公社组织仍然不是真正意义上的单位。当作为城市人民公社的基本组成部分时，街道里弄工业化、生活集体化、家务劳动社会化是公社运作的形式，并体现为一种激进的单位化倾向，因为在"大跃进"前，正规的单位组织也没有达到这样的运作程度。既然不是真正意义上的单位，又表现出如此超前的单位化运作，那么它在实际的运行过程中，是否具有稳定性和有效性就值得怀疑。

（四）过度调控引发的失控现象

事实证明，公社进行的单位式高成本运作，很快就耗尽了仅有的资源，出现衰落迹象。更为严重的是，由于社会调控具有延时性特点，"大跃进"以来所进行的大规模过度调控所产生的内部失衡积聚到公社化终于全面爆发。因此，上海城市人民公社化进行了不到几个月，中央就发出暂停城市人民公社建设的建议①。但过度调控引起的失控却仍然随着惯性发展，持续了好几年，正所谓"树欲静而风不止"。这些失控现象主要表现在两个方面。

1. 失控一：基层社会管理的新困惑

国家曾对城市人民公社抱予很高的期待。它希望通过对这一体制的全面完善，使城市人民公社作为社会调控体系的基层制度发挥高度的社会整合作用。但事实上，城市人民公社并非如设定的那般有效，反而呈现出一种过犹不及、矫枉过正的尴尬。

首先，里弄工作量增加，里弄委员会感到难以应付。城市人民公社化运动中，街道里弄的范围被再次扩大，同时，里弄又开始承担起很多新的功能，日常业务剧增，里弄委员会不堪重负。公社化后，街道里弄新增的工作主要包括以下几个方面：一是组织集体劳动事业的工作；二是有关组织经济生活的工作；三是临时性的任务；四是思想政治工作的任务更加繁重②。街道里弄工作量急遽增加，而里委会职能部门并没有随之扩充，干部也是原有的数量。"大跃进"之前，居委会已是满负荷运作，一旦出现重大任务，各种新工作便应接不暇。而公社化之后，里委会的业务较之以往增加了许多，职能超载的现象更为严重。例如，普陀区锦绣里里委会辖区居民较为集中，人口超过 8 500 人。由于居住条件和卫生设备简陋，区内粪尿横

---

① 早在 1960 年 9 月 3 日，中共中央就批转了关于"城市人民公社一般应暂时停止发展"的建议。李国忠主编：《中国共产党工运思想文库》，中国工人出版社 1993 年版，第 1206 页。

② 《关于街道里弄工作的若干情况》，1962 年 7 月，上海市档案馆，A20—1—68。

流,蚊蝇滋生,为了改善环境卫生,居委会除了常态化的卫生管理,还要持续进行卫生突击活动①。

在繁重的常规管理服务之外,令里委会不堪重负的还有临时性任务。据不完全统计,市区两级机关和企业事业部门向里弄布置任务的约有40多个单位。其中经常给里弄下达任务的,就包括售油、煤、烟、酒,以及瓷器、食品、杂货的商店和菜场共22个单位。有时,一项任务往往不是一次就能完成的,仅以丽园路为例,1962年1月至4月,该路各个里弄委员会共为各部门进行了30多项调查摸底工作②。在此期间,全市各区和粮食、食品行业开展灭鼠节粮活动,里委会不仅要组织居民创新灭鼠技术,还要接受定期检查,参加对口评比和竞赛③。在端午节前,上海市各区的不少地段开展以消灭蚊蝇为重点的卫生突击活动,静安区八个街道办的里委会排查出160多个多蝇处组织拍打④。

其次,里弄委员会管理范围太大,工作效能严重下降。由于里弄委员会的管理范围太大,面临更多的任务,一般干部都不能适应,相应地降低了里委会的效能。原本居委会的组织优势就在于,它扎根于居民中间,能够以最快的速度将政府的政令传达给群众,也能及时把了解到的群众动向反映给政府。里弄委员会辖区的扩大,使得这一优势荡然无存,正如部分里弄干部所反映的,"过去居民委员会范围比现在小,同居民接触多,情况容易掌握,开展工作也便当一些,现在,里弄委员会范围大,同居民接触少,在里委会和居民小组之间还增加了一个'块'的层次,开展工作不如过去便当,掌握情况也不如过去及时和深入"。由于居委会和居民的联系渐渐减少,里弄工作开展起来远不如以往顺畅,工作效能下降甚至不能维持。据静安区的调查,该区72个里弄委员会中,工作较差、不能独立工作的有29个,占到40.28%⑤。

实际上同样的情况早在1954年的里弄整顿前就出现过,为此在当年的里弄整顿过程中,缩小街居组织区划是作为组织重建的重要内容来进行的。然而,城市人民公社化运动中,组织部门完全忽略了这一问题,结果把整顿后已恢复到1952年前

---

① 《锦绣里一年来卫生、积肥结合紧》,载《文汇报》1961年8月20日。
②⑤ 《关于街道里弄工作的若干情况》,1962年7月,上海市档案馆,A20—1—68。
③ 《交流灭鼠技术,开展灭鼠节粮活动》,载《文汇报》1962年3月31日。
④ 《扫荡蚊蝇,打扫环境》,载《新民晚报》1962年6月6日。

第四章 基层社会管理体制发展过程中的失误（1958—1962）

的街居区划再一次扩大,导致基层社会管理组织与群众的脱节。为了修正里弄工作,把里弄工作"搞得更出色",各区采取各种办法,譬如举行经验交流会、训练班等。其中,普陀区举办的里弄干部训练班参加者为全区106个里委会的1 600多名干部,培训不仅旨在提高里弄干部的思想认识,也为了改进工作方法①。

最后,基层党委及其权限"不适当"的扩大,加深了里委会与居民的矛盾。一方面,街道党委建立之后,迅速向基层社会拓展权力。在卢湾区的812名党员中,有48人是里弄支部正、副书记,73人担任里弄主任,73人担任妇女主任,422人担任生产组长或者生产工场场长,141个担任食堂主任,110个担任托儿所、幼儿园主任,19人担任民办小学校长②。即几乎所有的党员都担任职务,而几乎所有的重要职位也都为党员所担任。这样,"街道范围内党政大小事务,实际上仍由党委直接抓,许多事情都由党委出面"。另一方面,基层党支部建立之后,在公共事务之中体现出党统一切的趋势。"街道党委和街道委员会,二块牌子,一套机构","具体行政工作都依赖党委"③。

据对典型案例的调查,根据各部门成文不成文的规定,居民平时要里弄委员会出具的各种证明共有62种之多。其中,财贸部门的有31种,占50%,其余是政法、文教、市建、交通、农业等部门的。例如,青年宫举办的各种学习班、训练班和讲演报告活动,各区青年需要持街道、里弄组织介绍信索票或报考④。"从生(遗失出生证)到死(居民病亡),从吃到用,从办婚事到办丧事,从处理一只死猪到购买一点猪药,以及申报户口,减免医疗费用,调换房屋,购买船票等等"⑤,可以说基层党委"掌握了处理许多有关居民生活问题的大权"⑥。一个里弄往往有好几个主要干部管这项工作,从早到晚,"门庭若市""应接不暇"⑦。群众办事诸多不便,多有怨言,也常常绕过组织行事。因此,从表面上看,似乎居民生活的一切都统一到街道党委的领导下,但实际上"街道党委会的组织作用没有充分发挥,相对地削弱了党委的领导"⑧。

从各种文件来看,以上出现的问题也为政府组织部门所觉察。政府之所以没有刻意回避这些问题,说明政府对城市人民公社化运动以来的基层社会管理并不

---

① 《把里弄工作搞得更出色》,载《新民晚报》1963年11月21日。
② 《卢湾区街道里弄工作总结(草稿)(1958—1961)》,上海市档案馆,A20—2—14—57。
③⑥⑧ 《关于丽园街道委员会性质任务的调查报告》,1961年3月,上海市档案馆,A20—1—59。
④ 《青年宫举办多样活动》,载《新民晚报》1962年7月14日。
⑤⑦ 《关于街道里弄工作的若干情况》,1962年7月,上海市档案馆,A20—1—68。

满意。

2. 失控二：经济组织活动的全面危机

首先，里弄街道工业化，完全忽略了城市经济的特点，不仅自身难以为继，而且加剧了城市经济的困难。城市人民公社化运动开展以来，两股"风"盛行，其一是"共产风"，表现为：一是公社"共"街道居民的产。许多街道工厂是白手起家，其设备、厂房是居民无偿奉献出来的。二是"共"国家的产，社办工业要求国营企业无偿支援材料、设备、技术人员和资金等。三是国营企业的"一平二调"，不执行等价交换的原则，无偿占用农村土地、劳动力和其他财物。在公社化过程中"有的事业办的多了，一些不适宜里弄办的也办了"，同时，在原料、基本生产技术和设备都不具备的情况下，兴办起来的工业大多是低水平的加工生产组织，不仅占用了工厂正常的工房或居民的住宅，且出现和正规单位争原料、争资金的情况。其二是高指标、浮夸风盛行。街道里弄工业普遍缺乏专门技术，却又极力追求速度，结果"浪费了人力和物力"，使严峻的工业发展形势雪上加霜①。与此同时，"浮夸风"的盛行使上海原本就存在缺口的能源、原材料十分紧张，1960年5月下半月起，上海各棉纺织厂因原料缺乏和电力供应不足而陆续停工②。

其次，城市人民公社所倡导的生活集体化，导致了物资供应的紧张。生活集体化是一种高成本的组织化方式，而城市人民公社化运动时期兴办的里弄工业根本不足以支持各项集体福利事业的正常运行。到1960年下半年，城市粮食供应已日趋紧张。胡乔木在1961年后给毛泽东的一封信中，道出了城市人民公社的某些实情："由城市人民公社办的实际上强迫参加的，城市居民食堂的情况，其严重程度，不下于农村。"③公社创办"公共食堂"之初，就号称"敞开肚皮吃饱饭"，浪费粮食的现象严重。另外，"大跃进"后就业人口不断增加，工商行业用粮增长幅度较大，使得上海粮食库存几乎被挖空，出现脱销的危险。1960年上海实际销售粮食173 018万公斤，比包干计划超销17 324万公斤，全年支出大于收入，挖用国家库存4 905万公斤。与此同时，1960年上海纺织工业产值比1959年下降20%，食品工业下降

---

① 《关于改进城市人民公社工作的意见(初稿)》，上海市档案馆，A20—1—15—46。
② 江怡主编，《中共上海党志》编纂委员会编：《中共上海党志》，上海社会科学院出版社2001年版，第257—258页。
③ 胡乔木：《胡乔木给毛泽东主席的一封信》(1961年5月8日)，载《建国以来重要文献选编》第14册，中央文献出版社1996年版，第321、322页。

11.8%。郊区农业生产亦再次受到破坏,粮食总产量1959年比1958年减产5.9%。棉花总产量1960年比1958年减产38%,林、牧、副业产值亦都下降,市区居民蔬菜的日供应量从一斤锐减至二两①。到1960年下半年,上海的经济发展同全国一样,已难以为继了。终于,城市人民公社的乌托邦色彩开始从城市中逐渐褪去②。

最后,城市人民公社某些组织原则也引发了一系列问题。城市人民公社化运动是为了适应快速实现工业化的需要而发起的,在组织上,它的发起很大程度上是为了发挥两个作用:一是实现了对城市妇女等闲散劳动力的统一调度;二是把里弄居民所创造的财富集中起来为国家的工业化建设服务。但这两个组织原则本身就引起了各种问题,它们的存在一直牵绊着公社的发展。如,由于片面强调妇女的组织程度,要妇女全面参与各种生产活动。有些工作体力劳动过重,或高空、高温作业,不适应妇女的心理、生理特点,结果带来一些意想不到的后果。有些妇女参加长途运输,装卸过重,经常发生撞、跌、压伤事故。仅据延安西路四个街道运输队的调查,从1960年到1961年两年时间里,四个运输队发生事故83起,伤79人。有些妇女因疲劳过度,在运输过程中流产③。再如,为了提高街道里弄工业的积累程度,城市人民公社也实行工资制。当时国家工资制有两种形式:一是原有工厂、企业、机关、学校的干部与职工(社员)仍按原国家的工资制度进行分配;二是公社新办工厂(即卫星工厂与街道工业)里的社员也开始实行工资制,城市人民公社对非单位人最大的诱惑莫过于此。由于进入公社可以享受到类似于单位人所享受的一些待遇,如工资、各种福利等,因此,很多非单位人积极入社。在一段时间里,情况的确如传说中的那样:进入公社的里弄居民,"工作有工厂,吃饭有食堂",社员的生活也确实发生了重大改变。但在实际分配中,生产能力原本就受到质疑的街道、里弄工业扣除为公社上缴的积累资金后,所剩余的物质财富就实在有限,而共产主义的分配方式在这时也体现为一种平均主义倾向。结果是,一方面,这些社员的工资普遍低于国家同工种工人的工资水平,即低于25元,部分街道里弄工人只有5元的工资,根本不足以维持生活。另一方面,尽管工资很低,但这些社员享受的工资待遇

---

① 江怡主编,《中共上海党志》编纂委员会编:《中共上海党志》,上海社会科学院出版社2001年版,第257—258页。
② 高华、黄骏:《1960年"持续跃进"中的江苏省城市人民公社运动》,载《浙江学刊》2002年第5期。
③ 《关于城市人民公社工作的基本情况和问题(草稿)》,上海市档案馆,A20—1—15—35。

基本上没有间断过,"三年困难时期"也是如此。有些事业亏损,仍然发原来的工资,社员对公社的依赖性越来越大,而生产积极性却在降低。里弄干部将此概括为"三靠":生活靠生产,收入低的单位靠高的,手脚慢的靠手脚快的①。"三靠"不仅增加了公社自身的经济负担,也使公社的经济效益严重下滑,与发动公社的初衷完全背离。

(五) 城市人民公社的"不了了之"

城市人民公社自身的体制缺陷将其推向了不归路。从表4-1看,在1961年后半年的统计中,城市人民公社组织化程度的几项重要指标,在历时状态下呈现了一种下降趋向。其中,已组织劳动力人数,12月与11月相比少了34 578人,与6月份相比少了69 877人。参加食堂搭伙的人数,12月与11月相比少了93 415人,与6月份相比少了188 571人。这一情况,早在上海城市人民公社化的第一年就出现了。1960年11月,人民公社已组织的劳动力人数为461 173人,比上月少了1 206人。参加集体生活服务组织的情况是,食堂个数比上月少了76个,工作人员少了709人,搭伙入托人数已然减少了73 742人②。而相比较6月份则下降得更厉害,"从几项主要指标来看,组织起来总人数去年(1960年——笔者注)12月较6月减少了36.7万人,食堂搭伙、半搭伙人数减少了30万人左右,托儿所、幼儿园儿童人数减少了9万人左右"③。如此看来,从筹备一直到发动、运行,相比较宣传口号和组织力度,上海城市人民公社化运动的发展状况实在有些不尽人意。这种情况也令市府困惑不已:"从近几个月的统计情况看来,数字变动很大,特别是12月(1961年——笔者注)份的统计数字比11月份继续有着较大的下降,仅徐汇、闸北二区即比11月各减少了5 000多人,亟须弄清真相,查明原因。"④

那么究竟是什么导致了城市人民公社化运动的低落呢?很多研究都把它们归结为前文提到的几种失控表现。这实际上是在用结果来解释原因,本书认为,城市人民公社化运动失败的主因有两个。

其一,农村人民公社存在的合理性令人质疑,由此而衍生出来的城市人民公社

---

① 《关于城市人民公社工作的基本情况和问题(草稿)》,上海市档案馆,A20—1—15—35。
② 《城市人民公社组织情况统计月报》,1960年11月,上海市档案馆,A20—1—23。
③④ 《中国共产党上海市委城市人民公社工作领导小组(通知)》,1961年,上海市档案馆,A20—1—34。

化运动自不待言。

农村人民公社化运动兴起的原因在于人们对于合作组织高效率的迷信。那么,中国的农业合作组织是有效率的吗? 尹钛的一份研究提供了否定的回答①。笔者也认为,单纯以同期的经济发展指标来断言合作组织的高效率是草率的。很多现有研究都证实了这一点。一个公认的观点是: 中华人民共和国成立之初国民经济的增长很大程度上是两个方面的原因造成的: 一是政权更迭之初,生产力得到了巨大调整,必然促进社会经济的发展,这样的例证几乎在帝制时代的任何一个新王朝的前期都会出现,甚至南京国民政府的黄金岁月——南京十年——也脱不开这样的联系。二是政府的巨大投入。"1949年后的最初8年中,总投入要素生产率的提高可能是工业生产增长的一个重要源泉"②。农村的情况自然也不例外。然而,这样的一个玄机对于一般只看增长率的人来说是难以洞悉的:"合作化的进程在其初始阶段无疑是成功的。它没有遭到农民的有力抵抗,进行得相当平缓。尽管在1952年到1958年间,人口增加了14.8%,但以1952年价格衡量的农业总产值增长了27%,在同一时期谷物产出增长了21.9%。"③而的确,在第一个五年计划期间,中国的农业经济不仅得到了恢复并且是得到了长足的发展。这足以鼓励沿着社会主义道路摸索前进的共产党人作出进一步的选择——农业集体化。合作组织的高效率是进行人民公社化运动的前提,如果假设是错误的,那么它的推论也断然没有合理性可言。无独有偶,当时国内"从1956年下半年到1957年春,一些城市和农村先后发生少数工人罢工、学生罢课、农民闹退社、分社以及上京告状等事件"④。然而,在当时,这一现象被简单地当作部分别有用心的人的政治攻击,被以政治运动的形式压制了下去,并没有当作一个经济问题来重视。这样,对集体化唯一的、还能算得上能够引起注意的质疑也被消弭了。没有反对的力量,使得农村集体化愈

---

① 尹钛:《合作组织的效率: 1952—1957年中国农业合作化运动的评价》,http:// www. csdn618. com. cn/ century/ zhoukan/ zhonguoyanjiu/ 0204/ 0205171010. htm。

② [美]吉尔伯特·罗兹曼:《中国的现代化》,国家社会科学基金"比较现代化"课题组译,江苏人民出版社2003年版,第299页。

③ 转引自尹钛:《合作组织的效率: 1952—1957年中国农业合作化运动的评价》,http:// www. csdn618. com. cn/ century/ zhoukan/ zhonguoyanjiu/ 0204/ 0205171010. htm。尹钛认为农民的不抵抗也是因为抵抗的成本远远超过了服从的,到了最后,完全是一种进退两难的境地。由于生产的增长掩盖了合作化运动对农业生产的破坏作用,反而造成合作社促进农业生产这一假象。

④ 王明图:《毛泽东的忧虑: 固权安邦·拒腐防变的理论与实践》,河南人民出版社1993年版,第136页。

行愈远,而城市人民公社就是在这种想当然的成功案例基础上发起的。

更为荒诞的是,新政府对发动城市人民公社化运动也没有十足的自信。1960年3月9日,中共中央做出了《关于城市人民公社问题的批示》,中央认为对于城市人民公社的组织试验和推广,应当采取积极的态度。但同时也提醒:"今年一年内,城市人民公社还在试办阶段,各地报纸可以登载组织街道生产、组织集体福利事业的消息以外,关于组织城市人民公社的消息都不要登报,也不要组织群众性的庆祝游行。在北京、上海、天津、武汉、广州五个大城市,也不要在一个时期挂上人民公社的牌子。但是一切有关城市人民公社的实际工作,都应当放手发动群众去进行。"①这说明,对于在我国经济文化的中心——城市——搞人民公社化运动,中共中央也是患得患失,没有十足的信心。明知道不可为而为之,一方面,是因为中国共产党的领导人很想毕其功于一役,即通过调整生产关系获得生产力的大发展,从而弥补两者之间存在的巨大鸿沟。另一方面,在"大跃进"浮躁的空气里,也很难保持头脑的清醒,因为具体实施者的任何理性都可能被认为是迂腐和危险的从而受到责难。"一万年太久,只争朝夕"的狂热超越意识扩散到每个国民头脑中。在这一过程中,空想的乌托邦逐渐融于现实生活之中,整个社会都处于这种亢奋的"实现共产主义"的气氛之中,城市人民公社化运动就是在这样的氛围中产生和发展的。

其二,社会调控体系的过度调控。

从城市人民公社化运动后期来看,它选择一种悄无声息的退出方式,以至于让人很难把握具体时间。不同于以往的是,城市人民公社化运动过去之后,政府并没有再进行组织重建工作,而是将基层社会管理退回到原有的街居组织形式(当然不是完全退回)。"退回"本身说明政府已然意识到城市人民公社化运动产生了过犹不及的后果。以下是政府部门对城市人民公社化运动过程中存在问题的部分调查:① 对各项事业都是以里弄委员会为单位,采取了统管统包、统负统亏的做法,影响了群众积极性的发挥。结果在领导上增加了工作量,引起忙乱现象,领导工作也变为被动。② 创办了某些不适宜街道里弄居民举办的有毒、有害的工场和生产

---

① 《中共中央关于城市人民公社问题的批示》,载《建国以来重要文献选编》第13册,中央文献出版社1996年版,第59—60页。

自救组织,"造成了集体与全民和个人关系上的矛盾"①。③ 出现无偿占用全民和居民个人的财物的现象。④ 对家庭妇女的特点考虑不周,分工不合理②。当然,这种分析也仅仅在现象层面上。

本书认为,这些问题是政府对社会实施过度调控从而引起的失控现象,或者说是一种单位制度泛化的结果。出于重构社会调控体系的目的,对整个城市社会进行单位化本身无可厚非。然而,城市人民公社制度和单位制度虽然同处于一个社会调控体系之中,但两者毕竟还存在很大的差距,单纯地为了追求一体化,而忽视调控路径和方法的适用性,结果必然是调控过度,引起失控。

社会资源总量处于明显贫弱的情况下,国家必须通过权威对资源的强制提取和再分配来满足现代化的需要,但社会调控的体制和程度取决于社会资源总量的大小。单位是适应于国家对资源的提取和分配这一需要而产生的。单位作为国家政权的一部分,直接承担着汇聚资源和供给公共产品的功能,国家权力就是通过单位作为中介实现对资源的再分配,达到对社会有效调控的。国家不断提升街居组织单位化的原因也在于此,但问题是,即使是单位化程度极高的城市人民公社,它仍然不是真正意义上的单位,它所掌握的社会资源量虽经不断拓展但依然有限,一些稀缺资源如就业、物化的福利都是非经济组织的街居组织所不能实际拥有的。即便城市人民公社化运动过程中,国家赋予公社经济组织的功能,并拨给它一些自生性资源,但相对于正规单位,这些资源还是极为有限的。在总量上和质量上不能满足要求的资源分配必然导致组织紊乱、失离和无序③。尽管国家可以通过公社对社会资源进行强力提取,却又无法实现有效配置,而仅仅是对这游离状态的资源进行配置本身就足以令公社的管理机构因负担过重而陷入瘫痪状态。当然,并非所有的过度调控都会引起失控,早在"大跃进"之前,在一些领域就出现了过度调控的现象,由于政府采取了有效的防失控措施,过度组织并未造成失控局面,家庭妇女的组织化就是这样一个非常特殊的典型。直到后期,由于社会调控得过于频繁,规模又过大,才使得整个调控陷入失控。

---

① 《卢湾区街道里弄工作总结(草稿)(1958—1961)》,上海市档案馆,A20—2—14—57。
② 《关于改进城市人民公社工作的意见(初稿)》,上海市档案馆,A20—1—15—46。
③ 参见刘建军:《单位中国:社会调控体系重构中的个人、组织与国家》,天津人民出版社2000年版,第63页。

第二节　关于过度调控的探讨：以家庭妇女的组织化为例

从家庭妇女的组织化过程来看，的确存在着过度调控的现象。主要表现为，国家将妇女作为劳动力资源进行提取时，时间过早、规模过大、配置方式不当。这一现象很早就暴露出来，问题在于直到上海城市人民公社化运动正式开始，政府对家庭妇女的过度调控并没有引起严重的失控现象。这其中发生了哪些曲折？防止失控的玄机又在哪里？回答这些问题之前，需要对家庭妇女的组织化过程进行一番梳理。

一、家庭妇女的历史现状

从古至今，社会生活沿袭了一个固有的模式，就是男主外，女主内，在相当长的时间里，绝大多数家庭女主人都充当了纯粹的家庭妇女。雷纳·班汉姆（Reyner Banham）在其著名的"第一机械年代"（the first machine age）的祝词中，赫然把女性定义为家庭妇女，他区分的两种社会性别，即为男人和家庭妇女[①]。这也难怪，从历史上看，妇女确实在绝大多数情况下都担当了一个纯粹的专职家务劳动者的角色，甚至到了中华人民共和国成立之后，要一下改变这种状况也是很难的。

在中国，"家庭妇女"这一概念是在什么年代什么社会背景之下产生，已然无法考究。本书研究的对象是指那些生活在城市中，丈夫是从业人员，其本人从事家务劳动而区别于职业妇女，并主要依靠丈夫和家庭生活的妇女。上海是全国人口最为集中的城市，上海因此而具有一个显著特点，即它的每一个社会群体规模都很大，特别是家庭妇女。据调查，上海从事家务劳动的人口中，妇女所占的比例，1948年为98.26%，1950年为91.25%，分别占当时上海成年女性的60.71%和73.13%，

[①] 雷纳·班汉姆：《第一机械年代的设计与理论》，英国伦敦：建筑出版社，1975年，第10页。转引谢里尔·巴克利：《父权制的产物：一种关于女性和设计的女性主义分析》，林森、丁亚雷译，载《艺术当代》2005年第5期。

人数超过百万①。上海家庭妇女数量大却又深处家庭,十分松散。在以男子为中心的社会分工中,妇女是家务理所当然的承担者。在男女平权的教育中,需强调"家务劳动也是有社会价值的""也是革命工作的一部分"诸如此类的观点②。在1951年发布的"上海妇女界爱国公约"中,就将"搞好家务"列在其中③。

在部分男性的内心深处,妇女充其量只是生育工具。据"五城市家庭调查",上海妇女在民国时期生5胎以上者达54.23%,多的竟生育10胎乃至13胎以上④。受孩子多的拖累,使得很多有为妇女也毫无施展的余地。尽管早在20世纪初,上海妇女出门做工已蔚然成风,但是从人数上看,从业妇女的比例还是相当小的,并且即使是这些为数不多的女职工,其工余时间还是要投入大量的家务劳动上,其生活圈也是相当狭窄的,"抱抱囡囡头、孵孵灶沿头、跑跑水桥头",正是包括上海家庭妇女在内的所有中国妇女日常生活的真实写照。在1950年第一个国庆节的游行中出现家庭妇女队伍,连报道者也发出感慨,"各阶层不同年龄4 000多个家庭妇女能这般摆脱家务",沿路呼口号,"始终不掉队"实属可贵⑤。

除了受传统思想观念的影响外,妇女成为专门从事家务劳动的家庭妇女,又受到社会经济发展水平以及妇女自身文化素养不高等因素的制约。一方面,上海尽管是中国现代化的领军城市,但直到20世纪40年代,除了轻纺等行业外,其他企业中女职工比重并不高。特别是在需要重体力劳动的传统厂矿企业、现代化程度较低的机器工业部门,以及需要较高的专业技术和文化素质的现代金融、行政部门,可供妇女选择,或者允许妇女从事的职业类别并不多,这样,就使得绝大多数妇女只能留守在家庭。另一方面,上海工业化对年轻力壮的男性劳动力的大量需求,使得上海人口性别比例呈现非均衡发展态势,人口性别比失调。1935年,上海平均性别比达143.3,而最高时达290⑥。非正常的性别比不仅进一步恶化了女性就业环境,同时也导致上海人口较低的婚嫁率,造成众多男子无以为偶。结果是,收入较

---

① 荒砂、孟燕堃主编,《上海妇女志》编纂委员会编:《上海妇女志》,上海社会科学院出版社2000年版,第144页。
② 《读者讨论会》,载《文汇报》1951年3月29日。
③ 《妇女界爱国公约》,载《文汇报》1951年7月21日。
④ 荒砂、孟燕堃主编,《上海妇女志》编纂委员会编:《上海妇女志》,上海社会科学院出版社2000年版,第538页。
⑤ 《游行前后》,载《文汇报》1950年10月8日。
⑥ 邹依仁:《旧上海人口变迁的研究》,上海人民出版社1980年版,第122—123页。

高、较为稳定的职员阶层也不得不从农村寻找伴侣,大多数工人更是纷纷转向农村寻找伴侣。而这些外来新娘以文盲为主,进入城市后很难就业,大多成为单纯的家务劳动者——家庭妇女。中华人民共和国的成立,标志着妇女解放进入了一个新的纪元,家庭妇女也迎来一场全新的生活体验。由政府主导下的城市人口组织化拉开了帷幕,即使是家庭妇女从此也不再是组织外的边缘人群了。

二、家庭妇女组织化的动因

中华人民共和国成立初期,政府对家庭妇女进行组织主要是基于以下三方面的考虑。

首先,家庭妇女的组织化是城市社会重新组织这一宏大工程的重要组成部分。"组织是通往政治权力之路,也是政治稳定的基础"①。新中国成立后,为了巩固政权、建立新的社会秩序,中国共产党开始从各个层面对社会实施重新组织。随着组织化的开展,"各种次群体,不论其是地方性的单位、身份群体,还是传统的职业或专业群体,都被纳入一个共同的制度与组织框架之中"②。在基层社会的重新组织中,家庭妇女是一个庞大的存在。而上海是超大型社会,人口特别多,接管之时,上海市的家庭妇女就超过了百万,仅这一数字就远远超过了内地一般中等城市的总人口。"上海家庭妇女约有百万余人,其中不少是失业失学妇女和家庭劳动主妇,必须广泛组织起来"③。从某种程度上说,有效地组织这一庞大的群体,也关乎城市基层社会组织工作的成败。

其次,将家庭妇女组织起来参加国家经济建设,是新政府社会动员的一个重要方面。中国共产党向来重视对劳动者的组织和发动。毛泽东曾说:"中国的妇女是一种伟大的人力资源,必须发掘这种资源"④,只有这样,才能彻底改变"旧社会遗留下来的'生之者寡,食之者众'的不合理的局面,逐步达到人尽其材"⑤。与此同时,

---

① [美]塞缪尔·亨廷顿:《变化社会中的政治秩序》,王冠华等译,生活·读书·新知三联书店1989年版,第427页。
② [以] S. N. 艾森斯塔德:《现代化:抗拒与变迁》,张旅平、沈原等译,中国人民大学出版社1988年版,第13页。
③ 《上海妇代会通过,今后上海妇女工作的决议》,载《人民日报》1949年10月29日。
④ 毛泽东:《中国农村的社会主义高潮》中册,人民出版社1956年版,第675页。
⑤ 《上海十万家庭妇女跨出家庭参加生产》,载《新民晚报》1958年12月2日。

工业化建设对劳动力保障提出了新要求。中华人民共和国建立之初,优先发展重工业的经济战略以及正在开展着的经济建设都需要大量劳动力,调集妇女劳动力成为必然。"我们伟大的祖国已经进入一个新的历史时期,有计划的国家建设已经开始,……在此时期,妇女运动的中心任务是继续教育、发动和组织广大妇女群众,参加并搞好工、农业生产和祖国各方面的建设,充分发挥应有的作用"[1]。因此,新中国成立后,妇女工作的重心直接放在了动员家庭妇女参加生产建设方面。

最后,家庭妇女的组织工作被赋予妇女解放的宏大意义。中国共产党历来重视妇女工作和妇女解放运动,着眼于中国共产主义运动的历史过程,妇女不仅是社会革命的生力军,也是社会革命的特征、意义和成功程度的重要表征[2]。早在根据地时代,中国共产党在倡导男女平等、推动妇女解放方面,就写下了可圈可点的历史。中华人民共和国成立后,上海社会急遽转型。新时期里,妇女工作和妇女解放运动也有了新的内容。在中国共产党看来,妇女的彻底解放是要伴随着全体妇女的组织化而实现的,特别对于作为边缘群体[3](相对于职业女性)——家庭妇女——的组织,更构成了新中国妇女解放的重要内容。在这场全新的解放运动中,广大上海家庭妇女不仅成为重要的动员对象,同时也要求作为自我解放的主体参与其中。"现在全国大陆差不多已完全解放,今后应积极推动生产建设了。我们广大的家庭妇女。应当改变过去的陈旧观念,参加各种生产工作。因为妇女已在政治上获得了解放,与男子完全平等,但在经济方面,还是需要妇女自力更生,首先取得了独立的经济地位,方才能够达到真正的解放的目的"[4]。出于以上种种考虑,新政府成立之后,各级行政部门和妇联就着手进行家庭妇女的组织工作,随着国家社会主义改造运动的开展,这一组织工作也在不断地深化。

从家庭妇女组织化的缘起来看,政府主要想通过社会调控的方式进行三方面的工作:即价值资源的提取与整合、劳动力资源的提取与再分配、城市社会的政治整合,家庭妇女的组织工作就是围绕这三个中心展开的。

---

[1] 转引自潘锦棠:《经济转轨中的中国女性就业与社会保障》,载《管理世界》2002 年第 7 期。
[2] 郭于华:《心灵的集体化:陕北骥村农业合作化的女性记忆》,载《中国社会科学》2003 年第 4 期。
[3] 随着社会主要经济的恢复与工业化的开展,"劳动光荣""劳动人民"这样的主流话语体系也形成了,没有参加社会生产的家庭妇女被迅速边缘化,成为城市社会等级的最底层。
[4] 宋庆龄:《"三八"纪念与家庭妇女生产建设》,载《新中国妇女》1950 年第 8 期。

三、组织的发动

在中国共产党的社会调控活动中,价值资源的提取与整合总是先于其他方面。因此,在组织化建构之前,总是有一个组织预热的活动。从某种程度上来说,观念之革新对于家庭妇女组织工作的重要性,甚至超过了建立组织本身。相对其他社会群体,家庭妇女以文盲、半文盲居多数[1],生活半径囿于一隅,是组织起点极低的社会群体。面对家庭妇女这样的特殊群体,在组织工作中,通常都进行一番组织发动工作,其内容不仅包括思想上的鼓励与启发,还附之以相应的各种支持。

首先,组织家庭妇女参加各种形式的学习,提高妇女的政治思想觉悟。

家庭妇女文化水平较低,要将她们组织起来,首先要提高她们的政治文化素养。为此,各居委会和妇女组织都进行了相关的组织发动工作。"除了上大课,举行通俗讲座,政治训练班,各种座谈会外,更应重视读报组、识字组(文化学习组)、收听广播组的组织,采用以上三种学习形式是提高代表与一般群众的政治认识最好的办法"[2]。市妇联从1949年8月开始创办家庭妇女识字班,起初,一般家庭妇女都不为所动,识字班的负责人就挨家挨户访问动员。到1952年时,全市从无到有、从小到大,建立起118个识字班,计有学员13 484人;识字组908个,计有学员19 054人(内教师1 672人),合计在3万人以上[3]。以蓬莱区码头居委会为例,该居委会组织的一个读书小组经常参加学习的家庭妇女有十七八人。组长本人是文盲,年长的妇女有六十多岁,但从不缺席。学习内容包括市妇联发的《里弄妇女工作》《解放日报》《中国妇女》《上海妇女》《解放》等杂志[4]。学习以讨论的方式进行,并贯彻理论联系实际的方针,以期达到边学习、边提高、边行动的效果。那些从前足不出户的家庭妇女不仅从学习中了解了国家大事、政府大政方针,甚至还了解国际时事、中东局势,政治觉悟有了明显提高。从前常将时间"浪费在娱乐场中与赌

---

[1] 上海妇女文盲占妇女人口60%以上。如杨浦区共有25 000名妇女,不识字的就占了2万人;新成区共有妇女66 685人,文盲28 590人,也占了45%强。这还是文化普及度较好的区。另如闸北、普陀等区妇女文盲要占到90%。(胡毓秀:《家庭妇联怎样组织和领导识字班和识字组的》,载《文汇报》1951年11月2日)

[2] 杨榴英:《巩固组织》,载《文汇报》1951年6月8日。

[3] 《家庭妇女识字班全市普遍建立,两年来获得了很大的成就》,载《文汇报》1952年1月19日。

[4] 《街道里弄妇女劲头足:学政治、谈理论》,载《新民晚报》1958年8月3日。

博图内"的家庭妇女,现在"也愿做一点有意义的工作"①。

其次,消除家庭妇女的后顾之忧,提高家庭妇女自身的素养,为实现家庭妇女的组织化创造条件。

家庭的拖累,使得家庭妇女的组织活动很难出现实质性的进展。在相当长的一段时间里,上海家庭妇女依照"男主外,女主内"的传统,被固着在家庭内,从事家务劳动,生活圈十分狭窄。"如果她们继续受着烧饭做菜、缝缝洗洗和看顾子女等等操持家务的束缚,广泛地吸引家庭妇女参加商业劳动就会成为空谈"②。因此,创造条件,使家庭妇女在一定程度上摆脱家务劳动的牵累,就成了家庭妇女组织工作顺利实施的一个重要保证。对此,上海许多里弄都做了全方位的安排。首先,组织托儿站,帮助职业妇女和多子女的母亲解决孩子牵累的困难,到1955年,全市已有106个里弄托儿站③。随后,公共食堂、幼儿园、哺乳室以及治疗保健站等事业也相继举办起来。其次,举办理发室、洗衣房、修理组、废品回收站以及代办服务处等。其中,代办服务站办理的代办业务就包括代办银行储蓄、邮电,代付水电费,代购邮票等。服务站还开办出售旺煤球、代烧泡饭、倒便桶、编结绒线衣、收拾房舍、接送儿童、服侍产妇、老人、病人以至于代管全部家务等业务。由于集体福利与社会服务事业全面的开展,妇女的家务劳动量大大减轻,家务也得到很好的安排,能够有空余时间参与各种组织,直接或间接地参与各种组织活动。

通过一系列的组织预热或者说发动,家庭妇女对组织化具备了思想基础,解除了思想方面的顾虑,政府各部委的组织工作得以顺畅进行。

四、组织化的建构

组织化的一般过程都是由两个层次组成:一是将对象纳入组织并维持在组织里;一是依托组织进行有组织的活动,家庭妇女的组织过程也是如此。从社会调控的角度看,第一个层次是将家庭妇女纳入调控的单元,第二个层次进行资源的再分配与意志的再整合。

---

① 李之英:《生产部工作概况》,载《文汇报》1950年1月25日,第5版。
② 唐功烈、张家庆:《关于吸收城市家庭妇女参加商业劳动的几个问题》,载《劳动》1958年第19期。
③ 《上海市广大家庭妇女热心参加社会活动》,载《新华社新闻稿》1955年总第1692期。

首先,组建妇女组织。

构建组织载体,并尽可能广泛地把相关成员纳入组织体制内部,这是一切组织活动的基点。上海接管伊始,市、区(县)妇联就把建立和健全家庭妇女组织列入重要议事日程。接管前,上海已有部分妇女组织在活动,如中国妇联上海分会、上海妇联、工余妇女联欢社、妇女生活互助会等。接管后,新成立的妇女组织是新民妇女会、妇女生产协进会、妇女互助社三个团体。1949年8月,在民主妇联的领导之下,上海的6个妇女团体合并成立上海市家庭妇女联合会。该会下设21个区分会,最高权力机关为"全市家庭妇女代表大会",下为家庭妇女联合会报委会,再下面依次为常委会、各区分会、街道支会、里弄小组、组代表。在常委会、各区分会、街道支会又各设组织、宣教、生产事业、妇女福利、妇女服务、总务等六部①。"让每个会员都过经常的小组生活"是家庭妇女联合会的发展目标②。在不到一年的时间里,全市按派出所辖区成立了120个基层组织——家庭妇女委员会,共选出委员1 300余人,总代表6 000人,妇女代表42 900人。这些代表分布在10 009条里弄,联系家庭妇女百万余人③。基层妇代会、妇联等组织建立后,依托于这些组织载体,家庭妇女的意见、动向通过代表向上反映;遇有任务,通过代表会议向委员、代表传达,再由她们传达给周围群众,家庭妇女参与组织生活的平台由此搭建起来。

其次,组织家庭妇女参加各种层次的组织工作。

一是组织家庭妇女参与政治运动,提高家庭妇女地位。中华人民共和国建立后,家庭妇女被组织起来,参与了各种政治生活。1949年10月2日,上海举行庆祝开国盛典,各界妇女参加了上海百万军民大游行,其中就有家庭妇女组织的腰鼓队。1951年,为贯彻中共中央"抗美援朝、保家卫国"的战略决策,家庭妇女开展了妇女界的抗美援朝、保家卫国运动。上海市民主妇联召开上海妇女界抗美援朝代表会议,并成立了市妇女界抗美援朝支会,各区家庭妇女和各妇女团体也相继成立分支会。据不完全统计,1951年"全市家庭妇女共捐献了弹药代金8 000余万元,金

---

① 《共同来参加新社会建设工作,家庭妇女开始组织起来了!》,载《文汇报》1949年8月23日。
② 《一年来的家庭妇女工作——胡绣枫在首届妇代大会上的报告摘要》,载《解放日报》1950年8月29日。
③ 荒砂、孟燕堃主编,《上海妇女志》编纂委员会编:《上海妇女志》,上海社会科学院出版社2000年版,第265页。

饰一批,慰问袋五百多个"①,提前完成捐献飞机计划,捐出"家庭妇女号"飞机六架②。此外,她们还寄出成千封慰问信。在青年工人、学生参加军事干部学校运动中,全市家庭妇女有387人因为鼓励自己的子女或丈夫参加国防建设,获得了"光荣妈妈"和"光荣家属"的荣誉。与此同时,一些家庭妇女还亲身参与了抗美援朝战斗,据统计,上海有350名女医务工作者赴前线服务,另有1579名女青工、3900名女学生、300余名家庭妇女报名参加了军事干校③。

二是参与生产建设。上海接管后,各级妇女组织积极开展工作。1949年9月,市民主妇联筹委会为完成军需生产任务首创了缝制工厂,添设缝纫机63架,组织了家庭妇女60人参加生产。第一批工作是承接华东区后勤军需生产部被服厂的25 000副绑腿生产④。之后,各区相继组织了30个缝纫生产小组,任务多时有2 000余人参加生产⑤。到1951年3月,全市范围内主要由家庭妇女组成的妇女合作社已拥有2万多社员,作为经济组织,她们也积极参与和平签名、劝募寒衣、推广疫苗等群众性运动⑥。截至1957年,全市已有50万家庭妇女从事各项生产和工作。在工业生产方面,1949年前后的上海重工业行业中,女工仅有2 800多人,到1957年已有23 635人;在轻工业方面,女工占工人总数的27.7%,纺织行业则占到半数以上⑦。更大规模地组织家庭妇女参加生产劳动,始于1958年的"大跃进"。当时不少工厂生产任务增加,需要补充一部分劳动力,就由地区里弄组织输送家庭妇女进厂工作。她们有的为工厂加工产品和参加辅助劳动,有些年轻力壮的妇女还和男子一道到车站、工地、工厂参加炼钢、修路等劳动⑧。据统计,1958年11月上海仅徐汇区就有6 000多名妇女参加工厂炼钢⑨。

---

① 《上海市家庭妇女积极参加抗美援朝和各种爱国活动》,载《华东新闻汇编》1951年第3期。
② 《本市妇女界捐献飞机七架 缴款计划已提前完成》,载《新民晚报》1951年11月19日。
③ 荒砂、孟燕堃主编,《上海妇女志》编纂委员会编:《上海妇女志》,上海社会科学院出版社2000年版,第136页。
④ 《增加缝纫机添设夜班》,载《新民晚报》1949年8月31日。
⑤ 荒砂、孟燕堃主编,《上海妇女志》编纂委员会编:《上海妇女志》,上海社会科学院出版社2000年版,第145页。
⑥ 《妇女合作社的成绩》,载《新民晚报》1951年3月8日。
⑦ 《一年来劳动积极性更加高涨,50万妇女参加各项工作》,载《新民晚报》1957年3月2日。
⑧ 《上海十万家庭妇女跨出家庭参加生产》,载《新民晚报》1958年12月2日。
⑨ 《彻底解放妇女劳动力,加速社会主义建设,为建立城市人民公社创造条件》,载《文汇报》1958年11月5日。

一般而言,组织化主要有两个目的,即价值或者说政治资源的提取与整合,劳动力资源的提取与再分配。从家庭妇女的组织化过程来看,政府的组织工作也是围绕这两个中心展开的。所谓价值资源的提取与整合,是指政府通过各种政治社会化活动,获得民众认可,并将多元价值整合为统一的政治认同。组织工作开展之前或前期进行的宣传或者说组织发动即是这样一个工作。至于劳动力资源的提取和分配,是指通过宣传活动,动员劳动力走出家庭(即原有的储备状态),按照国家建设的需要参加到各项社会生产中。

组织化过程中,政府对家庭妇女的意志进行整合以造就有利于政权合法性的价值资源,以及调集劳动力进行现代化建设,这些都是政权建设所必须要进行的,也是国家社会调控的主要内容,就动机而言并无不妥之处。但家庭妇女作为一个典型的弱势兼边缘化人群,自身甚至其组织的资源都是有限的,因此在组织化过程中,必须有一个时机和度的把握。

五、过度调控与反失控措施

社会调控的内容是社会资源总量。社会资源总量大,潜在地允许参与式或分散式的社会调控,这是因为,社会调控形式不可能超越一定社会的资源总量而进行①。以此而论,政府在家庭妇女的组织化过程中,确实存在着过度调控的现象,这种过度调控主要就是由于时机、度和调控方式选择不当而造成的。

首先,对家庭妇女进行组织化,提取各种资源为时过早。新政府成立之后,为了将家庭妇女组织起来,各级组织部门进行了广泛深入地宣传和组织工作,结果大量家庭妇女准备走上生产岗位,造成了严重的就业压力。邓颖超在1950年全国民主妇联联合会第三次会议上,对城市妇女工作提出了批评,她指出:"在组织家庭劳动妇女生产时,有些干部有好高骛远,急于求成的思想;有些干部有一把抓、搞大规模事业的愿望和做法,更有着不分先后、轻重、缓急地全面满足群众要求的恩赐观点。"②在上海,大量家庭妇女劳动力被组织动员起来之后,组织自身却无法消化吸

---

① 刘建军:《单位中国:社会调控体系重构中的人、组织与国家》,天津人民出版社2000年版,第62—63页。
② 《关于城市妇女工作的几个问题》,载《人民日报》1950年10月12日。

纳,最后不得不把这个问题就转交给单位来解决。

在 20 世纪 50 年代前期,单位组织尚处在形成阶段,它自身具有一定的资源①,能够按照国家的要求对单位范围内的劳动者承担永久就业和福利的要求。但对于单位以外的劳动力进行吸纳则取决于单位发展的情况,在单位发展状况恶化的情况下,其内部组织成员的稳定性也不能保证。众所周知,自接管以来,上海的失业问题是十分严重的。尤其最初的一年里,上海工商业一直摆脱不了萧条,不断出现停产、停工现象,单位析出大量游离态的劳动力。据统计,1950 年 5 月,上海失业人数增到 196 292 人,连同半失业工人,总计 258 836 人②。在这种情况下,把家庭妇女劳动力动员出来,对于当时的就业形势而言无疑雪上添霜。

其次,妇女组织无法有效地配置资源。组织化伊始,各种资源的再分配问题就出来了。城市社会经过重新组织之后,家庭妇女被纳入各级妇女组织内部,相对于单位,妇女组织自身所掌握的资源总量严重不足,无法有效地配置劳动力资源。"各城市又存在着大量的无业的家庭劳动妇女,迫切地要求生产,要求解决生活问题。这一系列问题,是有关国家社会的大问题,不可能单由妇联包揽包干所能解决的。"③由于不是经济组织,妇女组织一直都没有自生资源(自然资源和经济资源等),它所拥有的资源都是依靠政府调拨和分配。而在政府优先发展单位的情况下,妇女等群众性组织所获得资源十分有限。尤其是基层妇女组织,要依附于街居组织(它是街道办事处的内设机构)才能开展业务。而街居组织自身也没有增加资源(赢利)的手段,更没有增加资源的合法性权力。随着街居组织承担的各种功能日益扩大,它一直都处于资源匮乏的困难状态。与此同时,劳动力是一个非常特殊的资源,它一旦脱离原有的储备状态,就必须及时地进行配置。但劳动力资源的安置又以消耗其他资源为条件,如,劳动力就业其组织还必须提供就业岗位、报酬以及福利等,这些都是街居组织自身无法提供的。当家庭妇女作为劳动力资源被提取出来后,又无法得到有效安置,结果成为游离态的劳动力资源,最终演化为新的社会问题——失业。

---

① 这个时候是公有化的进行中,公有化完成之后,单位的资源也依靠国家配给,自己不再拥有自生资源。
② 《上海失业工人救济委员会 1950 年救济工作总结报告》,上海市档案馆,B129—1—10。
③ 《关于城市妇女工作的几个问题》,载《人民日报》1950 年 10 月 12 日。

最后,除了对劳动力的过度提取之外,过度组织还表现为不合理的资源再分配。譬如,不考虑家庭妇女文化和身体素质,将她们投入受限制领域等。在1958—1960年三年的时间里,全市发动44.66万名家庭妇女参加了劳动①。一些妇女被投入了和身体素质不适应的高强度劳动中,身心都受到了伤害。在闵行、宝山、南翔、新龙华、真如等工地上进行基础设施建设的妇女,"在很深的河沟里挑泥、挖泥,在公路上打桩、打夯"②。房屋修建高空作业,不少妇女反映"是硬着头皮出来的","手软、脚软、腿发抖"。1960年发生高空坠落事故8起,伤者或死或残③。

那么既然20世纪50年代的家庭妇女组织工作存在着过度组织问题,起初又为何没有出现失控现象呢?本书认为,政府对于过度组织的事实早已觉察,并采取了反失控措施。

其一,控制组织发动的节奏,延缓妇女劳动力的释放速度。妇女组织化工作开展不久,就给严峻的就业形势带来了冲击。"在上海解放后的新形势之下,有许多姊妹们,已感觉到旧社会封建势力对自己的束缚,要求改变生活方式,要求学习和生产。"结果使得上海就业形势为之紧张④。据统计,1953年上海失业登记在案的新增劳动力中,家庭妇女占到77.4%⑤。因此,政府很快就对组织发动工作进行了调整。对于在职在业的妇女,国家对她们提出的要求是:努力完成和超额完成国家规定的生产、工作与学习计划,以加速完成第一个五年计划。对家庭妇女的号召从鼓励其走出家门亲身参加劳动生产转为为生产服务,"家庭妇女能够勤俭持家,把家务搞好,使丈夫子女能够积极从事各种劳动",那么"同样是对国家和社会的贡献"⑥。

---

① 沈智、李涛主编,《上海劳动志》编纂委员会编:《上海劳动志》,上海社会科学院出版社1998年版,第78—79页。

② 《彻底解放妇女劳动力,加速社会主义建设,为建立城市人民公社创造条件》,载《文汇报》1958年11月5日。

③ 《关于城市人民公社工作的基本情况和问题(草稿)》,上海市档案馆,A20—1—15—35。

④ 《一年来的家庭妇女工作:胡绣枫在首届妇代大会上的报告摘要》,载《解放日报》1950年8月29日。

⑤ 根据沈智、李涛主编,《上海劳动志》编纂委员会编:《上海劳动志》,上海社会科学院出版社1998年版,第102页的数据核算。

⑥ 这是周恩来在中国共产党第八届中央委员会第三次全体会议上所作《关于劳动工资和劳保福利问题的报告》的第二部分。中共中央文献研究室编:《周恩来经济文选》,中央文献出版社1993年版,第381页。

政府有意识地控制家庭妇女劳动力的释放速率,使得这一时期家庭妇女的组织发动工作也呈现出阶段性特点,同期公开出版的报纸杂志即完整地展现了这种发展脉络。

在1953年之前,处于国民经济恢复阶段,上海失业问题严重,这一时期对妇女的思想发动,主要是以肯定家庭妇女的社会价值为主。社会舆论多强调家庭妇女在家务劳动的重要性,"妇女的参加社会主义建设事业,不仅表现在妇女自身的直接参加这项伟大的事业,还表现在她们鼓励丈夫,子女及全家人参加这项事业方面"①。在铁路工人宿舍家庭妇女制定的家属爱国公约中,第一条即写着"积极鼓励丈夫(或子女)参加爱国主义生产竞赛,争取做人民铁路功臣",第二条写着"勤劳节俭,搞好家务,保证丈夫(或子女)回家得到充分的休息,按时上班,努力完成任务"②。在此基础上,政府还着意培养家庭妇女为公众服务的意识,"号召她们搞好家务,带好孩子",强调"这种家务劳动在今天还是需要的,直接间接对社会生产有利的"③,使其树立"不从个人和家族的利益出发,而是从祖国社会主义建设及全体人民的利益出发,用全家人的劳动来创造家庭的幸福"的思想观念④,逐步提升家庭妇女的思想觉悟,这样做在于尽量抑制劳动力的释放,而将资源的提取放在价值层面,保证意志整合的持续进行。

随着社会主义制度的巩固,尤其到了社会主义改造后期,社会生产对劳动力的需求大大提高,这时,对家庭妇女的思想动员又回到了生产建设方面。《人民日报》自1955年以后形成一个惯例,即每年"三八"妇女节都要发表动员妇女的社论。如,1955年发表的社论为:《全国妇女动员起来,参加建设社会主义祖国、解放台湾、保卫和平的伟大斗争》;1956年为《充分发挥妇女在社会主义建设中的伟大作用》;1957年为《更充分地发挥妇女群众的社会主义积极性》;1958年为《行行都出女状元》;1959年为《妇女们,鼓起冲天的干劲,作出更大的贡献》⑤。大批家庭妇女在形势和舆论的鼓励下,纷纷要求跳出"拎篮子、生炉子、带孩子"的家庭小圈子,走向社会,参加生产建设。很多妇女甚至表示"别人能干的事,我们一定要干,别人不能干

---

①④《家庭妇女应当如何更好地为社会主义建设服务(本刊讨论总结)》,载《新中国妇女》1955年第10期。

②《订立家属爱国公约》,载《新民晚报》1951年3月9日。

③《关于当前妇女工作问题的报告(摘要)》,载《文汇报》1953年1月12日。

⑤《人民日报》1955—1960年3月8日。

的事,我们也要干"①。截至1959年4月底,全市14个区组织参加劳动的妇女有24.4万人,占全市45岁以下家庭妇女的40.5%②。就业范围的拓宽,使得家庭妇女劳动力进一步从家庭释放出来,广泛参加到社会生产劳动中去。

其二,采取各种办法配置妇女劳动力。新中国成立之初,对家庭妇女劳动力的配置主要有三个渠道:一是进行"为生产服务"的社会劳动。很多家庭妇女被发动起来了之后,又无法得到有效安置,为了避免引起就业和信任危机,国家就号召她们参加为生产服务的社会活动。如,1950年年底,铁路员工家属们响应工会"面向生产、为生产服务"的号召,参与帮助职工擦火车头、为伙房加工菜肴、为职工缝补洗衣等活动。1953—1955年,为配合增产节约运动,响应"保证职工八小时的睡眠""让职工吃好、睡好、做好"的号召,家庭妇女组织起来在夜班工人较集中的工房里担任服务员(纠察),防止噪声影响夜班工人的睡眠。1955年,家庭妇女开展搞卫生活动,"使大部分职工家庭消灭了臭虫,让职工有充足的睡眠,上班生产时精神饱满"③。二是参加里弄工作。早在1949年8月的家庭妇女联合会成立大会上,章蕴就对妇女组织提出:家庭妇女"要在将来新社会里能实际参政,在里弄等基层组织里做领导人"④。但从上海里弄组织工作的实际来看,并不是一般家庭妇女可以胜任的。在里弄整顿之前,由于里弄干部工作能力不济,居委会出现了严重的蜕化现象。此时把家庭妇女推向里弄工作前台,前景如何是可以想见的。在相当长的一段时间里,里弄工作中家庭妇女很少占据主要领导地位,以及比例一直提不上去,都有这方面的原因。而1954年的里弄整顿工作之所以那么彻底,也有给家庭妇女扫除障碍的思路在里面。原因是,在此之后,工人全面退出了里弄组织工作,居委会完全交给了家庭妇女。"全市街道里弄干部中,有一半以上是妇女,其中绝大多数是职工和劳动人民的家属"⑤。三是实施"高就业、低工资"的缓冲型就业政策。在整个20世纪50年代,通过这一政策国家解决了400万人的失业问题,安定

---

① 赵距秦:《把城市人民进一步组织起来,把家庭妇女进一步解放出来》,载《新华半月刊》1960年第9期。
② 荒砂、孟燕堃主编,《上海妇女志》编纂委员会编:《上海妇女志》,上海社会科学院出版社2000年版,第145页。
③ 同上,第144页。
④ 《共同来参加新社会建设工作,家庭妇女开始组织了!》,载《文汇报》1949年8月23日。
⑤ 《上海市广大家庭妇女热心参加社会活动》,载《新华社新闻稿》1955年总第1692期。

了社会秩序①。在上海,工资改革后,仅 1956 年上半年,就有 1.5 万余家庭妇女实现了就业②。1958 年,职工人数较之 1956 年增加了 58 万人③,其中的家庭妇女应该不少。

以上种种反失控的措施,缓和了过度组织所带来的资源滞涨问题。因此,整个 20 世纪 50 年代的家庭妇女组织活动不仅没有出现失控现象,反而达到了预期目的,取得了良好的社会效应。

六、家庭妇女组织工作的社会效应

20 世纪 50 年代的家庭妇女组织工作来自政府重组社会和家庭妇女解放的双重驱动,就组织化本身而言具有政治社会两方面的积极意义。尽管出现了过度组织问题,但由于政府反失控措施的及时到位,并未引起大的失控现象,整个工作还是相当成功的。

第一,中国共产党对家庭妇女进行的组织活动,使上海百万家庭妇女成为政府可资调控的社会力量,中国共产党的合法性资源由此得到进一步的拓展和加强。随着家庭妇联、基层妇女代表会等组织形式的建立,上海百万家庭妇女分别被组织于各种组织。依托于各种组织形式,配合以相应的思想动员,中国共产党成功地将家庭妇女这一庞大的社会力量动员起来广泛参与一切领域的活动。在基层社会管理方面,家庭妇女"为里弄居民的公共福利、安全卫生和文化教育等方面做了很多工作"④。1957 年全市 2 921 个里弄基层组织中,妇女干部就有 10 万多人。有 237 个地区的妇女加入了中国共产党⑤。在政治觉悟不断提高的情况下,她们纷纷提出

---

① 丁榕芳:《"高就业、低工资"的方针与发展商品经济是相背离的》,载《理论学习月刊》1988 年第 9 期。
② 荒砂、孟燕堃主编,《上海妇女志》编纂委员会编:《上海妇女志》,上海社会科学院出版社 2000 年版,第 145 页。
③ 沈智、李涛主编,《上海劳动志》编纂委员会编:《上海劳动志》,上海社会科学院出版社 1998 年版,第 125 页。
④《上海许多家庭妇女热心参加社会活动》,载《文汇报》1955 年 1 月 23 日。
⑤《一年来劳动积极性更加高涨,50 万妇女参加各项工作》,载《新民晚报》1957 年 3 月 2 日。

了"为社会主义建设,要我们干啥,我们就干啥"的口号①,明确表达了对社会主义制度的认同。可以说,正是在家庭妇女的积极响应和支持下,各个时段的中心工作才得以顺利开展。

第二,从经济角度上讲,组织妇女参与社会生产,引起了劳动用工制度的变革。由于大量家庭妇女进入社会生产领域,女职工的增长率远远高于男职工,使得上海女职工比重迅速得到提升。据统计,上海接管后至1952年,走上人民教师、国家机关干部、医务、司法、保育等工作岗位的家庭妇女就有4万余人。此后,在1953年和1957年的就业高潮中,相继又有大量家庭妇女走上了工作岗位。据统计,1949年,在全市职工中,女职工只是占到19.2%,而1957年,这一比重提高到34.9%②,女职工几乎翻了一番。1958年"大跃进"后,更多的家庭妇女参加里弄生产组等社会生产劳动和为生产服务的工作。女职工的大量增加,缩小了男女职工的性别比例。1949年,全市人口性别比为120.53,女职工人数为18.8万人,男女职工性别比为522.18;1960年男女性别比为100.25,而男女职工性别比为缩小至242.93③。女性在职工队伍中的迅速增加,壮大了女职工的队伍,引起了上海劳动力的结构变化,并直接造就了男女同酬等工资制度的一系列变化。

第三,在组织化过程中,家庭妇女传统的生活方式、人际关系和社会纽带在大范围内得到社会主义改造,发生了翻天覆地的变化,妇女解放运动由此进入一个新阶段。据《1949年上海市综合统计》记录:全市市区人口中,15周岁以上的女性人口128.8万人,其中在业人口25.9万人(包括家庭佣工6.5万人),只占20.1%,即80%的成年妇女生活依靠男子。经济上的从属地位造就了家庭妇女在社会生活中的边缘状态。而中华人民共和国建立后,中国共产党对家庭妇女的组织工作,却为深居家庭内部的妇女打开了另一片天地。组织过程本身带来的生活经历就使得家庭妇女传统的社会角色和位置有了全新的意义。从此,家庭妇女不再和从前一样,

---

① 赵距秦:《把城市人民进一步组织起来,把家庭妇女进一步解放出来》,载《新华半月刊》1960年第9期。
② 沈智、李涛主编,《上海劳动志》编纂委员会编:《上海劳动志》,上海社会科学院出版社1998年版,根据第138页图表核算。
③ 男女性别比来自:胡焕庸:《中国人口·上海分册》,中国财政经济出版社1987年版,第224页,其中1960年的数据为1959年与1961年的均数;男女职工性别比根据沈智、李涛主编,《上海劳动志》编纂委员会编:《上海劳动志》,上海社会科学院出版社1998年版,第138页图表核算。

"几十年的时间,被旧社会的礼教束缚着,只知做一个贤妻良母,不知道抽时间学习",而是踊跃走出狭隘的家庭小圈子,广泛参与到社会主义国家的政治、经济和社会活动中。1955年,上海市有125名家庭妇女参加了当地人民法院的陪审工作,协助法院处理各种案件①。在各种跨越性别界限的具体工作中,家庭妇女也以她们自己独特的方式赢得社会尊重和地位,并因此而被赋予新的权利、责任和身份。至此,妇女的解放已不再停留在法律文本意义上,而在拓展社会生活的各个层面上,甚至触及灵魂内部,"想到现在自己不是寄生虫了,更是愉快。我虽然还靠丈夫吃饭,但我是在为人民工作,不是白吃的"②。家庭妇女往往用"翻身"来表述这种发自内心的感受。

然而,这些良好的效应并没有维持多久。1960年上海城市人民公社化运动正式展开后,过度组织带来的问题遂陷于失控。之所以这样是因为:一方面,在城市公社化运动的前三年里(1958—1960年),家庭妇女劳动力的提取规模和速度远远超过了过去,不仅如此,公社化后,不仅家庭妇女劳动力被大规模地动员起来,整个处于劳动年龄阶段的非单位劳动力都相继被组织起来参加社会生产,规模如此庞大的劳动力根本不是当时上海社会生产力可以消化吸纳的。另一方面,劳动力被如此大范围地提取,使得任何反失控措施都相形见绌。发展到最后,唯一摆脱失控的办法就是把提取的劳动力再还原回去。1961年,上海劳动力过于饱和已经为国民经济所难负担,不得不进行了职工精简。1961—1963年,一部分已参加社会劳动的妇女重新转向家务劳动。1963年末,全市全民单位的女职工减为52.73万人,比1960年压缩11.73万人,女职工的比重由1960年的28.9%下降至27.6%。不仅如此,伴随着城市人民公社的没落,街道、里弄生产、服务组织中的从业人员减为19.14万人,净减25.52万人,精简的人员基本是妇女③。妇女尽管可以回归家庭并且已经回归家庭了,但这时的家庭妇女和从前相比已经发生了质的变化,她们的自主意识和参与意识都有了很大的提高,已经不可能固守在家庭里面。1963年开始,原先被精简下来的家庭妇女纷纷要求再就业,上海就业形势再度严峻起来。

---

① 《上海许多家庭妇女热心参加社会活动》,载《文汇报》1955年1月23日。
② 睦柳玉:《家庭妇女也可以参加社会劳动了!》,载《中国妇女》1958年第13期。
③ 沈智、李涛主编,《上海劳动志》编纂委员会编:《上海劳动志》,上海社会科学院出版社1998年版,第79页。

小　结

　　从1958年"大跃进"开始到1962年城市人民公社的不了了之,是基层社会管理体制发展的第三个阶段。这一个阶段的基层社会管理体制呈现出一种"非常态"的发展,不仅是因为基层社会管理组织在经历公社组织这一形式后又退回到街居组织的状态,还因为该时段的社会调控完全是以一种高密度、长时间的高级调控,即以社会运动的形式来展开的,在社会运动淋漓尽致地挥洒着整合功能的同时,其所具有的强大运动势能也超出了组织控制范围,从而导致了严重的失控现象。

　　政府按照单位模式重构基层社会的意图本无可厚非,以单位和街居组织为调控单元进行资源的分配与再分配,意志的整合与再整合也都是正常的政府行为。问题在于,这种调控必须以一定的社会资源总量为前提。公社组织虽经政府的扶持,具备了一些单位要素,但毕竟不是真正意义上的单位组织。这样一个类组织却以正规单位都没有的激进方式运作,不可避免地造成了资源的巨大消耗和浪费,不仅毁损了自我存在的基础,也伤及社会本身。有关城市人民公社的研究中,都将过度调控的现象作为公社最终不能维持的原因,本书认为失控的过度调控才是将公社推向消亡的根本原因。为了说明这一问题,本书列举了家庭妇女组织化问题。在家庭妇女的组织化过程中,很早就出现了过度调控的现象,但这种过度调控还维持在一个较低的层次上,在政府及时采取了反失控措施后,基本没有引起失控。然而,"大跃进"以来,规模宏大、频繁而长时间的过度调控,使得任何反失控措施都难以发挥效力,最终导致了城市社会的失控。

　　基层社会管理组织的建构是重新组织城市社会的前提和条件,而由此形成的各种单位、单位组织变体就构成了实现国民统合的基础。本书的第二、三、四章主要是对基层社会管理制度的发展演变过程进行了一个历时性的考察,这种考察更多地关注于国家视野下基层社会的重组活动。至于组织化产生了怎样的结果和影响,本书仅列举了非单位人群中的几类利益群体。那么,发生在这些利益群体身上的组织变迁是一种特性还是共性？更进一步说，这些组织变迁是否为非单位人群所独有呢？要回答这些问题，就必须把注意力从非单位人群中的某几个群体拓展至整个非单位人群甚至全体社会成员，对城市社会进行一种横切面的考察。

第五章　组织化情境下基层社会生活变迁

社会生活变迁为综合考察组织化的结果和影响,进而对社会调控体系的效能做出评判,本书最后一部分即第五、六章将对城市基层社会重新组织过程中,一系列与组织化有关的社会变迁及其原因进行论述,涉及的对象也不再仅仅局限于非单位人,而是整个基层民众。

社会生活是指人们如何生活,即人们在社会中的活动状况。"生活"一词本身就包含了两种状态:如何"生"和怎样"活",前者为人们在工作场所的存在状态,后者为居住场所的存在状态。1949年中共接管上海,城市社会掀开了全新的一页。伴随着基层社会组织化的进程,非单位人的社会生活发生了急遽变迁。由于单位和街居组织都逐渐成为整个计划体系中的一个有机组成部分,因此,社会生活的主要活动都被严格地纳入整体的社会调控之中,从而呈现出高度组织化和一体化的特色。

第一节　失业安置与制度化的组织安排

对于非单位人而言,单位化不仅体现为一种被组织管理的方式,它还意味着一种存在状态的转化,即:由非单位人转化为单位人。由于单位资源有限,因此,只有部分非单位人能实现这种转化。至于哪一部分人可以直接转化为单位人,国家对此做出了制度化的组织安排。这种安排不仅体现在哪些人可以转化,也体现在如何转化上。透过20世纪50年代的失业问题及政府的失业安置,可以清晰地看到:政府解决失业问题的过程,也是将失业人员进行制度化的组织安排的过程①。

失业可以分为广义失业和狭义失业,其中,狭义失业是指能够工作并且曾经工作过的人暂时找不到工作。按照这种定义,失业人口是不同于无业人口的,他们原来都是在某一部门工作过的人口,只是由于种种原因而暂时中断。1949 年年底上海有失业工人 25 万人②,到 1956 年,全市经过登记的失业人员为 671 895 人③。广义失业是指处于劳动年龄而找不到工作的人,既包括狭义失业人员,也包括无业人员。本书的研究对象是广义下的失业人员,从单位化的角度而言,凡非单位人群最终都要实现单位化,故都存在一个再就业,即失业安置的问题。

失业一度成为 20 世纪 50 年代上海最为严重的社会问题之一。从 1949 年 6 月至 12 月,全市劳资争议不断上涨。如 6 月份各类案件共计 224 件,8 月份增加至 640 件,12 月份更是达到 971 件。其中,要求复工的关系人数超过了 2.5 万人,抗议解雇的关系人数超过了 3 万人④。频繁的劳资纠纷,加剧了中共接管后城市社会的动荡。对于全然没有城市管理经验的中国共产党来说,失业完全是一个陌生的命题:政府包养?既无能力也无经济力。全部推给社会?执政党的合法性权威无从树立。新政府在这两难境地之中是如何找到出路的呢?

一、失业问题历史现状

民国时期,上海是全国失业人口最多的城市。接管之初,政务院接管委员会代表曹漫之在报告中提到,上海有失业工人 25 万人,连同失业职员及所有职工家属在内共有 100 万人以上⑤。到三大改造完成,全市登记的失业人员累计有

---

① 单位化过程中,失业人员逐渐成为一个涵盖许多非单位群体的利益群体。举例来说,新中国成立以来,妇女逐渐改变了家庭妇女这一单一的身份,处于劳动年龄阶段的妇女在组织的号召下,纷纷要求参与社会生产,在未就业之前,就成为失业人员。单位是城市社会的主流发展方向,单位人的优势发展,也广泛地吸引着游民、摊贩等非单位人群向单位聚拢。因此,失业人员群体就成为包括非单位人中所有劳动年龄人口的利益群体,而失业人员的组织化变迁也就代表了绝大部分非单位人群的。
② 中共上海市委党史研究室:《接管上海》下卷,中国广播电视出版社 1993 年版,第 84 页。
③ 沈智、李涛主编,《上海劳动志》编纂委员会编:《上海劳动志》,上海社会科学院出版社 1998 年版,第 134 页。
④ 上海市秘书处:《1949 年上海市综合统计》,上海市秘书处 1950 年印发,第 62 页,上海市图书馆藏。
⑤ 《疏散难民回乡 生产救济方案》,载《文汇报》1949 年 8 月 8 日。

671 000多人①。通常,在城市社会中总是不断有失业发生,同时失业人员又不断再就业。因此,从历史状态去把握失业人员的行业分布,以及性别、年龄、文化等构成是非常困难的。特别是在中华人民共和国成立初期,产业结构发生了重大的调整,有些项目的历时性考察也不具有实际意义,因此本书仅对其中几个项目进行共时性考察。

(一) 失业人员的行业分布

按照1950年年中的统计,上海失业工人的数字为15万人左右②。图5-1是根据1950年上海部分行业失业情况的统计数据制作而成。图中全业人数和失业人数落差越小,则表示失业率越高,反之,则失业率越低。图5-1表明,当年上海几个主要行业中,失业率占比最高的为手工业,失业人员占到全行业职员的73.7%,也就是说,2/3以上的人员处于失业状态。其次为码头,占到总人数的60%,紧随其后是建筑业,最后为海员和进出口业。除此之外,失业情况比较严重的还有卷烟、化工(特别是火柴、肥皂、味粉)、橡胶、纺织业等等③。

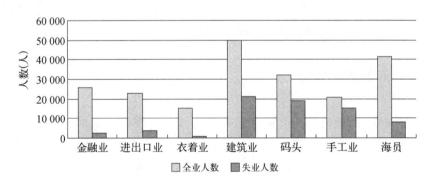

图5-1 部分行业的失业情况图(1950年)

资料来源:根据《新上海的阵痛》相关数据制作,载《人民日报》1950年5月26日。

一般而言,在排除战争、自然灾害和社会转型等情况的正常年份,失业人员的数量和本行业员工总人数成正比。譬如,在1929年上海社会局对工会会员失业情

---

① 《上海市劳动就业成绩很大,每三个人中就有一人在工作,今后就业方向主要是参加农业流动》,载《人民日报》1957年8月19日。
② 《临时救济委员会工作总结报告》,载《文汇报》1950年7月5日。
③ 《新上海的阵痛》,载《人民日报》1950年5月26日。

况的统计中,该年男性会员平均失业率为 7.35%,女性会员为 3.88%。具体到行业,在饮食、建筑、机器、运输等行业,由于女性雇员数量原本就少,因此没有失业;而在纺织业、印刷业、杂役业,女性会员的失业率均高出男性①。以棉纺业为主体的纺织工业,是上海工业部门中职工人数最多的产业。据 1929 年上海市社会局的调查,全市 28.5 万工厂职工中,纺织业就有 20 万人,占工厂职工总数的 70%②。此后纺织行业的人数虽时增时减,但一直保持着领先的地位。到 1949 年为 23.88 万人,占上海工业部门总人数 50.8 万人的 47%③。就 1950 年上海的实际情况来看,棉纺业行业的失业现象在整个上海不具代表性,这说明当时上海存在的失业是一种非自然失业④。

(二) 性别构成

从图 5-2 来看,甲类失业人员中男性多于女性。庚类失业人员女性多于男性,其他类别的失业人员中,除了丙类男性高出女性以外均基本持平。甲类人员即失业工人,从具体数字来看,失业工人中女性占了 31.3%⑤,仅从比重来看,男性更多,但若将这一时期女性就业的具体情况考虑在内的话,就会发现女性失业率较之男性更高。这是因为,民国时期甚至在整个 20 世纪 50 年代,女性在全部职工中所占的比重一直都不高。在 1949 年,上海女性工人数占总职工人数的比重为 19.2%,到 1957 年出现了妇女就业高峰才使女职工的比重提高到 34.9%。1953 年的情况虽不明,但和 1949 年相差不大。以此而论,妇女失业率是高于男性的。这一点,另一组数据也能证实,1934 年,上海女工人数在全体工人中已经占到 22.49%⑥,而 1949 年这个比重非但没有增加,反而下降了,足以说明女性失业较为严重。从具体

---

① 上海特别市社会局:《上海特别市职工失业统计之试编》,载《社会月刊》第 1 卷第 8 号。
② 李家齐主编,《上海工运志》编纂委员会编:《上海工运志》,上海社会科学院出版社 1997 年版,第 83 页。
③ 施颐馨主编,《上海纺织工业志》编纂委员会编:《上海纺织工业志》,上海社会科学院出版社 1998 年版,第 713 页。
④ 就具体部门来看,失业原因虽然不尽相同,但大抵可以分为两个类型:自然失业和非自然失业。所谓自然失业是指,当技术进步或产业结构变动时,一部分劳动者的技能无法适应新的岗位需要而产生的失业。所谓非自然失业,一是由经济部门自身发展动力难以为继产生的失业,一是受到外部环境的影响造成的失业。赵锦辉、杨建军:《我国失业问题探讨》,载《中共长春市委党校学报》2005 年第 2 期。
⑤ 沈智、李涛主编,《上海劳动志》编纂委员会编:《上海劳动志》,上海社会科学院出版社 1998 年版,第 102 页。
⑥ 陈文彬:《1927—1937 年上海失业人群再就业状况述略》,载《安徽史学》2004 年第 3 期。

行业来看,1951年纺织行业女职工的比重较之1949年下降了近两个百分点,而化工行业女职工人数减少了一半有余,达4 000多人①。庚类主要是新增加的劳动力,女性占到了77.4%,从这里也可以看到妇女组织工作在发动家庭妇女劳动生产方面确实取得了成效。至于丙类,依照传统,工商业从业者一直都以男性为主,女性只从事小规模的经营,从业人数原本就少,因此失业情况自然也体现这一趋势。

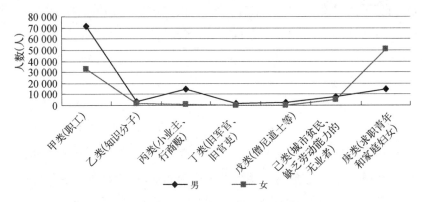

图5-2　上海市各区失业人员性别分布图(1953年3月)

资料来源:根据沈智、李涛主编,《上海劳动志》编纂委员会编:《上海劳动志》,上海社会科学院出版社1998年版,第102页数据制作。

(三) 年龄构成

由图5-3看,在1953年登记在册的208 026个失业人员中,人口年龄主要集中于青壮年年龄段。具体而言,年龄在24岁以下的占24.3%,25—30岁的占19.2%,31—40岁的占29.2%,41—50岁占到17.11%,50岁以上占到10.2%②。处于25—50岁之间的青壮年失业人口共计占到65.5%,接近2/3。失业人口在年龄上的分布特点同样说明了两个问题:一是中共接管上海后,失业是一种非自然失业,二是非自然失业可能引起了行业性失业。

---

①　荒砂、孟燕堃主编,《上海妇女志》编纂委员会编:《上海妇女志》,上海社会科学出版社2000年版,第311页。
②　沈智、李涛主编,《上海劳动志》编纂委员会编:《上海劳动志》,上海社会科学院出版社1998年版,第102页。

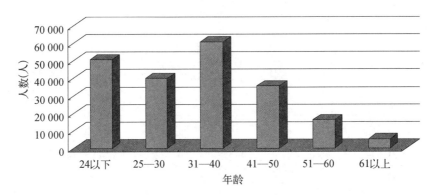

图 5-3　上海市各区失业人员年龄比例图(1953 年 3 月)

资料来源：根据沈智、李涛主编,《上海劳动志》编纂委员会编：《上海劳动志》,上海社会科学院出版社 1998 年版,第 102 页相关数据制作。

(四) 文化构成

表 5-1 显示：在登记在案的失业人口中,小学文化程度的最多,有 103 496 人,占到 49.8％,其次为文盲,占到 29.4％,两者合计 79.2％,似乎整体文化素质不高。但,如果对照这一时期全市 6 岁以上人口的文化构成,就会发现失业人员的文化程度并不低。在 1950 年的一项统计中,全市 6 岁以上人口中,文盲率高达 53.17％,远高于 1953 年失业人员的文盲率。即使这是两年前的统计,但整个城市人口的文化程度不会在短时间内突飞猛进。以此而论,失业人员的整体文化程度还是较高的。特别是失业工人,他们的文盲率只有 27.6％,比全市平均水平低很多。与此同时,在失业人员中,具有初中文化程度的占 16.8％,高中以上的占 4％,两者合计超过了 20％,这些都说明劳动者自身的素质并非失业的主要因素,因此,上海存在的失业是一种行业性失业。

表 5-1　上海市各区失业人员文化程度统计表(1953 年 3 月)　（单位：人）

类　别	按文化程度分					
	文盲	小学	初中	高中	大学及专科	留学
总计	61 193	103 496	35 021	6 428	1 851	37
甲类(职工)	28 836	58 469	14 537	1 975	472	5

续 表

类　　别	按 文 化 程 度 分					
	文盲	小学	初中	高中	大学及专科	留学
乙类(知识分子)	—	—	3 186	1 723	651	8
丙类(小业主、行商贩)	1 836	8 213	4 032	1 041	210	11
丁类(旧军官、旧官吏)	25	348	851	339	163	7
戊类(僧尼道士等)	476	2 132	448	37	8	—
己类(城市贫民、缺乏劳动能力的无业者)	6 878	5 121	618	62	27	2
庚类(求职青年和家庭妇女)	23 142	29 213	11 349	1 251	320	4

资料来源：沈智、李涛主编,《上海劳动志》编纂委员会编:《上海劳动志》,上海社会科学院出版社1998年版,第102页。

综合中共接管上海后失业人员的行业分布以及诸种构成特点可以得出以下结论：中华人民共和国成立之初,上海存在的失业是一种非自然的失业,并且这种非自然失业导致了行业性的失业。引发非自然失业和行业性失业的原因主要有两个。

一是受到金融环境的影响,部分行业迅速衰落,从而形成全行业的失业。上海一直是全国的外贸中心,抗战全面爆发之前,在外国对华进出口贸易和商业总额中,上海占到了80%以上,直接对外贸易总值占全国的50%以上[①]。航海业一直是上海最重要行业之一,它的发达还带动了码头的繁荣。1949年6月23日,国民党在美国支持下宣布对长江口及以北至山东半岛的沿海实行武装封锁,由于港口被封锁,上海进出口贸易基本停顿。美国除了支持国民党封锁行动以外,还宣布冻结我国在美财产并拦截所有运华物资,禁止一切在美注册轮船驶入我国海岸[②]。这一系列政策执行之后,上海最先遭受损失的就是对外贸易及其相关行业。如前文所述,上海的重要工业生产原料大部分都依赖进口,例如,棉纺业所需要原棉的60%,

---

① 熊月之主编:《上海通史》总序,上海人民出版社1999年版,第3页。
② 《1949—1950年上海国际贸易业》,载《档案与史学》1997年第6期。

毛纺业所需要的毛条的全部,面粉业所需要小麦的全部,造纸业所需要纸浆的全部,以及动力生产所需要的80%的原油和20%的煤等①。因此,封锁口岸不仅使上海经济运转陷入困境,也造成了海员、码头搬运工人大面积的失业。

二是产业结构的转换,使得原有的部分行业丧失了优势,发展后劲不足,析出了大量劳动力。中华人民共和国建立后,两方面的因素引起了上海产业结构的变化。首先,为了提高建设资金的积累程度,国家开始实行"低消费、高积累"的工业化政策,结果引起了大量消费行业的停顿。民国时期,上海工商业的繁荣伴生了许多高档消费品产业和消费行业。根据国民政府上海社会局的统计,自1945年12月至1947年年底,两年内上海共创设各种商号55 440家,其中饮食业数量最多,占商号总数的21%;其次为服饰业、烟酒等业,合计占总数的36%。另据"工业经济研究所"1948年的调查,上海制造雪茄烟、驼绒、手帕、赛璐珞、化妆品等消费品的工厂约有3 000家,占全上海工厂总数的1/3,工人数占全上海工人总数的1/4以上②。20世纪50年代,人们的日常生活朝着低消费、高积累的趋势发展,并且由于这种低消费生活方式日益大众化,上海消费市场特别是奢侈品消费迅速萎缩,绝大部分经营此类商品的商家,都出现了营业额迅速下降的问题,歇业的情况极为普遍。从1949年8月到1950年4月,全市共有3 257家商店歇业,其中饮食行业有1 124家,服装业736家,日用品业682家,公共娱乐业84家。到5月份,仅申请歇业的商家就达3 000多家③,大量消费行业的停业,导致大量剩余劳动力的产生。

其次,优先发展重工业,使得原有的优势轻工行业发展速度减慢。民国时期上海工业结构中,纺织行业一直都占有举足轻重的地位。1949年,纺织工业的总产值占全市工业总产值的58.66%④。中华人民共和国成立之后,我国在经济建设方面全面学习苏联。而在1953年中央正式提出了优先发展重工业方针之前,对于重工业的政策倾斜早已存在。这些都使得上海产业结构出现了急遽转型,原有的轻工业特别是纺织工业出现了后劲不足的困境,由此引起了较为普遍的失业。

---

① 中共上海市委党史研究室编:《中国共产党在上海(1921—1991)》,上海人民出版社1991年版,第372页。
② 含山:《反封锁一年来的上海工商业》,载《解放日报》1950年8月14日。
③ 熊月之主编:《上海通史》卷13,上海人民出版社1999年版,第359页。
④ 徐之河:《上海经济(1949—1982)》(内部本),第152页。转引自熊月之主编:《上海通史》卷12,上海人民出版社1999年版,第13页。

"在'二六'轰炸后,据当时估计,失业人数有15万人以上,连同家属在内,全市约有50万人失去了生活的依靠"①。严重的失业随之带来各种社会问题,据上海总工会筹委会私营企业部的统计,从1949年6月到12月,全市范围内共调处劳资争议案件就达3323件。其中:因复工问题发生的争议1526件,占案件总数的46%;因停工问题发生的争议950件,占28.6%;因解雇问题发生的争议274件,占8.2%;其他争议573件,占17.2%②。从1952年3月至1953年7月,上海发生失业工人聚众闹事事件82起。从闹事的类别看,主要有:有要求复工、介绍职业的;有要求解决生活问题的,参加文化学习班的失业工人要求吃饭、要住宿等。闹事的方式有:请愿、罢工罢课、绝食,还有强占厂房、殴打公务人员等③。

对于政府来说,解决失业问题不仅仅是稳定社会秩序,还关系到新政权能否在上海站稳脚跟,即,获得新政权的统治基础——工人阶级的支持。中共接管上海后的失业人员中,有很大一部分是国民政府遗留下来的④。这些旧有的失业工人过着贫困不堪的生活,期待着新政府建立之后能有所改善。而中国共产党在解放上海之前的鼓动宣传,也有很多是以此为许诺的。中华人民共和国成立后,工人理所当然地认为,解放了,工人当家作主,理应提高工资、改善待遇⑤。而实际情况却是,国民政府时期延搁已久的失业问题,非但没有减少,反而愈演愈烈。很多失业人员因此而灰心失望,对新政权表现出冷漠的态度。在1950年6月6日召开的中共中央七届三中全会上,毛泽东就针对此前进行的失业治理工作发表了批评意见,他提醒全党:"失业知识分子和失业工人不满意我们","我们要合理调整工商业,使工厂开工,解决失业问题"⑥。同时,国民党也利用中华人民共和国基础尚未稳固,社会政策推行未到位或者不通畅的情况,散播谣言,中伤新政权。如,在失业十分严重的1950年5月,而恰巧这两个月是公债交款和春季税收开征的时期,上海财政状况不

---

① 安友:《一年来上海人民的战斗》,载《解放日报》1950年9月29日。
② 李家齐主编,《上海工运志》编纂委员会编:《上海工运志》,上海社会科学院出版社1997年版,第661页。
③ 中共上海市委党史研究室编:《历史巨变(1949—1956)》(1),上海书店出版社2001年版,第236—264页。
④ 中共接管上海以来,全市登记的失业人员累计671000多人,其中423000人是解放前遗留下来的失业人员,《上海市劳动就业成绩很大,每三个人中就有一人在工作,今后就业方向主要是参加农业流动》,载《人民日报》1957年8月19日。
⑤ 《1949年6月—8月上海职工工资状况调查》,载《档案与史学》2000年第3期。
⑥ 中共中央文献研究室编:《建国以来毛泽东文稿》第1册,中央文献出版社1987年版,第398页。

良,这些给中国共产党的执政造成了很大的障碍。

因此,整个失业安置就中国共产党而言,具有维护社会秩序和政权建设的双重意义。目标虽然明确,但操作起来却困难重重。一方面,在 1952 年底之前,维持现有行业的经营已属不易,扩大就业的可能性很小;另一方面,社会贫困现象严重,一些家庭甚至朝不保夕。在这种情况下,失业安置工作就必须既要及时到位,又要量力而行。

二、失业安置

对于失业人员来说,最好的失业安置方式当然是就业。然而,对于新政府来说,就业不仅仅是解决失业,在此过程中,还存在一个非单位人向单位人转化的问题,整个非单位人组织化的最终目标正在于此。因此,国家进行失业安置的过程也是将非单位人组织起来向单位人转化的过程。由于受到条件限制,这种转化只能分批进行,同时,社会贫困等因素又迫使国家必须加快安置进度。在这种情况下,国家就把失业人员区分不同情况,以三种途径进行了安置,但无论哪一种安置都是国家以制度化的方式来推进的组织安排。

(一) 消极安置:疏散

疏散虽然是一种消极安置方式,但是通过这种方式,国家可以迅速减轻城市就业压力。之所以把疏散失业人员的活动作为一种安置途径,是因为,这一时期的疏散既非遣散,也非单纯意义上的疏散,而是政府的组织工作,它有具体目标,有动员过程,还有制度支持。例如,中共接管上海后马上组织了 4 000 多名失学、失业青年组成随军南下服务团①。总之,整个过程都是在制度化的组织安排下进行的。

中国共产党认为,城市的就业压力,很大程度上归因于农村的衰败②。而事实上,在解放战争时期,由于农村社会处于普遍的萧条之中,导致大量富裕劳动力涌入城市,的确给城市带来了很大的就业压力。与此同时,农村中流失的通常都是青壮年劳动力,这又进一步加剧了农村的衰败。因此,1949 年 8 月 6 日,中共中央华

---

① 《革命号角不断召唤 南下青年今天入团》,载《文汇报》1949 年 6 月 29 日。
② 参见谢涛:《建国初期中共治理城市失业问题的对策与实践:以 1949—1952 年的南京市为例》,载《党史研究与教学》2005 年第 1 期。

东局发布《关于上海市疏散难民回乡生产的指示》①。中共中央对于上海疏散失业人口也表示了关注。"必须采取最有效的方法疏散大批失业及无业的市民回乡生产,以减轻城市的负担,增加农村的生产"②。出于以上考虑,政府对市民的返乡活动进行了资助。1950年7月28日,政务院财政经济委员会发布《各城市失业工人还乡生产乘坐火车优待办法》,并规定:"在今年(1950年)8、9两月内,凡各城市依照救济失业工人暂行办法经审查合格、领有失业工人救济处发给登记证之失业工人,乘坐火车还乡生产时,票价一律四折优待;眷属随行者,亦予同样优待。"③

由于中华人民共和国成立之后政治重建、恢复经济等各项工作的同时开展,致使上海预留给社会领域的资源十分有限。为了缓解失业压力,上海市府积极响应中共中央的号召,"对一切失业及无业的市民不能采取暂时救济与就地维持的消极办法,而应采取'疏散回乡生产'的积极方针"④。将失业工人进行疏散安置,虽然算不得一种积极的建设行为,但对于当时的上海而言,却不失为一种两全之策。"上海市的失业人员,将在发展生产中逐步解决,对一时无法就业的部分,将作适当救济和适当疏散"⑤。因此,市府对回乡生产进行了动员活动。动员的方式是在向失业人员发放救济米和在召开各种会议时进行宣传鼓动,凡是申请回乡的失业人员发给本人及其家属所必需的路费和大米、生产补助金,发放标准是:本人25—50公斤、家属每人15—25公斤。1951—1954年底,全市失业人员回乡共6 800余人⑥。在失业人口中,还有一部分文化层次较高或者具有一定技术水平的人员,将这些人口输送到生产建设急需的地区去,不仅能分散失业引起的各种社会情绪,对被援助地区的经济建设也是很有帮助的。1956年上半年,上海市劳动行政部门有组织地调配了11万失业无业人员参加外援建设。其中,只有3万多人是没有技术和文化以及就业条件较差的中年失业人员;而其中有5万多人是具有高小和初中文化程度的青年。他们大部分是到内地和边疆参加建设,有的到西安和兰州,有的前往柴达

---

① 《关于上海市疏散难民回乡生产的指示》,载《文汇报》1949年8月6日。
②④ 《中共中央华东局指示具体办法,疏散上海难民回乡生产》,载《人民日报》1949年8月8日。
③ 《失业工人回乡生产,乘坐火车四折优待》,载《文汇报》1950年8月8日。
⑤ 《肃清匪特维持治安,上海解放日报社论》,载《人民日报》1949年6月19日。
⑥ 沈智、李涛主编,《上海劳动志》编纂委员会编:《上海劳动志》,上海社会科学院出版社1998年版,第105页。

木盆地、新疆、陕西和四川等地从事石油勘探工作①。对于政府来说,这样的疏散工作,不仅解决了就业问题,而且缓解了上海的就业压力,还支援了边疆建设,可以说是一举三得。

从整个疏散活动来看,它的目的不仅仅是缓解城市就业紧张,还有支持农村生产的主观意图,且从头至尾都体现了制度化组织安排的痕迹,因此不再是单纯的疏散活动。

(二)缓冲型安置:生产自救、以工代赈、转业训练

古语说:"授人以鱼,三餐之需;授人以渔,终生之用。"对于生活贫困而又无乡可回的失业人员,单纯的救济只能解一时之急,而且这种方式不仅耗资颇多,更不利于被救助者的可持续发展。要从根本上解决他们的出路,就必须对其施以积极的安置,但时不我待。在这种情况下,政府采取了一些缓冲型的安置办法,既缓解了就业压力,也部分解决了失业人员的生活和再就业问题②。

第一,生产自救。在失业工人救济委员会成立之前,已有部分产业工会着手组织失业工人开展生产自救。五金工会创办了3个合作机器工厂,手工业工会创办第一皮鞋生产合作工厂和第一衬衫生产合作工厂,贸易工会创办了煤球生产工厂,6个单位共吸收800余名失业工人。上海市失业工人救济委员会成立以后,立即进行了生产自救的组织工作。在该会的推动下,各产业工会相继组建了木器、染织、刺绣、钢笔、乳品、机制煤球、塌车运输等生产自救组织。1950—1951年,参加生产自救劳动的失业工人最多时达9 100余人③。这些生产自救工厂不承担上缴任务,多数单位都有一定盈余。由于生产自救活动的成功经验,1953年后,申请生产自救的日益增多,当年全市新组建各种生产自救组织22个,其中,有割绒、衬衫、花边、钢铁制品、纸盒、沙发、制针、长毛绒、食堂等,吸纳失业工人1 041人。这些组织大多由失业工人自筹资金、自行管理,多数单位经济效益较好,一般都有盈余,其中年度创

---

① 《上海上半年,十一万人就业》,载《人民日报》1956年7月22日。
② 有关这三项工作,一些成果已经做到了相当到位和细致的研究,本书在这里只进行一般性的介绍。参见《解决解放初期失业问题》(沈智、李涛主编,《上海劳动志》编纂委员会编:《上海劳动志》,上海社会科学院出版社1998年版,第100—111页)。这是笔者见到最系统、完整的成果。此外,一些论文也对此多有研究。如袁志平:《解放初期上海对失业工人的救济和就业安置》,载《中共党史研究》1998年第5期等。
③ 沈智、李涛主编,《上海劳动志》编纂委员会编:《上海劳动志》,上海社会科学院出版社1998年版,第109页。

造利润最多的达到2万元。在工缴收入中,除了必需的生产费用和留一部分公积金外,剩余部分均作工资分配,工人收入较高,一般月工资达100元左右,少的也有50—60元。1954年上海又新建了137个生产自救单位,吸纳了失业人员4 309人①。从1950年到1956年全部生产自救单位移交为止,全市累计创办的生产自救单位共有230余个,安置的失业人员达22 400余人②。

第二,以工代赈。以工代赈是缓冲型安置中最主要的形式。1950年6月,中央人民政府政务院发布《救济失业工人指示》提出:救济失业工人,应以以工代赈为主,而以生产自救、转业训练、还乡生产、发给救济金等为辅,以求达到救济金的使用既能减轻失业工人的生活困难,又有益于市政建设事业③。此后,上海组织了多次以工代赈的活动。在抗美援朝运动中,先后分批动员了8 000多名失业人员,完成了10万双军鞋的生产④。此后,根据"为生产服务,首先为工人阶级服务"的精神,以工代赈工作主要致力于改善工人的生活环境,在工人居住地进行了大量翻修道路、埋设沟管和疏浚沟浜等工程。从中共接管上海以来到1951年11月份为止,失业工人救济委员会先后动员了285 700多人工从事修筑道路、埋设沟渠、兴建驳岸和海塘、修理公共建筑等市政工程。这些工赈人员共计完成道路工程929 375平方公方,埋设沟渠34 372公尺,完成木驳岸174公尺,钢筋混凝土驳岸1 918公尺。其他还有国防建设工程及市政卫生等等⑤。仅在1954年,参加以工代赈的有18 000人次⑥。从1950年到1956年,全市累计有28.4万人次参加了以工代赈⑦,许多工赈工程项目的完成,使得多方获益。

第三,转业训练。转业训练对于失业工人再就业具有非比寻常的意义。从1950年下半年开始,上海市失业工人救济委员会在上海总工会等行政部门的支持和协助下,举办了多种形式和不同层次的转业训练。主要形式是通过举办训练班

---

①⑥《上海劳动就业工作成就大》,载《文汇报》1955年1月9日。
② 沈智、李涛主编,《上海劳动志》编纂委员会编:《上海劳动志》,上海社会科学院出版社1998年版,第110页。
③ 同上书,第107页。
④《负起市政建设光荣任务,失业工人一年来的劳绩》,载《新民晚报》1951年5月7日。
⑤《失业工人救济会大力介绍就业和帮助转业,本市十万余失业工人走上生产岗位》,载《文汇报》1952年1月8日。
⑦ 沈智、李涛主编,《上海劳动志》编纂委员会编:《上海劳动志》,上海社会科学院出版社1998年版,第108页。

和委托各公私营工厂代训艺徒等方式来进行,目的是使"没有技术的失业人员掌握到技术,使他们就业的条件能与国家国民经济有计划的发展情况相适应"①。各种训练班训练的期限一般是半年到一年,训练的方针采取"政治与技术相结合,理论教学与实际操作相结合,有的做到生产和训练相结合"②。训练的形式有三种:一是由政府部门出面举办各种补习班,其中有政治文化补习班、短期师资训练班等。此外,青年团和民主青联也办了很多学习班③。二是委托企业以师傅带徒弟的方式进行培训。培训的工种主要是机械、化工、汽车驾驶、卫生保育等培训的工种主要是机械、化工、汽车驾驶、卫生保育等④。三是举办转业训练班。从1950年10月开始,上海市先后举办了机械、测量、化工、会计等各种训练班35个,受训的学员共25 000多人⑤。到1951年11月份,全市先后举办各种职业训练班共28个,艺徒学校4个,艺徒下厂处50个,共训练了15 382人,培养了机械五金工人3 340人,会计人员9 755人,其他如护士、测量员、驾驶员等共2 287人,共实现就业10 280人⑥。从中共接管上海以来到1954年上半年为止,全市共有34 334人受到过转业训练,其中训练班27 689人,委托各厂代训6 645人。这些受训人员大部分由劳动局介绍到相应的岗位就业⑦。

由以上各种安置过程可见,政府对于这些安置活动都进行了具体的组织。即便是生产自救这种由失业人员自行发动的活动,同样是置于组织格局下进行的。1950年,政务院批准下达《救济失业工人暂行办法》,规定:"生产自救应以举办农场及手工业工厂、作坊为主,并以不损害当地现有的工商业为原则。"⑧组织生产自救的两条原则:一是所费成本少,吸收失业工人多;二是成品必须有出路,但不影响同业之营业⑨。至于其他两种类型,更是在政府的亲自组织下进行,自然也脱不开组

---

① 《本市三万余失业人员受到转业训练》,载《文汇报》1954年7月17日。
② 《帮助失业工人获得职业,转业训练工作积极展开》,载《文汇报》1951年9月5日。
③ 《上海劳动就业成绩很大,三年来已有23万人就业》,载《新民晚报》1952年9月23日。
④ 劳动部《三年来劳动统计参考资料(1950—1952)》,1953年11月,转译李光田:《试论建国初期失业工人的救济与安置》,载《党史论坛》1993年第2期。
⑤ 《上海市劳动局举办的转业训练班,两年来使两万多失业工人走上工作岗位》,载《文汇报》1953年1月9日。
⑥ 《本市十万余失业工人走上生产岗位》,载《文汇报》1952年1月8日。
⑦ 《本市三万余失业人员受到转业训练》,载《文汇报》1954年7月17日。
⑧ 《救济失业工人暂行办法》,载《人民日报》1950年6月19日。
⑨ 《本市救济失业工人暂行办法执行细则,市府昨日公布施行》,载《文汇报》1950年9月10日。

织安排的轨道。

(三) 积极安置：就业

就业安置是城市社会重新组织的重要组成部分。曾几何时，政府为了快速实现单位化，无论对政府机关还是工矿企业，甚至保甲组织都采取了系统接收的方式。这种不加甄别的全盘接收在维护社会秩序的同时，也留给政府无数遗憾和隐忧，一次又一次的清理活动也耗费了政府大量的精力。与其扬汤止沸，不如釜底抽薪。在此过程中，政府终于认识到，只有切断不符合阶级要求的人进入单位的渠道，或者说只有保证既定的人选顺利进入单位，才能一劳永逸地解决问题。因此，整个就业工作主要围绕两个中心来进行：一是防止不符合要求的非单位人进入单位，二是保证政府遴选出来的非单位人顺利进入单位，为此，政府进行了一些制度化的组织安排。

1. 加强组织联系：组织安排的准备阶段

加强与失业人员的组织联系目的在于把失业安置放置于组织化格局下进行。按照单位和非单位人两个分野，加强组织联系的执行组织也分成了两个体系。单位系统的由其基层工会组织进行。"失业工人的登记，由失业工人救济委员会委托市总工会所属各产业工会的基层组织办理之"，而"尚未建立工会基层组织者，由产业工会或市总工会直接办理之"①。1952年8月，经过失业登记后，登记在案的失业人员被划入了各自的工会等组织系统。里弄系统的工作由居委会来负责，"本市各里弄自从建立居民委员会以来，在区人民政府及办事处的领导下，为广大居民做了不少工作。……特别是为无组织居民——失业人员及劳动人民的家属——创造了参加为群众服务的条件"②。随着居民委员会组织功能的完善，失业工人的具体工作很大一部分通过居民委员会来进行。1953年开始，各街道建立失业人员联络站，由街道办事处干部兼任站长，并吸收义务工作人员协助组织管理。联络站以里弄为单位，每20名失业人员编成1个小组，每30名左右失业人员设2个联络员，由失业人员中的积极分子担任③。由于工作繁重，经过劳动就业委员会区分会批准，区

---

① 《救济失业工人暂行办法》，载《人民日报》1950年6月19日。
② 屠远基：《居民委员会应协助做好劳动就业登记工作》，载《文汇报》1952年12月4日。
③ 沈智、李涛主编，《上海劳动志》编纂委员会编：《上海劳动志》，上海社会科学院出版社1998年版，第88页。

以下的失业登记委员会纷纷成立,统一办理里弄失业人员的登记工作。除了一部分里弄委员和积极分子因里弄中其他事务要办理没有参与登记工作以外,其余人员都协助政府开展工作①。当工作队下到里弄进行失业登记时,里弄组织一般开展以下工作进行配合:一是根据工作队要求,介绍里弄情况,帮助工作队联系各方面人员;二是实际参与具体工作;三是利用组织特长,充分发动群众配合工作队②。有了这样自上而下的组织工作体系,失业安置得以在组织化的程序下进行。

2. 失业登记:组织安排的操作阶段

进行失业登记意味着制度化的组织安排已经进入实际操作阶段。在这一阶段,政府主要分三个层次展开工作。

第一层次,确立组织制度,包括统一调度权和失业登记工作经常化。早在接管时期,上海市总工会筹备委员会就成立失业工人工作委员会,开始对失业工人进行调查登记。1950年7月,上海市失业工人救济委员会正式成立,即着手全面开展失业工人的登记工作。1952年,中央人民政府政务院劳动就业委员会发布《关于失业人员统一登记办法》。据此,上海市人民政府发出公告,规定今后失业人员的登记工作由劳动就业委员会统一领导办理。这样,失业登记转为经常性的工作③,并成为劳动就业必经的环节。

第二层次,将失业人员作为劳动力资源纳入政府人力资源库,对进入单位的非单位人进行初级筛选也是从这里开始的。最初,失业工人登记范围按《救济失业工人暂行办法》规定,暂时"以原在公私营的工商企业与码头运输业中工作的工人和职员,以及从事文化艺术教育事业的工作人员,在解放以后失业,现在尚无工作或其他收入者为限"④。民国时期遗留下来的失业职工,确有特殊困难,需经同业在业职工2人证明之后,方可申请登记。通过这一环节,首先把不符合要求的失业人员剔除了出去。按照这一执行标准,到1952年10月底,累计登记的失业人员有206 536人⑤。

---

① 《本市失业人员统一登记第二期工作进入评议阶段》,载《文汇报》1952年12月9日。
② 屠远基:《居民委员会应协助做好劳动就业登记工作》,载《文汇报》1952年12月4日。
③ 沈智、李涛主编,《上海劳动志》编纂委员会编:《上海劳动志》,上海社会科学院出版社1998年版,第100—101页。
④ 《救济失业工人暂行办法》,载《人民日报》1950年6月19日。
⑤ 沈智、李涛主编,《上海劳动志》编纂委员会编:《上海劳动志》,上海社会科学院出版社1998年版,第100页。

第三层次,对失业人员进行排队,分清轻重缓急。这一层次的工作至关重要,它决定着哪些人将进入单位的录用程序,政府对此也极为重视。由于受到美国为代表的西方国家的经济封锁,航海业失业严重,与此同时,内河航运人口缺口却增大。1949 年 11 月,海员工会进行失业海员登记,工会按照中舱、水手、理货、升火、管事等不同工种将 2 000 多名失业海员进行分门别类,以备内河航运单位录用①。在完成对三轮车工人的失业登记后,对 2 733 名登记在册的人员进行了梳理,对其中 131 人即行救济②。1952 年,上海市人民政府劳动就业委员会制订《关于失业人员统一登记办法施行细则》。该细则扩大了失业人员的登记范围,但同时细化了登记的规程,将失业人员统一分为登记对象、备案对象和转报对象三类③。由于整个登记过程的工作量大大增加,全市从机关、团体以及失业工人和失业知识分子中,抽调和选拔了 5 100 余工作人员,建立了市、区两级劳动就业委员会办公机构,以及 100 多个工作队④。这些工作队员都是经过短期的政策业务学习和选点试验后才投入工作的。通常调查登记工作以三个步骤进行:第一个是准备阶段,主要是宣传政策,并调查了解里弄各类型失业人员的情况,在此过程中,从里弄积极分子中推出积极负责、公正无私、历史清楚、能够联系群众的人来做登记委员。第二个阶段进行登记评议,主要是根据登记在案的失业人员的文化程度、工作技能、家庭人口、

---

① 《海员工会登记失业海员》,载《新民晚报》1949 年 11 月 5 日。
② 《失业三轮车工人登记告段落》,载《新民晚报》1950 年 6 月 29 日。
③ 登记对象,是过去长期做工,后来短期失业的失业工人,在失业期间依靠其他临时性工作维持生活,或暂时参加学习,现在生活困难,要求就业者;过去长期从事文化、教育、科学、技术、新闻、出版等事业或自由职业的知识分子,后来失业,在失业期间依靠其他临时性工作维持生活,或暂时参加学习,现在生活困难,要求就业者;独立生产者、城市贫民、摊贩、参加工矿企业做临时工 6 个月以上,现已失业者;新中国成立后曾在人民解放军、政府机关、人民团体或工矿企业工作,因犯错误被开除革职,或因其他原因辞职、离职,尚无职业,生活困难者;过去长期依靠工资收入为生活主要来源的家庭手工劳动者,以后失业,生活困难者;过去从事宗教或迷信职业,以后失业,生活困难,要求转业者。
备案对象,是从无职业或无固定职业的失学青年,具有劳动能力和初中文化程度,要求就业以维持家庭生活者;具有初中以上文化程度和就业条件的家庭知识妇女,要求就业以维持家庭生活者;过去曾短期做工,以后依靠家属供养,已长期不做工的家庭妇女,生活困难,要求就业者;有专门技术或其他特长,为国家建设所需要,因无固定职业,要求就业者;有初中以上文化程度,长期从事不固定职业,生活困难,要求就业以维持家庭生活者。备案人员的就业,原则上应后于正式登记的失业人员,但在国家需要时,或本人生活困难者,经市劳动就业委员会批准,得与正式登记的失业人员一并处理。
转报对象,是无法维持生活而又缺乏就业能力的贫民,既无正当职业,又缺乏就业条件,生活困难,要求救济安置者。转报对象由登记机关转报社会救济机关和民政机关分别先后缓急,逐步加以处理。沈智、李涛主编,《上海劳动志》编纂委员会编:《上海劳动志》,上海社会科学院出版社 1998 年版,第 101 页。
④ 《本市劳动就业工作正有计划地逐步展开》,载《文汇报》1952 年 11 月 13 日。

生活情况、过去经历、失业经过等情况,核查是否符合登记办法及范围,由里弄失业委员会进行民主评议,决定哪些人应该尽快解决,哪些人可以暂缓解决,评议结果经审查后正式填写统一的失业人员登记表。最后是结束阶段,主要是按区劳动就业委员会分会最后批准的名单,发给登记证件①。据统计,从1950年7月到1951年12月,共有179 000人向市失业工人救济委员会登记,其中有113 000人经政府介绍得到工作。失业知识分子从1951年12月开始登记,到1952年7月,共有4 500多人得到工作和学习机会②。

从以上具体工作内容来看,分"缓急"固然不错,但更重要的目的似乎是分"轻重"。正因为如此,"上海总工会还组织大批干部到失业工人家中进行访问调查"③,若仅仅是确定"缓急"根本不需要如此大动干戈。与此同时,对登记员的阶级要求,特别是对失业人员过去经历的掌握,都表明登记工作对失业人员进行的是政治排序。因此,尽管《施行细则》在表面上扩大了失业人员的登记范围,但通过政治排序后,排在后面的失业人员实际上已被排除在单位之外了,因为职位毕竟是有限的。而与此同时,通过扩大失业人员登记范围,即使是不符合就业要求的失业人员,也实现了组织对其的控制。在组织范围之内,政府既可以随时了解其思想动向,也可以对他们进行社会主义改造,这样做,就防止了他们作为游离态的劳动力形成对社会的危害。因此,尽管政府解决失业问题的能力有限,但是调查工作却开展得很彻底。从1952年11月初至1953年1月底,全市21个区的1 812个居民委员会进行了普遍调查以及登记工作。这一期登记在400多个里弄同时进行,调查居民达100万人之多④。经过此次调查登记,全市失业人员的基本情况被摸清了。到1956年,全市经过登记的失业人员合计为671 895人⑤,几乎涵盖了非在业的所有劳动年龄人口。

3. 劳动介绍:组织安排实现阶段

通过设置层层过滤机制,政府对什么人可以进入单位已经做出了制度化的选

---

① 《本市劳动就业工作正有计划地逐步展开》,载《文汇报》1952年11月13日。
② 《华东地区劳动就业成绩显著》,载《新民晚报》1952年9月10日。
③ 《上海总工会组织大批干部,调查和急救失业工人九个产业及行业工会工人已获救济》,载《人民日报》1950年5月1日。
④ 《二期失业登记开始,工作范围内有人口100万》,载《新民晚报》1952年11月29日。
⑤ 沈智、李涛主编,《上海劳动志》编纂委员会编:《上海劳动志》,上海社会科学院出版社1998年版,第101页。

择,接下来的工作就是安排他们以制度化的渠道进入单位。这个制度化的渠道就是劳动介绍制度,通过这一制度,政府一方面要求单位按照自己制定的程序进行人员的录用,以保证符合失业登记要求的人员顺利进入单位;另一方面限制单位私自录用人员,防止不符合要求的人进入单位。

职业介绍,在上海早已不是什么新鲜话题了。早在20世纪20年代,上海就存在诸多这类机构,其中最知名的莫过于中华职业教育社。由于该社对于职业介绍不收费,从成立以来,委托求职者颇多,仅1930年就有4 435人①。不收取介绍费固然令人心动,但人们更看重的是职业介绍的成功率。中华人民共和国成立后,人们对官办的劳动介绍所趋之若鹜,不仅在于它不收取任何费用,还在于它的保障性和唯一性。

1950年8月1日,上海市劳动局劳动介绍所成立。劳动介绍所的主要工作是:一是掌握各单位的用工信息,接受单位的招工登记,承办代招、代聘业务;一是了解失业人员情况,接受求职者的咨询、登记,并根据用工单位的需求,组织推荐介绍就业。劳动介绍所的最大特点是:它是政府下设机构,拥有政府这个强力后盾。"经劳动介绍所介绍的职工,规定试用期,临时工试用期不得超过7天,正式工试用期不得超过1个月"②。这是其他非官方的职业介绍所难以企及的保障,正因为如此,劳动介绍所一经成立,该所的业务就突飞猛进地发展。1950年8月份介绍所向外推荐人员583人,9月份达到1 490人,10月份增加为2 397人,被录用的有3 790名③。

失业人员之所以钟情于劳动介绍,除了它的可靠性之外,还在于它的唯一性,即随着国家统一调配劳动力能力的提高,政府将通过统一劳动介绍进入单位作为就业的唯一渠道。1952年8月,中央人民政府政务院决定扩大失业人员登记范围时规定:国营和私营工商企业需要从社会招收职工时,均由劳动部门的调配机关统一介绍,未经劳动部门同意,不得登报、贴广告自由招工。常年性的生产工作,企业不得雇用临时工④。

---

① 中华职业教育社编:《上海职业指导所要览》(1931年)第2章,复旦大学图书馆藏。
② 沈智、李涛主编,《上海劳动志》编纂委员会编:《上海劳动志》,上海社会科学院出版社1998年版,第105页。
③ 《劳动介绍所工作展开,就业人数逐月增多》,载《解放日报》1950年12月8日。
④ 沈智、李涛主编,《上海劳动志》编纂委员会编:《上海劳动志》,上海社会科学院出版社1998年版,第157页。

通过统一介绍就业,意味着只有经过登记且审查合格的失业人员才能重新进入职场。而单位不能私自雇用人员,就意味着单位用人,用什么样的人,都必须经过政府,即,要保证政府选定的人选进入单位。此时"劳动人民,只有在人民政府的英明领导下,才能充分发挥他们的劳动精神和智慧。也只有通过组织,努力建设,争取国家财经基本好转,才能逐步减少并消灭失业现象"①。1950年8月至1951年12月,失业人员中新就业的77 192人中,经劳动介绍所介绍就业的31 962人,占41%,各单位自行招用的45 230人,占59%。1952—1953年,失业人员进单位就业的159 179人中,经统一介绍的106 580人,占67%;单位自行招用的52 599人,占33%②。从1950年5月到1954年6月的四年里,通过上海市人民政府劳动局介绍或办理备案手续的已长期就业和得到安置的失业人员就有271 000余人③。

在具体的实施过程中,由于公有化正在进行中,政府统一调配劳动力能力有限。因此,一直以来,在官方推行的统一就业机制之外,始终存在着一个民间的就业市场。"竟仍有少数私营企业单位,以低工资向外埠或农村招雇劳动力来本市做工,并且事后又不来备案";"尚有少数产业工会,仍在直接办理介绍工作。"政府对此极为不满,这种"现象影响了劳动力介绍工作的统一,给劳动介绍所的工作增加了不少的困难"④。对于这种情况,上海市人民政府发出通告,其中明确规定:"凡本市公私营企业单位进行招聘招考职工时,一律应通过市人民政府劳动局劳动介绍所统一办理。"⑤1954年第一个季度,自行就业人数的百分比高达62.34%⑥。

失业安置一直消耗着巨大的人力和物力,而失业现象并不能如政府所愿自动消失。这样,政府既不能抹杀自行就业在解决失业问题上的成绩,又不能放任"雇佣劳动力存在的混乱现象"⑦,似乎陷入两难的境地之中。

在1954年春季,中央劳动部召集全国失业工人救济工作会议,决定将之后处理失业工作的方针改为"介绍就业与自行就业相结合的方针"。上海市根据这一方

---

① 《负起市政建设光荣任务,失业工人一年来的劳绩》,载《新民晚报》1951年5月7日。
② 沈智、李涛主编,《上海劳动志》编纂委员会编:《上海劳动志》,上海社会科学院出版社1998年版,第105—106页。
③ 《上海解决失业问题的巨大成就》,载《人民日报》1954年9月26日。
④ 《劳动介绍所工作展开,就业人数逐月增多》,载《解放日报》1950年12月8日。
⑤ 《外埠机关招聘雇佣技术员工,本市人民政府规定手续》,载《新民晚报》1951年12月9日。
⑥ 《本市失业人员自行就业者增多》,载《文汇报》1954年6月29日。
⑦ 《劳动介绍所工作展开,就业人数逐月增多》,载《解放日报》1950年12月8日。

针,制定并公布了《关于〈上海市私营企业雇佣临时工暂行办法〉及〈上海市公私营企业雇佣职工暂行办法〉的补充修订通告》(以下简称《通告》)。这一《通告》的基本精神是,劳动力调配工作要更好地为生产建设服务,做到既保障工业发展对劳动力的需求,又适当放宽工厂企业自行招用的范围,便利公私企业用人,鼓励失业人员自行就业。自谋生活的积极性,使失业人员获得更多的就业机会。表面上,中央的精神以及地方变通执行都是对自行就业的认可,但事实并非如此。

如《通告》第一条第一项规定:"招用长期工3人以下者,可在本市已登记失业人员中自行招用","招用临时工5人以下或虽超过五人而工作期限在15天以下者,可在本市失业人员中自行招用";但"招用长期工超过3人者,仍应申请市劳动局劳动介绍所统一介绍,招用临时工超过5人而工作期限超过15天者,应申请所属区人民政府劳动科统一介绍"。从这一规定来看,企业即使能够自行招用,但招用的范围、人数却是统一规定的。尤其是长期工,必须从已登记的失业人员中招用。《通告》第三条规定:"国营、地方国营或公私营企业管理机构中之劳动工资部门",应"切实协助本市劳动行政部门,做好本企业单位的职工招用工作。"①到1954年,地方国营和公私合营企业中已经逐步建立劳动工资制度。各单位劳动工资管理机构统管于全市劳动行政部门,其所能提供的岗位是"有限"的,而企业又必须承担职工的永久性就业以及福利要求,因此企业佣工的随意性大大降低。"这些企业的劳动工资机构,如能切实协助本市劳动行政部门做好本单位的职工招用工作,不仅有利于企业正确掌握劳动力计划,而且有利于政府贯彻介绍就业与自行就业相结合的方针"②。由此可见,政府实际上通过这一举措统一了自行就业的路径,在事实上将民间市场统一到政府的管控之下。

从整个失业安置过程来看,国家通过一系列制度化的组织安排,逐渐实现了一种有系统、有组织、有控制的资源分配模式,无论单位人还是非单位人都通过这个体制对资源进行再分配或者获得资源,从而保证了整个资源分配的一种秩序,这样,社会生活中最重要的社会活动就被严格地纳入社会调控当中③。

---

① 《关于〈上海市私营企业雇佣临时工暂行办法〉及〈上海市公私营企业雇佣职工暂行办法〉的补充修订通告》,载《新民晚报》1954年6月28日。
② 《做好劳动就业工作,为生产建设服务》,载《新民晚报》1954年6月27日。
③ 参见王沪宁:《从单位到社会:社会调控体系的再造》,载《公共行政与人力资源》1995年第1期。

三、失业安置的特点

首先,失业安置实现了制度化的组织安排。

民国时期,上海工厂、企业雇佣职员,主要采用直接雇佣制和间接雇佣制两种方式进行①。二者的共同特点是:劳动用人权掌握在工厂、企业手中,或者说是掌握在相对于国家的私方手中,受雇者也各凭其力就业②。中华人民共和国成立之后,各种劳动力退出自由劳动力市场,结束了自由流动状态,逐渐被纳入国家统一的劳动力资源库。国家根据需要和劳动力自身的一些情况对失业人员做出了制度化的组织安排。这种安排不仅仅表现在对方式、途径的设定,也表现在对人员的筛选,甚至于安置后干什么,都由国家来做出制度化安排。如《救济失业工人暂行办法》中规定,以工代赈的工程范围,首先为国家需要举办的工程,以及有益于市政建设的事业,如浚河、修堤、植树、修理码头、下水道、修建马路、公园等③。在20世纪50年代,劳动就业虽然没有实行"统分统配"制度,却在事实上朝着这个方向发展。

1956年以后,劳动就业正式纳入计划管理的范围,各单位用人要根据自上而下确定的劳动计划,劳动者就业基本上只有单位招工这一渠道④。劳动就业组织化、制度化程度的提升,为实施"统包统配"奠定了制度基础。1957年初,国务院发出《关于有效地控制企业、事业单位增加人员,制止盲目招收工人和职员现象的通知》(以下简称《通知》)。《通知》规定各企业、事业单位一律不得招用外来人员或将任务发包给外地人员,承包者本人虽系上海户籍,但招用外地人员的,也不得对其发包。中央各部在上海的企业单位,未经上海市劳动局批准,一律不得从外地调入工人⑤。"文化大革命"中,上海开始对中学毕业生首先实行了"统包统配",企业和知

---

① 所谓直接雇佣制,是指整个雇佣过程没有除工厂、企业和工人以外的第三方介入,由工厂、企业直接招用工人,与工人发生直接劳资关系。间接雇佣制是由包工头承担劳动任务的一种用工形式,企业一般不与工人直接发生劳资关系。直接雇佣用工形式有长期工、临时工和季节工等。而后者主要是纺织行业中的包身工制度,码头装卸业和建筑营造业也通过包工头承包搬运装卸和建筑施工任务。
② 这个"力",包括受雇者的劳动能力、技术能力,以及动员社会资源的能力,如动用裙带等关系解决问题的能力。
③ 《救济失业工人暂行办法》,载《人民日报》1950年6月19日。
④ 沈智、李涛主编,《上海劳动志》编纂委员会编:《上海劳动志》,上海社会科学院出版社1998年版,第90页。
⑤ 同上,第173页。

识青年没有招工和择业双向选择的权利,国家全面实现对劳动力的统一调配,在就业方面,制度化的组织安排最终定型为"统分统配"制度。

其次,传统的血缘、地缘关系不再是失业人员安置的重要条件。

民国时期,企业需要劳动力,主要通过亲友推荐和社会公开招收的办法进行。其中,前者在失业人员再就业过程中发挥了重要作用。即使在中国现代化程度最高的上海,20世纪二三十年代,劳动力的文化素质也还是很低的,更没有统一的参照标准。失业人员素质良莠不齐,通过劳动力市场雇工,难以令业主放心。因此,大多数业主雇佣工人都是通过亲戚、朋友、同乡等私人关系介绍,或者由各部门的工头从同乡中推荐。这种基于缘关系的招收模式,最终造就了上海工人分布呈现地缘化集中的特点。如,著名的南洋兄弟烟草公司由广东人创办经营,其工人也是倾向于从家乡招用①。再如,上海电力公司,其技术工人多属于宁波籍,小工以江北、安徽、山东人为多②。与此同时,很多慈善团体、同乡会都是以服务于同乡为宗旨。这些社会中间组织也是各个职业中介组织的倡导方和建立者,他们在救济与安置事业中,都是以首先解决同乡困难为原则。受此惯例影响,即使在华的外国企业,也入乡随俗,如他们招收普通职员时也多吸收与外国人有关系的仆人、马夫的亲友子弟以及高级职员推荐的亲友子弟等③。中华人民共和国建立之后,失业安置以制度化的组织安排进行。这一改变抑制了各种缘关系在安置工作中的影响力。一位接管干部的妻子向丈夫要求替她找工作时,这位接收中央银行的军代表这样回答:"尽义务的工作有的是,要待遇的工作没有;现在大批失业的职工,还没法安排。"④各种缘关系退出就业渠道之后,形成了以阶级身份为基础、政治为中心的就业体系。

最后,安置形式多样,受安置人数多。

总的来说,20世纪50年代上海的失业安置还是较为成功的。一方面,政府对失业人员进行了多重安置。既没有把失业人员完全推向社会,也没有采取政府包

---

① [美]裴宜理:《上海罢工——中国工人政治研究》,刘平译,江苏人民出版社2001年版,第196页。

② 朱邦兴等:《上海产业与上海职工》,上海人民出版社1984年版,第195—196页。

③ 沈智、李涛主编,《上海劳动志》编纂委员会编:《上海劳动志》,上海社会科学院出版社1998年版,第501页。

④ 《一年来思想的转变》,载《新民晚报》1951年3月8日。

养的方式进行单纯的救济,不仅缓解了严峻的就业形势,减轻了政府的负担,也为失业人员的再就业创造了条件。另一方面,政府的就业体系运行有效,获得就业的人数多。从20世纪50年代初期开始,政府逐步实行了"低工资、高就业"政策,使得上海维持了较高的就业率,保障了大多数人的基本生活①。从1949年6月到1957年年底,政府通过组织介绍就业、动员回乡生产、举办转业训练、实行以工代赈、发展生产自救等多种途径,将全市登记在案的67.2万名失业人员中的51.6万余人进行了安置②。这个业绩是相当不错的,据统计,到1956年年底,"上海就业总人数已达到239万人,平均每3个人中就有1个人在工作"③。就业率提高,失业压力缓解,不仅消解了社会不满情绪,也缓和了社会矛盾,为国家建设赢得了时间。与此同时,由于中国共产党在治理失业问题上的积极态度和建树,也大大提升了中国共产党的威信,为政府赢得了一批富有积极性的劳动者和追随者。"良工机器厂工人韩林生,他自己失业已有6年,他父亲原来是一个打样师,已经失业了12年。1952年,他被政府介绍进良工机器厂学习技术,现在已经成为一个正式的钳工,他的父亲也在同年被分配到华北基本建设公司工作。他感动地说:'旧中国使我失业,新中国使我得到职业。我明白了,只要祖国有前途,我们失业工人也有前途'"④。

综合上述,20世纪50年代的失业安置不仅仅是一种社会问题的治理,也构成非单位人群组织化管理的重要部分。组织化的最终目标是实现单位化,由于单位资源的有限性,非单位人的单位化只能以两种路径进行:一种是实现单位化的管理,即通过街居组织对非单位人进行组织约束,或者通过再组织对其进行更有效的组织管理。另一种就是进入单位组织,成为单位人。由于这是组织化的目标,因此政府设置了层层过滤机制,保证符合要求的非单位人在制度化的组织安排下进入单位。回顾另外三种非单位人群的组织化历程,实际上都存在着部分非单位人向单位人转化的问题,相应地,他们的转化也是通过这种制度化的组织安排进行的。

---

① 熊月之主编:《上海通史》卷13,上海人民出版社1999年版,第343页。
② 其余部分主要有:因老弱病残丧失劳动能力,升学、外迁等原因注销登记的8.8万余人;因家务拖累无法就业的3.7万人,剩下尚需安排的仅3万人。沈智、李涛主编,《上海劳动志》编纂委员会编:《上海劳动志》,上海社会科学院出版社1998年版,第100页。
③ 《上海市劳动就业成绩很大,每三个人中就有一人在工作,今后就业方向主要是参加农业劳动》,载《人民日报》1957年8月19日。
④ 《上海解决失业问题的巨大成就》,载《人民日报》1954年9月26日。

一切活动都在制度化的组织安排下展开的特点,实际上是计划经济体制下,单位和其他单位变体的基本特征,即受令性①。20世纪50年代计划经济体制正在确立中,而在此过程出现的将社会生活中一些主要活动严格地纳入整个社会调控体系的意图,实际上也是构筑计划经济体系的初衷。由于人们的经济生活决定着其他一切活动,是其他活动的基础,因此组织化的痕迹不仅体现到每一个社会成员的就业问题上,他们的衣食住行也同样如此。

第二节　组织化的社会生活：城市生活变奏

经济基础决定上层建筑,社会经济生活决定着人们的社会意识,并进而决定着人们的社会行为。当人们的经济活动以一种制度化的组织安排形式进行时,其社会生活不可避免地要随之发生转换。1949年的中共接管上海,是上海城市社会发展过程中的一个里程碑。从那时起,以基层社会的重新组织为引擎,同时也为内容和特点的基层社会变迁拉开了序幕。在这一过程中,上海城市社会一反往常的发展态势,其变化之巨用"一日千里""翻天覆地"来形容毫不为过。城市社会经历着急遽变迁,人们的生活也随之发生了诸多变化。

一、社会生活的变迁轨迹

社会生活包罗万象,文中提到的不及万一。尽管生活千差万别,略去纷繁,其共有的特性却始终如一。整个20世纪50年代,上海社会生活的变迁具有以下三个特征。

（一）全面组织化

社会形态和政治变革是社会生活变迁的牵引器,社会变迁总是在各个层面上反映着上层建筑的变革。中共接管上海后,在政府主导下,以单位化为特征的基层社会重新组织活动拉开了帷幕。组织化深刻地改变了原有的社会生态,进而影响

---

① 王沪宁:《从单位到社会:社会调控体系的再造》,载《公共行政与人力资源》1995年第1期。

到社会生活中的一切——人、社会活动。这种组织化集中表现为两个维度：一是一切人群的组织化。按照城市社会的重新组织的格局，全体人口按照"单位"和"非单位"两个群体，以"工作"和"居住"两个空间展开组织化建构。单位人口：工人、干部、文教工作者、工商产业职员等"基本群众"，通过工会、青年团、妇联组织起来。而"非单位"人口则通过城市居民委员会和街道办事处两级行政建构完成组织建构。基层组织制度健全以后，几乎所有的城市人口都被纳入各种不同的组织形式。二是被组织控制的组织成员有组织地进行一切活动，这些有组织的活动，大到一些具有重大意义的政治社会运动，小到读书、看报、打扫卫生；时间长则经历几年，短则不过个把钟头；既有对衣食住行等物质层面的组织调度，也有触及人们灵魂深处的意志整合。总之，人们的社会生活从形式到内容，都为组织所控制、所塑造，从主体到客体全面组织化。

（二）政治压倒一切

中华人民共和国政权建设的一个基本特征是国家政权深入基层社会。由于基层社会实现了组织化，而组织的制度结构又保证了居民与政府之间的组织联系持久并且制度化的存在，从而能使整个社会生活与政府的行动高度统一。与此同时，限于资源的有限性，国家政权总是通过政治力量来推动一切领域的改革，相应地在基层社会就出现了政治压倒一切的现象。如人们的消费习惯逐渐统一于国家的社会形态变革，业余时间的社会生活政治化。个人的具体特征和个性化逐渐纳入非情境的观念体系和知识框架之内，人向着"抽象的大众"方向发展。一切旧的思想观念都得到改造，一切社会关系都以政治关系为先导。邻里之间互相监督司空见惯，即使是更紧密的社会关系也为政治关系所代替。通过一场镇反运动，人们原有的社会关系被全面颠覆了。在这场运动中，妻子举报丈夫、子女举报父亲时有发生，至于举报亲属的情况更是比比皆是。一个冬防队员的父亲是"流氓恶霸"，当公安局人员搜捕他父亲时，他"协助捉住了反革命的父亲，丝毫没有难过；并且说：'我父亲是对不起人民的，我应站在人民的立场，检举他'"[①]！"沈大姐，也曾经是只知道给丈夫烧饭洗衣服的家庭主妇，通过镇压反革命条例的学习，她认识了朋友和敌人，因此，当她在洗衣服时，发现了她丈夫衣袋里反动的证件，知道他原来是个特

---

① 《肃清反革命委员会：各区里弄相继成立》，载《文汇报》1951年5月15日。

务。这时候,她能毫不容情地向公安局进行了检举并且协助公安局进行侦查,终于使她的丈夫和另外六个党羽一起落网"①。蓬莱区一位妇女检举了她"反动"丈夫后说:"在家里我们是夫妇关系,但在政治上,他是反革命分子,他与人民为敌,我们就应该检举他。"②政治在社会生活领域的压倒优势,使得全部社会生活呈现政治化和行政化的趋向。

(三) 高度同一化

由于社会生活的主要活动都被严格地纳入了社会调控中,一切活动都在统一的计划和安排下展开,因此社会生活具有高度同一化的特点③。众所周知,社会生活发展的多样性和组织的趋同性是一对矛盾。社会生活之所以具有多样性,一个主要原因在于人的欲望的多重性,而组织的目的在于造就统一的规则和行动,因此,组织成员的要求越多就越难以达成共识,而即使实现组织化,支出的组织成本也会很高。换言之,要以一种低消耗的方式实现组织化,唯一的办法就是将整个社会生活均纳入单一的组织体制之中。正因为如此,国家一开始就将组织化设定为单位化,并始终致力于打造一个高度同一的国家社会形态。单位组织和街居组织都属于基层社会重组的产物,虽然在形式上两者有着很大的差异,但是组织化的最终目标是造就一个"单位社会",因此,它们的组织目标、组织管理方式都高度一致。与此同时,无论单位还是街居组织,也无论其上级组织是中央还是地方,它们都是国家的派出机构,都按照国家的统一指挥行动。这样,无论是单位还是街居组织,其内部都具有生活方式、价值观念同一的特点。

具体来说表现在两个方面:一是生活模式的同一化,除了基于阶级差别形成的对立分化以外,同一个阶级阵营的人们按照同一的生活模式生活,基于职业、收入而存在的社会差别消失。"在傍晚的外滩黄浦公园里,古老的梧桐披着夕阳的金辉。年轻的情侣正悠闲地并肩漫步低语,穿着人民装的工人、学生、妇女……安适地靠在油漆一新的椅子上看着书报,或展开热烈的讨论。……"④这里展现的场景实际上具有概括性,换言之,它不是特定人的特定生活方式,而是具有代表性的生

---

① 《显示解放了的妇女的力量:记家庭妇女的游行行列》,载《解放日报》1951年10月2日。
② 《全市百分之八十以上里弄居民有了组织》,载《新民晚报》1951年12月17日。
③ 王沪宁:《从单位到社会:社会调控体系的再造》,载《公共行政与人力资源》1995年第1期。
④ 《外滩新气象》,载《解放日报》1951年10月7日。《解放日报》资料中心。

活模式。二是价值观念同一。中国共产党具有独立的政治意志和意识形态,作为执政党,要获得政权的合法性,就必须把自己的意识形态转换为全社会认同的政治文化。为此,政府一方面清除原有的多元价值观念对民众的影响,另一方面又以各种形式推进意识形态的全民化。在全民化过程中,政府不仅把各种业余活动的内容完全政治化了,而且把参加形式也组织化了,因此人们的价值观念几乎是在统一的时间、统一内容的塑造下形成的,自然具有高度的同一性。

二、消费习俗:由奢入俭

中华人民共和国成立后,上海城市发展的主体导向是变消费型的城市为生产型的城市。这一导向深刻影响了20世纪50年代的上海城市社会发展。曾经的"东方的巴黎"逐渐褪去了其中国时尚之都的华丽,取而代之的是革命式的、军队式的简朴。其中,服饰的变化最为突出,在20世纪50年代制服装盛行的日子里,整个城市都沉浸在一片蓝灰之中。

(一) 消费风气骤转

"摩登与时尚"是民国时期上海消费的主导潮流。国际性的大都会,发达的工商业,豪门官僚汇集,久而久之就造就了上海发达的消费产业。上海人傲称"吃在上海""穿在上海"绝非徒有虚名。上海解放前,全市共有700多家酒菜馆、180家高级时装店[1]。然而,这一切都在上海解放后发生了转变,不仅高档消费退出了主流市场,人们的日常生活也朝着简约化的方向发展。

上海国际饭店建成于1934年,外表是独特的绛紫色,其地面上共22层,加上地下2层,共24层,仅地面高度就达300尺,是当时远东最高的建筑物。整个饭店分为旅馆部和餐务部两大部门,旅馆部有近200个房间,生意好时平均每天可以租出150个以上。顾客主要是外国人,国民政府的"经济合作总署"长期包订了40个房间。上海解放后,由于外国客人大量减少,国际饭店的生意一天天清淡。其职工为了增加营业收入,在报上刊登广告,以七折优惠价格招徕客人[2]。其他大饭店如金门、汇中等也不得不以折扣价格来吸引客人。即便"三东一品",即大东、东亚、东方

---

[1] 《解放二年来的上海工商业》,载《新民晚报》1951年5月27日。
[2] 《社会风气崇尚节约,摘星楼上豪客减少》,载《新民晚报》1949年7月21日。

以及一品番四大旅社,"也不像往年的酒绿灯红热闹非凡了",由于生意清淡,他们多以减价来揽客。国际金门房价七折,大东、东方六折八扣,新亚大酒店甚至1 000多元(旧币)住一天,比小旅馆还便宜①。不仅如此,上海700多家酒菜馆,到1951年上半年已歇业的有200余家;177家银楼,几乎全部停业或者转业,其他如古董店、大时装店等都日趋缩减②。

接管才不过三四个月,人们的日常消费风习就发生了很大变化。"一般情形下,大家都实行节约",从菜场蔬菜的销售情况来看,小菜如萝卜、白菜、豆腐、云(芸)豆、蚕豆、冬瓜、炸豆腐主顾特别多,生意繁忙。肉、鱼、蟹、鸡虽然仍有买者,但为数已很少。"肉是一斤半斤,鱼是一条二条,蟹鸡问津者不多。"据一个肉贩说,1948年以前即使是小月节,也能卖两头猪,而在开国的喜庆节日期间只卖了一头多。与此同时,一些高档食品更是鲜有人问津。如月饼、火腿等过去是送礼的四大件之一,中共接管上海后也开始走下坡路。而"美国洋酒、罐头更无人过问,伙计在柜台里无聊地在干打算盘","数千元玻璃盒水果,大公司一天也卖不了几盒"③。

理发店的规模是衡量都市繁荣与否的一个重要标准。上海作为中国当时电气化程度最高的城市,在理发界曾率先推出"电气化"操作,"原子理发"使得沪上的理发技艺登峰造极。上海于是有谚语如是说:"有头皆可剃,无剃不成头。"据闻,抗战时期,许多显贵迁往后方,大小官员也挽着大小姨太太们西迁,"过汉口,到汉口之'金城','大都会'兴矣,到重庆,则重庆之'中国'和'南京'于焉新创,并且生意好的邪气,平民进理发店须'排队'——因理发店素来招待周到,当然不致站着排队,经过排坐如仪,方得依次而剃"。战后,大小官员返回,沪上"即可显得'繁荣'了,理发店也空前地发达了"④。由于理发行业的发达,很多上海的小姐、太太们养成了每天到理发店去梳头的习惯。于是,"世人在头发上用工夫的情形越来越讲究",单是服侍头松一项,头等理发店设备的奢华程度也令人咋舌⑤。理发店还推出"包月制",省得零星付账麻烦,阔气的家庭更能享受上门服务。

---

① 《大上海改造过程中,旅馆多家准备转业》,载《新民晚报》1949年8月27日。
② 《解放二年来的上海工商业》,载《新民晚报》1951年5月27日。
③ 《庆祝开国佳节又到,欢乐气氛弥漫全市:小菜场熙熙攘攘贵族化的礼品今年生意可不好》,载《新民晚报》1949年10月5日。
④ 《云鬟风鬓归于朴素,原子烫发打入冷宫》,载《新民晚报》1950年1月21日。
⑤ 《文明的病痛之一 都市人必须理发》,载《新民晚报》1949年2月9日。

接管工作人员进入上海后,一时间,解放帽、干部帽、北方帽代替了瓜皮小帽、西式礼帽,结果是,任何花哨的发型都显得突兀而再无用武之处了。一个贤惠勤良的主妇在自己家里,一把梳子、一把剪刀、一把剃刀,全家大小的顶上问题一网打尽。在这种情况下,全市2 800多家理发店中,以往规模较大的店家因为开销大,渐渐有难以维持之势。例如原先实行"包月理发",每日需要7个理发师分工开展业务的同昌理发店,由于顾客流逝,维持业务都成了问题①,而位置偏僻的小理发店也"因为主顾多有了自己的组织,自有理发处所,所以生意也不好"②。许多过去风格新异的理发店,改变了经营风格。一些要理所谓的像"葱油饼""大包头"等发式的顾客,即使可以不顾父母师长的训导,但最终也会在理发师的循循劝导下选择放弃⑤。

衣服在过去上海人的社会生活中,占据了非常重要的地位。上海人称各种服饰为'行头',而"行头"的"挺"与"不挺",一定程度上是上海人在社会舞台上不同角色、身份的表征,衣着甚至会影响到衣者的社会发展。在民国时期,"假如你出去'问路''访友''购物'等,遭遇到意料不到的'冷淡'甚或'碰壁'的话,最好还是回家照照镜子,往往就会发现这是'行头'不挺的原(缘)故。反过来说,只要你外表'行头挺括',尽管态度不礼貌,也可以无往而不利"。因此,"在过去的上海社会里,'行头'""控制着99%的上海人的神经,他们为它而困扰,而痛苦"⑥。"有些人宁可居斗室,喂臭虫,一条洋服裤子却每晚必须压在枕头底下,使两面裤腿上的折痕天天有棱角"⑦。即使是一般的店员"在衣着方面是西装革履,把自己打扮得像有钱的绅士,虽然自己没有钱,也要千方百计借钱装装排场"⑧。"以貌取人"的观念深刻地影响着上海城市社会,围绕衣着打扮而兴盛了许多行业,如化妆品、美容业、时装业,还有旧货市场。旧货业的繁荣,是因为许多小职员再穷,也会置办一身旧西装,上海旧服装市场的生意因此而长盛不衰。且不论20世纪前半叶繁荣的二三十年代,

---

① 《同昌理发店 搞好了业务》,载《新民晚报》1950年5月19日。
② 《云鬓风鬟归于朴素,原子烫发打入冷宫》,载《新民晚报》1950年1月21日。
⑤ 《社会风气变得好,人人唾弃"阿飞头"》,载《新民晚报》1958年4月11日。
⑥ 《翻行头观念改变,金钱豹身价大减》,载《新民晚报》1949年12月25日。
⑦ 鲁迅:《上海的少女》,载鲁迅:《南腔北调集》,人民文学出版社1980年版。转引自忻平:《从上海发现历史:现代化进程中的上海人及其社会生活(1927—1937年)》,上海人民出版社1996年版,第256页。
⑧ 《店职员的生活改变》,载《文汇报》1949年12月19日。

就是经济萧条时期,时装业也没有受到丝毫影响。战后三年的时间里,上海时装店就增加了4倍多。南京西路一带的西装、时装店、衣料店十之八九都是战后兴起的①。

随着社会风气的转变,诚如一首里弄小诗所描述的:"服装无复究新奇,线袜粗衫本极宜。生活于今重俭朴,不须邻里斗风姿。"②因为此时实在是斗无所斗,整个社会消费风习的骤然转变,使得上海城市的色调都由五彩缤纷转为清一色了。

(二)上海服饰流变

在中国传统社会中,衣为食先,看似无关紧要的服饰自古就承载着多重文化意味。中华人民共和国成立之初,上海服饰的变化更多体现了政治风向,而失去了服饰业自身发展的特点。从这一时期上海市民衣着的发展走向来看,主要经历以下三个阶段。

1. 新旧杂陈

上海解放后,军服装给上海着衣风尚带来了一场巨大冲击。解放军进入上海后,模仿军人穿军服成为一股潮流,受此影响,服装出现了明显的整齐划一的趋势,一些典型服饰的普及程度十分惊人。与此同时,由于短期内,摩登男女的时尚理念尚未被新的审美观念所取代,因此,西装、旗袍仍然占据一席之地。人们的衣着新旧并存、中西兼具,甚至在街上经常会发现将这一特色矛盾地集于一身的现象。

1949年5月,大批的解放军、干部开始进城。进城的军人、干部多穿灰色的军服和中山装,上海青年学生立即效仿,纷纷穿起自认为具有革命象征意义的制服装。随后,各行各业的人争相效仿,很多人把长袍、西服改做成中山装或军服,将各种曾经流行的时装封存起来。"这个秋天,人民再也不用为'虚有其表'的秋装发愁了,整个的社会风气已由奢入俭,可以有什么穿什么了,最多只要买一件蓝布衣服就足够应付了"③。解放才不过半年,由于军服装的普及,时装店的销售走势就发生了很大的变化。1949年冬装的基本走势是:"皮大衣不如长毛绒,长毛绒不如厚呢

---

① 《翻行头观念改变,金钱豹身价大减》,载《新民晚报》1949年12月25日。
② 杨石青:《里弄小诗》,载《新民晚报》1950年7月3日。
③ 《蓝布衣裳足够应付,今年秋装不必再愁》,载《新民晚报》1949年9月19日。

大衣、厚呢大衣不如棉制服、棉大衣。""金钱豹"(皮草服装)与"灰背"一时成为点缀橱窗的装饰品了,而在过去,一件'灰背'要值黄金六两,上品的可以卖到一根大条。只有大众化的货色,"去路"才广①。"大众化"成为这一时期服装的总体走势,而所谓大众化的服装即军服装以及由此发展而来的各种制服装。

军服装大行其道的同时,中山装也得到人们的青睐,在款式上也是不断地推陈出新。在人们越来越多穿中山装的同时,又根据中山装的特点,设计出"人民装",其款式的特点是:尖角翻领、单排扣和有袋盍插袋。这种款式在当时看来是属于那种既庄重大方,又简洁单纯的服装。开始穿人民装的年轻人很多,渐渐就拓展成为老少皆宜的装扮。"解放后现在我们的生活都好了,礼拜天休息,每人都能穿套新的人民装去出客,再也不是那套破碎的八卦衣了"②。后来出现的"青年装""学生装""军便装"等等,都是中山装的变体,服装的颜色又以蓝灰为主。

由此可见,此时上海人选择穿颜色晦涩、式样单一的棉制服与其说是因为完全接受了新社会的价值观念,倒不如说是他们是在赶另一波时装潮流。许多妇女脱下了"西装裤子短大衣",而改穿棉制服,因为她们认为在"今天的社会风气下,'朴实'才最'时流'"。在这股返朴潮流中,"蓝、灰"是流行色、"革命化"构成了其最核心的流行元素。制服装虽盛行,人们的意识观念当然不是瞬间可以转换的。因此,街面上一部分人穿着蓝、灰两个色调棉制服装,一部分依旧西装革履、卷发旗袍。与此同时,还有一些人突兀地将这两个近乎大相径庭的着衣理念汇集于一身。"一个穿高跟鞋、玻璃丝袜、头发烫得像鸦巢的女人,穿了一套列宁装,在马路上前瞻后顾地衡量线条"。"一个头发梳得像小飞机,皮鞋擦得光可鉴人,穿一条笔挺的花呢西装裤,上身穿着一件列宁装的男子,在电车里以玻璃窗当镜子,不时地打量着他那粉红色的领带上的花纹"③。服饰是社会的晴雨表,此时上海服饰表现出来的求新和趋同并存的特征,正是当时过渡性社会形态特点在服饰上的反映。

2. 苏风来袭

新中国成立后,我国社会主义建设以苏联为模本,进而社会生活领域也出现了

---

① 《不要为了学时髦来穿列宁装》,载《文汇报》1951 年 6 月 23 日。
② 《搬运工人真正翻身了——工人代表陈万喜发言摘要》,载《解放日报》1951 年 12 月 16 日。
③ 《不要为了学时髦来穿列宁装》,载《文汇报》1951 年 6 月 23 日。

"苏化"趋势①。1953年2月,毛泽东主席发出"我们要在全国范围内掀起学习苏联的高潮,来建设我们的国家"的号召②。原本,在毫无其他经验借鉴的情况下,新政府也很难抛开模仿苏联的惯性思维,而弥漫整个亚太地区的"冷战",更使"一边倒"的战略被写入《共同纲领》,成为立国之根本。1954年3月,《人民日报》的一篇社论强调:"苏联过去所走的路,正是我们今天要学习的榜样。"③"苏联经济文化及其他重要的建设经验,将成为新中国建设的榜样"④。这样,"学习、借鉴乃至模仿苏联工业化的经验,就成了与苏联有着相似的社会经济制度和'冷战'共同遭遇的中国制定工业化战略的必然选择"⑤。因此,中国不但在外交上奉行"一边倒",且在一切领域出现了全面苏化的趋势。

中苏关系密切时,国内出现了男人戴鸭舌帽(苏联人的工作帽)、女人遍着"列宁装"的现象。列宁装是根据列宁常穿的服装式样设计而成的,其主要特征是:大翻领,单、双排扣(各5个),两侧斜插袋,左上胸一小口袋,可以配西装裤子和球鞋,还可以系一条腰带。列宁装先在一些革命干部学校流行,随后扩展到大学,很快又流入社会,形成风气。列宁装时兴时,凡有工资收入的年轻干部、教师纷纷省钱都要做上一套列宁装。对于一般老百姓而言,穿列宁装还意味着生活水平的改善和提高。"我们孩子的身上也可以穿上一套很配身的列宁装,不再东一块补丁西一个洞,屁股露在外面了"⑥。低收入的年轻工人、小商小贩,做上一套列宁装,便要"留着结婚穿"了。抗美援朝志愿军还将列宁装穿到了朝鲜。"现在朝鲜每条公路上,常看到穿列宁装的汽车驾驶员。在交车时常可听到'阿拉、侬'等的语言,老同志们都听不懂,他们都笑着:'什么阿拉、侬的'"⑦。而在重大节庆日子里,列宁装更是统一的着装。"那满面红光,挺着胸膛走在闸北区游行队伍前面的中队副周惠珍——

---

① 此外,苏联文化大规模地向新中国传播,也促成了社会生活领域"苏化"风气的形成和深化。从1949年到1953年,中文出版的苏联书籍就有3100多种(《人民中国》1952年第22期,第27页)。在"向苏联学习"的号召下,全国兴起了学习俄语的热潮,从1952年秋天开始,我国开始以苏联高校为标准,改编了所有教学计划和教学大纲,并组织翻译苏联高校的教材。
② 《掀起学习苏联的高潮,建设我们的国家》,载《人民日报》1953年2月14日。
③ 《发展重工业是实现国家社会主义工业化的中心环节》,载《人民日报》1954年3月3日。
④ 《建国以来毛泽东文稿》第1册,中央文献出版社1987年版,第266页。
⑤ 黄华:《建国初期我国工业化选择优先发展重工业战略的原因》,载《黔东南民族师范高等专科学校学报》2005年第1期。
⑥ 《上海公交公司电工部郭文银小组的信》,载《解放日报》1951年7月2日。
⑦ 《赴朝司机的来信》,载《解放日报》1951年2月16日。

一个裁缝的妻子,……还穿了丈夫亲自给她缝制的簇新的列宁装参加游行"①。

本月十九日下午,我们复旦义务夜小学附设成人班,开始报名的第二天,忽然来了一位身穿列宁装,头戴帽子,声音像女人,但又没有头发的不男不女的人来报名,在他填写报名单的时候,家长姓名也是女的,而其关系是师徒,并且是失业者,我们当时想:"莫不是一个尼姑吧!"后来才想起六十三工人夜校的负责同志曾对我们说过,"有一个尼姑到我们这里来报名,因为我们只收在厂工作的工人,我们就介绍他到你们这里来"。我们才知道这果真是一位尼姑。②

除了列宁装以外,苏联的其他服装也影响着中国服装的流行动向。到了夏天,"布拉吉"(苏式连衣裙)是最受欢迎的,因为这种服装节省材料,穿着舒适,款式变化多样,领和袖变化随意,不受任何限制,被誉为青年女性的时尚装扮。此外,因苏联格子布积压而大量输入中国,格子布的衬衫便一度引领了潮流。如果说穿军服装时,人们在着衣方面还存在一定的自我意识的话,那么穿起列宁装之后,个人的自我价值和个性就被完全忽略。"我想起自己为什么喜爱穿列宁装呢?是为了爱漂亮吗? 不!是为了尊敬世界劳动人民的导师列宁,我要随时随刻听他的话"③。

3. 重倡华装

制服装的一统天下,使得服装的单调与灰暗成为人们心头挥之不去的记忆。"无论是男也好,女也好,老教师也好,青年教师也好,大家全是蓝色、灰色的人民装。走进学校的办公室,一眼望去只见一片蓝灰色"④。才华再出众的画家,面对这种高度同一的社会色彩也会失语,画面色彩和层次的缺失,使得绘画本身都发生困难。"男女不分,老少不分,全世界没有一个国家是这样的"。"我们这一代是中国有史以来最幸福的一代,为什么我们妇女却偏偏穿着黯淡的蓝、灰色制服呢"⑤? 诸

---

① 《显示解放了的妇女的力量:记家庭妇女的游行行列》,载《解放日报》1951年10月2日。
② 《尼姑不甘"与世隔绝"报名参加夜校学习》,载《解放日报》1951年2月25日。
③ 《我检举了我的"舅公"》,载《解放日报》1951年5月6日。
④ 《和女教师谈谈服装问题》,载《文汇报》1955年7月7日。
⑤ 《今天的妇女的服装问题》,载《新民晚报》1955年4月9日。

如此类的疑问可能久久萦绕在每一个身着制服的人的脑海之中……直到有一天，外国来访者看到"蓝色海洋"里的上海，不明所以然，竟对中国社会主义建设成就产生怀疑。这一状况令中国共产党始料不及。与此同时，一个不争的事实是，由于服装消费的简朴化，也造成了整个纺织业的萧条。"本市有130余家专业呢绒的商号，由于社会风气的转变，营业普遍受到困难。""本市纱商业多至八九百家，解放后一般靠代客交易中间商性质的商号营业逐日清淡，陆续歇业的不少"①。以牺牲轻工业为代价，尽管换来了重工业的发展，但优势产业的严重下滑，对整个国民经济并无利处。

从1953年开始，以政府为先导，服装界掀起了改进服装的活动。"我们一定要改变'男女不分'，还要改变'蓝灰一面倒'的现象。我们应该在实用和经济的条件下尽可能地把自己打扮得多一点光彩，多一点活力，使服装也成为我们幸福生活的反映"②。1953年冬季，上海纺织行业就开始着手生产各种花样新颖、色泽鲜明的布料。新产品一般适合缝制衬衫、旗袍和裙子③。但正如20世纪50年代，全社会都自觉地以服装来划分阶级阵营，以色彩来评判道德标准，保持劳动人民的本色远比标新立异的举动要稳妥得多。因此，尽管政府要求改进服装的呼声很高，但这场改进运动却一反常态地进展缓慢。

为了引导市民对多样化服装的需求，政府进行了持续不断的努力。1956年4月1日，上海市妇女儿童服装展览会开幕，会场设在南京东路西藏路口上海市第一百货商店四楼。会场还附设卖品部，按照展览会设计的新式样赶制妇女服装92种，儿童服装40种，供参观者选购。产品的定价，一般都较为便宜，用花布裁制的各式连衫裙，每件定价大多在8元左右④。政府还提醒市民："对花衣裳不发生兴趣，懒洋洋地连换一件衣裳也觉得麻烦的人，正是缺乏生活热情的人，思想落后的人。"⑤在这样的引导下，此后一段时间内，确有部分女青年们穿上了花布罩衫、绣花衬衣、花布裙子。男子也普遍穿着春秋衫、两用衫、夹克衫、风雪大衣。这是20世纪50年代人们在穿着上最活跃的一段时期。但这种活跃非常短暂，在人们穿上军装之前，

---

① 《呢绒和纱商号纷纷转业获得初步成功》，载《文汇报》1951年9月14日。
②⑤ 《新服装三原则》，载《新民晚报》1956年4月1日。
③ 《让全国妇女缝制漂亮的春夏服装，上海将增产大量新花色麻纱府绸》，载《新民晚报》1954年3月24日。
④ 《妇女儿童服装展览会开幕，附设卖品部供应新式服装》，载《新民晚报》1956年4月1日。

灰蓝一直是服装的主色调。

综合上述,中华人民共和国成立初期上海服饰的变化有以下几个鲜明特征:

首先,简朴是整个20世纪50年代服饰的规定性特征。实际上,最初的简朴并不是人们衣着追求的出发点,只是因为各类制服装的共同特点毫无例外都是简而朴,因此,当人们普遍穿起制服装时,简朴就成为人们着装的基本特征。至于将它变为一种规定性特征的却是新政府变消费型城市为生产型城市的理念使然。整个20世纪50年代,物资以及建设资金的短缺一直困扰着社会主义建设。中共接管上海时,"解放战争还在广大地区进行。作战费和六百万脱产人员的费用,很大部分是依靠发行钞票来解决的"①。但这些支出也仅仅是勉强维持了生活消耗,建设资金极为匮乏:"我国工业在全国经济的比重中只占10%,要实现全国工业化是一个长期的十分艰巨的任务,它需要巨量的资金。"②不仅如此,现有的工业设备还"很差","不是用旧了,就是弄坏了"③。根据苏联的社会主义建设经验,我国也开始将资金筹集放在了内部积累上,"增产节约"运动应运而生。毕竟,作为人民民主的国家,发展经济所需要的大批资金,一"不能靠发行钞票",二不能像帝国主义那样"去掠夺别人","最好的办法就是增产节约"④。

一般家庭的生活消费结构中,衣食占据了最重要的部分。中共接管上海后,财政困难持续良久。到1949年7月底,为了维持庞大的开支,"人民币的发行总额为二千八百亿元。在支出中,占比重最大的是吃和穿。上海是工业集中的大城市,目前困难很大"⑤。"如果我国1万万左右的城市人口,每人每天能节约1两粮食,一年就可以节约20多亿斤粮食,这些粮食的价值,可以修建拥有10万纱锭的纺织厂3个或买拖拉机27 000台"。"对于个人来说,这点微末的节省是完全可以做到的"⑥。正是有了这样的展望,"低消费"逐渐成为20世纪50年代高积累的工业化政策中一个重要融资手段。即使为了展示国家建设成就而重新提倡服装多样性之时,简朴

---

① 《陈云文选(1949—1956年)》,人民出版社1984年版,第1页。
② 《增产节约宣传提纲》(上),载《文汇报》1951年12月25日。
③ 《谈增产节约》,载《新民晚报》1951年12月1日。
④ 《怎样贯彻增产节约》,载《新民晚报》1951年12月8日。
⑤ 《陈云文选(1949—1956年)》,人民出版社1984年版,第1页。
⑥ 《怎样保证市镇粮食定量供应暂行办法的实施》,载《文汇报》1955年9月23日。

依然是服装发展的基本导向。对于服装"不应该有'多多益善'的想法","过去有些所谓'豪华'的奇装异服,甚至于还是十分庸俗的"①。言下之意,服装花色品种的多样化首先必须讲求经济原则,不能贪件数多、档次高。在这种情况下,人民物质欲望更进一步被统一于"国家利益"之下。其最终结果是,一场绵延20世纪50年代的"增产节约"运动,将整个上海的服装特点定格为"简朴"。

其次,着衣理念与道德尺度共变。早在封建社会初始阶段,服饰就被印上了浓厚的道德、礼仪色彩。在中国文化里,穿衣戴帽并不是至少不完全是个人的小事。它首先是文化的表征,既是有文化与无文化的表征,又是此种文化与他种文化的表征。中国人常说"衣食住行""衣食父母","衣"甚至排在"食"的前面,说明服饰的重要。特别是在封建等级制度面前,国人对服饰的注重,首先不是漂亮,也不是舒服,而是要合礼。所谓"合礼",一是"合身份",二是"合场合"。服饰中所透射出来的道德意味根深蒂固于每个中国人心中。

接管后的一段日子里,无论中国共产党的领导人还是城市接管人员,并无意对上海市民的衣着观念作出什么修正,军服装的流行也并非政府提倡的结果。然而,不论是热血青年出于对革命的崇拜而穿起军服装,还是一般市民单纯出于时髦或者从众心理而选择了军服装,客观上却与中国共产党已形成的革命化的生活习惯,以及中华人民共和国成立后推行的高积累低消费的社会主义经济建设理念相契合。当人民日益广泛地身着制服时,有意无意之间就把衣着的简约与新的道德标准对等起来。"解放一年多之后的上海,还会看见这么多奇装异服的女人,真有点看不顺眼"②。民间出现这样的趋势,对于急于推行自己价值观的中国共产党而言是一个好的兆头。中国共产党积极趁此契机,将这种趋势变为一种定式。这样,西方资本主义时尚因子被进行重新定义,它们不再是时尚的符号,而是生活败坏的小资行径,而与制服相匹配的"简约"则被进一步提升为社会主义美德。

随着新型的道德标准日益固化,人们自由选择服饰的空间窘于各种既成道德观念的限制而日益狭小。"人们在这个伟大的时代变革中力求接受各种新鲜事物,力求使自己从各方面适应新的环境。欢迎新的,扬弃旧的,旧的装束也意味着与应被粉碎的旧社会生活相联系的一种可憎厌的东西;当时如果有一个穿花旗袍的妇

---

① 《新服装三原则》,载《新民晚报》1956年4月1日。
② 《"看不顺眼"》,载《新民晚报》1950年8月6日。

女是会被看不入眼的"①。在这种情况下,爱美之心被各种带有道德色彩的舆论所钳制,人们穿制服的原因更大程度上是来自新道德标准的束缚,而非自然自愿的选择:"记得我第一次做了一套人民装,穿在身上觉得特别难看,帽子不肯戴,头上还是梳着菲里滨(菲律宾)的头。"②

人们的无意识行为也好,主动追求也罢,通过政府的重塑之后,简朴就成为新的道德标准。"要妇女打扮得漂亮,就是把妇女当玩物看待,就是资产阶级对妇女的观点。""女人打扮,为的是博取男人的喜欢","这就是侮辱了自己的人格"③。因此,政府提倡服装的多样性之后,因为"怕别人因为自己较爱打扮而说成是追求资产阶级生活方式",或者认为"作为革命干部应该保持朴素的作风;或者怕人说爱打扮就是想找对象,作风不正派……"等原因④,大多数人对花彩的衣服要么敬而远之,要么持观望的态度,不敢有逾越。"大多数女工都做了几件花衣裳,因为怕那些有保守思想的人说闲话,都不敢穿出来"⑤。"最多是节日时由于领导的号召才出现一些花花绿绿有时又显得不太调和的各种裙子和旗袍,但这仅仅是几小时的表演,第二天立刻恢复原状。"这种顾虑日益根深蒂固,"于是,谁也不愿为了穿一件漂亮的衣服而遭受舆论的批评"⑥。

最后,服装的意识形态化。服装,对人类来说,蔽体御寒是它的首要功能。但人类的服装文明,早早地就走出了唯一实用目的,而向着功能复杂化方向发展。尤其在中国,自古服装制度就是君王施政的重要制度之一。将服饰意识形态化远的不说,在近几百年的历史中,最有代表性的例子当数清初的"薙发"。《薙发令》诏书内容并不显得如何,但在具体执行过程奉行了"留头不留发,留发不留头"的血腥政策⑦,结果

---

①④ 《今天的妇女服装问题》,载《新民晚报》1955 年 4 月 9 日。
② 《我现在喜欢老老实实,不喜欢漂亮了!》,载《文汇报》1950 年 7 月 19 日。
③ 《服装的"公式化"》,载《新民晚报》1956 年 2 月 9 日。
⑤ 《本市各界妇女座谈服装问题,希望多多设计花色美丽式样大方的服装》,载《新民晚报》1956 年 2 月 22 日。
⑥ 《今天的妇女服装问题》,载《新民晚报》1955 年 4 月 9 日。
⑦ "薙发令"颁发之时,南明小朝廷的使臣、兵部左侍郎(副部长)左懋第正羁居在北京太医院。随员艾大选怕死,遵旨剃发梳起了大辫子,左懋第将其乱棍打死。摄政王多尔衮听说后,派左懋第已经降清的弟弟左懋泰去诘责,左懋第明知故问:"你是满清降官,怎么敢冒称是我左家的人呢?"随之将其骂出馆舍。多尔衮大怒,亲自提审。当问道:"你为何不肯剃头?"左懋第的回答掷地有声:"头可断,发不可断!"多尔衮居然违背两国交兵不斩来使的惯例将左懋第杀害。《从"正月剃头死舅舅"谈起》,http//www.oldbeijing.net/Article_Show.asp? ArticleID=8182。

几乎在一夜之间举国上下都剃头梳辫以示对清政府的忠顺。最后,"薙发"也演化为缴械投降的代名词。实际上,留发还是剃头,束发还是梳辫,完全是民族生活习惯差异问题,没有必要作为两个民族水火不相容的文化标志而大动干戈。然而,在中国,自古国君为政之道,服饰是很重要的一项,服饰制度重建完成,政治秩序重建也就完成了一部分。因此,在中国传统中,服装是政治的一部分。有清以来,历年历代的叛乱者也好、造反者也好,大都是假以"复我大汉衣冠"揭竿而起,一般老百姓更是牢记着老祖宗血的经验教训。

中华人民共和国成立之后,当人们在着装上日益和政府、军队人员实现高度一致时,无形中也将服装意识形态化。正因为如此,服装的发展渐渐呈现"一般化"和"公式化"的发展趋势,制服装在全社会甚至达到不分男女老少的普及程度。"难道说爱美的上海人真的不愿意穿得漂亮一点吗？答案当然是否定的,'不是不想穿,而是不能穿'"①。此时,制服装的政治意味已经远远超过了社会和文化层面,而演变成为一种政治现象。特务在煽动活动中,也这样蛊惑人心："国民党就要来上海,穿列宁装的要杀头"②,"穿列宁装者要遭殃"等③。也因为如此,更进一步强化了这种以衣着差异为基础的阶级对立,"新成区各界代表看见丁匪福堂和金匪润声穿着人民装被押进会场时,全场一致愤怒地高呼：'把人民装剥下来'！公安分局马局长接受群众意见,当场把两匪的人民装剥下"④。

当人们自觉不自觉地以服饰来区分阶级立场时,生活中一切微不足道的东西都被镀上了意识形态的色彩。"生活方式问题决不是无关宏旨、无足轻重的小问题。""所谓生活方式就是用什么观点、态度来对待生活的问题,是有着深刻的阶级烙印的。资产阶级有资产阶级的生活方式、兴趣习惯,革命者有革命者的生活方式、兴趣习惯,两者有着清楚的界线,决不能混为一谈的"⑤。在这种情况下,西式服装,传统的旗袍、马褂等被视为旧时代的糟粕,被工农群众摒弃,而中山装、人民装、列宁装等装束则被认为是思想进步乃至认同新政权的表征,得到普及。如此一来,

---

① 《和女教师谈谈服装问题》,载《文汇报》1955年7月7日。
② 《正泰橡胶厂党支部发动群众协助政府镇压反革命》,载《解放日报》1951年4月22日。
③ 《粉碎匪特造谣暗害阴谋公安局破获匪特案两起：军统匪特陈永年不知悔悟决予严惩、朱正根造谣惑众阴谋暗害罪行累累》,载《解放日报》1950年4月20日。
④ 《本市新成等四区人民代表集会控诉反革命凶犯罪行：代表们纷纷表示,要以实际行动做好镇压反革命各项具体工作》,载《解放日报》1951年5月18日。
⑤ 《养成俭朴的美德》,载《文汇报》1955年1月27日。

服装的意识形态化，又进一步强化了人们的从众心理，两者互为结果，共同抑制了服装的自然发展和人的个性张扬。

（三）消费风习演变的特点

消费是社会综合信息的一种集中反映。中华人民共和国成立后，社会形态、政治格局的变动引起了社会领域的一系列变革。社会风习中最活跃的因子——消费，随即发生了变化。对于这一时期上海消费风习的演变进行考察，可以看出它具有如下几个特征。

首先，从多元复归一元。早在20世纪二三十年代，上海人的消费理念就突破了仅仅满足于基本生存本能的单向度需求，而体现为一种自我价值和张扬个性的高层次精神追求[1]。消费理念的发达带动了经济结构与产业结构的不断调整，而后者的发展又不断塑造着新型社会生活中多元格局的消费模式。中华人民共和国成立以后，根据地式的一元消费模式在政治经济重建中被推导为社会主流。一元消费格局的确立主要有如下几个原因：

一是中国共产党在长期的艰苦革命生涯中，形成了崇尚节俭朴素的政治文化，成为执政党之后，政权建设的一个重要内容就是将自己的政治文化进行广泛传播。因此，当人们自觉不自觉地响应着中国共产党的价值理念时，政府就顺水推舟，进一步通过舆论宣传强化这一趋势，并借此进行中国共产党的政治社会化。当时"勤俭建国""勤俭持家"等都是广为流行的社会口号，而这些都对上海人的奢俭观做出了重大的修正。二是中共接管上海时，这个全中国最大的工商业中心正遭遇着前所未有的经济危机，工商业大批停工停产，物资奇缺，物价飞涨……在这种情况下，即使党员干部有心奢侈，也无力承担。市长陈毅"带头过苦日子"，开展节约运动[2]。在恢复生产和社会秩序的日子里，中国共产党的干部节俭朴素的生活作风，为市民树立了良好的典范。军、国、民一齐勤俭共渡难关的情景，给人们留下了深刻的印象，简朴观念日益深入人心。"解放后一年来，流线型汽车不大看见了，酒楼妓馆多自动转业了；一般市民所看见的是解放军简单朴素吃苦耐劳的作风，于是由醉心奢

---

[1] 忻平：《从上海发现历史——现代化进程中的上海人及其社会生活（1927—1937）》，上海人民出版社1996年版，第359页。

[2] 当代中国人物传记丛书编辑部：《陈毅传》，当代中国出版社1991年版，第460页。

华享受、不劳而获的心理,转变到节俭"①。三是中华人民共和国成立以后,工业化和优先发展重工业的战略相继确立。为了提高国家建设的积累程度,"增产节约"成为社会发展的一个持久主题。受此影响,人们的日常消费风习长时期地被定格为简朴。由于简朴成为消费的主导思想,从而使消费的内容和模式发生了急遽转变,由多元复归一元。

消费观念的转变又使得整个产业结构不得不做出了调整,最终使得消费模式更进一步向一元化发展。新中国成立后,在整个社会以简朴为风尚的氛围中,服装颜色、样式日益单一化,并走向统一。市民的服装仅是本装(男布纽扣对襟上装、女布纽扣大襟上装和男女折腰裤子)、中山装、学生装、解放装这几种。男装以中山装及中山装发展体系为主,如人民装、军便装、青年装等。女装则以列宁装、女式两用衫及苏联大花布连衣裙等为主。各种制服装不断普及,使得当时的劳方都普遍认识到"如要发展生产,就必须改变营业方针,由为少数资产阶级服务,转变为为劳动人民服务,使生产品走向大众化"②。"有许多商店改善营业,转变方向,如美昌、金泰高云昌、开泰等14家时装店,改售人民装"③。与此同时,凡属享受型的消费都遭遇同类问题。"社会风气逐渐改变,香皂销路锐减,现本市大小50余家肥皂厂,对香皂已停止生产,药水肥皂产量亦减少。而以有用原料,改制普通洗衣肥皂"④。"澡堂生意也不好,原因是一来天热,二来大家也都忙起来,无闲再去'水包皮'了。""美容医生门可罗雀。那种'使胖变瘦,使瘦变胖'、'麻子变光脸'、'去除皱纹改造腰身'的广告也不灵了,他们都在考虑改业"⑤。从消费内容来看,此时人们的消费风习实际上从享受型恢复到维持型,也就是说,除了满足基本生存需要以外,其他基于感官享受而兴起的消费内容和方式都被摒弃。消费理念的转变,使得消费产业日渐衰落;而消费行业的萎缩,又使得可供消费的资料、内容大大减少,进一步限制了人们的消费。两者互为结果,最终造就了消费模式的一元化格局。

其次,从主动追求变为被动接受。从消费风习的发展来看,选择一时风行的消费风习是上海人主动追求的结果,但把它们作为持久的文化追求却是一个被动接

---

① 《无比的成就》,载《文汇报》1950年5月29日。
② 《泰康公司怎样走向大众化》,载《文汇报》1950年1月17日。
③ 《石门一路工商界抗美援朝展览会情况》,载《解放日报》1951年6月4日。
④ 《本市皂厂停造香皂》,载《新民晚报》1949年8月22日。
⑤ 《欲求健美唯有劳动,美容医生门可罗雀》,载《新民晚报》1949年8月22日。

受的过程。

原本,仿效解放军和进城干部装束的行为,只是青年学生向往革命的一种表现。但以此为发端,服装的式样甚至色彩却日益深刻地被烙上了道德标准与意识形态的痕迹,此时,它就不再仅仅是一种社会现象,也是一种政治、文化现象。因此,新中国成立后上海人消费风习的发展才会脱离人们的需要和个性化追求而出现被动选择的发展趋向。

> 解放前的上海电话公司女职员,几乎个个外面装潢得"摩登"入时的,涂口红、抹浓粉、玻璃袜、高跟鞋,那是家常便饭,四时衣着,年年更换,花样翻新、层出不穷。许多人天天跑电影院,还觉得不好,更常去跳舞厅,陶醉一番,把每月拿的薪水,全花在这上面了。
>
> 解放后,这光景逐渐转变得很快,原先进步的女职员们,马上团结一些落后分子,使她们首先知道以前生活方式的错误,在不断的互相学习帮助下,她们对自己前途生活等,都有了清楚的认识,许多女职工要求学习技术,要求参加各种学习班。通过学习,大家以前消极的工作态度转变了,如接电话线生,不会再懒洋洋地半天才接通了。在生活方面,她们改变了过去摩登出风头观念,许多人新做起蓝布列宁装,全冬都穿着,别人也绝不会笑她寒酸了。口红、香粉等逐渐绝迹,还有许多年轻的女职员如:谭莉莉、叶凤霞等,以前影院、舞厅是常去的,现在就努力协助工会干事了。①

实际上,大多数女干部和女战士是由于在战斗环境中多年生活,从而养成了一套制服走遍天下的习惯。随着接管工作进城后,她们穿着制服特有的英姿飒爽很快为一般追求新异的上海妇女模仿,逐渐地,连家庭妇女也都把旗袍收了起来,农村里的姑娘们更以穿制服为荣②。这种状况原本就是上海人趋新趋异从众的天性使然,但在客观上却造就了一种妇女"返朴"的现象,中国共产党也顺势将它提升到妇女解放的高度上对待。政府指出,女性在服装上下功夫,争奇斗艳,不过是因为妇女在经济地位上处于从属地位,需要讨好男性,屈从于男权的表现。所谓"女为

---

① 《在斗争中成长的上海电话公司女工》,载《解放日报》1950年3月8日。
② 《今天的妇女服装问题》,载《新民晚报》1955年4月9日。

悦己者容"，是不合理社会制度的必然产物。一旦女性依靠男性生活的现象被改变，那么女性在服饰上必然会"返朴归真"①。有了这样的舆论导向，"返朴"就作为一种妇女翻身解放的符号被泛化，一般女性即使有爱美之心也迫于情势收藏起来。

人们固然极力避免"奢华"给自己带来不必要的麻烦，"爱美之心人皆有之"的天性又使得他们总是在各种规定和原则中间寻找空隙，满足着自己的需要。不管衣服色彩如何灰暗、式样如何单调，但有条件的人们，每逢春夏秋冬之交，服饰也跟着"换季"（换新）②。那时，一些爱美的女性不能老是忍受灰暗的色调，就稍稍"出格"起来，常将花棉袄有意做得比外罩衣长一些，这样就使得领口、袖口、下摆处若隐若现地露出些鲜艳的花布，尽管这样容易弄脏棉袄的边角，但很多人还是乐此不疲，竟慢慢效法起来，当时还颇为"时尚"。同样的情形也出现在对食物的消费上。当人们的饮食风习遭到批评之后，嘴上毫不含糊自己的上海人，马上做出了调整。知名菜馆吃整桌酒席、门庭若市的景致确实荡然无存了，但小吃、客饭的生意却兴旺得很。这是由于上海人把吃饭也"化整为零"了。曹杨新村合作社附设了一个食堂，供应面点、包子、客饭及各种小吃，每天饭点时光，100个座位总是"挤得满满的"，每逢周日，"到食堂里来的人，还要排队吃饭"③。很多中档酒菜馆都有这样的情况，即，楼上生意清淡，但楼下生意却很好。因为一般楼下都是吃小吃和客饭的。有数据显示，因为客饭生意好，一些开展此类业务的酒楼营业额并没有受到节约之风的影响。同福馆1957年2月份上旬卖了1800元，中旬卖了4700多元；德源馆上旬卖了2900多元，中旬卖了4100多元④。与此同时，城隍庙的小吃，从五香豆、糖萝卜到卤鸭面、口蘑汤，甜荤咸素，"少说些总有七八十样"⑤。由此可见，消费风习发展到后来是人们被动接受而非主动选择的结果。

最后，消费风习的变迁成为社会变革的附属程序。20世纪50年代上海消费风习的总体走向呈现出与政治、经济发展同步的取向，50年代社会发展的主题变动不经，消费风习因此而辗转反侧。但终极目的只有一个，就是配合国家打破上海原有的消费性城市的经济体系，使得消费性城市转变成生产性城市。因此，消费风习所

---

① 《服装的"公式化"》，载《新民晚报》1956年2月9日。
②④ 《增产节约运动改变着社会面貌：上海人生活趋向俭朴》，载《新民晚报》1957年3月25日。
③ 《在曹杨新邨合作社里》，载《新民晚报》1954年1月17日。
⑤ 《城隍庙小吃》，载《新民晚报》1957年4月20日。

展现的状态完全脱离了自我发展的范畴,而体现为一种政治社会变革的附属程序①。

1949年中华人民共和国的成立,标志着旧的生活方式的结束,与之相关的一些文化现象也随之消失,消费风习是首先变化的。"我们共产党人应当有这样一个明确的观念:生活的改善必须服从于生产的发展"②。这样,消费风习的发展就被置于社会形态、社会经济改革的进程之中,既作为改革的内容,也作为辅助形式来推进这场伟大变革。

例如,民国时期,用鲜艳的小花布做成的棉袄主要是少女、幼女的冬装,成年妇女多以质料不同的绸缎面料做棉袄面,城乡贫穷人家的妇女则用素色棉布。中华人民共和国成立之后,绸缎面料因其"华丽""昂贵",而被认为带有封建色彩,或被认为带有小资情调,很快退出时尚前台。妇女摒弃了缎面,而采用花布做棉衣,以显示与工农的接近。随着工业化战略的展开,经济建设领域学习苏联经验的活动也波及社会生活领域。国内充斥着苏联的影响,大到城市建筑、小到衣着服饰。在最初的一两年里,充满布尔什维克气息的"列宁装"和紧收腰、高开衩的旗袍相映成趣。但很快,劳动布工装裤、胶底布鞋在劳动最光荣的时代又成为时尚。对"增产节约"运动的全力贯彻,使得人们对衣着的追求"简"字当头。

伴随着20世纪50年代一波又一波的政治社会运动,消费风习也呈现出随波逐流的发展状态,在此过程中,城市原有的消费性经济体系被完全打乱,与此同时,政府以行政手段调整了行业体系,使得产业结构发生了很大的变化,以轻工为龙头的上海走向优先发展重工业的道路。消费风习的自我发展全然统合于政治社会变革,说明社会变革已成为政治变革的附属程序。

三、业余生活:"休而不闲"

中华人民共和国成立后,上海人业余活动的内容、形式与从前相比发生了很大的变化。若说民国时期,一般人在工作之余的活动可称作是休闲娱乐的话,那么此

---

① 参见李立志:《变迁与重建:1949—1956年的中国社会》,江西人民出版社2002年版,第137页。
② 《反对资产阶级生活方式对革命队伍的侵蚀》,载《文汇报》1955年5月12日。

后人们的工余时光虽是休息时间,但却不"闲"了。这是因为,人们的业余时间,几乎都用来参与各种有组织的文化娱乐。这也是中华人民共和国成立前后人们业余生活的最大区别。

民国时期,一般市民在工作之余,便打罗宋、搓麻将、跑跑舞厅、逛逛游乐场,在大世界打乒乓球、打弹子,或者邀上三五个朋友到小酒馆喝喝酒。"闲来'打打麻将',是被认为一种'福气'"①。"在平时,走进一般里弄,听到一两处麻将牌声音是不足为奇的。过年时,就有更多的麻将、牌九、骰子出现,当然无处不'闹猛'了"②。中共接管上海后,文化教育、政治学习成为人们业余时间最主要和基本的内容,人们的闲余时间几乎为各种文娱活动所排满。在这其中,居民委员会发挥了组织和领导的作用。"领导开展文娱活动必须要有一个坚强的组织,这一个组织不应该孤独地存在而应该是属于居民委员会的一部分,也就是说要服从居民委员会有系统有计划地统一领导"③。由于有了居委会来统一主持这些活动,人们的业余活动实现了组织化,因此,这一时期上海人的业余生活又具有以下几个基本特征。

(一) 同一化

中华人民共和国成立之后,人们的休闲娱乐因个人年龄、性别、地位,甚至因籍别不同而呈现出的差异性日趋同一。民国时期,人们的休闲娱乐因人而异,年轻人沉迷于时尚型的娱乐,如跳舞、打弹子等;中老年人多选择传统形式,如听戏等。社会上层品味着他们的"阳春白雪","下里巴人"也给底层社会的生活平添着无数乐趣。随着有组织的文娱活动的开展,人们的业余活动越来越呈现出同一化的趋势。

一方面,休闲娱乐的多样性减少、异质性消失。上海解放后,一些高档娱乐场所日渐冷清,日常休闲娱乐,特别是烟、赌、娼等性质的活动被禁止。而在民国时期,烟、赌、娼活动在上海极为盛行。众所周知,上海自开埠以来,就逐渐发展成为制毒、贩毒、吸毒的中心地区,全市出售毒品和供吸毒的"燕子窝"多达2 000多处,吸毒者有10万余人。与此同时,上海的青楼业也呈现畸形繁荣的景象,上海解放前,全市仍然有525家妓院④。至于赌博活动更是具有全民性参与的陋俗。上海解

---

① 《里弄一件事》,载《新民晚报》1953年8月23日。
② 《里弄组织大力宣传,消灭春节赌风》,载《新民晚报》1952年1月26日。
③ 《关于开展里弄文娱活动》,载《文汇报》1951年9月15日。
④ 熊月之主编:《上海通史》卷11,上海人民出版社1999年版,第81页。

放后,市政府对烟、赌、娼进行了多次严厉打击,烟、娼活动几乎一举禁绝,但赌博活动却持续良久。在这种情况下,政府除了继续以治安管理的方式进行打击之外,还通过街居组织发动群众进行集体灭赌。很多里弄组织都通过全民动员的形式展开了灭赌活动。有的里弄组织在弄堂中的黑板报上,宣传赌博"旷时废业、浪费金钱"的各种危害;有的里弄在弄口张贴"不光荣榜",将赌博者的姓名公布。特别是在春节期间,关于这方面的宣传就更集中。"不赌博"被无数居民写进了爱国公约[1]。人们对赌博行为普遍不齿,一些公开的批判,甚至波及麻将本身。经过各种打击活动,使打麻将这一娱乐方式,从俯拾皆是到销声匿迹、从公开走向地下。与此同时,一些具有封建的、资本主义性质的娱乐方式也渐渐退出人们的业余生活,休闲娱乐方式的多样性大大减少,并统一于新的价值评价体系之下。

另一方面,由于大众文娱往往是以集体组织的形式展开,不仅内容雷同,且参与率极高。尽管作为个体所进行的文娱活动可能存在差别,但全市范围内的文娱活动却是统一的。这是因为,文娱组织是居委会的内设组织,文娱活动也是街道、里弄的日常工作,而全市的街居组织又是统一的,它们不仅有共同的领导人、机构,而且有着一致的目标。从活动内容来看,全市范围的文娱活动主要是学习、腰鼓、乐队等具有"民族的、健康的内容"的活动[2]。其中,学习活动的普及率最高,几乎是不分男女老幼的集体行动。"许多人都订立了具体的学习计划。如光复西路永盛里60号的张老太太便订立了公约,保证每天学习一个小时,一月识字60个"[3]。此外,市区各居民委员还办有大量的戏剧组织,如长宁区全区各里弄中,共有话剧8组、江淮戏6组、京剧3组、沪越剧4组、滑稽戏1组,配合这些组织的还有音乐(国乐)9组、口琴1组。参加这些组织的群众有600多人[4]。如遇节庆或者有中心任务布置下来,走进里弄,大多数人都会"忙着办壁报、练腰鼓。学秧歌、组织乐队。参加了京剧组,口琴队等活动"[5]。

(二) 政治化

中华人民共和国建立后的文娱活动强化了政治教化功能。"文娱活动是为了

---

[1]《里弄组织大力宣传,消灭春节赌风》,载《新民晚报》1952年1月26日。
[2][4]《上海市人民政府1950年工作总结》,载《文汇报》1951年4月20日。
[3]《社会风气正在迅速转变,许多人订立了学习计划》,载《文汇报》1951年9月24日。
[5]《店职员的生活改变》,载《文汇报》1949年12月19日。

调剂我们的生活,健全我们的体格,通过它可以促进居民间的熟悉,因而也能加强居民间的团结、互助,正因为这样我们的文娱活动是有其目的性的,并不是专为'玩玩'或'消遣一番'。通过文娱活动,可以给居民灌输新知识,结合着时事和中心工作,收到的效果会更广更宏。因此文娱活动同时是一个有力的宣传教育工具"①。正因为如此,人们参与文娱活动就有了两重意义:作为受众,则接受政治教育;作为表演者,则进行政治宣传。

人们作为受众时,各种文艺形式"相当于给全体观众上了一个系列政治课"②。新中国成立后,看电影仍然是上海人主要的休闲方式,只是此时电影的映出逐步实现了组织化,具有明显的意识形态化特征。民国时期,上海电影市场形成了美国片一统天下的局面,好莱坞电影成为上海城市文化的组成部分③,上海人西化的生活、行为方式受到此方面的影响很深。中华人民共和国成立初期,我国在外交上一边倒,生活上领域更是一度全面苏化。苏联电影的上映部数和观众人数都迅速提高,并超过美国片。这主要是由两方面的原因造成的。

一是由于美国电影事实上已经成为上海消费文化和电影文化的一个不可或缺的部分,而新政府的外交政策以及社会主义价值观念都无法容忍它的存在。在中国共产党的评价体系中,美国电影被定性为"文化鸦片"。上海解放后,政府就开始了反对美国片的宣传。

二是大量苏联电影的引进以及有组织的集体观看。上海解放后,电影制片业经历了一个较长的整顿期,国产片数量骤然下降,苏联片被大量引进,放映数量远远超过了国产片。此外,一些具有政治教育意义的苏联片,还被进行了有组织的集体观看,因而上座率很高。上映《斯大林格勒战役》时,观看人数达 150 000 人以上,超过了以往任何一部美国片的上座率。抗美援朝战争爆发以后,美国片从市面上彻底消失。"上海人民广泛地受到了深刻的教育,政治认识大大地提高了,大家都认识了美国毒素影片腐朽的本质,从自己舆论上反映了上海人迫切要求不看有毒素的美国片和不上映有毒素的美国片"④。

---

　　① 《关于开展里弄文娱活动》,载《文汇报》1951 年 9 月 15 日。
　　② 顾仲彝:《国营新片展览月的总结》,载《解放日报》1951 年 5 月 11 日。
　　③ [美] 玛丽·坎珀:《上海繁华梦:1949 年前中国最大城市中的美国电影》,汪朝光译,载《电影艺术》1999 年第 2 期。
　　④ 《五年来的上海电影映出工作》,载《新民晚报》1954 年 9 月 24 日。

为了配合一些中心任务的宣传，单位和居委会经常组织市民免费看电影。在抗美援朝运动中，全市17家影院放映了《抗美援朝》，原华东影片经理公司也于1950年12月主办了"抗美援朝保家卫国电影宣传月"，轮流在各区电影院里免费放映早场时事新闻片。在镇压反革命运动中，1951年1月，文化局电影事业管理处联合大光明、皇后、美琪等电影院工会开展反特电影宣传工作，各院轮流免费开映，影片包括《人民的巨掌》《思想问题》《无形的战线》《青年城》等①。影片放映后，《文汇报》还刊出电影主题讨论提纲，发动里弄居民参与讨论②。1951年5月，有关放映单位又举办了"镇压反革命电影宣传月"。放映影片有《无形的战线》等十部有关镇压反革命及暴露反革命分子罪行的影片。这些电影都以免费的形式在市区和郊区轮流放映。由于是有组织的进行，因此上座率很高，观众达到50万人之多③。

人们作为表演者时，各种里弄文艺组织成员就成了政府的文艺宣传大军，他们也应各种运动宣传的要求进行义务演出。如在爱国卫生运动中，各里弄戏剧组织演出了京剧《消灭害虫》，沪剧、越剧《注意卫生》，沪剧、滑稽戏《粉碎美帝细菌战》，方言剧《防病胜于治病》，江淮剧《扑灭害虫》等④。这些演出一般都在自己的街道里弄中进行，若配合中心任务，也到单位和郊区去义演。除此之外，里弄中普遍都组织了腰鼓队、秧歌队，每逢重大节庆、重要政策宣传展开之际，这些组织都配合政府进行造势活动。

由此可见，人们业余生活的政治化，主要是娱乐内容的政治化。为了提高政治性，政府不仅将各种形式的娱乐充实以政治内容，且通过组织，引导人们参与具有政治性内容的活动。两种方法互相配合，其结果是，人们的业余生活完全是以政治为中心展开。

(三) 大众化

所谓大众化，是指以低收入、低消费为特征的普通市民娱乐走向。限于经济条件，人们在业余时间所从事的消遣活动也存在着很大的差距。中华人民共和国建立之后，一些高档消费场所很快没落，而中低档的消费成本普遍降低，从而将消费

---

① 《影院将映反特电影 免费招待本市观众》，载《文汇报》1951年1月16日。
② 《最近上映的反特影片讨论提纲》，载《文汇报》1951年1月20日。
③ 《五年来的上海电影映出工作》，载《新民晚报》1954年9月24日。
④ 《配合各种运动进行宣传起了一定作用，长宁区各里弄展开文娱活动》，载《新民晚报》1953年1月22日。

群体迅速拓展到普通市民。1951年,上海降低了全市电影院的票价,新票价规定:头轮影院楼下旧币3 000元,楼上旧币4 000元(原票价分旧币3 000元、旧币4 000元、旧币5 000元三种);二轮影院楼下旧币2 000元、楼上旧币2 500元(原票价分旧币2 000元、旧币2 500元、旧币3 000元三种);三轮影院楼下旧币1 500元、楼上旧币2 000元。如无楼厅,则最高票价的座位不得超过全部座位的2/5①。低价位满足了大多数收入偏低的市民看电影的需要。1951年5月,举行国营新片展览月,在上演前一星期票子就卖完了。《白毛女》因在周日上映,观众很多,每院演5场,观众都在30 000人左右②。影院上座率的大幅提升说明,电影的主要消费群体已经从"有钱有闲"的少数群体推及劳动大众。当然仅作为受众参与其中,仍然是一种单向度的大众化。

听戏是社会下层人民闲暇消遣的一种主要方式,而过去戏剧大多讲述的是王侯将相、草莽英雄、才子佳人的传奇与故事,关于平头老百姓的素材是少之又少。因此,大众化的第二表现是将文艺内容平民化,也就是讲述老百姓自己的故事。1950年,中央召开的全国戏曲工作会议要求,"今后要重视地方戏,鼓励演出反映现实生活的戏"。上海的戏曲改革正是以此为导向展开的。在抗美援朝运动中,沪剧演出了《好儿女》《红花处处开》等以平民为主人公的戏。在镇反运动中,演出的剧目有《出卖灵魂的人》《金小凤》等戏。在贯彻婚姻法运动中演出的剧目有《好媳妇》《打开了枷锁》《姊姊妹妹站起来》等戏③。1955年,经过文艺整风后,进一步确立了"文化艺术为群众、为生产服务的方针"④。不仅文艺内容大众化,文艺创作主体也呈现大众化的趋势,尤其在人民公社化运动中,民校、托儿所、食堂、生产组和服务组织的妇女,既是工作人员,也是里弄文艺活动的主力军⑤。她们创作排演各种文艺节目,成为各条文艺战线上的风云人物。当然,由于过于强调大众化,其结果是文艺内容也表现出一些庸俗化的趋向。

综上可见,中华人民共和国建立之后,上海市民业余活动无论是具有同一性、

---

① 《本市电影院减低票价》,载《解放日报》1951年10月16日。
② 顾仲彝:《国营新片展览月的总结》,载《解放日报》1951年5月11日。
③ 《五年来上海演出的近代戏》,载《新民晚报》1954年9月26日。
④ 潘汉年:《上海市人民政府工作报告》,载《文汇报》1955年2月12日。
⑤ 《城市人民公社运动开辟了文化生活的广阔天地,上海里弄群众文艺红花盛开》,载《文汇报》1960年7月2日。

政治性,还是大众化,都表现出一种极高的参与性,这种参与既是作为客体又是作为主体,因此,即使是业余活动也是"休而不闲"了。

小　　结

通过对非单位人群以及整个基层民众社会生活的横切式考察可见,不仅仅是非单位人,整个基层民众都在城市社会重组过程中,经历了一场组织化的洗礼,城市社会也因此而发生了急遽的单位化变迁。其变迁轨迹呈现出三个特点,即:全面组织化、政治压倒一切和高度同一化。具体表现在:在工作方面,人们走向职场的方式、途径甚至包括工作内容本身都实现了制度化的组织安排。在生活方面,消费风习适应于政治社会形态改革而由奢入俭,文化娱乐也表现出一种"休而不闲"的崭新特质。人们工作、消费和业余生活中所显现出来的浓烈组织化痕迹,表明国家已成功地重构了社会调控体系,并借此实现了对基层社会的深入和整合。

尽管政权鼎革与社会形态变革是社会变迁的牵引器,但它们并不总能引起社会生活领域的变化。特别是一些无伤社会经济基础的变动,往往为社会发展的惯性所消解,对于社会生活的影响微乎其微。从对新中国成立后上海社会生活的一些局部考察来看,生活领域所表现出的演变轨迹具有和国家建设以及社会形态变革高度一致的特点。这说明,中华人民共和国成立以来基层社会的重新组织,引起了上海社会生活的深刻变迁,而其所具有的高度政治性更说明,这种变迁已成为政治社会变革的附属程序。那么,政府是如何通过社会调控体系令社会生活的主体——民众,结束过去的生活,并按照新社会的要求进行角色的转换呢?这些都将在本书的终章得到解答。

第六章 从非单位到单位：社会调控体系的重构

通过对中华人民共和国建立初期上海社会生活领域的一些图景式描述，不难发现这时基层社会已经发生了巨大变迁，其中既包括城市社会的结构性变化，也包括城市社会基础的整体性变革。这些变革的完成也意味着国家已经按照自己的意图，重新组织了基层社会，并构建了新政府自己的社会结构和群众基础。事实表明，中华人民共和国建立以来一直进行着的社会调控体系重构已经基本完成，并且有效运作着。在结束全书的叙述之前，笔者将对社会调控体系的建构过程进行总结，并对其有效性，即动员力和整合力进行考察。

第一节 社会调控体系的重构

社会控制分为两大类：一是社会自身孕育出来的控制体系，即依靠习惯、宗教、道德等力量维持的控制状态；二是依靠社会认同的权威所创造的控制体系，如通过法律、组织、纪律等力量维持的控制状态[1]。后者也就是新政府所致力追求的社会调控。民国时期，社会主要维持在前一种控制状态。尽管南京国民政府成立之后，现代国家建设已经开始，但国家的控制力量始终不能深入社会基层，因此，社会调控更多是以一种目标存在的。中华人民共和国建立之后，新的社会调控体系的构建开始。由于既存的社会控制体系在社会中盘桓已久，建构新的社会调控体系就存在一个清理原有控制模式的问题，因此，它是一个重构的过程。在重构社会调控

---

[1] 刘建军：《单位中国：社会调控体系重构中的个人、组织与国家》，天津人民出版社2000年版，第61页。

体系的过程中,单位组织模式成为既定的调控形式,而单位实体就形成调控的基本单元。因此,社会调控体系重构的过程,就是将社会按单位模式重新组织化的过程。这一工程是通过三个层次完成的。

一、基层社会控制网络的清除

清除基层社会的既有控制网络是重构新社会调控体系的基础。国家虽然通过革命力量打碎了旧的国家机器,但基层社会中的权威结构却只受到了部分冲击,尤其是区以下的部分,几乎原封不动。新制度和新权威面临社会控制网络时,仍然表现得稚嫩而孤立。因此,重新构造社会调控体系,首先是将这一网络进行彻底的清除。

(一)区划调整:冲破基于原有社会控制格局而形成的条块分割

民国时期的上海城市处于被多重控制力量割据的状态之中。尽管区划延续了1863年以来旧制,但在南市、沪北、沪西、浦东北、浦东南、市中心六区的华界之外,还有公共租界与法租界。各方势力中,既包括入侵者的帝国主义势力,也包括国内的社会精英,既包括正式控制势力,也包括非正式的。他们掺杂其中,或倾或轧,共同对城市经济和政治结构进行分割,使得城市在事实上形成一个又一个资源垄断的集团,城市一体化的程度很低。

1937年上海区划一度调整为31个警区。1945年抗战胜利后重新划分市区,形成32个区[①]。旧行政区域的划分主要是以警察管区为依据,而警察又是以地方党团、士绅、宗族势力为依托,甚至依赖各种分地而治的流氓组织乃至"瘪三"、乞丐、小偷进行管理。因此,调整区划是瓦解这种社会控制网络的捷径。中华人民共和国成立之后短短的十余年时间里,上海的行政区划作了数次调整。一是市界扩展。中共接管上海时,上海市辖有黄浦、老闸、新成、邑庙、蓬莱、嵩山、卢湾、常熟、徐汇、长宁、静安、江宁、普陀、闸北、北站、虹口、北四川路、提篮桥、榆林、杨浦20个市区,新市、江湾、吴淞、大场、新泾、高桥、真如、龙华、斯盛、洋泾10个郊区。在20世纪50年代,江苏省的嘉定、宝山、上海、川沙、青浦、南汇、松江、奉贤、金山、崇明10县

---

① 唐振常主编:《上海史》,上海人民出版社1989年版,第999页。

先后划归上海市。至1964年5月,上海辖有黄浦、静安、卢湾、徐汇、南市、虹口、闸北、杨浦、长宁、普陀10个市区,以及上海、嘉定、宝山、川沙、奉贤、南汇、松江、金山、青浦、崇明10个郊县①。二是区界调整。1950年,各区人民政府成立后,将郊区中已城市化了的地区划入市区,市区中属纯农业地区的划入郊区。新泾、普陀、新市、杨浦、榆林、真如6区的部分行政区划作了调整。如,新泾区苏州河以北、中山西路以南及真如区朱家湾、平民村部分均为工商业地区,划入普陀区。新泾区苏州河以南、天山路以北、古北路以东部分为工业地区,划入长宁区。

这种大幅度归并调整的目的除了管理上的需要之外,更重要的就是打乱城市既存的社会控制格局,这一点在前文中也有提及。1954年的里弄整顿以及此后的城市人民公社化运动中,都进行了区划的调整。因此,调整区划的深层意义在于彻底摧毁以地域为基点衍生的旧有权力格局。在这一扩一缩的调整过程中,原有的基层控制网络被冲击得七零八落,原有的条块分割格局也被打破。即使些许仍然残留于基层社会中,但经过分割重组,原有的权力结构已经凌乱而断裂,效力严重下降。

(二) 传统基层管理体制的废弃

传统基层管理体制实际上由正式和非正式两种管理制度构成。其中,正式的管理制度为保甲制度,而非正式的管理组织即各种社会中间组织。政府对于这两种基层管理组织采取了不同的政策,但最终都将其排除于基层社会事务的管理之外。

中共接管上海后,随即开始实施废除保甲的工作。保甲制度的废除通过两个层次进行:一是将其组织结构打乱,这主要是通过调整保甲区划来进行的。完成接管之后,原有的30个区公所被调整为120个接管专员办事处,整个区以上的行政结构完全被打乱,以此为基础的保甲组织结构也被解构。二是权威格局的转换,这种转换又包括两个方面:一方面是将保甲人员排除于基层社会管理之外;另一方面是进行保甲组织功能的替代。在此过程中,中国共产党通过发动群众的形式,建立大量群众性的组织,这些组织的建立,在事实上将保甲组织曾经承担的社会服务功能进行了分解,从而架空了保甲组织。最终通过这两个层次的行动,保甲组织从形式

---

① 范静思主编,《上海民政志》编纂委员会编:《上海民政志》,上海社会科学院出版社2000年版,第67页。

到人员再到功能都完成了被替代的事实。

社会中间组织是基层社会中另一股主要控制势力。针对各类社会中间组织的功能和性质,政府将这些组织分为两种类型进行了处理:一是彻底取缔的组织。这些组织主要是各种帮会、会道门组织等。帮会组织是上海颇有影响和群众基础的组织,对于这一组织政府并未采取强制取缔的办法,而是通过分化其上层,打击其中层的手法进行了消弭。二是进行重组的社会中间组织,这些组织以会馆和同乡组织为主。这些组织虽然维持存在,但大多通过归口管理的方式进行了清理,消除其传统的社会服务和管理功能,最后完全统合于新国家的行政系统。

通过废除保甲制度以及对社会中间组织进行清理整顿,以往的社会基层管理组织被清除出基层社会,基层民众从各种人身依附中释放出来,恢复为无组织的单纯市民。

(三) 清理传统基层权威

在基层社会中,一些有形的组织结构和形式可以借助国家机器进行重组和打碎,但无形的权力结构却不会因此而完全消失。只要对这些权威力量的认同存在,这些权力结构就不会消失。正因为如此,在整个20世纪50年代,基于此而进行的政治清理活动几乎未曾中断过。这种清理,一般是从两个层面上进行:一是破坏民众对传统权威的认同,即通过大众传媒强化宣传其阴暗面,强化阶级对立;一是予以法律、政治严惩。从规模上来看,既有零星的控诉兼审判大会,也有大型的镇压运动,如1950—1951年的镇压反革命运动。从时间上来看,既有一天两天的逮捕活动,也有持续几年的缓冲式改造,如,工矿企业的民主改革。从范围来看,既有对上层的暴力清除,也有对下层的清洗,如1954—1955年里弄清理整顿等。总而言之,到1955年的里弄清理整顿工作结束后,传统的基层权威不仅完全从街区的权力场消失,旧势力的代表人物,如特务、恶霸、土匪、伪军政人员、流氓、帮会头子等也所剩无几。

至此,通过调整规划,国家已将原有的社会控制网络割解得支离破碎。通过废除传统基层管理体制,将该网络的存在和生长的制度条件进行了清除,再通过对传统权威的清理,彻底改造了基层社会基础,直至最后完成了对原有社会控制网络的彻底摧毁。旧式社会控制网络的清除,为我国基层社区控制的主体由"传统社会中的士绅阶层和家族宗法组织逐步转化为现代社会中的平民阶层和共产党组织"奠定了基础,因此被誉为"中国社会主义政治现代化历史进程的一个重要里程碑和新起点"①。

二、基层社会的单位化组织

伴随着对原有社会控制体系的摧毁,新的社会调控体系也以单位式的组织化拉开了阵势。这种组织化按照场域分为工作场和居住场,以工作场为基点组织起来的是标准单位组织,而以居住场为基点组织起来的是街居组织,两种组织形式构成了社会调控体系的组织结构。从组织过程来看,包含了两个层次的建构过程:组织过程与再组织过程,这些构成了社会调控的主要内容;从形态来看,既有作为形式和结构的组织,也有作为过程的组织,这些构成了社会调控的形式。

(一) 组织建构

单位和街居组织是社会调控体系的基层制度,两者共同构成了社会调控体系的组织结构。国家重构基层社会的目标是将其打造成一个统一的"单位"社会,而在实际的操作过程中,组织化却自动形成两种场域、两种道路和两种模式。

职工等单位人口,"是城市工作的主要对象,他们的活动,他们的利害关系主要在其所参加的单位里面实现,国家的政策法令也主要在他们所参加的单位内和他们见面"②。对于这些具有单位即工作场所的人,政府以单位为基点,借助工会、青年团和妇联系统将其组织起来。

中共接管上海后的一段时间里,在单位,以企事业民主改革为肇始,中国共产党首先起用现成的组织基础,迅速建立健全工、青、妇等党的外围组织。如青年团方面,中共接管上海后短短的一年时间里,上海地区就发展了6万多团员,组建了1 901个团支部,工厂企业中有1 158个团组织③。如工会方面,新成立的上海总工会根据新的工会组织原则把各种劳动者组织起来,组织了产业工会25个,基层工会委员会2 555个④。这些组织吸纳了相当多的单位成员。各群众组织一经成立,就

---

① 陈辉、谢世诚:《建国初期城市居民委员会研究》,载《当代中国史研究》2002年第4期。
② 《上海市居民委员会调查综合报告》,上海市档案馆,B168—1—773。
③ 解放日报社:《上海解放一年:1949—1950》,解放日报社1950年版,上海市图书馆馆藏。
④ 范静思主编,《上海民政志》编纂委员会编:《上海民政志》,上海社会科学院出版社2000年版,第312页。

相继成立了党组,如市总工会党组、市民主妇联党组等多个群众团体机关党委①。而这些组织的基层党组又以单位为依托。这样随着单位制度的完善,在单位内部也形成了执政党的组织系统、行政指挥系统、工会系统、共青团系统和妇联系统等,并且在这其中又以中国共产党的组织系统为核心。不管单位的形式如何千差万别,但内部的格局却始终是一致的。由于在单位系统中,中国共产党的组织系统和行政系统占据主导地位,因此保障了政党和政府的领导体制和权力向单位的切入。与此同时,国家一方面保证单位的优先发展权,一方面又强迫单位承担起劳动者的永久就业和福利需求,从而造就了单位成员对单位组织的强力依附②。单位既组织他们完成有组织的活动,也满足他们的资源要求。这样,单位就完成了作为社会调控单元的建构。

非单位人口,"有的如摊商、独立劳动者、家庭妇女等,虽也有其一定的组织,但他们的日常活动比较分散,不能在集体的单位内去实现"。"有关的政策法令和政府号召,有许多需要通过地区性的组织去和他们见面"③。单位资源的有限性决定了单位化的过程中,有相当一部分人无法被纳入单位组织,为了将各种组织留下的空白"包揽无余"④,国家提出了在里弄中建立居民自治组织的设想。到1951年4月,统一的群众性自治组织——居民委员会——建立,居委会成立也意味着以其为主要形式的街居制度确立。1952年,全市20个区以及包括洋泾、吴淞区等城市性地区在内,先后已发动群众组织居民委员会2 548个,成立筹备委员会164个,共有委员34 000余人。这些组织已包括约324万余人口以及8 000多条街道里弄,约占市区人口的70%,全市街道里弄的80%⑤。到1954年,经过调整后,全市共设立居民委员会1 847个,居民小组约36 000个,居民委员达95 284人⑥。街居组织作为单位式组织化的产物,可看作是单位的变体。其组织结构和制度结构与正规单位都有雷同之处。同样,通过居民委员会组织,非单位人群也被纳入组织体系内部。

---

① 江怡主编,中共上海党志编纂委员会编:《中共上海党志》,上海社会科学院出版社2001年版,第151、152页。
② 王沪宁:《从单位到社会:社会调控体系的再造》,载《公共行政与人力资源》1995年第1期。
③ 《上海市居民委员会调查综合报告》,上海市档案馆,B168—1—773。
④ 《行政工作初步总结》,1949年6—9月,上海市档案馆,B168—1—742。
⑤ 《上海市街道里弄居民组织一九五二年工作情况总结——建国初上海社区组织史料选》(二),载《档案与史学》2001年第6期。
⑥ 《上海市居民委员会整顿工作情况报告》,1954年10月,上海市档案馆,B168—1—14。

随着街居组织形式的完善,其组织功能不断拓展,逐渐实现了对组织成员的一些软供给,从而也形成了对非单位人的强力吸附,成为社会调控体系的调控单元。

单位和居委会组织建构完成的同时,单位和单位的变体——街居组织的组织结构联合体系就成为社会调控体系的组织结构,单位制度和街居制确立以后,社会调控体系的基层制度也随之建立。

(二)组织过程

这一时期,组织过程包括两个层次:组织和再组织。所谓组织过程就是将组织对象纳入组织内部并维持在组织里。具体而言,就是将社会成员分别纳入单位和街居组织内部。而再组织过程就相对复杂得多。组织是再组织的基础,再组织是依托组织进行的。再组织过程大致可以分为两个类型:一是以原有组织为基础,将组织成员组织起来参加有组织的活动。小型的如读报组、卫生小组等,大型的有全市性的政治社会运动,如爱国卫生运动、"三反、五反"运动等。二是以原有的组织为依托,将组织成员投入更严密的组织框架内,如摊贩有摊贩组织,家庭妇女有妇联组织等。整个再组织活动实际上是依托系统的组织活动和新的组织形式对组织成员进行整合的过程。相对于组织活动,再组织活动更具有目标性和针对性。这些活动并不是针对那些群体本身,而是针对存在的问题实施的,因此再组织活动既具有指向性却也具有代表性。如,通过再组织消解异质性群体或者群体的异质性,这一活动的意义不是针对游民一个群体的,换言之,凡是具有同类问题的成员或者群体,都会存在通过再组织活动进行整合的问题。同样的道理,凡是反组织的行为以及具有此类倾向的群体,再组织活动就会改造其组织生态,形成强势组织化氛围消除反组织力量;再组织活动还具有反失控功能,它能够通过对活动中各种力量的调节和控制,以使它们能够最大限度地均衡运动,避免它们之间的矛盾和冲突危及社会的总进程;最后,再组织的最终目的是实现对组织成员的一切活动形成制度化的组织安排。

由此可见,通过组织,特别是再组织活动,政府对基层社会的基本规范和主要价值观念进行了整合,新的社会秩序和政治秩序在此基础上形成,国家进行社会调控的目的正在于此。

(三)组织的形态

组织活动从形态来看,既有作为组织形式和结构存在的组织,也有作为过程存在的组织。作为形式和结构存在的组织,如单位、街居组织以及单位和街居组织的各种内设组织,工会、共青团和妇联组织等,此外,各种学习小组、文娱小组等附设组织也是作为形态存在的基层组织。作为过程存在的组织有各种有组织的活动,大到全国性、全市性的政治运动,如抗美援朝运动、贯彻婚姻法运动,小到单位和街居组织各专门委员会进行的日常业务。按照动用资源和社会整合的程度,可以把这些调控活动分为初级调控、中级调控和高级调控。初级调控是早期组织化阶段的主要调控形式,随着组织外成员日益多的被纳入组织内部,初级调控就让位于中级调控;中级调控是最常见的调控形式,它在组织定型之后,就成为主要的调控形式;高级调控形式是三种调控形式中最激烈和迅猛的一种,它可以强化组织结构和组织认同。一般情况下,在某一具体组织过程中,只进行初、中级调控。三种调控形式同时存在的活动多是政治社会运动,若单独指向某一群体,则会完全更改该群体的组织生态,并形成强势组织化氛围。高级调控具有难把控性,因此过于频繁和持续性进行则会引起过度调控,导致社会失控。这也是城市人民公社化运动无果而终的主要原因。

由此可见,基层社会以单位为目标的组织化过程,也是社会调控体系的建构过程,单位制度以及单位的变体——街居组织确立之后,社会调控体系的基层制度也相应完成了建设,以单位和街居组织为调控单元,社会调控活动得以展开。

三、社会调控的体制支撑

社会调控体系的核心目标是进行社会调控,因此,保障社会调控的正常运作以及有效运作是体系建设的重心。在论及单位制度和街居制度时,笔者曾经不止一次地提到其组织成员对组织的依附性。单位成员以及非单位人之所以对各自的组织具有依附性,是因为单位及街居组织代表国家几乎垄断了所有的社会资源,并行使统配统分的职能。单位和街居组织通过为组织成员提供社会行为的基本权利而把他们紧紧地整合在组织体系之中。换言之,在一个全面单位化的城市社会中,国家将垄断的一切资源交由单位和街居组织行使权力分配,而这些资源不仅包括货币和实物体现的物质生活资源,还包括机会、权力、社会身份等无形的"制度性资源",从而使得组织成员的资源需求完全仰仗于单位和街居组织,因为他们是各自唯一的资源提供者。在这样的组织生态中,单位通过对资源的严格控制和分配,通过垄断人们在社会政治、经济及文化生活中所必需的资源,形成了对单位人的支配关系①。

街居组织一开始拥有的资源非常有限,特别是一些再生性资源,因此,街居组织作为社会调控单元时表现不甚得力。为此,国家通过资源的分配,逐渐为其提供了强有力的制度支持。1953年,粮油等基本生活生产资料逐步实现了统购统销。粮食定量供应的目的在于满足市民基本生活需要的基础上,把盈余的粮食调作积累物资使用。为了达到这一目的,粮食的供应还直接与户籍人口挂上钩,只有拥有上海市户口的人才发给定量的购粮券,凭券购买,而临时来沪人员不在此列。另外,粮食供应的要求是以"在家吃饭人口为准",即要求"以户为单位,按实际在家吃饭人数的消费量,编制月份购粮计划"。全市的粮食供应是以单位和非单位两个空间展开,非单位人群体的粮食供应是由街居组织来一体承担的。它的主要职责是确定户口关系,调查居民的实际用粮量。粮食定量供应制度的实行,使得街居组织被纳入国家计划供应系统,承担起国家的任务,从而使得非单位人口对街居组织的依附程度空前提高了。

随着国家对劳动力统一调配的实现,街居组织还垄断了就业的知情权。在此过程中,户籍管理制度逐渐形成。这一制度不仅强化了非单位人以街居组织为基础的单位分割状态,大大提升了非单位人的单位化程度,并且,这一制度对粮油定量供应制度和劳动就业制度也形成了强力支持,从而强化了非单位人对街居组织的依赖程度。

尽管街居组织只是实现了一些软供给,但这些对于非单位人而言都是稀缺资源。这样,街居组织就在事实上垄断和控制了非单位人群所赖以生存和发展的仅有资源。街居通过与组织成员之间的资源交换,一方面获得了支配非单位人的权力,另一方面使非单位人在很大程度上紧紧地依赖于组织②。"在任何依赖的社会

---

① 陈志成:《从"单位人"转向"社会人":论我国城市社区发展的必然性趋势》,载《温州大学学报》2001年第3期。

② 参见何亚群:《从单位体制到社区体制:建国后我国城市社会整合模式的转变》,载《前沿》2005年第4期。

情境中,人们只有通过服从作为代价才能换取资源,进而获及在社会上行为的身份、自由和权力"①。为了从这里获得有限的资源保障和组织关怀,非单位人口就必须接受和适应组织或者说国家规定和倡导的既定的生存格局。当非单位人的生存也不得不依赖于组织时,实际上就造成了其依赖于国家这个唯一的资源垄断者的事实。这样,社会调控就由标准单位组织扩展到整个社会。由此可见,粮油的定量供应、统一就业以及户籍管理制度最终都成为社会调控体系背后强有力的体制支撑。

"国家权力调控社会的目的不在于显示其强力特征,而是通过社会资源的提取与再分配来获取社会的认同以及向国家生活的回归"②。换言之,社会调控的目的在于实现政治动员和整合。那么它的目标管理进展如何呢？在前文的论述中,相关例证已经不少,也可说已做出了回答,为了集中说明社会调控体系的有效性,下面就其动员力和整合力分别进行一番综合考察。

第二节 社会调控体系的有效性：以动员力为中心的考察

政治动员是中国共产党进行革命和建政的重要方式。长期以来,中国共产党都将政治动员作为革命、执政和治国的基本方式和手段,党的执政方式因而被抽象为动员模式,动员也被认为是中国政治生活的一个明显特征③。中华人民共和国成立之后,中国共产党得以在一切领域展开政治动员活动,而其所拥有的丰富经验,以及有利的政治资源,使得这一时期的各种动员都显得更加完善、深入和有效。种种迹象表明,以往精于算计的上海人,在政府强大的动员攻势下,抛开了个人得失,竭尽所能地配合着政府的行为。

---

① 胡伟、李汉林：《单位作为一种制度——关于单位研究的一种视角》,载《江苏社会科学》2003年第6期。
② 刘建军：《单位中国：社会调控体系重构中的人、组织与国家》,天津人民出版社2000年版,第68页。
③ 王景伦：《走进东方的梦——美国的中国观》,时事出版社1994年版,第112—113页。

一、动员：中国式革命和建政的道路

早在中国共产党创立之初,党便以政治动员作为凝聚资源和力量的主要方式。在民族危机严峻的20世纪三四十年代,中国共产党高举民族主义大旗进行了广泛的反帝动员。这样的动员传统曾保持了很长的一段时间,以至于使得我国所认识和理解的政治动员实际上成为"精神动员"的代名词①。抗日战争胜利之后,在惯性思维和斗争传统的双重影响下,党的动员模式虽不断发展,但仍然不完全等同于一般政治学意义上的政治动员。概括起来,在我国,政治动员是指一定的政治主体,如政党、国家或政治集团,运用通俗化、生动化的形式、方法、途径,自上而下地激起本阶级、集团及其他社会成员的积极性和创造性,引导他们自下而上地参与社会活动,以实现特定政治目标的行为和过程②。

中国共产党之所以钟情于动员模式,是因为,在革命和执政条件受限的情况下,政治动员是其获得权力的捷径,同时也是唯一道路。"得民心者得天下"的观念,是中国传统政治文化最基本的理念。而动员最大的魅力是它能够在较短时间把人们的道义支持和物质支持调动出来,并汇集成为强大的力量。因此,谁掌握并合理调度这些力量,就会成为政治生活中的无冕之王。中国共产党成立之初以及在此后相当长的一段时间里,组织规模不大、力量有限。毛泽东曾明确指出其中的症结,"主要的是因为占全国人口百分之九十的工农劳动群众还没有动员起来"③。尤其建党早期,作为一股新兴而弱小的力量,面对强大而腐朽的旧势力,中共能依靠的只能是发动群众,争取人民群众的支持。

早在革命战争年代,中国共产党就以其卓越的组织路线在政治权力扩展中取得了巨大成功。解放战争中,中国共产党之所以能战胜国民党,很大程度也在于,中国共产党实现其权力的途径不仅仅是依靠党和政权的各级机构,较国民党各级党部,共产党更擅长采用政治动员来贯彻自己的路线、方针和政策。中国共产党不

---

① 参见张新萍:《论现代化进程中的政治动员》,载《中共福建省委党校学报》1999年第12期。
② 1931年,在湘赣革命根据地《第一次全省区以上主席会议决议》中,提到了"政治动员"一词,当时所定义的"政治动员",从一般意义上是指"获取资源(在这里是指人的资源)来为政治权威服务的过程"。[美]詹姆斯·R.汤森、布兰特利·沃马克:《中国政治》,顾速译,江苏人民出版社1996年版,第102页。
③ 《毛泽东选集》第2卷,人民出版社1991年版,第565页。

断壮大并最终取得政权是和对群众的成功动员分不开的。是故,亨廷顿认为,在东方类型的革命中,政治动员是旧政权灭亡的原因①。

中华人民共和国建立之后,成为执政党的中国共产党又面临各种建设资源阙如的情况。在这种情势之下,政府希望动员所具有的调动群众积极性、创造力和经济力等方面的作用,能够在一定程度上弥补落后的经济文化对我国社会主义建设的制约,因此就沿用已被实践证明是有效的动员方式来进行社会主义建设。由此可见,中华人民共和国社会主义建设采用动员模式,这其中不仅有中国共产党及其干部在长期动员模式中形成的惯性思维,也是窘于客观条件限制的无奈之举。

然而,缺乏政治社会化的民众在面对政治国家时,上至学富五车的闻达之人,下至旷野村夫,多数都持一种漠然态度。冯友兰就表示:"无论什么党派掌权,只要它能把中国治理好,我都拥护。"②一般百姓的眼光大多局限于衣食住行,个人的得失往往会成为影响政权合法性的决定因素。1949年5月,人民解放军对上海实施了接管。虽然新的政权结构设立了,但民众的政治认同并未随之而产生。与此相反,由于政权交替不可避免地带来了社会的脱序,进而损及社会成员的个人利益,结果招致了他们的不满。"我是一个生长在封建家庭里的妇女。解放初期,由于我听了反对派的歪曲宣传,因此对共产党非常怀疑和恐惧。""后来不久,我的三个哥哥都失业了,因此我对政府更加不满意"③。即便是知识青年也不例外,中共接管上海后,经济萧条影响了不少人的生活,民立女中学生中,有的人父亲失业了,有的家族产业经营状况不好,加之特务散布谣言,一些人思想上出现波动。"对革命前途消极,对人民政府抱怨",有的还加入传谣行列中去④。

这种思想状况在中共接管后的上海是具有代表性的。在这种情况下,新的国家建设就面临两难境地:一方面,新政府要树立自己的权威,就要尽快平复由于社会动荡所引发的民众不满,客观上这需要政府做出相应的让步和投入;另一方面,刚刚执掌政权的新政府,一穷二白,百废待兴,恢复和发展社会经济,甚至稳定秩序本身都需要大量的政治经济资源,这些又必须从民众那里获得。换言之,政府要实

---

① [美]亨廷顿:《变化社会中的政治秩序》,王冠华等译,生活·读书·新知三联书店1989年版,第243页。
② 冯友兰:《三松堂》,生活·读书·新知三联书店1984年版,第124页。
③ 《家庭妇女洪婷瑛写出自己三年来的转变》,载《新民晚报》1952年10月2日。
④ 《民立女中同学思想提高》,载《文汇报》1950年4月11日。

现国家利益就必须覆盖个人的利益,并把国家的意志强加给民众,而与此同时又获得民众的配合和支持。作为日常逻辑这几乎没有实现的可能,但在政治领域,这却是一种再正常不过的现象了,动员就是一种能够迅速有效抵达理想彼岸的桥梁。为了稳定秩序和开展社会主义国家建设,中国共产党在上海展开了大规模的政治动员。

在新的历史条件下,中国共产党的动员在有利的政治形势下,亦更加完善、深入和有效。

二、动员的三个关键环节紧密结合,动员模式更加完善

早在革命战争年代,中国共产党为实现其政治目标,就已经创设了许多政治动员的形式和方法,如开展群众运动,进行阶级斗争,树立先进典型等。成为执政党后,这些形式、方法在不仅被重新利用并且更加丰富和完善。毋庸置疑,动员形式和方法越丰富,越有利于目标的实现。但一次动员能够施加和投入的资源是有限的,形式和方法并非越多越好。实际上,无论形式和方法如何多元化,它们都是服务于动员活动中一些关键性的环节。透过中国共产党在上海所实施的政治动员可发现,在多数活动中,各种形式与方法总是围绕以下三个关键环节展开:

（一）培养动员客体对主体的心理认同

从历史上来看,每一个政治系统中掌握着国家权力的行为主体总是要借助于各种形式和手段,来论证现行政治组织结构与制度的合理性、合法性,增强政治行为主体对现行政治制度、政治体制、政治价值的认同感,从而保证政治系统内部的凝聚力和感召力[1]。新政府成立后,中国共产党在培养动员客体对主体的心理认同方面可谓不遗余力。在这种有针对性的培养中,附属于国家行政系统的各种大众传播媒介发挥了不可忽视的作用。大众传媒以各种方式密集地对动员客体进行宣传与灌输,来启发人们对中国共产党及其所代表的新国家的认知,以期通过人们的主观内省和思想升华来形成对新政权的认同[2]。

成为执政党以后,中国共产党凭借其独特的政治组织,通过传播媒介将自己的

---

[1] 李征:《简论"政治动员"》,载《河海大学学报》2004年第2期。
[2] 参见龙太江:《从动员模式到依法治国:共产党执政方式转化的一个视角》,载《探索》2003年第4期。

政权效能最大化。这种最大化,并非凭空捏造不着边际地进行,而是通过一系列地建构,令动员客体注意到新政府效能的存在和进步。具体包括了两个相互建构的过程:一是提高民众对政府绩效的认识,如及时公布各种阶段性总结和工作报告,极力展示政府的工作进展:"近八个月来,我们在毛主席、中央人民政府和华东军政委员会的正确领导下,依靠全市人民的团结努力,进行了以抗美援朝、镇压反革命和郊区土地改革三大运动为中心的许多工作,各方面都获得很大的成绩。"① 一是强化人民对帝国主义、旧政权以及运动对象阴暗面的认识,从而烘托出新政府的正义性、合法性等,争取民众对自己的支持。在这其中,最惯用的方式是组织各种控诉、回忆、对比活动。

以抗美援朝运动为例。一开始,动员活动进展并不顺利。原因是很多居民对美国根本没有仇恨感:"同美国人打仗,与我伲老百姓呒没关系,啥人来都好,只要有饭吃。"② 在这种情况下,一些特殊的、仪式化的场景往往能够激起民众对运动对象的憎恶,进而达成国家汇集社会情绪打击对象的目的。

> 家庭妇女杨桂英回忆起过去日寇的暴行,不禁热泪盈眶。十年前,她的丈夫因为抗日,在丹阳战死,她的家也给日寇烧了。她说:"我还被日寇强奸了,我说出这件事来,我不觉得羞耻的,因为这是日寇给我们的羞耻,我有勇气说出来,我也有勇气反对美帝的阴谋,我决不容许日本反动派再武装起来!"听了她的控诉,全场同仇敌忾地要反对美帝的阴谋,当即发出给日本及美国人民的信。③

由于上海市民对美国没有直接的仇恨感,动员活动于是采取忆苦的方式,将人们对日本的仇恨引导出来,并引申过渡到美国,即与群众仇恨对象——日本相关或者具有类似行径的帝国主义国家方面,结果形成"一人控诉,万人共鸣","激起广大群众的仇美怒火"的局面④。通过这一形式,在劣化帝国主义、旧社会和运动对象的同时烘托出新政权的正义性和合法性,增强了民众对新的政治中心体的心理认同。

---

① 潘汉年:《上海市人民政府八个月来的工作报告》,载《解放日报》1951年12月15日。
② 《杨树浦七十三里弄经过抗美援朝教育群众政治觉悟提高使各项工作得以顺利推进》,载《解放日报》1951年3月21日。
③ 《家庭妇女杨桂英沉痛诉说身受侮辱坚决反对美帝阴谋》,载《解放日报》1951年2月25日。
④ 马寅初:《华东区抗美援朝保家卫国运动的报告》,载《解放日报》1951年11月26日。

当然，仅仅通过提高客体对主体的认同所进行的动员，其效果多数时候还停留在"不反对"的消极支持层面上。"一个政策、法令、口号或运动取得群众的同情、赞成拥护是较容易的，因为我们的政策、法令、口号或运动是来自群众的，也就是总是根据群众要求而确定的，所以为群众容易接受，但这接受在初期往往是有局限性的，多是赞成拥护的程度上，或说是站在一边喊赞成拥护口号，与亲身投入直接的行动还是有一定距离的"①。而动员的最终目的在于客体以实际行动来支持主体。尽管培养动员客体对主体的心理认同在整个动员过程中只是一种初级动员，但它是动员的前提和基础，是动员过程中不可或缺的一环。

（二）唤起动员客体的"公民意识"

责任催生行动，动员归根结底是要促进人民"公民意识"的觉醒。国家是一种无形的存在，仅仅进行国家观念的灌输，很难获得人们的具体支持。镇压反革命运动初期，很多市民都有事不关己，高高挂起的心态。知识分子的心态与此并无二致，上海医学院教授钱惠回忆说，在知识分子思想改造运动前，"我们知识分子大多出身小资产阶级"，"一般人都有优越感"，"认为我有的是技术，凭本事吃饭，政治与我无关"②。因此，在"公民意识"没有被唤起的情况下，政府的任何动员都很难得到民众行动的支持。种种迹象表明，动员客体的行动往往来自一种具体而可及的目标召唤，哪怕它是一种建构。传统政治文化中，中国人提倡的最高国民素养可以用一句话来概括，即"先天下之忧而忧，后天下之乐而乐"，更进一步说就是"国家兴亡，匹夫有责"。近代以来，西风东渐，不要说一般民众在物质生活中形成了"惟利是图"的现实追求，就是知识分子群体也深受个人主义思潮的影响。在中国共产党的政治动员中，唤起"公民意识"其实质就是引导人们回归到"先天下之忧而忧，后天下之乐而乐"的价值追求中去。这种唤起是通过两个层次来进行的。

首先，扭转"先天下之乐而乐"的现实观念。各种政治动员活动中，新政府的宣传活动一再强调国家中心运动同民众利益之间的利害关系，目的是使得民众认识到，国家与个人、家庭的命运和利益是紧密联系在一起的，国家利益是个人利益的保障。在有了这样的心理铺垫之后，宣传接着把国家危机可能引起的对个人利益的损害预报给民众，令他们至少产生"居安思危""唇亡齿寒"的类似感受。这样，民

---

① 吴昭崇：《开好里弄居民控诉会的初步经验》，载《解放日报》1951年5月16日。
② 钱惠：《加强学习改造思想 洗刷掉自己的缺点》，载《文汇报》1951年11月25日。

众由对个人利益的患得患失,进而自觉将个人利益融入政治行为中。"起先对抗美援朝我在思想上很矛盾,想多出一点力做好工作,但又常常放不下亲爱的孩子,后来接到我弟弟一封信,他说:'姐姐,如果你疼爱你的孩子,你就得反抗美帝国主义的侵略战争,保卫你的下一代……'我明白了,惟有捍卫了国家,方能保得住家庭,才能保护亲爱的孩子,因此,我的思想矛盾解除了,决心努力工作,不怕任何困难"①。

其次,将动员客体的心动转换为行动。通过宣教活动,不断强化劳动人民的主人翁意识,培养民众的责任感,这是将人们由认同提升到行动的关键。自古,我国古代知识分子就有"以天下为己任"的强烈参与意识,但,一般平民百姓却往往被拒之政治生活的铁幕之外。因此,长期以来中国公民意识的缺失其实是国民政治参与受限造成的。这种限制在抗日战争时被打破,众所周知,抗战的胜利与对全国民众的大动员是分不开的。在抗战动员中,即使是与世隔绝、自给自足的乡野草民也开始"认识了世界,认识了中国,认识了抗战",也"认识了几千年不曾认识的自己,认识了自己的力量"②。民众正是因为认识到自己的力量,并由此产生了自豪感和自信心,抗日战争才得以在全面参与的情况下取得胜利。沿着这条思路,新中国成立之初的政治动员更是着力于培育人民的主人翁意识。"这个光荣是大家的,是全体人民的,今天我们政府镇压反革命已经得到初步胜利,就是依靠广大群众得来的,是大家努力检举努力参加肃清反革命工作得来的,所以这个胜利是每一个上海人民,每一个中国人民自己的胜利"③。不管一般民众是否能够感受到当家做主的欣喜,但密集的灌输活动总是不遗余力地激发民众的自豪感。通过培养这样的心理,一般民众不仅具备了意识上的责任心,也有了行动上的自信心。

(三) 典型的感召

看样学样是人之常情。中国共产党的政治动员屡屡获得成功还在于,其目标和方式及其结果的高度统一。这种高度统一很大程度上是通过一种塑造"典型"的方式获得的,典型既可以是事例,也有以"人"的形式出现的。树立典型有两个意图:一是激发人们的从众行动;二是提供模仿的对象以防止盲动行为或弄巧成拙。

---

① 《家庭妇女懂得了道理,加强里弄组织主要防匪特》,载《解放日报》1950年11月23日。
② 李公朴:《华北敌后——晋察冀》,生活·读书·新知三联书店1979年版,第141、150页。转引自翁有为:《论抗日根据地的政治动员与政治参与》,载《山东社会科学》1997年第3期。
③ 陈仁炳:《关于本市市、区两级反革命案件审查委员会的工作》,载《解放日报》1951年5月31日。

中国共产党在进行政治动员时,往往通过将某一特定榜样形象加以缩小或者复制的形式,塑造成活生生的"典型"。这些典型把对思想道德和行为的要求,做了明确的定位,然后通过"典型"灌输于其他动员客体。最具有代表性的典型是"积极分子",积极分子的称谓更多的时候是指处于候补党员状态的人。但是20世纪50—70年代,它却是作为红色文本中人物关系链的重要组成部分而存在的①。每逢中心任务展开,各种被冠以"积极分子"的人员便四处活跃起来。他们推进着工作的实际开展并作为运动的坚决执行者被符号化地突出出来。由于各种传播介质对这类典型化人物事迹的大力度宣扬,从而使得各种"先进"典型深入人心,家喻户晓。作为"典型"的积极分子甚至成为平民化的英雄,由于他们的平民化,以至于每个寻常百姓似乎都能从他们身上找到自己所具有的性格特征,因此,同其他英雄可望而不可及的情况相反,"积极分子"成为人们争相模仿的对象。如此一来,尽管各个领域、阶层的民众具体情况千差万别,由于他们都以固定的"典型"为榜样,结果却造成行动上的惊人一致。

典型示范的作用是十分显著的,它甚至打破了人们日常生活的伦理以及固有的社会关系联结。

> 严相珍虽和丈夫结婚了九年,已有了五岁的孩子,但一直不知道丈夫曾参加过什么反动组织,……严相珍知道丈夫做了非法事情,又气、又恨、又害怕。走到街上看见到处张贴着的警告反动党、团及特务分子登记的标语、漫画和布告,知道了特务分子是怎样的坏蛋,心里就难过得想:难道能让一个坏蛋藏在自己家里,而且还是自己的丈夫吗?……
>
> ……严相珍在左思右想之后,决定要检举丈夫了。但,当她走近派出所时,另一种思想又起来了,觉得韩训良是我丈夫,怎能"忍心"去检举他呢?检

---

① 积极分子在英雄人物、阶级敌人和中间人物之间架设种种特殊关系,从而推动了组织内聚力。在里弄组织工作中,积极分子作为文本出现时,成为具有相当特点的背景式人物。他们往往具有这样的性格,"或者聪明率性,或真诚善良,或敏感多智,或泼辣果断,但大多属于爱·摩·福斯特所说的'扁平人物',是那种不太复杂的类型化人物。积极分子常常成为以英雄人物为中心的红色叙事谱系中'可塑性'最强的配角"(余岱宗:《全景控制与积极分子文化:以1950—1970年代文艺作品为中心》,http://www.culstudies.com/rendanews/displaynews.asp?id=4295)。而积极分子作为具体的人出现时,是指那些率先通晓组织规则,并追随新的社会价值观念,辅助组织者完成各种各样的组织活动,并积极接受党的训诫,完成党交付的任务的典型人群。

举后我和孩子生活又怎么办呢？于是就又回转家里。回到家里，她又想，这样的人能不能要他做丈夫呢？再说，他既能做危害人民和国家的事情，将来还不是也要来害我吗？再想想今天的人民政府和反动派。真是天地不同哪，上次派出所同志来查询我丈夫时，要是在反动派时代，丈夫不在家，还不是把你女人带去关起来拷打吗？就这样，严相珍从家里走到派出所，又从派出所退回家里，二次三番地进行自我思想斗争，最后，她想：我们不能再回复过去反动派统治时期的日子，不能让美国飞机再来轰炸，我们要坚决抗美援朝，就得看守好后门。她坚决地走进派出所，检举了她的丈夫。

严相珍不但自己放下了包袱，还积极参加了家庭妇联的工作队，以自身的实际经历，去向里弄姐妹们宣传。她在蓬莱区家庭妇女代表会议上控诉特务罪行和报告她怎样检举丈夫后对姐妹们说：我们要感谢毛主席，没有毛主席我们就没有这个好日子！我们要感谢中国人民解放军，没有解放军，我们妇女不会得到今天的翻身。我们要感谢中国人民志愿军，没有志愿军在朝鲜打美国兵，我们也不能安居乐业。我们要保护这些果实，就得用实际行动来镇压反革命，看守我们的后门。①

正是在这种"典型"人物的感召下，人们纷纷突破原有的或者说固有的社会联结。正如上文所示，有人举报了自己的配偶，当然，还有人举报了自己的父亲。如此一来，在社会生活中，政治性的关系就逐渐压倒了社会性的，个人利益逐渐为国家利益所覆盖。

总而言之，在动员过程中，动员目标往往是具体而多变的，每一次的动员活动方式、方法都会或多或少地存在差异，但在动员活动中，这三个关键性环节却是缺一不可的。

三、动员的特点

中华人民共和国建立前后，中国共产党的地位、目标以及所面临的形势都发生

---

① 小岚：《家庭妇女严相珍勇敢地检举特务丈夫》，载《解放日报》1951年4月28日。

了巨大变化。在新的历史时期里,党的动员活动,其形式、途径以及所处的内部环境也发生了转化,这样,整个动员活动也相应地产生了一些新的特点,更加深入。

(一)动员形式的多元化

在新的历史条件下,中国共产党面临的是阶层分化更为严重的动员客体,而作为执政党,它所要进行的动员目标更多更具体,这些都在客观上需要更多的动员形式来辅助动员活动的开展。不仅如此,由于动员仍然是政权建设的主要推进方式,为了适应新时期下的各种动员要求,动员形式亦更加多元化。

成为执政党之后,党的动员对象覆盖面更加广泛,其中很大一部分是社会下层民众,大部分文化较低甚或没有文化,认知能力都较低,因此,在动员活动中,中国共产党采取了很多群众喜闻乐见的方式展开宣传。常见的几种形式:第一类是召开各种代表会、干部会、座谈会、展览会;第二类是利用广播大会、电影、幻灯、戏曲、音乐;第三类是通过标语、图片、漫画、讲演、小册子和传单,进行广泛的动员工作。1951年6月4日,黄陂南路的芦花塘249弄举行了一次漫画展览会,会上展出100多幅漫画,内容有《八岁小学生捉特务》《勇士和狼》《惩治反革命条例放大图解》《帝国主义战犯脸谱》等,吸引了大批群众围观①。多数情况下,这三种类型的动员形式都交叉使用,不拘形式。如,在全市户籍校正工作中,一开始居民有顾虑,不能主动配合政府部门工作。为此,"许多团体并协助作深入的宣传,各大日报、电台、影院都替我们宣传,获得了不少的帮助,各区准备工作,都做的很好,像嵩山等区在校正的前一天便召开群众大会,又像闸北、蓬莱等文化水准较低的各区,采用扭秧歌、演话剧等方式宣传"②。再以优抚工作来说,当居民委员会准备开展优抚工作时,一般群众对交钱的事情表现冷淡。"优抚烈军属阿啦老早晓得,用勿着多烦,不过钞票是呒没"。针对这种情况,居委会利用黑板报、快报等,以富有代表性和与主题相符的例证来增强说服力。如,宣传魏巍的《谁是最可爱的人》等。"这些实际的例子使居民们很感兴趣,大家在思想上对优抚工作逐渐明确起来了"③。

由此可见,成为执政党之后,中国共产党随即获得了一些独一无二的政治资源,使得动员拥有了各种有利条件,动员方式方法更加多元化。

---

① 《芦花塘生气蓬勃,小弄堂组织起来》,载《新民晚报》1951年6月27日。
② 《校正户口大功告成》,载《文汇报》1950年1月9日。
③ 《长宁区法华中镇居民委员会,发动群众展开优属工作》,载《文汇报》1951年8月14日。

（二）动员模式的运动化

政治社会运动在动员过程中往往会有事半功倍的效果，中国共产党一直对以运动来推动政治目标的实现方式情有独钟。"什么工作都要搞群众运动，没有群众运动是不行的"[1]，因此，新政府的动员也通过群众运动来展开。上海和全国一样，结合国家各个时期的中心任务，陆续开展了一系列大规模的政治运动。如镇压反革命运动、抗美援朝运动、贯彻婚姻法运动、爱国卫生运动、知识分子思想改造运动、宗教界的"三自革新"运动、"三反"运动、"五反"运动、新三反运动、社会主义改造运动等。在这些运动中，有些是交叉进行的，如抗美援朝运动和镇反、"三反""五反"运动；有的又可以分许多小运动，如抗美援朝运动，又由保卫世界和平的签名运动、反对美国侵略中国台湾运动、保家卫国运动、拥护军队优待军属运动、各种捐献运动、订立爱国公约运动、爱国主义缴粮运动、开展爱国增产节约运动等系列运动组成[2]。各种社会运动，都是适应国家一段时间的中心任务而展开，就运动而言不具连续性，但却是按照整个政治变革演进的逻辑开展的。如镇反运动、民主改革运动、贯彻婚姻法运动，都是配合国家社会主义制度建设而顺次绵延的。

这种政治社会运动可以造成强大的群众势能，引发群众普遍的从众行为。在每次政治运动中，各上级组织通过下达运动所要达到数目及规定完成的时间期限，自上而下地推动。而在运动中，群体间的相互感染能够造成巨大的声势和规模，加速或者超额完成动员任务。这是因为，每一次政治运动都会形成其特有的自上而下的动员体系，上层的动员能够依赖整个动员网络一级一级地推动下去，并得到下层的反应。在整个过程中，动员的效能如何，能够迅速得到实地检验。其过程、结果本身就极具感召力。在运动开展过程中，群众从中受到教育，得到鞭策和激励，激发了执行国家各项政策的积极性。

（三）动员主体的权威化

"一个社会的政治变革需要广泛的政治动员与政治参与。这种政治动员与政治参与……往往是以政党为核心展开。由政党提出政治目标，联系社会大众广泛

---

[1]《建国以来毛泽东文稿》第 7 册，中央文献出版社 1992 年版，第 433 页。
[2] 黄兢：《建国初期中国共产党政治动员评析》，载《广州社会主义学院学报》2004 年第 4 期。

参与,去实现这一政治目标"①。政治动员的一个根本目的在于培养动员主体对客体的能动性,也就是权威。

组织化为中国共产党的动员活动以及权威的实现奠定了基础。中华人民共和国建立后,中国共产党掌握了国家政权,开始在全国构建较为完整而严密的组织体系,即以工作场所和生活场所为中心,分别组建单位和街居(街道办事处和居委会)组织,并逐步实现了对上述组织的强力介入。党正是以其组织力量和组织网络为资源,通过对国家政权体系的有效运作,来进行政治动员的。

在各种依托组织而进行的动员中,密集而广泛的宣传,将中国共产党的路线、方针、政策不断地传递给民众,做到了家喻户晓。中国共产党的政治威信不断得到提升,其政权效能最大化地得到了支持。由于中国共产党将其组织体系和单位以及街居组织的行政体系相互结合,结果是,无论在组织还是在动员活动中,中国共产党始终担当了设计者和主导者的角色。当政治动员获得巨大绩效时,中国共产党不仅获得了巨大的政治资源和社会基础,也收获了强大的影响力和号召力,即权威。

(四) 动员层次的体系化

所谓体系化,主要是指新政府的动员是放置在以单位和街居为基层组织单元的社会调控体系之下进行的。长期的资源不足,导致动员模式一直向精神激励严重倾斜,至于精神激励能维持多长时间的热度,中国共产党的领导人也心知肚明。在资源严重缺乏的革命时代以及新政府成立后的一段时间里,中国共产党曾用"不断革命"的动员策略来弥补这一缺憾。毛泽东在《工作方法六十条(草案)》中提出了"不断革命"的动员策略,指出"我们的革命是一个接一个的","我们革命和打仗一样,在打了一个胜仗之后,马上就提出新任务。这样就可以使干部和群众经常保持饱满的革命热情,减少骄傲情绪,想骄傲也没有骄傲的时间"②。实际上"减少骄傲情绪"倒还是其次,"不断革命"关键在于它能够"使干部和群众经常保持饱满的革命热情",即保持精神激励的热度。但实际上,如此频繁和持久的动员活动,不仅为时间所不容许,动员客体也难以承受,毕竟动员本身是以消耗动员客体为代价进

---

① 沈远新:《政党政治与发展进程中的政治腐败》,转引自李征:《简论"政治动员"》,载《河海大学学报》2004 年第 2 期。
② 《毛泽东选集》第 1 卷,人民出版社 1991 年版,第 183—184 页。

行的。

在城市社会的重组过程中,社会调控体系囊括了民众所需要的一切资源,其所提供的实际利益驱动最终延续了动员的效力。

由于整个城市社会成员被组织在各级各类的单位及街居组织当中,国家能够通过这些组织实现对民众的强力动员。一方面单位及街居组织通过垄断国家配置的资源强化了组织成员对其依赖,进而强化了他们对国家的依赖;另一方面通过执行国家的行政命令完成对组织成员的控制,使他们在行使权利的同时承担相应的义务。譬如,单位人只有遵守组织内的规则,即服从组织安排,配合动员活动,才能保持单位人的身份。而非单位人(街居组织管理的人口)也只有按照街居组织的规则行动,才能保证组织的评价体系在其谋求更多需求时(例如就业推荐)成为积极因素而非消极的。国家正是利用单位人和非单位人对其组织的依附实现了对整个社会成员的强力动员。

由此可见,中华人民共和国成立之后,动员始终能发挥巨大的能动性,绝不是单方面的精神激励机制所能维系的。政治动员之所以仍然有效,是因为国家通过社会调控体系进行资源的分配,满足或者变相地满足了动员客体的各种层面的需求,使得动员活动更加深入。

四、动员的效果

如前文所述,新中国成立之后,中国共产党的政治动员模式更加成熟完善、动员活动更加深入,正因为如此,其效力亦更加有效。表现在:中国共产党和国家的各种动员工作不仅能够收到立竿见影的效果,甚至经常超额完成任务;还有,中国共产党和政府在任何必要的时候都能集中精力于既定目标,并有效地调动广大群众甚至全社会的资源支持于此。

首先,无论从广度和深度来看,中国共产党的政治动员都达到了空前的程度。

广度是就群众的参与率而言的。通过各种形式的政治宣传,上海民众的政治觉悟迅速提升,各种运动都得到了群众的广泛参与。在1951年3月的抗美援朝运动中,660 000名工人、300 000多名妇女参加了示威游行,此外还有宗教界人士,各区摊贩、工商界、里弄居民的游行,动员活动"把历来不关心政治的同胞也卷入了抗美援朝的爱国运动"①。在1951年的镇反运动中,上海市举行了反特展览会,观众达53万余人,很多观众参观后,进行漫谈、讨论,并提出保证,立了誓言,表示坚决协助政府做好镇压反革命工作②。据当年9月底的统计,全市各区曾举行过3 200次以上的大小控诉会;收到群众检举材料近4万件;成立了2 000个以上的基层肃清反革命委员会;许多地方都举行了群众性的对被管制分子的宣判大会和犯罪分子向群众认错的低头会③。在签订爱国公约运动中,有的区实现了百分之百的参与率,就是全市的平均数也相当高,如1950年,全市参加保卫世界和平签名活动的人有330万余人,占到全市总人口的83%④。

从深度上来说,经过动员之后,很多群众都以实际行动来支持政府的方针、政策,因此,一些政治运动的发起者虽是政府,但发展过程都由群众力量来推动,政府只需支付很少的资源就达到了事半功倍的效果。以反特运动为例,"反动党团特务分子"登记工作展开后,潮惠山庄召开了群众大会,干部在大会上揭露了特务的罪行,当事人低头不语,群众中随即有人站起来说:"我们今天很开心,但是还有几个人低着头不高兴,我希望这几个人赶快坦白坦白,向人民政府登记,不然我们就要检举。"此后几天,仍然不见运动分子有行动,即有群众在这些"特务分子"家对门墙上贴上标语,写上:"喂!我限你三天之内向政府登记,如不登记,我就要检举你。"结果立即有了反应,"特务分子"自动去登记。与此同时,很多居民"为了站稳立场,分清敌我,不仅协助政府检举,密告一切反革命分子,有人并检举了自己的岳父"⑤。不仅如此,全市的很多里弄居民自行实施了站岗制度,由里弄自卫组全体成员日夜轮流值班。除了日常的安全防卫之外,居民还主动处理户口申报工作,每户留宿的客人,都实行了"随到随报,防止了地主恶霸和反革命分子钻防空洞"⑥。"现在,大家都非常认真,完全消灭了过去的马马虎虎的习惯;如果在别人家里发现了可疑的客人时,也不会有人觉得'事不关己'了"⑦。

正是在这种"事关己身"的责任心驱使下,很多市民对政府的动员活动都进

---

① 《抗美援朝运动深入全市里弄》,载《新民晚报》1951年4月4日。
② 林冬白:《认真做好镇压反革命活动的宣传工作》,载《解放日报》1951年5月7日。
③ 潘汉年:《上海市人民政府八个月来的工作报告》,载《解放日报》1951年12月15日。
④ 《上海市保卫世界和平签名分类统计表》,载《解放日报》1950年8月21日。
⑤ 《"潮惠山庄":组织起来的无数里弄中的一个》,载《新民晚报》1951年5月28日。
⑥ 《芦花塘生气蓬勃,小弄堂组织起来》,载《新民晚报》1951年6月27日。
⑦ 《我伲弄堂里向(二十四),里弄新气象》,载《新民晚报》1951年9月21日。

行了力所能及地支持,其中不仅有行动上的,还有物质上的。振华里的家庭妇女龚老太太在家里举行家庭会议,订立了节约捐献的家庭公约:"龚老先生每天少抽五支烟,坐三轮车改坐电车;龚老太太的两个儿子本来每星期要看一次电影,决定减为每两星期看一次,把省下的钱来捐献;她自己也决定每天省500元菜钱,直捐到朝鲜全部解放为止。"①这些事实令人难以想象,但却是那个年代的真实存在。落实到个体身上的实际数目虽然微不足道的,但是"聚沙成塔、滴水成涓",中国共产党的各项政治目标的最终顺利实现,是和这些貌似微不足道的支持分不开的。

其次,就结果来看,大多数动员活动都达到了预期的目的。

政治目标自不用说,各种经济动员的达标率也是极高的。中华人民共和国成立之初的财政状况一直处于勉力维持的状态,动员的一个重要目标是进行经济动员。"建国初期上海失业救济最主要的方式,中国共产党充分运用其强大的社会动员能力筹措救济资金,从而为救助活动建立了充实的物质基础"②。据统计,截至1950年5月13日,上海市失业工人救济基金保管委员会,共收到各方救济款共523 000余万元③。仅全国工人捐献一天工资救济失业工人活动一举,就获得捐资共280余亿元④。1951年11月16日,中国人民抗美援朝总会发出号召,要求全民捐助武器支援前线。上海随即发起了各界人民捐献武器支援前线的运动。12月底,上海各界各单位绝大部分完成和超额完成了预订的捐献计划。缴款总数达709 180 643 903元,折合战斗机达472架,超过预订的334架的目标,而这一数字还不包括国营工厂工人增产上缴国库的数目⑤。

中国共产党动员的有效性还表现在,动员主体在一切领域、任何情况下都能得到居民的回应,甚至政策上出现反复也不影响动员的效力。出现这种情况时,动员主体只需通过高密度的鼓动,民众一样认可政府的行为。1952年,上海市粮食公司因为储存面积和储存条件有限,加之黄梅季节临近,出现了粮食发霉变质的情况。为此,全市展开护粮运动,其中一个活动是开展推销薄稻米。这样做的目的在于减

---

① 《家庭妇女纷纷节约增产,捐献飞机大炮支援前线》,载《文汇报》1951年6月26日。
②④ 《一年来艰苦奋斗中的上海工人》,载《人民日报》1950年10月3日。
③ 《上海市救济失业工人各方捐款逾五十亿元,京津捐助运动在继续》,载《人民日报》,1950年5月22日。
⑤ 《本市抗美援朝分会发出通知,迅即总结爱国捐献运动》,载《新民晚报》1951年12月24日。

少库存,减轻防止霉变的工作量。当政府一再宣传购粮行为的爱国意义之后,很多居民都来支持。安远路锦绣里居民两天的时间里就认购 12 350 多斤。有些里弄居民本来吃的是白粳米,为了支援政府的护粮运动,转而改买价格更高的薄稻米①。1953 年之后,粮食统购统销政策开始实施,短短的一年时间里,政府的政策和宣传都发生了极大转换,但并没有遭到群众的反对,以至于统购统销政策一实施就是几十年。当然,城市人民公社也是这类典型事例之一。

从以上对动员力的考察中可以发现,当政治动员被置于社会调控体系之中以后,它所产生的效力是惊人的。这里又出现了一个问题,如前文所述,20 世纪 50 年代的政治动员之所以能够保持持久的热度,除了精神激励之外,主要是社会调控体系或者说其调控单元——单位和街居组织——掌握了动员客体所需要的一切资源。即,此时的政治动员已经从精神激励走向了物质激励,但如果仅仅是物质利益驱使下的动员,就不可能会出现大量不计得失、竭尽所能支持政府的行为。如此说来,在动员过程中,精神激励是不可少的。说到精神激励也就转到了本书的另一个主题:整合力。从前文的论述中看到,被放置于社会调控体系之中以后,动员的形式和效能都发生了很多变化,既然如此,新时期整合工作也不会故步自封,那么它究竟有哪些新变化呢?这就是本书接下来要进行考察的内容。

第三节 整合力的考察:20 世纪 50 年代上海市民的翻身感

整合包括政治整合和社会整合两个层次,本书所要讨论的是政治整合。政治整合的目的和功能主要是确保国家的主权,通过行政法律手段与政府的威望,实施宏观调控、行政管理和控制,建立与维持社会秩序,调解与理顺各种社会关系,回答与处理各社会成员、阶级、政党、群体提出的问题与要求,避免社会失范,使之在正

---

① 《里弄居民踊跃买米护粮》,载《新民晚报》1952 年 5 月 16 日。

常的轨道上运行①。政治整合的内容有很多种,本书要探讨的是政府如何通过社会调控体系对民众的意志进行整合。

所谓意志整合,是指通过对民众的思想、信仰、心灵、人格的影响和塑造,提高民众对国家的认同程度,奠定国家的合法性基础。在新政府所进行的各种意志整合中,培养翻身感是一个极具典型意义的意志整合案例。在这一过程中,政府往往是通过社会调控体系,将资源进行再分配以满足社会成员的各种需求,进而实现对意志的再整合。

在中国现代历史上,中国共产党人在长期的根据地生活斗争中,逐渐形成了自己独特的思想体系和生活方式,并形成了一套与之相对应的话语体系。一些词汇,经过中国共产党的着力打造,成为新社会新气象的表征,在中国共产党树立合法性权威的过程中发挥了积极的作用,其中最具代表性的莫过于"翻身"。过去,人们提起翻身,总是把它与农村、农民联系起来,其实,对于中国共产党而言,中华人民共和国的成立就意味着无论是在城市还是农村都必须一以贯之地进行政治社会化,翻身这一命题对于上海这样的大城市同样具有重要作用。

一、翻身对于城市社会及政权建设的意义

中华人民共和国成立后的几年中,无论是口头用语还是书面用语,"解放"都可以称得上是使用频率最高的词汇②,而时常伴随其左右的"翻身"一词出现率虽然远低于它,但它不仅从字面上而且从实际上说明了"解放"的意义。

(一)"翻身"释义及其与合法性的关系

"翻身"的字面意思是"躺着翻过身来"③,置于阶级框架下后,翻身的含义大大

---

① 忻平:《从上海发现历史——现代化进程中的上海人及其社会生活(1927—1937)》,上海人民出版社1996年版,第166页。
② 据对《人民日报》所作的统计,1949年、1950年出现频率最高的词汇中,"解放"一词是唯一连续两年占据前五位的词汇。[日]村田忠禧:《从〈人民日报〉元旦社论看中华人民共和国的历史》,载《中共党史研究》2002年第3期。
③ "对于中国几亿无地和少地的农民来说,这意味着站起来,打碎地主的枷锁,获得土地、牲畜、农具和房屋。但它的意义远不止于此。它还意味着破除迷信、学习科学;意味着扫除文盲,读书识字;意味着不再把妇女视为男人的财产,而建立男女平等关系;意味着废除委派村吏,代之以选举产生的乡村政权机构,总之,它意味着进入一个新世界。"[美]韩丁:《翻身》卷首语,北京出版社1980年版。

丰富化了,简而言之,其一,是从受剥削、受压迫的情况下解放出来;其二是改变落后面貌或不利处境。从所涉及的实践内容来看,翻身则意味着必须要在社会构成的基本要素以及人民活动的主要领域:经济、政治、文化这三个方面达到某种程度的改变。总括起来可以认为,所谓翻身,就是对不同阶级、阶层在纵向的社会分层体系中以及横向的社会分工系统中,社会位置和存在方式骤变过程的一种形象化表述。对于文盲占绝对优势和非意识形态化的民众而言,解放、天翻地覆、颠倒乾坤都不足以描述这种似乎一夜之间发生的巨大而根本性的改变,而"翻身"却以一种最直观、形象化的方式给人民传达了这一信息。

"合法性信仰可以弥补不良的政策绩效,这是政治学的经典命题之一"①。任何政权建立以后,为了巩固政权,都必须努力培养民众的政治认同,以获得政权的合法性。合法性,最通俗地讲,是对被统治者与统治者关系的评价,它是政治权力和其遵从者证明自身合法性的过程,是对统治权力的认可。这种认可是建立在一系列条件之上的②,其中两个最基本的要求,一个是获得被统治者的首肯,另一个则涉及社会观念和社会认同,而首肯和认同又都建立在社会满意度之上,没有满意度就不会产生认同。对于农民而言,土地是他们最基本的生活资料,当他们轻易从中国共产党和新政府手中接过世代梦寐以求的东西时,满足感自然溢于言表,而随后出现在社会地位等方面的变化,又进一步令其体验到翻身的愉悦,由此产生了感激和报恩的思想感情,一种朴素的认同感由此而生。从这个意义上说,只要政府提出足以令上海城市民众社会生活发生改变的有力证明,翻身是可以作为一个中介机制而成为新政府获得合法性的有效途径。

(二) 翻身对于上海城市社会及政权建设的意义

政权的合法性来源是一种包括意识形态、制度、绩效、个人魅力等在内的系统资源,正因为如此,它的开发具有历时性与不确定等特点。自"四一二"以来,中国共产党在上海的基层组织始终处于地下状态,组织力量较为薄弱,无法像在乡村一样能够提供一个社会主义模板供民众去比照,以培养出新的政治认同。1949年时,新政权虽然顺利完成了城市的接管,但这时的上海实际上是一个"空壳子",而"旧

---

① [美] 西·马·李普赛特:《政治人:政治的社会基础》,张绍宗译,上海人民出版社1997年版,第56页。
② [法] 让·马克·夸克:《合法性与政治》,佟心平、王远飞译,中央编译出版社2002年版,第1页。

社会的恶制度的废除,是迫不及待的,但是这一废除工作应该有时间去做周密的准备。想在接管上海的一天早上,把几十年来旧社会所铸成的污秽一下扫除,这不仅是不可能的,反而会造成紊乱"①。因此,尽管政治制度发生了根本变化,但城市社会中却不可避免地保留着较多的原有痕迹,不仅数百万市民赖以生存的各种物质资源极为缺乏,而且存在许多社会问题。其中较为突出的是劳动就业问题,据统计,中共接管上海时期,全市工厂停工者占到75%,劳资争议案件有逐月上升趋势。一些工人甚至因生计铤而走险,1950年因此而被捕收容改造的有599人,1951年增加到2 690人②,潜在的不安定因素给政权建设和社会治安带来巨大隐患。在具体的历史时空下,城市的本质特征决定上海不存在土地这样的物质生产资料可供分配,而"一五"计划尚未展开之前,治理战争的创伤和恢复国民经济的努力又分散了政府在生活资料方面的投入,人民的物质生活短期内不可能有较大提高,在这种情况下,政府的合法性源自何方呢?

和以往的政权更迭不同,中华人民共和国的诞生并不是简单意义上的改朝换代,它不仅仅在社会的管理层面,而且力图在经济、文化、日常生活方式上,在整个社会范围内,依照理想的模式进行一场天翻地覆的变革。随着新政权的确立,原来的中心制度及社会的象征领域受到冲击,势必需要将社会各种群体和阶层引向新的统一而共同的制度和社会中心,无论城市还是农村,无论这种将如此广泛的群体纳入中心制度的详情如何,它都集中体现为对某种需求的具体满足。人民群众赞成什么,不赞成什么,拥护什么,反对什么,并不是偶然的,在那些千差万别的意见后面,有一种共同的因素起着决定的作用,这就是人民群众的需要③。是什么样需要可以对各个群体各阶层产生吸引力,并保持吸引呢?中国共产党长期的农村革命斗争经验表明,农民最广泛的需要是翻身④,上海移民城市(人口迁移方式以农村迁往城市为主)的特点决定了上海民众在20世纪50年代最基本、最广泛的要求也

---

① 《解放日报》发刊词,1949年5月28日。
② 中共上海市委党史研究室编:《历史巨变(1949—1956)》第一卷,上海书店出版社2001年版,第257、263页。
③ 刘学谦:《社会主义群体凝聚力学》,红旗出版社1991年版,第58页。
④ 纵观中国农民革命的历史,农民革命的传统情结是对明君施诸其身的翻身期待,虽然有时因提出"均贫富、等贵贱"等类似口号会混同于平等思想,但由于这仅仅是一种对本体平等的需求,因此本质上仍是一种翻身思想。

不可能偏离这一主题①。尤其是,长期居于社会下层的工人阶级、苦力,以及构成了城市人口绝大部分的包括家庭妇女、失业人员、摊贩、独立劳动者等在内的人群,他们同农村、农民存在的天然的、血缘的联系,使翻身有可能成为一个具有广泛意义的象征中心,为新政权在上海开发合法性资源找到一个突破口。这样,翻身就成为一个意志整合的目标管理体系。

二、翻身感的获得

意志整合的实现首先要立足于满足社会成员的各种需要,这就需要社会调控体系对资源做出再分配以适应这种需求。在社会历史的演进过程中,无论基于政治的目的还是基于社会存在自身所具有的差别和不平等,社会总是表现为一种高低有序、等级错落的层级状态。而翻身则意味着这种存在状态和方式的倒置,它所蕴含的凝聚力在于,个体在短时间内没有渐变、没有过渡就完成了存在状态和社会位置的根本变化。正因为如此,翻身只有施诸那些处在社会底层、社会资源稀缺的人群,负载于其上的政治使命才能得以实现。具体到操作中,就必须对形成不同社会层级的主要因素(如职业、财产、社会地位、受教育程度、权利与声望等)施以影响,才能达到调整城市社会阶层序列,实现广大下层民众的翻身这一目的。就上海的实际情况来看,中国共产党营造民众翻身感的过程也的确是沿着这一思路展开的。

(一)通过打破原有的社会层级序列,提高下层民众的社会地位

20世纪50年代处于阶级矛盾向次要社会矛盾演化的过渡时期,现实生活中,剥削阶级作为阶级已经不存在了,但并不能排除剥削和压迫现象在一定时间、一定范围内存在的可能,为此,上海市政府在全市范围内开展了一系列民主改革运动。民国时期上海企业中普遍存在着一些等级制度,如抄身制、拿摩温制、封建把头制等,这些落后制度随着这些企业的存在而保留下来。据当时对119家私营工厂的调

---

① 根据上海社会科学院的调查,新中国成立前迁移入上海的人中,来自乡镇和村的比例高达71%(参见[美]卢汉超:《霓虹灯外:20世纪初日常生活中的上海》,段炼等译,上海古籍出版社2004年版,第300页)。

查,1 167个"拿摩温"中即有1 083个有欺压工人的行为①。"我们工人像是在地狱里生活,每天进出非抄身不可,尤其是我们女工,被压迫得透不过气,生了病不准请假,没有托儿所,小孩子在厂门口饿得哭,自己的奶却挤在墙上,有了胎只怕被除名,老了怕厂里不要,拿了工钱买不到东西……"②1949年12月,上海市一届二次各界人民代表会议通过了"废除工厂中不合理的抄身制度"的决议,全市35个国营纺织厂相继废除了抄身制。帮会在上海有着广泛的社会基础,封建把头即为帮会头目,1951年的镇压反革命运动中,工人阶级在政府的支持下,在帮会势力最为盛行的地方,召开大会小会,揭发、检举"封建把头"的种种恶行,通过这次清理,共查处封建把头3 064个,逮捕486人,其中有血债的59人被施以枪决③。与此同时,上海市政府还展开对恶霸势力的清洗,从5月到9月共对1 710名恶霸进行判决,其中418名被处以死刑。到1953年,通过一系列的民主改革,封建等级制度存在的社会基础被根除,社会环境得到一次彻底地净化,正如一些工人所说的那样:"解放是第一次翻身,民主改革是第二次翻身。"④

在传统社会,女子是低人一等的,上海虽然是中国当时现代化程度最高的城市,但时至中华人民共和国成立,妇女的社会地位依旧没有什么改观。表现在婚姻家庭关系上,一些男性受封建夫权思想的影响,对妻子的权利从不重视,有的工人娶两三个老婆赚钱供自己挥霍,妻子稍有不从,动辄以拳脚相加⑤,虐待、凶杀事件也时有发生。1950年5月10日,中华人民共和国第一部婚姻法颁布施行,上海随即展开大规模的贯彻婚姻法运动,并鲜明地提出"保障妇女权利"的主题口号。由于上海市政府坚决贯彻执行了婚姻法的各项法规,妇女的婚姻自主权、财产权得到法律的保障落到实处。妇女通过学习、讨论婚姻法文件和旁听婚姻案件的公开审理,也逐渐认识到自己的婚姻问题。"本市市民张均范的妻子,丈夫重婚纳妾,她经常被丈夫打得头破血流,并被关在家里不准外出,只好终年吃素念佛。在了解婚姻法之后,她说:'我现在觉得自己有了力量,过去在反动派时代,没有人肯帮助我,现

---

①④ 王申:《工人阶级的第二次翻身——解放初期上海民主改革的纪实》,载《党史文汇》1998年第4期。
② 《毛主席,我们永远跟着你走:翻身工人衷心感谢人民领袖》,载《文汇报》1951年7月2日。
③ 《上海工运志》编辑委员会编:《上海工运志》,上海社会科学院出版社1997年版,第425页。
⑤ 《本市工人中存在严重婚姻问题》,载《文汇报》1951年11月7日。

在人民政府的婚姻法帮助我们妇女翻身,脱离苦海'"①。自1950年5月1日至1951年4月一年内,上海市共受理婚姻案件13.349万件,在受理的全部案件中,由女方提出诉讼的计10万件②。

(二)打开政治输入的门径,保障各项民主权利的获得

在冲击封建等级制度清除封建势力的同时,是赋予人民各种权利,其中具有代表性的是工人阶级政治权利的行使。1949年8月,上海第一届各界人民代表会议召开,120名工人代表由上海总工会(筹)与各产业工会协商确定名单后,按产业分别推出参加了会议。此后历届代表会议工人代表的人数不断增加。

表6-1显示,在历届会议中,工人代表的名额始终保持在1/5左右。对照当时职工总数与总人口数,分别为,1949年:98.17/502.91,1950年:97.26/492.73,1952年:141.38/572.63(单位:万人)③,职工人数在总人口中一直不足1/5,则工人人数占总人口的比重就更低(1949年产业工人占全市职工总数的65.3%),由此可见,工人代表的比例是相当高的,工人阶级作为领导阶级的地位逐步得到确立。

表6-1 上海历届各界人民代表会议工人代表名额表(1949—1952年)

届　次	代表总数(人)	工人代表名额(人)	百分比(%)	开会日期
一届一次	650	120	18.46	1949年8月3日
一届二次	667	130	19.49	1949年12月5日
一届三次	710	156	21.97	1950年4月15日
二届一次	823	165	20.09	1950年10月16日
二届二次	839	165	19.67	1951年4月11日

---

① 《本会关于贯彻婚姻法工作、检查、修订了爱国公约情况的报告、计划等》,上海市档案馆,C31—1—44。
② 胡焕庸主编:《中国人口·上海分册》,中国财政经济出版社1987年版,第287—288页。
③ 李家齐主编,《上海工运志》编辑委员会编:《上海工运志》,上海社会科学院出版社1997年版,第346—347页。总人口数来自胡焕庸主编:《中国人口·上海分册》,中国财政经济出版社1987年版,第64页。

续 表

届　次	代表总数(人)	工人代表名额(人)	百分比(%)	开 会 日 期
二届三次	863	170	19.70	1951年12月11日
二届四次	859	170	19.79	1952年9月25日

资料来源：李家齐主编，《上海工运志》编辑委员会编：《上海工运志》，上海社会科学院出版社1997年版，第405页。

由于政治地位的提高，工人阶级的其他权利也得以保障，1950年开始，职工业余文化教育迅速发展，尤其是新学制的颁布，使工人在文化学习上有了制度保证，到1951年12月，全市职工业余学校增加到700所，其中厂校693所，区校7所；参加学习的职工18万人，其中厂校15.7万人，区校学生3 300人，另有分散学习的职工1.97万人。一些工人对此感触颇深："现在劳动人民可不同了，一切都翻了身。不谈别的，就拿我文化上翻身来说吧，我离开了学校，算来实足有十九年了，……十九年来我做梦也没想到过还有机会能够踏进学校的大门。"①

(三) 缩小贫富差距，保持物质生活水平的平均化

对于广大上海市民而言，工资收入是他们生活的主要来源，工资水平的高低也决定了他们物质生活的状态。1950年8月，上海市总工会工资部会同劳动局第三处，对棉纺、针织、市政等共13个行业的118户工人家庭(普通工资水平的工人家庭)进行了调查，这118户中，当月工资收入最多的为125.5元(折合新人民币，下同)，最低的为13.2元，在平均工资以下的71户，占60%，当月实际开支平均每户为67.8元，平均亏欠9.62元，有96户人不敷出②。在社会经济恢复时期，保持现有的工资水平已然不易，在绝对数量上提高工资更是难上加难。为了达到改善人民生活水平的目的。政府作了两方面的努力：其一，借助政治力量平息物价动荡，稳定市场秩序，保障市民的生活供给。其二，针对不同行业、不同工种之间工资高低悬殊的现象，根据"高的多减，低的不减或少减"的原则，通过指令性措施加以调整，缩小差别，服务行业、职员尤其是高级职员的工资普遍下降，为了突出产业发展

---

① 《我们在文化上翻了身》，载《文汇报》1951年11月20日。
② 李家齐主编：《上海工运志》编辑委员会编：《上海工运志》，上海社会科学院出版社1997年版，第537页。

重点,1952年全民所有制企业职工的月平均工资从57.19元增加到65.18元,增幅为14%①。经过对现行工资制度的改革和调整,工资高低悬殊的现象逐渐消失,一般市民都维持着大体相当的生活水准。

上海解放前已成国民政府金融溃乱的重灾区,百业萧条。据刘长胜的报告显示,1950年第一季度,失业最为严重的行业中,如建筑业失业率在95%以上,72家烟厂开工者仅两三家,海员几乎全部失业②。在总工会对新生纱厂全厂938名工人进行的调查中显示,全家吃三顿粥的家庭有320户,只能吃到两顿粥的有85户,更有甚者有以糠秕、豆渣充饥的③。社会贫困现象普遍存在。时隔一年,记者对金家巷(产业工人聚居区)居民生活作了专访,"过去,富人过年,穷人过关,休说吃肉,连有大米下锅也是好的了,今年的光景大不同了","倒霉的王小二已经翻身了",巷内居民忙着磨粉蒸糕,饭桌上有鱼有肉,为了过年,居民们自发组织起来进行大扫除活动④。一个泥水匠新做了一套列宁装,快活地说:"我伲泥水匠解放前一年到头只有一套破布袄,今天我穿了新衣服去拍个照,做个纪念。"⑤

经过政府以上种种努力,在制度层面上,由于民主改革彻底废除了生产生活中歧视、压迫下层民众的旧制度,横行于厂矿、里弄中的恶霸、各种封建势力被剪除,人民的主人翁地位得到确立;在物质层面上,虽然人们的绝对收入并没有大幅提高,但由于物价稳定、市场有序,生活改善并趋于安定。与此同时,原先居于上层的地主、资本家、官僚阶层收入迅速下降,与一般劳动者的差距日趋缩小,甚至低于劳工阶层,由此形成的巨大反差也给民众带来了很大的心灵慰藉。随着影响社会层级分布的社会地位、权利、声望等主要因素的变化,上海社会迅速分化与整合,在这一过程中,劳工大众的地位在政治和社会意义上得到全面提升,社会位置和存在状态发生了根本性变化,一般民众都获得了一种普遍意义上的翻身。

---

① 熊月之主编:《上海通史》卷13,上海人民出版社1999年版,第351页。
② 刘长胜:《上海总工会关于失业工人救济与维持生产问题的报告》,载《文汇报》1950年4月25日。
③ 《纱厂工会动员各厂工人,组失业工人慰问队》,载《文汇报》1950年4月21日。
④ 《我们的生活变了样——倒霉的王小二已经翻身》,载《文汇报》1951年2月4日。
⑤ 《迎接伟大得翻身节日,人民新村居民兴高采烈》,载《文汇报》1951年5月26日。

三、翻身及其效应：意志整合的实现

通过动用社会调控体系来完成的社会层级序列的调整,从本质上来说是一种国家视角下的翻身运动,这种自上而下的单向运行方式所营造的翻身气氛,在多大程度上引起民众的共鸣,进而产生新的政治认同,还依赖于民众感受这种体验,并将其内化为一种国家观的过程。也就是说,一般市民并不能清楚地认识到他们每天经历的苦难源于某种阶级剥削和压迫,要使民众对翻身产生感性认识,并逐步实现上升到理性认识的这一关键性过渡,就必须对他们进行意志的再整合,即通过阶级教育,唤醒他们的阶级意识。

为此,上海市政府组织各相关部门广泛发动工人群众吐苦水、挖苦根,揭露、控诉旧社会欺压百姓的罪行,引导广大市民划清新旧社会的界限,启发民众的阶级意识。新学制颁布后,上海市工会组织了一次座谈会,一个工人说:"在谈到新学制之前,立刻使我回想到过去的旧学制,是完全为地主、官僚、买办资产阶级所订立的,对我们劳动人民的需要大相违背,……我们都亲身体验过,在旧学制时代,我们连读初级小学也不可能,至于中学大学根本想也不用想。……改革学制是新中国人民继政治上、经济上翻了身以后,在文化上又一次的革命。"[①]

座谈、开控诉会不单是"控诉"的过程,更为重要的是控诉的内容,这些内容因为涉及具体的人或群体的亲身体验,从而产生极大的教育效果。在开控诉会时,经常选取一些血与泪的事实,并由当事人把凄惨的遭遇倾诉出来,从而凸显旧政权的腐朽、暴虐、昏庸等阴暗面,通过对旧制度弊病的揭示以及对旧社会给人民造成的罪恶的全面描述,有力地烘托新政府给民众带来的翻身成就。妇女在旧社会中地位低下,尤其是妓女,她们的人格和肉体饱受践踏凌辱,她们的翻身解放就更具有代表性。1951年12月27日,收容在通州路的五百多个妓女举行控诉大会,一个叫王佩芳的妇女哭着说:"秀英、小毛、金凤等都生了梅毒,烂成一个洞一个洞的,张菊卿(老鸨)不但不给医治,反用剪刀剪创口,用明矾、盐水擦。小姐妹都不敢医,因为那时候他有反动派撑腰,今天我们不怕了,有人民政府为我们撑腰了。"[②]

[①]《我们在文化上翻了身》,载《文汇报》1951年11月20日。
[②]《妇女教养所举行控诉大会——翻身姐妹尽情吐苦水》,载《文汇报》1951年12月28日。

通过召开座谈会、控诉会等仪式化的革命场景，人们日常生活中的那些"苦难""苦难意识"被提炼出来，并穿越日常生活的层面与阶级、制度框架建立联系。一方面，在诉苦、控诉旧社会的同时也使民众更清楚地认识到旧制度旧国家的消极形象，进一步推动他们同旧社会的决裂；另一方面，伴随着仇恨控诉对象而生的是惩戒施暴者的愿望，当其愿望迅速达成时，一种纯朴的知恩图报的感情自然而然派生出来了，所谓"吃饭不忘种田人"正是这种感情的真实写照。尤其是当个人或某个阶层认识到他们所经历的苦难是一种阶级苦，贫穷、落后和黑暗无序实际上是旧社会和旧制度的本质属性所决定的以后，翻身便具有了强劲感染力和号召力，并跨越现实领域上升到意识形态高度。"在千百年封建社会与不合理婚姻压迫下的姐妹，今天毛主席来了，她们真正的翻身了"①，以及"解放感谢共产党，翻身不忘毛主席"，正是这种感性体验高度意识形态化的产物。原本是一个不带任何褒贬色彩的词汇——翻身，即获得了"符号权力"，而承载其上的感性体验，以及由此而产生的对新政府的感激、热爱情绪，最终将民众引向新的政治中心体，意志的再整合实现。

来源于这种途径的合法性不同于建筑在制度改造基础之上的正面合法性②，相比后者，翻身更是一个象征性的概念而不是一个物质性范畴，或者说它是一种表达性建构，这种建构所起的作用在于，它通过一系列社会运动，能启发、深刻、强化民众对新旧两种制度和社会的认知，凸显新政府作为救星的形象。随着民众对翻身层层深入地感知过程，宏大的社会主义国家、新社会形象日趋明朗，由此，政府由上而下的营造翻身感的过程终于和民众自下而上的感知翻身体验的过程达到某种程度的一致，从而在此基础上共同构筑了社会主义新政权的合法性大堤。

综上所述，中国共产党接管上海之后，即着力营造民众的翻身感，虽然这种翻身很大程度上来自制度层面上的调整，缺乏坚实的物质性基础，但是通过政府的调控行为，城市民众还是获得了一种广泛意义上的翻身感，从而对上海社会产生了重要影响。

首先，翻身感的获得，奠定了新政府的合法性基础。在中共接管上海和政权建

---

① 《一月来处理了一千多案件》，载《文汇报》1951年11月6日。
② 亨廷顿认为，政治合法性来源于两个方面，即正面合法性与反面合法性，前者自不待言，后者是通过向民众揭示旧政权的弊病强化其阴暗面，来反证新政权的合法性。[美]亨廷顿：《第三波——20世纪后期民主化浪潮》，刘军宁译，上海三联书店1998年版，第59页。

设的初期,为了保障城市社会秩序的稳定,是本着"自上而下、原封不动、按照系统、整套接收"和"保持原职、原薪、原制度"的方针加以接管的,不仅现有机构设置沿袭了原有的组织形式,而且保留了大量旧人员。当经济重建和政治巩固延搁了社会主义制度建设时,新社会的优越性便无从体现,这给新政府造成了较大的合法性压力,为了减缓、消解政权合法化进程中的这些压力,政府采取了许多措施大力开发、维护合法性资源,翻身就是其中卓有成效的一个途径。在整个国民经济恢复时期,政府通过影响社会层级分布,将整个社会资源的分配方式作了重大调整,打破了旧的社会分层所固化的权益分配模式。当一般民众常规生活被外部力量所更改、提升以后,人们从翻身的愉悦之中获得了对生命之外强大力量的感知,这种力量最初可能是以毛泽东等富有个人魅力的领袖人物为载体,但最终都逐渐扩展到对新政府和国家的认同。翻身作为一种生活境遇和生命历程的突变方式,有机地将意识形态、制度、绩效、个人魅力等合法性资源联系起来,为新政府赢得合法性打开了一条蹊径。

其次,营造翻身感的过程,促成了新的社会分化。中国传统社会的分层体系几乎完全以政治为中心形成,这一传统在中华人民共和国成立之初的社会分层体系中很大程度上被保留下来,这是因为在缺乏物质性基础的情况下,以政治为主导的社会分层模式在短期内就能对社会层级分布产生重大影响。为了尽可能快地使广大城市民众获得翻身,政府大规模地以指令性的措施对影响社会层级分布的主要因素施加影响。随着这些因素的变化及其之间的交互作用,剧烈的社会流动发生,一个新的社会分层体系浮出水面。在纵向分布上,随着过去横行在国家与民众之间的封建等级制度的摧毁,1949年以前具有主导影响力的地主阶级、官僚资产阶级、中产阶级作为阶级被否定并逐渐游离于政治中心,小资产阶级收入下降,与工人阶级的差距日趋缩小,无产阶级、半无产阶级境遇大大改善,无论在政治生活中还是经济生活中,中国共产党和政府都着力抬高其领导阶级的地位;在社会的横向分布上,帮会、地痞、流氓、会道门等边缘组织所构筑的控制势力被清理,而代之以工人阶级的或群众性的自治组织,各个阶层民众在生产场和生活场可以基于平等原则相处。城市社会经过这样的政治演绎,最终为以阶级身份为基础、政治为中心的社会分层体系的形成奠定了基础。

最后,翻身感的获得平息了社会转型时期有可能出现的内部动荡和无序。新旧政权交替,不可避免地出现新旧制度与思想意识之间的博弈,由此产生的阵痛极易引起社会的动荡和无序。为了防范和尽可能减少这种动荡所造成的危害,政府有意利用制度层面和精神层面的超越性,暂时提供以非物质层面为主的"翻身"给民众。这样的"翻身"可能不如农村社会中那样剧烈,但通过种种努力,社会无论在层级序列还是在水平分布上都得到大幅的调整,并且体现了公平原则,呈现出了一种平等气象。换言之,在物质资料的积累上,政府无法迅速做出有建树的绩效,但至少暂时为民众尽可能广泛地呈现了一幅幸福美好的社会图景:人人平等自由、人人为工为农、人人劳动、人人受教育,也可以说给民众提供了一个"大同社会"版式,是对中国传统社会所期待的平等愿望的一种局部满足,是超越物质樊篱的一种精神的满足,而新政府正是援引了这种从对积极国家的体验中所形成的社会主义凝聚力,成功缓解和消弭了政权建设初期的压力和阻力。尽管这种翻身体验更多的是来自操作性规程,不可避免地具有相对性,但其同时存在的公认性和广泛性,却使翻身作为一种群体感受暂时冻结了个人对物质利益的欲望,成为维护社会安定的精神防线,客观上也为新政府的各项建设赢得了宝贵的时间和良好的社会环境。

　　正如前文所述,中国共产党在上海营造翻身感的过程,实际上是一次意志整合过程。社会调控体系通过对资源的再分配,调整了社会秩序,调节了各种社会关系,满足了基层社会成员的要求,最终实现了对社会成员的意志整合。当然,在此基础上,政府也树立了政权合法性权威。政治权威是政府实现社会动员的核心要素,说到这里,就可以发现,实际上社会调控体系的两个功能——动员和整合,它们在某种程度上是二位一体的。在政治动员过程中,物质激励固然重要,但是没有精神激励,就不可能产生激情,没有激情的动员如同没有灵魂的肉体,徒具形式。与此同时,而再坚不可摧的精神防线也有其物质底线,政权的合法性基础最终要落实在以人民物质生活的提高为核心的物质来源上。当社会调控体系建立之后,国家通过社会调控体系对资源进行分配,满足了人们基本的物质需求,填平了意识形态与现实之间的种种缝隙;而与此同时,通过社会调控体系对意志进行整合,从而使得精神激励焕发出强大的动员效力,成为国家建设取之不尽,用之不竭的力量源泉。

　　很多老年人对 20 世纪 50 年代怀有深厚的感情。在组织化氛围下,政治发展欣欣向荣,经济发展日新月异,社会环境纯净有序。政府的政治整合力和动员力极高,一般市民虽过着并不富裕的生活,但是积极响应政府的各种号召。如果用一句话来概括他们的心境,那就是——"苦并快乐着"!

小　结

对于一个新政府来说,面对政治重建和经济恢复以及国际颠覆性势力的种种挑战,进行大规模的动员和强力整合是极为必要的。尽管新政府可以通过暴力打碎旧有的国家机器,但不能通过这一形式重建社会秩序,特别是合法性。单位化是中华人民共和国建立初期实现社会调控和资源分配的一种必然选择。伴随着对原有社会控制体系的摧毁,新的社会调控体系也以单位式的组织化拉开了阵势。这种组织化按照场域分为工作场所和居住场所,以工作场所为基点组织起来的是标准的单位组织,而以居住场所为基点组织起来的是街居组织,两种组织形式构成了社会调控体系的组织结构。

社会调控体系最主要的调控活动为动员和整合。中华人民共和国建立之初,在对上海社会调控体系效能的考察中可见,这一时期的社会调控体系运作有力,具有超强的动员力和整合力。这两者对于在资源严重缺乏、国际国内环境极为恶劣条件下进行现代化建设的执政党来说具有至关重要的意义。动员力保证了国家能够获得尽可能多的人力和物力进行社会主义建设,促进整个社会经济的高速发展,推动整个政治体制的深刻变革。而整合力则塑造民众对新政府高度的信仰、理解和支持,国家政权正是通过对社会价值的权威性分配而对人们利益的实现方式进行调整,从而将人们的行为引导至某种特定的方向,最终实现资源、操作、要求和权力前所未有的扩张。

结　　语

　　中华人民共和国成立之后，为了在最短时间里巩固政权并开始现代化建设，国家展开了社会调控体系的重构工程。为此，政府以一种前所未有的方式对基层社会进行了重新组织。在农村建立了村（行政村）一级的政权，即由村人民代表会议（或人民代表大会）与村人民政府组成的村人民政权；在城市，基层组织建设以一种模式两个场域展开。所谓一种模式就是继续推行根据地时期业已形成的单位式管理模式，将城市社会全面单位化。两个场域：一是以工作场所为基点建立了标准单位实体，并在此基础形成单位制度；一是以居住场所为基点建立街居组织并形成了街居制度。街居制是街道办事处和居民委员会两级建制的基层组织制度。就整个社会调控体系的重构而言，单位化是城市基层社会重组的最终目标，而街居组织是单位化的意外结果。

　　单位本身是建立在对资源的全面占有之上的，资源的有限性使得中国共产党构建单位社会的愿望陷入尴尬之境：单位实体是有限的，在此之外还存在着一个更为广阔的非单位空间。譬如，在工厂、学校、机关单位人群之外，还存在着庞大的非单位人群，如家庭妇女、摊贩、游民等。对非单位人群进行单位化，既是完成重构社会调控体系的重要环节，同时也是对新政权管理城市能力的一次检测。这样，随着城市社会组织化的进行，在正规的单位制度之外，就产生了一种单位变体——街居制。通过街居组织，中国共产党成功地将历来处于散乱状态的非单位人群全部纳入各级各类组织管理体制之中，实现了单位化的管理。单位制和街居制度确立后，新的社会调控体系应运而生。这一体系以单位制和街居制为基层制度，以单位和居委会为基本调控单元，对社会进行资源的再分配和意志的再整合。

　　非单位人群大多处于社会底层，数量多而又极其松散，自身亦陷入多重人身依附之中。新的国家政权却能在短短几年时间里成功实现对其单位化的组织改造，一是由于中国共产党具有独特的组织体系和组织经验,二是由于整个重组过程是由行政力量推动的。基层社会组织化过程中的行政操作特点,一方面使得基层社会组织化取得了巨大成功,社会调控体系具有超强的整合力和动员力;另一方面,也使城市居民委员会这一自治性组织政治服务功能突出,而社会功能稍显不足。特别是在城市人民公社化运动时期,国家行政力量更是将这一制度基本行政化和国家化。

客观地说,单位化是社会主义建立初期实现社会调控和资源分配的一种必然选择。尽管新政府可以通过暴力打碎旧有的国家机器,但不可能通过这一形式重建社会秩序,特别是合法性。以单位和类单位组织为基层制度的社会调控体系,其功效在于,国家能够通过它对全部社会资源进行分配,以满足现代化建设需要,也可以通过它对资源进行再分配,满足社会成员的需求,达到对意志的整合与再整合。对于新政府来说,面对政治重建、经济恢复以及国际颠覆性势力的种种挑战,通过重构社会调控体系,进行大规模的动员和强力整合是必要的。

事实证明,在中华人民共和国成立之初,国家重构社会调控体系以及借此进行的调控活动,为国家克服行政危机,巩固革命政权,形成和维护国家统一,保证社会稳定与秩序提供了可靠的保障[①]。然而,随着政权的巩固和社会的稳定,国家转入和平建设时期,社会生活应该恢复其原有的张弛有度。而大规模、高密度的社会调控形式也必须进行相应的转换,否则,这种调控模式必然与社会发展形成尖锐矛盾,特别是在国家与基层民众之间缺乏中间环节的情况下,过多的社会运动训练,使基层民众总是处于一种政治浮躁之中,一旦社会动荡,出现组织断裂,激进的民众运动就不可避免地出现难以控制的局面,城市人民公社的失败对此已然做出了警示。

笔者在本书写作的过程中,始终致力于以两种视野对基层社会的组织化变迁进行考察,意在通过对这两种格局的审视,阐明上海非单位人群早期组织化的建构过程,解释基层社会管理组织功能的演变及转变的部分原因,以期从另一个侧面展现新政府向城市基层社会渗透以及地方性的街区权力结构与这种渗透相互冲突和磨合的场景。因此,本书的线索分为两条:一是关注新政权面对城市权威多元和结

[①] 黄家滨:《试析改革前我国的社会控制体制》,载《湛江师范学院学报》1997年第3期。

构凌乱的局面,是如何转换和厘除各种体制外的力量,重构社会调控体系,进行城市社会整合运动的;一是关注国家对非单位人群的具体组织行为及其结果,也即发生在非单位人群身上以单位化为特点的组织变迁。在考察非单位人群组织变迁的过程中,笔者试图对非单位人群的组织化经历及其感受做出深入探讨。然而,在具体的操作过程中,笔者所能接触到的资料,都是以国家为中心展开的,有关非单位人群对国家组织化意图、社会调控行为的反应,不可避免地存在着建构的成分。笔者曾经拟定了访谈的计划,但窘于各种条件的限制迟迟未能展开。也因为如此,笔者对于街居组织的功用并未作深入地探讨,这是后续研究中需要注意的内容。

此外,在非单位人群中还存在一个特殊的群体,这就是独立劳动者。所谓独立劳动者,在当时主要是指,私人医生(护理人员)、作家、艺人、经纪人、律师、会计师、资方代理人等,有数据显示,中共接管上海时期这一群体约有 14 万人[①]。尽管这一群体规模不小,但对其进行样本考察却很困难。原因是,这一群体内部存在的阶层、利益分化更为严重,适应于不同的阶层和利益群体,其组织方式和政策差异较大。如,自由作家在新政府建立后被归入失业知识分子之列,对其施用的管理与其他知识分子是一致的;再如艺人,对他们的改造是通过投入戏改活动来进行的。独立劳动者中阶层和利益的分化,使得政府很难采用一种统一的方式对其进行再组织活动,因此作为群体时,对独立劳动者进行样本分析十分困难。但就此将这一群体忽略不计,也是有违史学研究的精神和主旨的。不仅如此,独立劳动者在本研究所设定的时段中,其单位化变迁还具有典型意义。就目前收集到资料来看,大多数独立劳动者都在 1956 年前后完成了单位化。也就是说,独立劳动者于社会主义改造中被纳入单位组织,作为一个阶层消失了。这是非单位人群组织化变迁过程中的一个重要环节,笔者亦准备在后续研究中有所突破。

---

① 朱国明:《上海:从废保甲到居民委员会的诞生》,载《档案与史学》2002 年第 2 期。

图 表 目 录

图 1-1　新中国成立初期上海单位、非单位人数变化趋势图(1949—1962 年)
　　　　…………………………………………………………………… 39
图 2-1　上海市区人口数量变化图(1931—1949 年) ………………… 78
图 2-2　上海市黄浦区宝裕里居民委员会组织系统图(1952 年 6 月)………… 125
图 2-3　上海市居民委员会制度结构图 ……………………………… 127
图 3-1　清理前后国家与民众互动图 ………………………………… 172
图 3-2　社会调控体系的局部制度结构图 …………………………… 190
图 3-3　整顿前(民国时期)摊贩的社会生态图 ……………………… 195
图 3-4　整顿过程中摊贩的社会生态图 ……………………………… 204
图 5-1　部分行业的失业情况图(1950 年) …………………………… 260
图 5-2　上海市各区失业人员性别分布图(1953 年 3 月) …………… 262
图 5-3　上海市各区失业人员年龄比例图(1953 年 3 月) …………… 263
表 1-1　上海市历年人口统计表(1840—1957 年) …………………… 30
表 1-2　上海市市民职业统计表(1950 年 3 月) ……………………… 33
表 1-3　上海人口统计表(1949—1956 年) …………………………… 34
表 1-4　国民经济各部门职工年末人数表(1949—1956 年) ………… 35
表 1-5　新中国成立初期上海单位、非单位人数统计表(1949—1962 年)………… 38
表 1-6　上海市人口年龄统计表(1953 年 6 月、1955 年 7 月) ……… 42
表 1-7　个别年份上海非单位人群性别统计表(1949、1950、1957 年) ……… 44
表 1-8　1950 年上海市文盲人数统计表 ……………………………… 47
表 1-9　居民职业分类统计年报表(1954 年 12 月 14 日) …………… 48
表 2-1　街道里弄的各种组织及其形式、功能汇总表(1949—1953 年) ……… 102

表 2-2　上海市街道里弄组织情况统计表(1951 年) ································ 107
表 2-3　鸿运四里居委会委员性别、程度、成分、出身、职业分类百分比表
　　　　(1953 年) ·· 134
表 2-4　久安里各个专门委员会的组织情况表(1953 年) ···················· 134
表 2-5　宝裕里居民委员情况表(1951 年) ··· 135
表 2-6　上海市收容游民情况统计表(1949—1958 年) ························ 147
表 3-1　上海群众运动汇总表(1949—1958 年) ···································· 178
表 3-2　暂缓结婚的原因分析表(1952 年 12 月—1953 年 3 月) ········ 184
表 4-1　上海城市人民公社月报主要指标变化情况表(1961 年 6—12 月) ······ 226
表 5-1　上海市各区失业人员文化程度统计表(1953 年 3 月) ············ 263
表 6-1　上海历届各界人民代表会议工人代表名额表(1949—1952 年) ········ 338

参考资料

档案

上海市档案馆,党、A、B、C、J、Q、R 卷宗。
上海市民政局档案,2、19、34、35 卷宗。

文献资料

《建国以来重要文献选编》,中央文献出版社 1996 年版。
解放日报社:《上海解放一年:1949—1950》,解放日报社 1950 年版,上海市图书馆藏。
李国忠主编:《中国共产党工运思想文库》,中国工人出版社 1993 年版。
刘少奇:《中国职工运动简史》,中央文献出版社 1988 年版。
《毛泽东经济年谱》,中央文献出版社 1993 年版。
毛泽东:《中国农村的社会主义高潮》,人民出版社 1956 年版。
上海市档案馆编:《日伪上海市政府》,档案出版社 1986 年版。
上海市档案馆编:《上海解放》,档案出版社 1989 年版。
上海市秘书处:《1949 年上海市综合统计》,上海市秘书处 1950 年印发,上海市图书馆藏。
上海市统计局编:《1949 年上海市综合统计》,上海市秘书处 1950 年印发,上海市图书馆藏。
上海市政府统计处编印:《三十四年度上海市统计提要》,1946 年版。
屠远基:《城市居民委员会工作》,上海人民出版社 1955 年版,上海市图书馆藏。
中共上海市委党史研究室编:《历史巨变(1949—1956)》,上海书店出版社 2001 年版。

中共上海市委党史研究室编：《中国共产党在上海(1921—1991)》，上海人民出版社 1991 年版。

中共上海市委党史研究室：《接管上海》，中国广播电视出版社 1993 年版。

中共中央党史研究室第一研究部编：《共产国际、联共(布)与中国革命文献资料选辑(1917—1925)》，北京图书馆出版社 1997 年版。

中共中央文献研究室编：《周恩来年谱》(上、中、下卷)，中央文献出版社 1997 年版。

中国人民解放军政治学院党史教研室：《中共党史参考资料》，人民出版社 1979—1980 年版。

中国现代革命史资料丛刊：《第一次国内革命战争时期的农民运动资料》，人民出版社 1980 年版。

中国资本主义工商业史料丛刊：《上海民族机器工业》，中华书局 1966 年版。

中华职业教育社编：《上海职业指导所要览(1931 年)》，复旦大学图书馆藏。

报纸杂志

《华东新闻汇编》

《解放日报》(1949—1962)，其中 1949—1952 年为《解放日报》资料中心提供。

《经济周报》

《劳动》

《群众》

《人民日报》(1946—1962)

《人民中国》

《生活知识》

《文汇报》(1939—1962)

《新华半月刊》

《新华半月刊》

《新华社新闻稿》

《新民晚报》(1946—1962)

《新中国妇女》

《中国妇女》

《中国经济时报》
《中央税务公报》

方志

董永昌主编,《上海档案志》编纂委员会编:《上海档案志》,上海社会科学院出版社 1999 年版。

范静思主编,《上海民政志》编纂委员会编:《上海民政志》,上海社会科学院出版社 2000 年版。

江怡主编,《中共上海党志》编纂委员会编:《中共上海党志》,上海社会科学院出版社 2001 年版。

孔祥毅主编,《上海工商行政管理志》编纂委员会编:《上海工商行政管理志》,上海社会科学院出版社 1997 年版。

李家齐主编,《上海工运志》编辑委员会编:《上海工运志》,上海社会科学院出版社 1997 年版。

李太成主编,《上海文化艺术志》编纂委员会编:《上海文化艺术志》,上海社会科学院出版社 2001 年版。

沈智、李涛主编,《上海劳动志》编纂委员会编:《上海劳动志》,上海社会科学院出版社 1998 年版。

施颐馨主编,《上海纺织工业志》编纂委员会编:《上海纺织工业志》,上海社会科学院出版社 1998 年版。

易庆瑶主编,上海市公安局公安史志编纂委员会编:《上海公安志》,上海社会科学院出版社 1998 年版。

应飞主编,《上海粮食志》编纂委员会编:《上海粮食志》,上海社会科学院出版社 1995 年版。

张亚培主编,《上海工商社团志》编纂委员会编:《上海工商社团志》,上海社会科学院出版社 2001 年版。

专著

[法] 埃哈里·费埃德伯格:《权力与规则:组织行动的动力》,张月等译,上海人民

出版社2005年版。

［法］白吉尔：《上海史：走向现代之路》，王菊、赵念国译，上海社会科学院出版社2005年版。

薄一波：《若干重大决策与事件的回顾》（修订本），人民出版社1997年版。

蔡勤禹：《国家、社会与弱势群体——民国时期的社会救济（1927—1949）》，商务印书馆2005年版。

《陈云文选》，人民出版社1995年版。

当代中国人物传记丛书编辑部：《陈毅传》，当代中国出版社1991年版。

范守信：《中华人民共和国经济恢复史》，求实出版社1988年版。

费孝通：《乡土重建》，上海观察社1947年版；《乡土中国·乡土重建·重访江村》，文学出版社。

［美］费正清编：《剑桥中华人民共和国史》，谢亮生等译，中国社会科学出版社1998年版。

冯友兰：《三松堂》，三联书店1984年版。

［美］顾德曼：《家乡、城市和国家》，宋钻友译，上海古籍出版社2004年版。

郭圣莉：《城市社会重构与国家政权建设：建国初期上海国家政权建设分析》，天津人民出版社2006年版。

［美］韩丁：《翻身：中国一个村庄的革命纪实》，北京出版社1980年版。

洪泽主编：《上海研究论丛》，上海社会科学院出版社1993年版。

胡焕庸：《中国人口·上海分册》，中国财政经济出版社1987年版。

［美］吉尔伯特·罗兹曼：《中国的现代化》，国家社会科学基金"比较现代化"课题组译，江苏人民出版社2003年版。

《建国以来毛泽东文稿》，中央文献出版社1992年版。

金冲及：《刘少奇传》，中央文献出版社1998年版。

《瞿秋白文集》，人民出版社1989年版。

李立志：《变迁与重建：1949—1956年的中国社会》，江西人民出版社2002年版。

刘建军：《单位中国：社会调控体系重构中的个人、组织与国家》，天津人民出版社2000年版。

刘金质：《冷战史》，世界知识出版社2004年版。

刘学谦：《社会主义群体凝聚力学》，红旗出版社 1991 年版。

鲁迅：《南腔北调集》，人民文学出版社 1980 年版。

吕芳上：《近代中国的妇女与国家》，"中央研究院"近代史研究所 2003 年版。

［美］马克·塞尔登：《革命中的中国：延安道路》，魏晓明、冯崇义译，社会科学文献出版社 2002 年版。

《马克思恩格斯选集》，中央编译局 2012 年版。

毛丹：《一个村落共同体的变迁——关于尖山下村的单位化的观察与阐释》，学林出版社 2000 年版。

《毛泽东农村调查文集》，人民出版社 1982 年版。

《毛泽东文集》，人民出版社 1996 年版。

《毛泽东选集》第一至四卷，人民出版社 1991 年版。

［美］莫里斯·梅斯纳：《毛泽东的中国及其发展——中华人民共和国史》，张瑛等译，社会科学文献出版社 1992 年版。

逄先知、金冲及主编，中共中央文献研究室编：《毛泽东传》，中央文献出版社 2004 年版。

［美］裴宜理：《上海罢工——中国工人政治研究》，刘平译，江苏人民出版社 2001 年版。

《彭真文选》，人民出版社 1991 年版。

［法］让·马克·夸克：《合法性与政治》，佟心平、王远飞译，中央编译出版社 2002 年版。

［美］塞缪尔·亨廷顿：《变革社会中的政治秩序》，李盛平、杨玉生等译，华夏出版社 1988 年版。

［美］塞缪尔·亨廷顿：《第三波——20 世纪后期民主化浪潮》，刘军宁译，上海三联书店 1998 年版。

上海民间文艺家协会编：《上海民俗研究专辑》，学林出版社 1991 年版。

上海研究中心、上海人民出版社编：《上海 700 年（1291—1991）》，上海人民出版社 1991 年版。

［美］施坚雅：《中华帝国晚期的城市》，叶光庭等译，中华书局 2000 年版。

［以］S. N. 艾森斯塔德：《现代化：抗拒与变迁》，张旅平、沈原译，中国人民大学出

版社1988年版。

苏智良、陈丽菲：《近代上海黑社会研究》，浙江人民出版社1991年版。

佟新：《人口社会学》，北京大学出版社2000年版。

王邦佐等编著：《居委会与社区治理——城市社区居民委员会组织研究》，上海人民出版社2003年版。

王海光：《旋转的历史：社会运动论》，上海人民出版社1995年版。

王景伦：《走进东方的梦——美国的中国观》，时事出版社1994年版。

王明图：《毛泽东的忧虑：固权安邦·拒腐防变的理论与实践》，河南人民出版社1993年版。

王浦劬：《政治学基础》，北京大学出版社1995年版。

王学泰：《游民文化与中国社会》，学苑出版社1999年版。

闻均天：《中国保甲制度》，商务印书馆1935年版。

[美]西·马·李普赛特：《政治人：政治的社会基础》，张绍宗译，上海人民出版社1997年版。

[日]小浜正子：《近代上海的公共性与国家》，葛涛译，上海古籍出版社2003年版。

忻平：《从上海发现历史——现代化进程中的上海人及其社会生活(1927—1937)》，上海人民出版社1996年版。

熊月之主编：《上海通史》，上海人民出版社1999年版。

徐中振、李友梅：《生活家园与社会共同体——"康乐工程"与上海社区实践模式个案研究》，上海大学出版社2003年版。

徐中振主编：《社区发展与现代文明》，上海远东出版社1996年版。

杨洁曾、贺宛男编著：《上海娼妓改造史话》，上海三联书店1988年版。

[美]詹姆斯·R.汤森、布兰特利·沃马克：《中国政治》，顾速、董方译，江苏人民出版社2004年版。

张仲礼主编：《近代上海城市研究》，上海人民出版社1990年版。

中共中央文献研究室编：《周恩来经济文选》，中央文献出版社1993年版。

周育民、邵雍：《上海帮会史》，上海人民出版社1993年版。

朱邦兴等：《上海产业与上海职工》，上海人民出版社1984年版。

邹依仁：《旧上海人口变迁的研究》，上海人民出版社1980年版。

期刊论文

《1950 年上海街道里弄组织工作总结——解放初上海社区组织史料选》(一),载《档案与史学》2001 年 5 期。

曹佐燕:《"胜利负担":中共对旧政权公务人员处置政策的演变(1945—1952)》,载《史林》2017 年第 2 期。

陈辉:《1950 年代中国城市居民委员会研究——以保甲组织到居委会组织的变迁为视角》,载《当代中国史研究》2002 年第 4 期。

陈辉、谢世诚:《建国初期城市居民委员会研究》,载《当代中国史研究》2002 年第 4 期。

陈文彬:《1927—1937 年上海失业人群再就业状况述略》,载《安徽史学》2004 年第 3 期。

陈志成:《从"单位人"转向"社会人":论我国城市社区发展的必然性趋势》,载《温州大学学报》2001 年第 3 期。

[日]村田忠禧:《从〈人民日报〉元旦社论看中华人民共和国的历史》,载《中共党史研究》2002 年第 3 期。

丁俊平、白雪:《新中国成立 70 年来党的政治建设历程及其特点》,载《新疆师范大学学报》2019 年第 5 期。

丁榕芳:《"高就业、低工资"的方针与发展商品经济是相背离的》,载《理论学习月刊》1988 年第 9 期。

冯子珈、张新:《新中国成立以来中国共产党文化思想的历史演进及其基本经验》,载《学术论坛》2019 年第 2 期。

高华、黄骏:《1960 年"持续跃进"中的江苏省城市人民公社运动》,载《浙江学刊》2002 年第 5 期。

龚晓莺、王海飞:《新中国成立 70 年来中国经济发展的世界贡献》,载《福建论坛》2019 年第 9 期。

顾骏:《社区居委会向何处去——顾骏教授谈转型中的居委会》,载《社区》2005 年第 3 期。

郭于华:《心灵的集体化:陕北骥村农业合作化的女性记忆》,载《中国社会科学》2003 年第 4 期。

何海兵：《我国城市基层社会管理体制的变迁：从单位制、街居制到社区制》，载《管理世界》2003 年第 6 期。

何亚群：《从单位体制到社区体制：建国后我国城市社会整合模式的转变》，载《前沿》2005 年第 4 期。

胡国胜：《中国共产党"新中国"符号的话语建构与历史演变》，载《党的文献》2017 年第 1 期。

胡伟、李汉林：《单位作为一种制度——关于单位研究的一种视角》，载《江苏社会科学》2003 年第 6 期。

胡位钧：《现代国家中的政治沟通——中国社会政治整合的变迁与重构》，博士学位论文，复旦大学，2003 年。

华伟：《单位制向社区制的回归——中国城市基层管理体制 50 年变迁》，载《战略与管理》2000 年第 1 期。

黄波粼：《新中国成立初期中共实现社会整合的机制、路径及效能——以 1949—1954 年的翁文灏为中心的分析》，载《党史研究与教学》2015 年第 5 期。

黄华：《建国初期我国工业化选择优先发展重工业战略的原因》，载《黔东南民族师范高等专科学校学报》2005 年第 1 期。

黄家滨：《试析改革前我国的社会控制体制》，载《湛江师范学院学报》1997 年第 3 期。

黄兢：《建国初期中国共产党政治动员评析》，载《广州社会主义学院学报》2004 年第 4 期。

黄利新、覃政力：《社会主义改造中的广州市工商界青年积极分子研究》，载《当代中国史研究》2019 年第 1 期。

黄伟英：《"老革命"与新政权：以赣南为中心的考察(1949—1956)》，载《中共党史研究》2016 年第 6 期。

江业文：《新中国户籍制度的历史形成及历史地位探析》，载《广西社会科学》2004 年第 1 期。

李端祥：《城市人民公社成因探析》，载《广西社会科学》2005 年第 2 期。

李端祥：《城市与农村人民公社化运动比较研究》，载《当代世界与社会主义》2004 年第 5 期。

李端祥：《对北京城市人民公社历史的考察》，载《北京党史》2005年第1期。

李汉林：《中国单位现象与城市社区的整合机制》，载《社会学研究》1993第5期。

李金铮：《关于"新革命史"概念的再辨析——对"新革命史"学术概念的省思》，载《中共党史研究》2019年第4期。

李金铮：《再议"新革命史"的理念与方法》，载《中共党史研究》2016年第11期。

李良玉：《建国前后接管城市的政策》，载《江苏大学学报》2002年第3期。

李路路：《论"单位"研究》，载《社会学研究》2002年第5期。

李猛、周飞舟、李康：《单位：制度化组织的内部机制》，载《中国社会科学季刊》1996年秋季卷。

李强：《当前中国社会的四个利益群体》，载《学术界》2000年第3期。

李若健：《利益群体、组织、制度和产权对城市人口管理的影响》，载《南方人口》2001年第1期。

李扬：《五十年代的院系调整与社会变迁——院系调整研究之一》，载《开放时代》2004年第5期。

李友梅：《城市基层社会的深层权力秩序》，载《江苏社会科学》2003年第6期。

李征：《简论"政治动员"》，载《河海大学学报》2004年第2期。

林尚立：《基层群众自治：中国民主政治建设的实践》，载《政治学研究》1999年第4期。

刘道福、檀雪菲：《马克思主义经典作家关于党群关系的主要思想》，载《当代世界与社会主义》2005年第1期。

刘建平：《革命政治过程中理论的生成：以毛泽东的农业合作化思想为中心》，载《学海》2005年第1期。

刘求实：《中国单位体制下的党政关系》，载《二十一世纪》2002年2月号第69期。

刘荣刚：《中央苏区政治动员述论》，载《党史文苑》1997年第1期。

刘握宇：《从基层档案透视"大跃进"：以江苏省宝应县为例（1958—1959）》，载《党史研究与教学》2016年第4期

刘秀萍：《西柏坡时期供给制向企业制转变的探索和启示》，载《毛泽东思想研究》2002年第2期。

刘亚娟：《上海"阿飞"：滚动的话语逻辑与基层实践走向（1949—1965）》，载《中共

党史研究》2018年第5期。

刘亚娟:《新旧之间:建国初期上海国营鱼市场经纪人制度的改革》,载《史林》2016年第2期。

龙太江:《从动员模式到依法治国:共产党执政方式转化的一个视角》,载《探索》2003年第4期。

卢汉龙:《社区组织重建与基层政权建设》,载《社会科学》1996年第5期。

路风:《中国单位体制的起源和形成》,载《中国社会科学季刊》1993年第5期。

马福云:《当代中国户籍制度变迁研究》,博士学位论文,中国社会科学院,2000年。

[美]玛丽·坎珀:《上海繁华梦:1949年前中国最大城市中的美国电影》,汪朝光译,载《电影艺术》1999年第2期。

毛丹:《村落变迁中的单位化——尝试村落研究的一种范式》,载《浙江社会科学》2000年第4期。

聂文晶:《四川藏区抗美援朝运动探析——基于民族认同的视角》,载《西藏大学学报(社会科学版)》2016年第4期。

欧阳云飞:《上海民主改革运动》,载《上海党史》1990年第4期。

潘锦棠:《经济转轨中的中国女性就业与社会保障》,载《管理世界》2002年第7期。

彭南生:《晚清无业游民与政府的救助行为》,载《史学月刊》2000年第4期。

朴敬石:《试论1949年前后历史连续性的"内在关联性"》,载《史林》2018年第6期。

齐慕实:《革命:作为历史话题的重要性》,载《国外理论动态》2014年第10期。

邱国盛:《从国家让渡到民间介入——同乡组织与近代上海外来人口管理》,载《华东师范大学学报》2005年第3期。

任云兰:《1949—1956年天津城市社会救济政策的制定及实践》,载《当代中国史研究》2021年第4期。

《上海市街道里弄居民组织1952年工作情况总结——建国初上海社区组织史料选》(二),载《档案与史学》2001年6期。

沈光芹:《社区在军人社会保障系统中的地位和作用》,载《社会》2003年第8期。

石发勇:《城市社区民主建设与制度性约束:上海市居委会改革个案研究》,载《社会》2005年第2期。

孙英:《中共党史研究中的历史思考、现实思考、理论思考》,载《中共党史研究》2018

年第 2 期。

王沪宁：《从单位到社会：社会调控体系的再造》，载《公共行政与人力资源》1995 年第 1 期。

王沪宁：《社会资源总量与社会控制：中国意义》，载《复旦学报》1990 年第 4 期。

王建军：《新中国成立初期社会治理的探索与实践——以延庆县为例》，载《党的文献》2020 年第 2 期。

王申：《工人阶级的第二次翻身——解放初期上海民主改革运动纪实》，载《党史文汇》1998 年第 4 期。

王卫平、王玉贵：《新中国成立前后苏州地区企业年奖制度的演变》，载《中国社会科学》2015 年第 8 期。

王飚、陈豫：《新中国成立初期海南黎族地区社会组织的改造及其历史作用》，载《当代中国史研究》2020 年第 3 期。

王瀛培：《团结与改造：旧产婆到社会主义接生员——以上海为例的讨论》，载《妇女研究论丛》2017 年第 4 期。

翁有为：《论抗日根据地的政治动员与政治参与》，载《山东社会科学》1997 年第 3 期。

吴淑丽：《抗美援朝运动对乡村社会的影响——以聊城县为中心的考察》，载《中共党史研究》2017 年第 6 期。

吴祥华：《党在上海执政之初成功领导的三大经济工作》，载《上海党史与党建》2004 年第 12 期。

吴则霖：《上海的游民救济事业》，载《华年周刊》第 5 卷第 34 期。

项飚、宋秀卿：《社区建设和我国城市社会的重构》，载《战略与管理》1997 年第 6 期。

萧冬连：《谈谈中国当代史研究的大局关照》，载《中共党史研究》2016 年第 6 期。

［俄］谢尔比纳：《什么是组织生态学?》，载《现代外国哲学社会科学文摘》（沪）1993 年 12 月。

谢涛：《建国初期中共治理城市失业问题的对策与实践：以 1949 年—1952 年的南京市为例》，载《党史研究与教学》2005 年第 1 期。

徐勇：《论城市社区建设中的社区居民自治》，载《华中师范大学学报》2001 年第 3 期。

杨红林:《新中国初期的青年学生与土地改革运动——以〈万慧芬日记〉为中心的考察》,载《中国国家博物馆馆刊》2018年第5期。

杨奎松:《新中国巩固城市政权的最初尝试——以上海"镇反"运动为中心的历史考察》(上),载《华东师范大学学报》2004年第4期。

杨奎松:《新中国巩固城市政权的最初尝试——以上海"镇反"运动为中心的历史考察》(下),载《华东师范大学学报》2004年第5期。

杨丽萍:《新中国成立初期上海的读报组及其政治功效》,载《江苏社会科学》2018年第1期。

杨荣:《论北京市基层管理体制的历史变迁》,载《北京社会科学》2004年第1期。

姚会元:《陈毅领导上海解放之初的经济恢复工作》,载《当代中国史研究》2003年第3期。

应星:《"把革命带回来":社会学新视野的拓展》,载《社会》2016年第4期。

攸谙发:《优抚工作五十年》,载《中国民政》1999年第6期。

袁博、张海鹏的研究则试图通过:《新中国成立后农村妇女的身份转换(1949～1965)——以山东农村妇女的身体改造为视角》,载《党史研究与教学》2020年第1期。

袁志平:《解放初期上海对失业工人的救济和就业安置》,载《中共党史研究》1998年第5期。

詹国斌:《利益群体在公共政策中的作用及其发展导向》,载《社会》2003年第12期。

张辰:《解放初期上海摊贩的管理》,载《档案与史学》2003年第1期。

张济顺:《国家治理的最初社会空间——二十世纪五十年代前期的上海居民委员会》,载《中共党史研究》2015年10期。

张济顺:《沦陷时期上海的保甲制度》,载《历史研究》1996年第1期。

张济顺:《上海里弄:基层政治动员与国家社会一体化走向(1950—1955)》,载《中国社会科学》2004年第2期。

张楠:《新中国成立初期烟毒治理中的毒品收缴与处理机制研究》,载《中共党史研究》2021年第2期。

张文清:《从解放到执政——中国共产党在上海的成功实践》,载《上海党史与党建》2005年第5期。

张文清:《"化腐朽为神奇"——陈毅领导改造旧上海建设新上海的历史篇章》,载《上海党史与党建》2001年第8期。

张新萍:《论现代化进程中的政治动员》,载《中共福建省委党校学报》1999年第12期。

赵锦辉、杨建军:《我国失业问题探讨》,载《中共长春市委党校学报》2005年2期。

郑春苗:《论土地革命时期的游民问题与党的策略》,载《近代史研究》1985年第3期。

周育民:《开埠初期上海游民阶层研究》,载《近代史研究》1992年第5期。

朱德新:《略论日伪保甲制在冀东的推行》,载《河北学刊》1993年第2期。

朱德新:《民国保甲制度研究述评》,载《安徽史学》1996年第1期。

朱德新:《三十年代的河南统治者与保甲行政人员》,载《史学月刊》1999年版第1期。

朱国明:《上海:从废保甲到居民委员会的诞生》,载《档案与史学》2002年第2期。

朱健刚:《国家、权力与街区空间——当代中国街区权力研究导论》(上),载《中国社会科学季刊》1999年夏季号。

后　　记

　　距离这本书初版问世已经 12 年了。当年,出版社给作者的福利便是 15 本赠书,囊中羞涩的笔者,自掏腰包买了 35 本,勉强凑了 50 本书拿去分送。在郑重送给博导、硕导,以及无差别送给一些遇到的同门、同行之后,能拿给单位同事的不过十余本。至今还记得,那是周三下午,面对齐集在会议室笑面如春的同事们,笔者突然意识到,选择一个开例会的日子,有选择地送书给人,这个决定太不理智。在笔者如做贼般把最后一本书定向送出之后,一个眼尖的同事还是追过来要书,至今依然记得她失望的眼神。

　　从那时起,就不断有学生和同行问笔者要书,也是从那时起,就不断有人催笔者再版。可能是博士阶段写作的痛苦记忆犹存,笔者对再版完全提不起兴趣,何况当年笔者签的是十年的版权。三年前,在读的硕士生突然告诉笔者,某网上笔者的二手书已经炒到 200 多元一本,打开一看,签名版竟高达 280 元。更让笔者不能忍受的是,网上有商家公然以原价售卖扫描版。笔者亲自去打假,未及套出证据,人家就下架玩"潜水"了。至此,笔者有了再版的想法,但面对高昂的费用还有大量的校对任务,却时时滋生退却的心思。

　　关键时刻,又是笔者的导师——忻平教授伸出援手,提供了出版资助。当初毕业的时候,令笔者颇为自得的是,沪上知名学者姜义华教授在给本书的评阅意见里写了:该生已具备"独立从事科研工作的能力"。然而,如今十几年过去了,无论是笔者遭遇挫折还是小有收获,关键时刻还是恩师保驾护航。一生碰到这样的导师,何其有幸?年轻时,看着丰神俊朗的导师一遍遍重复着论文写作的要领,碎碎念地关心学生们的事业和家庭。心中常想,这难道就是传说中的"反差萌"?如今上了年纪,自己也做了硕导、博导,每每回想起当年的一幕幕,眼眶总是红了又红,湿了又湿。

也要感谢笔者的学生们,他们顶着文山课海一遍遍校对旧版,终于把当年不曾发现的错误一一找出。感谢博士生袁杰、张汉宸,硕士生胡婷婷、张俊杰、朱瑞凯、滕春香和杨文星,感谢你们的鼎力支持,不仅校对了文本,还给老师提供了新的资料和思路。感谢你们让笔者成为如自己的导师般啰唆又严谨的人,也感谢你们贴心陪伴笔者熬过了每一个艰难的日子。最后,感谢笔者亲爱的家人们,无论顺境还是逆境,一如既往地支持和包容笔者。

从事基础研究多年常常被问及意义何在。经历过这次空前的、世界性的人类浩劫之后,笔者对自己的研究却有了更强的底气。一个不容置辩的事实便是,就在全世界新冠病毒感染病例已数亿人次,死亡已数百万人次之际,中国已然进入了精准的常态化疫情防控阶段,而其赖以实现的基础正是基层社会的组织化。